中国社会科学院创新工程学术出版资助项目
中国哲学社会科学学科发展报告·当代中国学术史学系列

刑事诉讼法学的新发展

NEW DEVELOPMENT OF STUDY OF CRIMINAL PROCEDURE LAW

熊秋红 ● 主编

中国社会科学出版社

图书在版编目(CIP)数据

刑事诉讼法学的新发展／熊秋红主编．—北京：中国社会科学出版社，2013．11

（中国法学新发展系列丛书）

ISBN 978－7－5161－3783－3

Ⅰ．①刑…　Ⅱ．①熊…　Ⅲ．①刑事诉讼法－法的理论－研究－中国
Ⅳ．①D925．201

中国版本图书馆 CIP 数据核字(2013)第 302616 号

出 版 人　赵剑英
责任编辑　任　明
责任校对　石春梅
责任印制　李　建

出　　版　中国社会科学出版社
社　　址　北京鼓楼西大街甲 158 号（邮编 100720）
网　　址　http：//www．csspw．cn
　　　　　中文域名：中国社科网　　010－64070619
发 行 部　010－84083685
门 市 部　010－84029450
经　　销　新华书店及其他书店

印　　刷　北京奥隆印刷厂
装　　订　北京市兴怀印刷厂
版　　次　2013 年 11 月第 1 版
印　　次　2013 年 11 月第 1 次印刷

开　　本　710×1000　1/16
印　　张　28．5
插　　页　2
字　　数　475 千字
定　　价　72．00 元

凡购买中国社会科学出版社图书，如有质量问题请与本社联系调换
电话：010－64009791

《中国哲学社会科学学科发展报告》
编辑委员会

总　序

当今世界正处于前所未有的激烈的变动之中，我国正处于中国特色社会主义发展的重要战略机遇期，正处于全面建设小康社会的关键期和改革开放的攻坚期。这一切为哲学社会科学的大繁荣大发展提供了难得的机遇。哲学社会科学发展目前面对三大有利条件：一是中国特色社会主义建设的伟大实践，为哲学社会科学界提供了大有作为的广阔舞台，为哲学社会科学研究提供了源源不断的资源、素材。二是党和国家的高度重视和大力支持，为哲学社会科学的繁荣发展提供了有力保证。三是“百花齐放、百家争鸣”方针的贯彻实施，为哲学社会科学界的思想创造和理论创新营造了良好环境。

国家“十二五”发展规划纲要明确提出：“大力推进哲学社会科学创新体系建设，实施哲学社会科学创新工程，繁荣发展哲学社会科学。”中国社会科学院响应这一号召，启动哲学社会科学创新工程。哲学社会科学创新工程，旨在努力实现以马克思主义为指导，以学术观点与理论创新、学科体系创新、科研组织与管理创新、科研方法与手段创新、用人制度创新为主要内容的哲学社会科学体系创新。实施创新工程的目的是构建哲学社会科学创新体系，不断加强哲学社会科学研究，多出经得起实践检验的精品成果，多出政治方向正确、学术导向明确、科研成果突出的高层次人才，为人民服务，为繁荣发展社会主义先进文明服务，为中国特色社会主义服务。

实施创新工程的一项重要内容是遵循哲学社会科学学科发展规律，完善学科建设机制，优化学科结构，形成具有中国特色、结构合理、优势突出、适应国家需要的学科布局。作为创新工程精品成果的展示平台，哲学社会科学各学科发展报告的撰写，对于准确把握学科前沿发展状况、积极推进学科建设和创新来说，是一项兼具基础性和长远性的重要工作。

中华人民共和国成立以来，伴随中国社会主义革命、建设和改革发展的历史，中国特色哲学社会科学体系也处在形成和发展之中。特别是改革开放以来，随着我国经济社会的发展，哲学社会科学各学科的研究不断拓展与深化，成就显著、举世瞩目。为了促进中国特色、中国风格、中国气派的哲学社会科学观念、方法和体系的进一步发展，推动我国哲学社会科学优秀成果和优秀人才走向世界，更主动地参与国际学术对话，扩大中国哲学社会科学话语权，增强中华文化的软实力，我们亟待梳理当代中国哲学社会科学各学科学术思想的发展轨迹，不断总结各学科积累的优秀成果，包括重大学术观点的提出及影响、重要学术流派的形成与演变、重要学术著作与文献的撰著与出版、重要学术代表人物的涌现与成长等。为此，中国社会科学出版社组织编撰“中国哲学社会科学学科发展报告”大型连续出版丛书，既是学术界和出版界的盛事，也是哲学社会科学创新工程的重要组成部分。

“中国哲学社会科学学科发展报告”分为三个子系列：“当代中国学术史”、“学科前沿研究报告”和“学科年度综述”。“当代中国学术史”涉及哲学、历史学、考古学、文学、宗教学、社会学、法学、教育学、民族学、经济学、政治学、国际关系学、语言学等不同的学科和研究领域，内容丰富，能够比较全面地反映当代中国哲学社会科学领域的研究状况。“学科前沿研究报告”按一级学科分类，每三年发布，“学科年度综述”每年度发布，并都编撰成书陆续出版。“学科前沿研究报告”内容包括学科发展的总体状况，三年来国内外学科前沿动态、最新理论观点与方法、重大理论创新与热点问题，国内外学科前沿的主要代表人物和代表作；“学科年度综述”内容包括本年度国内外学科发展最新动态、重要理论观点与方法、热点问题，代表性学者及代表作。每部学科发展报告都应当是反映当代重要学科学术思想发展、演变脉络的高水平、高质量的研究性成果；都应当是作者长期以来对学科跟踪研究的辛勤结晶；都应当反映学科最新发展动态，准确把握学科前沿，引领学科发展方向。我们相信，该出版工程的实施必将对我国哲学社会科学诸学科的建设与发展起到重要的促进作用，该系列丛书也将成为哲学社会科学学术研究领域重要的史料文献和教学材料，为我国哲学社会科学研究、教学事业以及人才培养作出重要贡献。

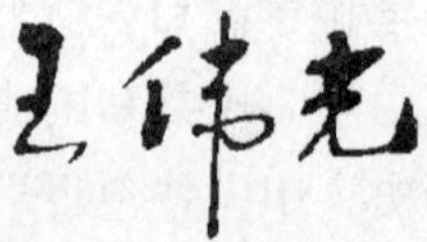

中国法学新发展系列丛书

编　委　会

《中国法学新发展系列》序

历史给了中国机会，而我们在场。历史正在给中国法治进步和法学繁荣以机会，而我们正好也在场。回首历史，恐怕没有哪个时代会像当今这样，给予法学研究者这样多的可以有所作为也必须有所作为的机会与责任。社会发展需要法治进步，法治进步需要法学繁荣。我们真的看到，在社会发展和法治进步的期望与现实的交织作用下，在以改革、发展、创新为时代价值的理论生成机制中，中国法学的理论建树与学科建设均呈现出前所未有的成就，其具体表现是那样的明显，以至于任何法学研究者均可随意列举一二。因此，在中国法学的理论形成与学科发展的场域中，我们有足够的与我们学术努力和事业贡献相关的过程及结果事例作为在场证明。

但是，我们作为法学研究者，是否对我们的理论创造过程以及这一过程的结果，特别是这一过程中的自己，有着十分清醒与充分准确的认识，这恐怕不是单靠态度端正或者经验丰富就能简洁回答的问题。在当前的学术习惯中，对法学研究成果的认识与评价缺乏总体性和系统性，往往满足于某项单一指标的概括标识和简要评述。对于法学研究成果，通常依赖著述发表载体、他引次数、获奖等级等指标进行衡量；对于法学研究过程，通常要在教科书的理论沿革叙述、项目申报书的研究现状描述中获得了解；对于法学研究主体，通常要靠荣誉称号、学术职务甚至行政职务予以评价。（当然，这种学术习惯并不为法学专业所专有，其他学科亦然。）这些指标都是有用的，作为一定范围或一定用途的评价依据也是有效的。但是，这些指标也都是有局限的，都在有目标限定、范围限定和方法限定的体系中发挥着有限的评价功能。由于这些指标及其所在评价体系的分散运作，其运作的结果不足以使我们在更宏大的视野中掌握中国法学的理论成就和学科发展的整体状况，更不足以作为我们在更深入的层次上把握法学研究与学科建设规律性的分析依据。然而，这种对法学理论与学科现状的整体掌握，对法学研究与学科规律性的深入把握，都是十分重要的，因为这是法学研究者得以自主而有效地进行学术研究的重要前提。因其对法学理论与学科现状的整体掌握和对法学研究与学科建设规律性的深入把握，法学研究者才能在法学的理论形成与学科发展的过程中，明晰其理论生长点的坐标、学术努力的方向和能动创造的维度，从而作出有效的学术贡献，而不是兴之所至地投入理论形成机制中，被法学繁荣的学术洪流裹挟前行。为有效的法学研究助力，就是我们撰写“中国法学的学科新发展系列丛书”的初衷。

在规划和撰写本系列丛书时，我们对“学术研究的有效性”予以特别的关注和深入的思考。什么是“有效的”学术研究，“有效的”学术研究有何意义，如何实现“有效的”学术研究，如此，等等，是始终萦绕本系列丛书整个撰写过程的思维精灵。探求学术研究的有效性，不是我们意图为当今的学术活动及其成果产出设置标准，实在是为了本系列丛书选粹内容而设置依据，即究竟什么才是理论与学科“新发展”的判断依据。

首先，有效的法学研究是产生创新性成果的研究，而不是只有重复性效果的研究。学术研究的生命在于创新，法学研究的过程及其成果要能使法学理论得以丰富，使法治实践得以深入，确能实现在既有学术成果基础上的新发展。但由于读者、编辑甚而作者的阅读范围有限或者学术记忆耗损，许多只能算作更新而非创新的法学著述仍能持续获得展示机会，甚而旧作的迅速遗忘与新作的迅速更新交替并行。法学作为一门应用性很强的学科，观点或主张的反复阐释固然能加深世人印象并有助于激发政策回应，但低水平重复研究只能浪费学术资源并耗减学术创新能力，进而会降低法学研究者群体的学术品格。通过与最新的法学研究既有成果进行再交流与再利用，有助于识别与判定法学理论创新的生长点，从而提高法学知识再生产的创新效能。

其次，有效的法学研究是有真实意义的研究，而不是只有新奇效应的研究。法学应是经世致用之学，法学研究应当追求研究成果的实效性，其选题确为实际中所存在而为研究者所发掘，其内容确能丰富法学理论以健全人们的法治理念、法治思维与法治能力，其对策建议确有引起政策回应、制度改善的可能或者至少具有激发思考的价值。当然，法学研究不断取得发展的另外一个结果就是选题愈加困难，法学研究者必须不断提高寻找选题的学术敏感性和判断力以应对这种局面，而不是在选题的闭门虚设与故作新奇上下工夫。谁也不希望在法学研究领域出现“标题党”与“大头军”，无论是著述标题亮丽而内涵无着的“标题党”，还是题目宏大而内容单薄的“大头军”，都不可能成为理论创新的指望。力求真实选题与充实内容的质朴努力，才是推进有效的法学研究的主要力量。

再次，有效的法学研究是有逻辑力量的研究，而不是只有论断效用的研究。法学研究的创新并不止步于一个新理论观点的提出或者一个新制度措施的提倡，而是要通过严格的论据、严谨的论证构成严密的论点支撑体系，由此满足理论创新的逻辑自洽要素。法学创新的判断标准实质上不在于观点新不新，也不在于制度建议是不是先人一步提出，而是在于新观点、新建议是否有充分的逻辑支撑和清晰的阐发论述。因为缺乏论证的新观点只能归属于学术武断，而学术武断只能引起注意却不能激发共鸣。法学研究者常常以其学术观点或制度建议被立法采纳作为其学术创新及其价值的证明，其实在理论观点或制度建议与立法采纳之间，很难确立以特定学者为连接点的联系，即使能够建立这种联系，导致立法采纳的缘由也并不在于观点或建议的新颖性，而在于观点或建议的论证充分与表述清晰。

最后，有效的法学研究是有利他效应的研究，而不是只有自我彰显效能的研究。在法学研究的运作机制中，学术成果固然是学者个人学术创造力的结晶，其学术影响力是作品的学术质量与作者的学术声誉的综合评判，但学术成果的正向价值却是其学术影响力的本质构成要素。法学研究成果必须有益于法治进步、社会发展和人民福祉，也就是具有超越彰显个人能力与成就的利他效应。如果法学研究成果的形成目的只是在于作者的自我满足，或者其表达效果只有作者自己能够心领神会，其作用结果无益于甚至有损于法治进步、社会发展和人民福祉，那就绝不能视为有效的法学研究。所以，坚守学术成果的正向价值，提高具有正向价值的学术成果的可接受性，是实现法学研究有效性的根本要件。

本系列丛书最为主要的撰写目的，就是通过对一定时期我国法学研究成果的梳理与选粹，在整体上重构我国法学研究既有成果的表述体系，从中析出确属“新发展”的内容成分并再行彰显，以有助于对中国法学研究现状的整体掌握与重点检索，从而促使当今的法学研究能够实现如上所述的有效性。在此主要目的之外，还有一些期望通过本系列丛书达到的目的。诸如其一，有助于提高法学专业学生的学习效率与研读效果。本系列丛书将法学二级或三级学科在近期的知识积累和学术发展予以综合、梳理和评价，从而构成一般法学教科书之外并超越一般法学教科书的知识文本体系。通过阅读本系列丛书，可以更为系统准确地掌握中国法学某一领域的知识体系、学术重点、研究动态、理论沿革、实践效果以及重要学者。其二，有助于强化法学研究人员的学术素质养成。一个学者能够完成法学某个二级学科或三级学科新发展的撰写，就一定会成为这个法学二级学科或三级学科的真正专家。因为他或她要近乎被强迫地对该学科领域学术著述进行普遍阅读，由此才能谈得上对该学科领域新发展的基本把握；要深下工夫对该学科领域的各种学术事件和各家理论观点进行比较分析，由此才能做出是否确属法学新发展的准确判断。通过对法学某个二级学科或三级学科新发展的撰写，可以提高作者对法学研究成果的学术判断力和法学科研规律的认识能力。其三，有助于加强科研人才队伍建设。本系列丛书的主要作者或主编均为中国社会科学院法学研究所和国际法研究所的科研人员，通过本系列丛书的撰写，不仅使法学所和国际法所科研人员的个人科研能力获得大幅度提升，也使得法学所和国际法所的科研人员学科布局获得质量上的均衡，从而使法学所和国际法所的整体科研能力获得大幅度提高。说来有些自利，这也是法学所和国际法所何以举两所之力打造本系列丛书的重要原因之一。

本系列丛书以法学某个二级或三级学科作为单本书的撰写范围，基本上以《××学的新发展》作为书名，如《法理学的新发展》、《保险法学的新发展》等。如果不便称为“××学的新发展”，便以《××研究的新发展》作为书名，如《商法基础理论研究的新发展》。本系列丛书的规划初衷是尽可能地涵括所有的法学二级学科或三级学科，但由于法学所和国际法所现有科研人员的学科布局并不完整，尤其是从事不同法学二级或三级学科研究的科研人员的素质能力并不均衡，即使联合外单位的一二学界同道助力，最终也未能实现本系列丛书涵括范围的完整性。这种规划上的遗憾再次提醒我们，加强科研队伍建设，既要重视科研人员个体科研能力的提高，也要重视一个机构整体科研能力的提高。我们希望，如果五年或十年之后再行撰写中国法学新发展系列丛书时，其所涵括的法学二级或三级学科将会更多更周延。

本系列丛书对各个法学二级或三级学科研究成果的汇集范围，限于2000—2012年间已发表的专业著述。既然阐释学科新发展，总得有一个适当的标定期间范围。期间太短，则不足以看清楚学科新发展的内容、要点、意义与轨迹；期间太长，则不便称为学科的“新发展”。本系列丛书选粹材料的发表期间截至2012年，这是本系列丛书的撰写规划年份，也是能够从容汇集材料并析出其中“新发展”要素的最近年份；本系列丛书选粹材料的发表期间起始为2000年，倒不是因为2000年在法学研究的学术历史中有什么特别意义，只是因为前至2000年能够确立一个易于阐释学科新发展的适当期间。当然，人们通常认为2000年是新世纪的起点，以2000年为起始年份，多少有些借助万象更新好兆头的意思。

本系列丛书中每本书的具体内容由其作者自行把握，在丛书规划上只是简略地做出一些要求。其一，每本书要从“史、评、论”三方面阐释一个法学二级或三级学科的新发展。所谓“史”，是指要清晰地描述一个学科的发展脉络与重要节点，其中有意义的学术事件的起始缘由与延续过程，重点理论或实践问题研究的阶段性结果，以及各种理论观点的主要内容与论证体系，特别是各种观点之间的起承转合、因应兴替。所谓“评”，是指对一个学科的学术事件和各家观点予以评述，分析其在学术价值上的轻重，在理论创新上的得失，在实践应用上的可否。所谓“论”，是指作者要对撰写所及的该学科重要理论或实践问题阐释自己的看法，提出自己的观点并加以简明论证。“史、评、论”三者的有机结合，可以使本系列丛书摆脱“综述大全”的单调，提升其作为学术史研究的理论价值。这里特别需要说明的是，因本书撰写目的与方法上的限定，“论必有据”中“据”的比重较大，肯定在重复率检测上会获得一个较高的数值。对属于学术史研究的著述而言，大量而准确地引用学界既有论述是符合学术规范的必要而重要之举。可见，重复率检测也是很有局限性的原创性判定方法，本系列丛书的重复率较高并不能降低其原创性。其二，每本书要做一个本学科的关键词索引，方便读者对本书的检索使用。现在的大多数学术著作欠缺关键词索引，不方便读者尤其是认真研究的读者对学术著作的使用。本系列丛书把关键词索引作为每本书的必要构成，意在完备学术规范，提高本系列丛书在学术活动中的利用价值。其三，每本书在其书后要附上参考资料目录。由于2000—2012年间的法学著述洋洋洒洒、蔚为大观，在确定参考资料目录上只得有数量限制，一般是每本书所列参考资料中的学术论文限100篇，学术专著限100本，只能少列而不能多列。这种撰写要求的结果，难免有对该学科学术成果进行重要性评价的色彩。但因作者的阅读范围及学术判断力难以周全，若有“挂百漏万”之处，万望本系列丛书的读者海涵。

中国社会科学院正在深入推进的哲学社会科学创新工程，是哲学社会科学研究机制的重大改革。其中一项重要的机制性功能，就是要不断提高科研人员和科研机构的科研效能、科研效率与科研效果。深入系统地掌握具体学科的发展过程与当前状况，不仅是技术层面的学术能力建设，更是理念层面的学术能力建设。因为对既有科研过程和学术成果的审视与省察，可以强化科研人员的学术自省精神和学者社会责任，从而提高理论创新的动力与能力。中国社会科学出版社以其专业敏锐的学术判断力，倾力打造学科新发展系列图书，不仅是“中国法学新发展系列丛书”的创意者，更是本系列丛书的规划者、资助者和督导者。正因法学所、国际法所与中国社会科学出版社之间的良性互动，本系列丛书才得以撰写完成并出版面世。可见，科研机构与出版机构之间的良性互动与真诚合作，确是学术创新机制的重要构成。

陈　甦

2013 年 7 月 1 日于北京

目　录

第一章

本世纪以来刑事诉讼法学研究状况

第一节 刑事诉讼法学发展的时代背景

一 刑事诉讼法学发展的基本脉络

刑事诉讼法学是以刑事诉讼立法和刑事诉讼实践为研究对象的法律学科。在我国清末之前的数千年历史中，中国法律不仅民刑混杂，而且实体法与程序法也没有得到区分。作为一门学科的刑事诉讼法学无从产生。我国近现代刑事诉讼法学的产生与发展大致可以分为以下四个时期：

1. 产生时期：我国近现代刑事诉讼法学的产生源于清朝末年的变法运动。当时，在沈家本的主持下，翻译了一些外国刑事诉讼方面的法律和著作，并借鉴外国法律起草了《大清刑事民事诉讼法草案》和《大清刑事诉讼律草案》。沈家本对刑法与刑事诉讼法之间的关系（体与用）、陪审制度、律师制度的作用及刑事诉讼应遵循的一些原则（如自由心证、直接审理、言词辩论、公开审判等）作了阐述。1906 年，学制为 3 年的京师法律学堂开学，刑事诉讼法被列为第二和第三学年的主要课程。刑事诉讼法课程在高等学堂的设立，意味着现代刑事诉讼法学作为一门独立法律学科在中国的产生。沈家本对刑事诉讼法的作用、原则、制度所作的论述，是我国学者对刑事诉讼法学理论问题所作的最初研究。

2. 初步发展时期：我国刑事诉讼法学体系的真正产生，始于上个世纪 20 年代夏勤的《刑事诉讼法要论》一书的出版，后来，经陈谨昆、蔡枢衡等学者的努力，中国刑事诉讼法学初步形成了一个较为完整的理论体系。《刑事诉讼法学要论》一书，分绪论和本论两大部分，绪论阐述了刑事诉讼法与刑法的关系、刑事诉讼的意义、种类、阶段、法律关系、诉讼条件、诉讼方式及各种诉讼主义和原则，本论分为诉讼主体、诉讼行为、通常诉讼程序和特别诉讼程序四编。① 蔡枢衡的《刑事诉讼法教程》一书，分为绪论，刑事诉讼之主体、客体及行为，当事人等之诉讼行为，审检机关之诉讼行为等几部分。② 中国刑事诉讼法学在20世纪20—40年代所积累的学术传统、理论体系和研究方法，后来在中国大陆遭到了抛弃，在我国台湾地区则得到了承继和发展。

3. 转型时期：新中国成立后，刑事诉讼法学进入转型时期，社会主义刑事诉讼法学开始创建。20世纪50年代初期，我国翻译出版了一大批前苏联学者撰写的刑事诉讼法学专著和教科书，如《苏维埃刑事诉讼》（切里佐夫著）、《苏维埃法律上的诉讼证据理论》（维辛斯基著）、《苏联刑事诉讼法概论》（杜尔曼诺夫著）等。通过学习、借鉴苏联的刑事诉讼法学理论，我国刑事诉讼法学的转型得以逐步完成，新的刑事诉讼法学理论体系也初步得到确立。1956年12月法律出版社出版了《中华人民共和国刑事诉讼教学大纲》。在这一阶段，我国学者对刑事诉讼和司法制度中的一些理论问题也开展了专题研讨，发表了百余篇论文。③ 在研究方法上，强调刑事诉讼法学的党性和阶级性，从而使有关学术问题的讨论演变成政治问题的争论。后来随着“文革”的开始，刑事诉讼法学的许多理论问题都成为研究禁区，这种做法制约了刑事诉讼法学的发展。

4. 恢复和继续发展时期：在此时期，以刑事诉讼法立法与法律修改为主线，自1979年以来，刑事诉讼法学发展可分为三个阶段：第一阶段从1979年到1996年。在这一阶段，几所院校的刑事诉讼法学知名专家直接参与了1979年刑事诉讼法立法工作；学术界编写了大量的刑事诉讼法学教材；一些专著和论文对刑事司法实践中出现的问题和一些理论问题，展开了专题探讨；1984年以来，全国性的诉讼法学学术团体中国法学会诉讼法学研究会及各省、自治区、直辖市诉讼法学研究会相继成立，中国法学会诉讼法学研究会每年都要举行一次全国性的诉讼法学年会，讨论诉讼法学的有关理论问题以及改革与完善诉讼制度的问题。第二阶段从

---

① 参见夏勤《刑事诉讼法学要论》，中国政法大学出版社2012年版。

② 参见蔡枢衡《刑事诉讼法教程》，中国政法大学出版社2012年版。

③ 参见陈瑞华《刑事诉讼的前沿问题》，中国人民大学出版社2000年版，第28页。

1996 年刑事诉讼法第一次修正前后到 2012 年刑事诉讼法第二次修正。由于经济社会的迅速发展，全社会对人权的关注与日俱增，与基本权利关系密切的刑事诉讼法学的研究因此也进入了一个新的发展阶段。在此阶段，与立法修改相联系的研究发展迅速；刑事诉讼基本理论研究也获得推进，如一些学者对刑事诉讼结构、目的、价值、程序公正等基本理论问题进行了有深度的研究，取得了一些突破性成就；对外国和我国台、港、澳地区刑事诉讼法的研究也受到重视，组织翻译出版了当代有代表性的国家的刑事诉讼法典和研究外国刑事诉讼法的专著和教科书，对外学术交流大大加强；2006 年中国法学会诉讼法学研究会一分为二，中国刑事诉讼法学研究会和中国民事诉讼法学研究会相继成立，刑事诉讼法学和民事诉讼法学的专业研究各自向纵深发展。第三阶段为 2012 年刑事诉讼法修正至现在。在这一阶段，学术界将关注点主要放在新刑事诉讼法的立法、司法解释以及实施问题，与此同时，刑事诉讼法的再修改仍然受到关注。

二　刑事诉讼法学发展的国际国内环境

从 20 世纪至 21 世纪，我国社会发生了深刻的变化。在这段历史里，先后出现了三种社会形态，即农业社会、工业社会和信息社会。中国社会经历着从传统的乡土社会变为工业化社会，又从工业化社会走向信息化社会的“三级两跳式”的发展。① 与社会转型相呼应，我国的刑事诉讼法学也经历着一场观念更新、学理递进的演变。

1. 市场经济与刑事诉讼法学研究：从 20 世纪 70 年代末到 90 年代中期，中国社会经历了整体性的嬗变，现在仍然处于这种历史性的转换时期。生产力的解放和人的发展成为社会整体变革的基本动力。经济体制的改革带来了社会各方面的变革或转换，如政治体制的改革、社会观念的转换、生活方式的改变等。经济体制改革也必然对刑事诉讼理论和实践产生影响。在市场经济体制下，商品生产者是独立的利益主体，具有独立的人格和平等的地位是商品经济活动的内在要求。“个人的人格主体性”是商品经济社会所提供的基本法律价值。该价值观的确立，打破了长期以来我国的刑事诉讼理论将犯罪嫌疑人、被告人作为打击对象、纠问客体的历史

---

① 参见费孝通《“三级两跳”中的文化思考》，《读书》2001 年第 4 期。

窠臼，为刑事诉讼主体理论的研究扫清了障碍。市场经济的发展刺激了公民权利意识的增长，在刑事诉讼中，如何保障诉讼参与人尤其是被指控人的权利不受侵犯，成为刑事诉讼理论研究中的一个核心问题。意识形态壁垒的消除也使刑诉法学者对刑事诉讼中许多问题的认识，逐步从“真理论”转向“价值论”，价值分析成为评价一项刑事诉讼制度优劣的基本方法。市场经济中的效率原则也使刑诉法学者开始注重刑事诉讼法学研究中的经济分析方法。

2. 刑事司法国际标准与刑事诉讼法学研究：虽然联合国自成立以来制定并通过了《联合国宪章》、《世界人权宣言》、《公民权利和政治权利国际公约》等诸多法律文件，其中有不少涉及刑事司法的规定，但长期以来并没有引起我国学者的重视。1998 年 10 月 5 日我国签署了《公民权利和政治权利国际公约》，由此带动了对于国际刑事司法准则的研究。1998 年 11 月出版的陈光中等主编的《联合国刑事司法准则与中国刑事法制》，被认为是我国研究国际刑事司法准则的开山之作。2002 年我国正式加入世界贸易组织（WTO），经济全球化、法律世界化的浪潮对我国刑事诉讼法学研究产生进一步的冲击。此后，对国际刑事司法准则的研究逐渐成为一种“显学”。我国于 2003 年 9 月加入了《联合国打击跨国有组织犯罪公约》，该公约要求所有愿意遵守的国家在法律上采取协调措施，打击有组织犯罪集团与腐败行为、打击洗钱等非法活动、简化引渡程序、扩大引渡范围。2003 年 12 月 10 日我国签署了《联合国反腐败公约》（2005 年 10 月 27 日批准加入）。这是联合国历史上通过的第一个用于指导国际反腐败斗争的法律文件，对预防腐败、界定腐败犯罪、反腐败国际合作、非法资产追缴等问题，进行了法律上的规范。这两个公约的批准或签署，进一步在刑诉法学界掀起了研究国际刑事司法准则的热潮。①

3. 人权保护与刑事诉讼法学研究：2004 年 3 月，“国家尊重和保护人权”的规定被载入宪法，“人权”日益成为中国社会的主流话语，在刑事司法中如何落实人权保护，因而成为刑事诉讼法学研究中的重要内容。2009 年 4 月，国务院新闻办公室发布了首个《国家人权行动计划》（2009—2010 年）。该计划旨在落实“国家尊重和保障人权”的宪法原

① 参见吴高庆《国际刑事司法准则研究及其评价》，《法学研究》2012 年第 5 期。

则，明确了中国政府在促进和保护人权方面的工作目标和具体措施，其内容包括经济、社会和文化权利保障、公民权利与政治权利保障、少数民族、妇女、儿童、老年人和残疾人的权利保障、人权教育、国际人权义务的履行及国际人权领域交流与合作等。在“公民权利与政治权利保障”方面，重点列举了以下内容：（1）完善预防和救济措施，在执法、司法的各个环节，依法保障人身权利；（2）完善监管立法，采取有效措施，保障被羁押者的权利与人道待遇；（3）依法保障诉讼当事人特别是受刑事指控者获得公正审判的权利。《国家人权行动计划》指出：“中国已签署《公民权利和政治权利国际公约》，将继续进行立法和司法、行政改革，使国内法更好地与公约规定相衔接，为尽早批约创造条件。”此外，还建立了由国务院新闻办公室和外交部牵头、立法和司法机关以及国务院相关职能部门组成的国家人权行动计划联席会议机制，负责统筹协调人权行动计划的执行、监督与评估工作。2012 年 6 月，国务院新闻办公室发布了第二个《国家人权行动计划》（2012—2015 年）。《国家人权行动计划》的发布，使得刑事诉讼法学的研究不仅关注人权保护在立法层面的落实，而且关注人权保护在司法层面的实现。

4. 构建和谐社会与刑事诉讼法学研究：2004 年 9 月，中共十六届四中全会提出了“构建社会主义和谐社会”的理念，完善的刑事诉讼法被视为构建和谐社会的重要保障。中央在《决定召开十六届六中全会研究构建社会主义和谐社会问题》中提到“要科学分析影响我国社会和谐的矛盾和问题及其产生的原因，更加积极主动地正视矛盾、化解矛盾，最大限度地增加和谐因素，最大限度地减少不和谐因素，不断促进社会和谐”。而在国际层面，联合国预防犯罪和刑事司法委员会第 11 届会议于 2002 年 4 月在维也纳，通过了《关于在刑事事项中采用恢复性司法方案的基本原则》的决议草案。采用恢复性司法方案是构建和谐社会的重要手段，在和谐社会语境下，刑事和解制度、刑事附带民事诉讼制度、未成年人刑事诉讼特别程序、社区矫正制度等成为刑事诉讼法学研究中的热点问题。

三　刑事诉讼法学研究与立法、司法实践的互动

刑事诉讼法学研究是沟通刑事诉讼立法与司法实践的一座桥梁，法学研究也与立法、司法实践之间形成一种互动关系。由于特定的历史和时代

背景，我国刑事诉讼法学界所取得的研究成果，在相当大程度上都是围绕着刑事诉讼法的制定、贯彻实施和修改所做的学术研究与探讨。1996 年的修改尽管实现了律师对侦查程序的介入、取消了备受抨击的收容审查和免予起诉、进行了审判方式的改革，在诉讼的公正性和人权保障方面有明显进步，但由于立法经验的欠缺、知识储备的不足以及立法和执法过程中的“权力博弈”，导致刑事诉讼规范体系未能合理建立，在刑事辩护方面甚至出现了“进一步、退两步”① 的现象。有学者将 1996 年刑事诉讼法的缺陷概括为五个方面：总则部分统率功能不足、纯粹纠问式的审前构造、以对抗制为形式以职权模式为实质的审判方式、救济程序的功能严重不足、秩序混乱的执行程序。② 2003 年 10 月，刑事诉讼法的修改被纳入了十届全国人大的立法规划，但未能在 2008 年 3 月全国人大换届之前完成修改。2008 年 10 月，刑事诉讼法的修改重新被纳入了新一届全国人大的立法规划，并于 2012 年 3 月完成了刑事诉讼法的再修改。刑事诉讼法的再修改，大幅度推进了我国刑事诉讼制度的发展与完善。刑事诉讼法的成功修改凝结着立法机关、刑事执法机关和全国人民的心血，而其中刑事诉讼法学的研究更是功不可没。

2007 年 10 月，《律师法》进行了较大幅度的修改，在保障律师辩护权方面大大向前迈进了一步，被认为是通过迂回的方式修改了刑事诉讼法。由于刑事诉讼法的修改未能按期完成，导致了理论上关于律师法与刑事诉讼法的效力之争以及实践中执行律师法还是执行刑事诉讼法的分歧。这些问题成为刑事诉讼法学研究的对象，并由此推动了 2012 年刑事诉讼法再修改中将刑诉法与律师法的协调作为欲解决的重点问题之一。

---

① 根据 1979 年的刑事诉讼法，尽管辩护律师在法院开庭前 7 天才能介入刑事诉讼，但律师可以看到全部案卷材料。刑事诉讼法修改之后，律师的阅卷权反而受到了限制，只能看到检察机关移送至法院的证据目录、证人名单和主要证据复印件或者照片。修改后的刑事诉讼法第 38 条规定：辩护律师和其他辩护人，不得帮助犯罪嫌疑人、被告人隐匿、毁灭、伪造证据或者串供，不得威胁、引诱证人改变证言或者作伪证以及进行其他干扰司法机关诉讼活动的行为。违反前款规定的，应当依法追究法律责任。刑法第 306 条相应地规定了“律师伪证罪”。上述规定在实践中给律师带来了很大的执业风险。参见陈光中主编《刑事诉讼法实施问题研究》，中国法制出版社 2000 年版，第 25 页以下。

② 参见陈卫东《〈模范刑事诉讼法典〉的起草思路、原则与框架》，载陈光中、陈卫东主编《诉讼法理论与实践》，中国方正出版社 2005 年版，第 53 页。

我国刑事诉讼法学的发展既要有世界的眼光，更要关注中国的问题，而中国的问题来自于中国的立法和司法实践。1996 年和 2012 年刑事诉讼法修改之后，公安司法机关发布了实施细则。对这些司法解释和其他规范性的研究，成为刑事诉讼法学研究的重要组成部分。司法实践中的典型案例，也是刑事诉讼法学研究的对象。随着法院裁判文书网上公开，为刑诉法学界开展案例研究提供了更为便利的条件。此外，公安司法机关所进行的看守所规范化建设、附条件不起诉、人民监督员、刑事和解、相对独立的量刑程序、被害人司法救助等自生自发的改革经验，为刑事诉讼法学理论和立法研究提供了新的实践源泉。2000 年全国人大常委会进行执法大检查，发现刑事诉讼中存在刑讯逼供、超期羁押、律师辩护难三大痼疾①；近年来刑事冤假错案频频为媒体曝光，在社会上引起了极大的反响。刑事司法实践中所出现的问题，促使学术界进行回应式的研究。

四　刑事诉讼法研究与司法改革相互呼应

我国的司法改革经历了从社会呼吁到政府主导的过程。上个世纪 90 年代中期，司法改革主要是学术界和媒体谈论的话题。1997 年，党的十五大明确提出了“推进司法改革，从制度上保证司法机关独立公正地行使审判权和检察权”的任务。此后，各个部门开始出台系统的改革方案，如 1999 年 10 月，最高法院推出了《人民法院五年改革纲要》（1999—2003）；2000 年 1 月，最高检察院推出了《检察改革三年实施意见》（2000—2004）；各地方法院、检察院也纷纷出台了相关的改革方案。

2002 年，党的十六大提出要“加强对执法活动的监督，推进依法行政，维护司法公正，防止和克服地方和部门的保护主义。推进司法体制改革，按照公正司法和严格执法的要求，完善司法机关的机构设置、职权划分和管理制度”。根据党的十六大关于推进司法体制改革的战略决策，中央司法体制改革领导小组于 2004 年底出台了《中央司法体制改革领导小组关于司法体制和工作机制改革的初步意见》（以下简称《初步意见》），对推进司法体制改革作出了全面部署。最高法院、最高检察院分别成立了司法改革领导小组，两高分别推出了《人民法院第二个五年改革纲要》

---

① 参见陈卫东主编《刑事诉讼法实施问题调研报告》，中国方正出版社 2001 年版，第 1 页。

（2004—2008）和《关于进一步深化检察改革的三年实施意见》（2005—2008）。2006 年 5 月，中央做出了《关于进一步加强人民法院、人民检察院工作的决定》。

2007 年党的十七大报告提出要“深化司法体制改革，优化司法职权配置，规范司法行为，建设公正高效权威的社会主义司法制度，保证审判机关、检察机关依法独立公正地行使审判权、检察权。”2008 年 11 月，中央政法委员会出台了《关于深化司法体制和工作机制改革若干问题的意见》，该意见由中央政法委会同中央和国家机关的 17 个部门和有关地方制定。此次司法改革意见，提出了优化司法职权配置、落实宽严相济刑事政策、加强政法队伍建设、加强政法经费保障等四个方面改革任务。2009 年 3 月，最高人民检察院印发了《关于贯彻落实〈中央政法委员会关于深化司法体制和工作机制改革若干问题的意见〉的实施意见——关于深化检察改革 2009—2012 年工作规划》；最高人民法院发布了《人民法院第三个五年改革纲要（2009—2013）》，针对当前我国司法体制中存在的主要问题，系统部署了 2009 年到 2013 年法院改革的各项措施。

从上个世纪 80 年代末启动司法改革至今，大体经历了以审判方式改革为主导的司法改革、依法治国方略所带来的全方位的司法改革、更多地涉及体制性问题的司法改革等三个阶段，司法改革逐步走向深入。司法改革，大而言之，涉及国家司法权力乃至立法权力、行政权力的重新配置；中而言之，涉及司法机关内部机构的调整、司法程序的改革；小而言之，涉及司法人员的选拔和使用。可以说，司法改革是一个宏大的工程，涉及司法体制、司法程序、法官制度等全方位的调整。而刑事司法体制和刑事司法程序也是刑事诉讼法学研究的对象。2012 年 10 月，国务院新闻办发表了《中国的司法改革》白皮书，总结了司法改革的成就，其中大部分内容与刑事诉讼制度有关。刑事诉讼法的修改也是司法改革的重要组成部分。进入 21 世纪以来，与刑事诉讼法的修改和国家层面的司法改革相呼应，我国的刑事诉讼法学研究呈现出空前繁荣的景象，刑事诉讼法学也因此而成为“显学”。

第二节　刑事诉讼法学研究成果的基本状况

作为法学的基础性学科之一，我国的刑事诉讼法学研究每年都有大量的研究成果涌现。据不完全统计，2000—2012 年在全国各类报刊杂志上发表的刑事诉讼法学论文逾万篇①，出版的专著逾百部②。《诉讼法论丛》、《诉讼法学研究》、《证据学论坛》、《刑事法评论》、《公法》、《刑事法前沿》等连续出版物上也刊载了一些刑事诉讼法学方面的论文。其内容涉及刑事诉讼理论与实践的方方面面，既包括宏观的基础理论方面的研究，也包括微观的具体制度设置与运作方面的研究。

在刑事诉讼法学的研究成果中，大量的重复性研究充斥其中，其中许多论文停留在教科书的水平，有些甚至低于教科书水平，谈不上是真正的学术研究。我国法学教育的迅猛发展，使得刑事诉讼法学的研究队伍日渐扩大，但是，与此同时，刑事诉讼法学的研究水平并未有大幅度的提升。往往是，一旦某个话题引起关注，大量的论文便一拥而上，重复性研究比比皆是，如关于无罪推定、沉默权、辩诉交易、证据开示、非法证据排除等问题的讨论均是如此。因此，在探讨本世纪以来刑事诉讼法学的新发展时，我们只能选取一些讨论较为集中，或者有所突破，或者有启发意义的研究成果予以概述，并加以简单的评论。而对刑事诉讼法学研究成果的基本状况的研判，也以这些具有代表性的研究成果作为基础。

一　关于刑事诉讼基础理论的研究

刑事诉讼基础理论主要包括刑事诉讼理念、范畴和原则。本世纪以来，各类著述上涉及刑事诉讼基础理论的议题主要有：刑事诉讼法律观的转变；刑事程序的法哲学原理；刑事诉讼的目的、价值及其关系；刑事诉讼双重目的论之批判与重构；刑事诉讼模式的类型以及中国刑事诉讼模式的本土建构；刑事诉讼方式；宪法与刑事诉讼；刑事诉讼的现代化；刑事诉讼的经济分析；刑事诉讼主体；刑事诉讼法原则；刑事程序公开；刑事正当程序；刑事司法行为的道德界限；检警关系；检察的内涵以及检察权的性质；检察官的客观义务；公诉的价值；刑事诉讼中的形式理性；司法权的性质；司法自由裁量权；公正审判权；中国的刑事审判方式；审判对

---

①　在“中国知网”期刊网上，输入主题词“刑事诉讼”，将年份限定为“从 2000 年到 2012 年”，可以得到 15340 条检索结果。而搜索“中国知网”上所刊载的“博硕士”论文，选择学科专业名称为“刑事诉讼法学”，可以得到 151 条检索结果。

②　以年度计，每年出版的专著至少超过 10 部，这是极为保守的估计。

象的运行规律；刑事法庭设置与刑事审判构造；不得被迫自证其罪原则；刑事程序倒流；刑事诉讼的经济分析；科学技术在刑事诉讼中的价值；法律现实主义与转型社会刑事司法；程序性制裁；诉权理论；恢复性司法等。

刑事诉讼法学理论体系的构建是刑事诉讼法学逐步走向成熟的标志。学术界一方面致力于厘清诸如刑事诉讼目的、刑事诉讼价值、检察权、司法权、公正审判权、审判对象、形式理性等基本范畴的内涵，以便为学术研究的展开提供基础性的对话工具；另一方面则试图超越“拿来主义”的研究范式，提出符合中国立法和司法实际的理论创新命题，如在刑事诉讼模式的研究上，突破当事人主义与职权主义、犯罪控制模式与正当程序模式的分类方法，从一个新的维度提出司法过程中的“对抗与合作”两种形态；在证明模式的研究上，不是简单照搬西方国家的“自由心证”理论，而是提出具有中国特色的“印证证明模式”；还有将我国刑事审判方式概括为“案卷笔录中心主义”，将我国刑事审判构造归结为“伞形结构”；提出“程序性制裁”的概念并对其进行系统研究以及运用“相对合理主义”的学术立场和方法分析我国刑事法治实践，这些均反映了学术界在创建“刑事诉讼的中国模式”方面所做的努力。但是，迄今为止，刑事诉讼法学的理论体系尚未建成，学术界在刑事诉讼法律关系、刑事诉讼主体、刑事诉讼客体、刑事诉讼行为等基本范畴上尚未达成共识；对于刑事诉讼原则体系的研究止步不前，难以担当构建科学、合理的刑事诉讼原则体系之使命。从研究成果的数量上看，基础理论方面的研究占了不小的比例，这至少说明了学界对基础理论研究的重视，而这种重视无疑有助于推动我国刑事诉讼基础理论研究的进一步发展。

二　关于刑事诉讼制度和程序的研究

刑事诉讼制度和程序的研究所涉及的主要议题有：沉默权；刑事附带民事诉讼制度；被告人与律师之间的辩护冲突；盘查制度；立案程序与犯罪嫌疑人的确认；刑事强制措施体系；未决羁押制度；刑事侦讯制度；无证搜查；强制性侦查措施；技术侦查；秘密侦查；补充侦查；侦查监督；公诉方式；酌定不起诉；撤回起诉；庭审制度；合议制度；刑事诉讼中的和解、调解与合议；刑事法官庭审指挥权；刑事缺席审判制度；程序分流；刑事二审“发回重审”制度；刑事再审制度；审级制度；刑事赔偿制度；未成年人刑事诉讼程序；特别没收程序；精神病人强制医疗程序等。

刑事诉讼法学研究在很大程度上体现出“对策法学”的特点。大量的研究围绕着刑事诉讼法的修改和完善而展开。一方面是从现有制度和程序的实施中发现问题，进而提出完善该制度和程序的设想；另一方面则是从比较法研究中获得灵感，发现中国相关制度的缺失，从而提出拾遗补缺的建议。前者如刑事附带民事诉讼、辩护冲突、未决羁押、刑事二审“发回重审”等问题的研究；后者如刑事缺席审判、技术侦查、暂缓起诉、刑事证据保全、刑事被害人国家补偿等问题的研究。国家层面的司法改革促进了刑事诉讼法的修改，并为刑事诉讼法学研究提供了新的学术增长点，如恢复性司法、刑事和解制度、量刑规范化改革、非法证据排除规则等成为学术研究的热点。随着2012年刑事诉讼法修正案的出台，可以预见，新刑事诉讼法的实施问题将成为刑事诉讼法学研究的重点。在制度研究方面，一个较为明显的问题是，由于我们在一些基本价值问题上未能达成共识，影响了始终如一的深入研究，比如由于“司法裁判中心主义”的理念未能建立，检警关系、检法关系成为刑事诉讼法学研究中纠缠不清的问题，继而导致在强制性侦查措施制度建构上的长期争论，检察机关的法律监督应当强化还是弱化乃至取消，成为刑事诉讼法学研究中难解的“理论之结”；再有，“实事求是，有错必纠”与“禁止双重危险”原则的对垒，也直接影响到对于刑事再审程序的研究。

三　关于刑事证据和证明理论及制度的研究

刑事诉讼制度和程序的研究所涉及的主要议题有：证据学或证据法学学科体系的构建、证据法学的理论基础和基本问题；证据概念；证据的种类与分类；证据规则的价值基础和理论体系；刑事证据法的规范体系及合理建构；地方性刑事证据规则；举证责任；刑事诉讼证明模式；证明对象；刑事诉讼中的程序性证明；证明力规则；司法证明的目的与标准；刑事审判中的证据引出规则；刑事庭审认证规则；证据的采纳和采信；实物证据的鉴真；刑事证据立法的方向、方式；刑事证据保全制度；刑事推定；司法证明逻辑与机理；科学证据采信的基本原理；司法鉴定制度；证人作证制度；非法证据排除规则；程序性裁判中的证据规则；最佳证据规则；传闻证据规则；辨认笔录的证据能力；电子证据等。

与刑事诉讼程序研究相比，刑事证据法学的研究显得较为薄弱，虽然偶有亮点（如关于刑事诉讼证明模式、证明力规则、程序性裁判中的证据规则、地方性刑事证据规则的研究），但总体上歧见丛生，所达成的共识较少。比如，关于证据法学的学科体系应当如何构建，至今仍是一个没有定论的问题；对于刑事证据立法的方向与模式问题，还存在着较大的意见分歧；对于证明标准问题、推定问题尽管进行了较为集中的研讨，碰撞出智慧的火花，并推动了相关立法的完善，但是，关于证明标准的层次性问题、死刑案件的证明标准问题、推定的含义与分类问题等，仍存在着争论。近年来，一些学者从关注证据规则问题转向关注司法证明逻辑与机理问题，从而开拓出新的研究领域。从总体上看，在刑事证据法学的研究方面，由于我们对西方的证据法学逻辑体系缺乏深入的了解和准确的把握，加之原有的思维定式的影响，导致我们在本体论问题上争论不休，而真正具有实质意义的认识论问题却未引起我们的足够重视。

四　关于刑事司法改革问题的研究

刑事司法改革研究所涉及的主要议题有：刑事诉讼法再修改之基本理念；刑事诉讼法的修改目标和方向；刑事司法体制原理；司法公正要素分析；司法权威及其确立；司法公正与检察官；检察改革；人民监督员制度；侦查程序中检警关系的优化；刑事审前程序改革；传媒与司法；起诉程序改革；审判方式改革的方向与路径；审判组织重构与审判组织表决规则；羁押场所巡视制度；公诉案件刑事和解制度；暂缓起诉制度；司法鉴定体制改革；非法证据排除程序；量刑程序改革；审判管理；修复性司法；刑事二审程序改革；刑事被害人国家补偿制度等。上述议题基本上是刑事司法改革中的热点和难点问题。刑事诉讼法学研究为司法改革提供了智识支持。

除了诉讼法学者之外，许多法理学、宪法学、行政法学、民商法学、刑法学也参与了司法改革的研究；除了学术界之外，司法实务界也对司法改革倾注了极大的热情。最高人民法院、最高人民检察院成立了司法改革办公室，专门对司法改革问题进行研究；全国法院系统和检察院系统依托中国法学会分别成立了中国审判理论研究会和中国检察理论研究会，持续关注与研究审判改革与检察改革问题；最高法院、最高检察院以及部分省级法院、检察院每年都发布有关审判改革、检察改革的研究（调研）课题，并组织研讨会、成果评奖等活动；一些法院提出了“能动司法”、“民本司法”、“协同司法”、“阳光司法”等口号并组织专题研究。司法改革研究在取得积极进展和丰硕成果的同时，也存在着一些问题与缺憾，如不同学科的学者在研究中大都各自为战，较少进行交流与合作，缺乏学科间的协同研究，难以产生重大的研究成果；理论研究人员与实务工作者缺少深入的交流与合作，不是理论脱离实际，就是实践难以上升到理论高度，从而极大地影响着研究工作的深入开展和研究成果的充分应用。①

第三节　刑事诉讼法学学术活动的基本状况

本世纪以来，刑事诉讼法学研究呈现出一派繁荣景象。这不仅体现在学术研究成果的大量涌现，而且体现在学术研讨活动的蓬勃开展。

2000—2012 年间，除了每年中国法学会诉讼法学研究会或中国刑事诉讼法学研究会召开年会集中研讨刑事诉讼法的修改问题之外，一些高校和科研院所单独或者与实务部门合作召开了不少有关刑事诉讼法学的专题研讨会，此外，还组团去国外考察。一些知名学者还在全国各地举办刑诉法学专题讲座，对法律职业者进行专题培训等。这些学术研讨活动促进了学者之间的相互交流以及理论与实践的互动，加深了对刑事诉讼理论和实践问题的认识。下面按年度撮要略作介绍。

2000 年的主要学术活动包括：5 月 26 日中国政法大学刑事法律研究中心在北京举办证据法学术研讨会；11 月 6—8 日中国法学会诉讼法学研究会在湖北宜昌召开了 2000 年全国诉讼法学年会，会议讨论的重点内容是证据立法、证据制度和司法改革；12 月 5 日由中国人民大学法学院主持召开了司法改革国际学术研讨会。

2001 年的主要学术活动包括：7、8、12 月全国人大常委会法工委刑法室在北京主持召开了三次刑事证据立法研讨会；10 月中国诉讼法学研究会刑事诉讼法学专业委员会在哈尔滨召开了诉讼效率研讨会和在汕头召开了刑讯逼供专题研讨会；11 月中国政法大学刑事法律研究中心、诉讼法研究中心在北京召开了中英刑事审前程序研讨会和中加人权公约实施研

① 参见谭世贵《司法制度研究的发展走向》，《法学研究》2012 年第 5 期。

讨会；11 月 23—27 日中国诉讼法学研究会在西安召开年会，就证据制度、公正与效率等问题进行研讨；12 月 8—9 日中国人民大学诉讼制度与司法改革研究中心和全国律师协会刑事业务委员会在北京共同主办了司法公正与律师辩护国际研讨会。

2002 年的主要学术活动包括：5 月中国政法大学刑事法律研究中心、诉讼法学研究中心在北京召开了证据法国际研讨会；7 月中国人民大学诉讼制度与司法改革研究中心在北京召开了英国刑事审前程序国际研讨会；8 月中国诉讼法学研究会刑事诉讼法学专业委员会在贵阳召开了控辩双方诉讼权利模式研讨会，集中研讨了辩诉交易制度引入我国的必要性、可行性以及具体制度设计等问题；11 月上旬中国诉讼法学研究会在南京召开了全国诉讼法学年会，就证据制度、刑事审前程序等问题进行了研讨；9—10 月中国政法大学刑事法律研究中心组团赴俄罗斯等国考察证据制度；10 月中国人民大学诉讼制度与司法改革研究中心组团赴英国考察保释制度等。

2003 年的学术活动主要包括：3 月中国人民大学诉讼制度与司法改革研究中心、英中协会与北京市东城区人民检察院在北京召开了保释制度国际研讨会；4 月中国政法大学刑事法律研究中心陈光中主持召开了刑事证据法草案第一稿讨论会；9 月中华全国律师协会刑事业务委员会、中国人民大学诉讼制度与司法改革研究中心、美国律师协会亚洲法律项目理事会、纽约大学法学院在北京召开了中美律师辩护职能与司法公正国际研讨会；10 月中国人民大学诉讼制度与司法改革研究中心、中国政法大学诉讼法学研究中心与河南省焦作市人民检察院主办了现代公诉制度学术研讨会；10 月上海交通大学、纽约大学法学院主办、中国诉讼法学会刑事诉讼法学专业委员会协办了刑事辩护对策国际研讨会；12 月中国法学会诉讼法学研究会在广西南宁召开年会等。

2004 年的学术活动主要包括：4 月 18 日，中国政法大学诉讼法学研究中心、中国人民大学诉讼制度与司法改革研究中心和北京市海淀区人民检察院在北京联合举办了刑事诉讼法的基本理念与原则研讨会；5 月 15 日，中国人民大学宪政与行政法治研究中心和诉讼制度与司法改革研究中心共同举办了宪法与刑事诉讼法的关系研讨会；5 月 16 日，中国人民大学诉讼制度与司法改革研究中心在北京举办了证据开示国际研讨会；6 月 26—27 日，中国政法大学诉讼法学研究中心在北京召开了刑事审前程序改革国际研讨会；8 月 12—14 日，最高人民检察院在福建举办了检察改革暨检察院组织法修改专家座谈会；9 月 24—25 日，中国诉讼法学会刑事诉讼法学专业委员会在成都召开年会，专题研讨刑事审判制度改革问题；10 月 10—12 日，中国诉讼法学研究会在广州召开年会，年会的总议题为三大诉讼法典的修改，其中刑事诉讼法学分议题包括：刑事诉讼法的基本理念与原则，刑事诉讼法的结构与框架，刑事审前程序的完善，刑事审判程序的完善；11 月 2—3 日，中国政法大学刑事法律研究中心在北京举办了刑事再审程序国际研讨会。

2005 年的学术活动主要包括：1 月 22—23 日，中国人民大学诉讼制度与司法改革研究中心在山东召开了中英辩护律师权利及证据开示研讨会；2 月 26—27 日，中国人民大学诉讼制度与司法改革研究中心在北京举办了模范刑事诉讼法典论证国际研讨会；3 月 26 日，中国人民大学诉讼制度与司法改革研究中心在北京举办了最高人民法院收回死刑核准权之对策研讨会；6 月 5 日，中国政法大学诉讼法学研究中心在北京召开了贯彻实施《关于司法鉴定管理问题的决定》专家座谈会；6 月 12 日，西南政法大学诉讼法与司法改革研究中心承办的侦查程序与人权保护理论研讨会在重庆召开；8 月 18 日，中国政法大学诉讼法学研究中心和英国文化协会在北京举办了刑事审判方式改革研讨会；9 月 23—27 日，中国法学会诉讼法学研究会 2005 年年会在天津召开，年会总议题为构建和谐社会与诉讼法理论、诉讼法典修改，其中刑事诉讼法学议题包括宪法修改与刑事诉讼法典修改，构建和谐社会与完善刑事诉讼制度，刑事诉讼法典修改的思路、理念与具体制度设计，刑事证据规则；10 月 16—17 日，由中国政法大学刑事法律研究中心主办的中德刑事司法政策改革研讨会在北京举行；10 月 29—30 日，中国政法大学诉讼法学研究中心同河南省人民检察院、国家检察官学院河南分院在河南联合举办了刑事起诉与不起诉制度理论研讨会；11 月 19—20 日，中国人民大学诉讼制度与司法改革研究中心与《中国法学》杂志社在北京共同举办了死刑复核程序专题研讨会；12 月 27 日，中国政法大学诉讼法学研究中心在北京举办了刑事强制措施立法完善研讨会。

2006 年的学术活动主要包括：3 月 30—31 日，由中国政法大学诉讼法学研究院主办的侦查讯问程序改革国际研讨会在北京召开；5 月 26—28 日，中国政法大学诉讼法学研究院在山东省东营市召开了证据开示和审判程序改革研讨会；6 月 23—25 日，由中国政法大学刑事法律研究中心、中国社会科学院法学研究所、美国纽约大学法学院联合主办的比较刑事诉讼国际研讨会在北京举行；7 月 21—22 日，由中国人民大学刑事法律科学研究中心与北京市检察官协会共同主办了和谐社会语境下的刑事和解学术研讨会；8 月 12—13 日，由中国人民大学诉讼制度与司法改革研究中心和英中协会共同主办的中欧反酷刑公约以及附加议定书国际研讨会在北京召开；8 月 14 日，由中国政法大学刑事法律研究中心与美国维拉司法研究所联合主办的《试点与改革：完善司法制度实证研究方法》新书发布及研讨会在北京举行；8 月 18 日，由中国政法大学刑事法律研究中心主办的未成年人取保候审、酌定不起诉改革实验座谈会在北京举行；9 月 26—28 日，中国法学会诉讼法学研究会 2006 年年会在浙江杭州召开，会议主题是诉讼公正与司法理念，其中刑事诉讼法学议题为：中国刑事诉讼法修改研究，社会主义法治理念与刑事诉讼研究，刑事诉讼原则与规则研究，刑事诉讼基本制度与程序研究；11 月 25—26 日，由中国政法大学诉讼法学研究院主办的“中英刑事审判程序改革学术研讨会”在云南昆明召开；12 月 2—3 日，中国人民大学诉讼制度和司法改革研究中心和美国律师协会在北京共同主办了刑事二审案件开庭审理专题研讨会。

2007 年与刑诉法修改有关的活动十分密集，比较有代表性的有：3 月 31 日，中国政法大学诉讼法学研究院和北京市朝阳区人民检察院在北京联合举办了刑事诉讼法再修改重点问题研讨会；9 月 21 日，中国法学会刑事诉讼法学研究会在甘肃兰州召开年会，会议主题为和谐社会的构建与刑事诉讼法的修改；9 月 24 日，中国人民大学诉讼制度与司法改革研究中心、美国律师协会与青海省高级人民检察院共同主办了模范刑事庭审研讨会；11 月 10 日，中国社会科学院法学所在北京举办了第五届刑事法前沿暨刑事诉讼法修改共识问题研讨会；12 月 15 日，中国政法大学诉讼法学研究院、中国法学会刑事诉讼法学研究会、国家检察官学院和河南省人民检察院在河南周口联合主办了中国式对抗制刑事庭审方式模拟审判暨研讨会等。

2008 年的主要学术活动有：1 月 13—14 日，中国人民大学诉讼制度与司法改革研究中心主办了新律师法与刑事诉讼法修改的衔接与对策研讨会；1 月 26 日，中华全国律师协会主办首届中国刑事辩护论坛，主题为“和谐社会与律师刑事辩护”；4 月 26—27 日，中国社科院法学所建所五十周年主办了依法治国与深化司法体制改革研讨会；5 月 10—11 日，中国政法大学诉讼法学研究院主办了我国司法制度改革研讨会；5 月 20 日，中国政法大学证据科学研究院主办了《人民法院统一证据规定》司法解释建议稿及论证首发式暨证据规则研讨会；7 月 26—27 日，中华全国律师协会、最高人民法院中国应用法学研究所、中国人民大学诉讼制度与司法改革研究中心主办了审判程序规范化专题研讨会；9 月 19—22 日，中国法学会刑事诉讼法学研究会在江西井冈山召开年会，主题为“刑事诉讼制度的科学构建”，分议题为刑事诉讼法学研究 30 年的回顾与展望，刑事司法职权的优化配置，宽严相济刑事政策的立法化与司法化；11 月 8—9 日中国社科院法学所刑事法重点学科主办了刑事法前沿研讨会；11 月 9 日，最高人民法院研究室、最高人民检察院研究室、司法部研究室、北京师范大学刑事法律科学研究院与中国法学会刑法学研究会、中国法学会刑事诉讼法学研究会共同主办了改革开放 30 年刑事法治发展高层论坛；11 月 15—16 日，中国人民大学诉讼制度与司法改革研究中心与辽源市检察院、英中协会共同主办了中欧遏制刑讯逼供项目结项暨辽源羁押巡视制度试点总结研讨会；11 月 29 日，四川大学主办了刑事证明责任与推定研讨会；12 月 6—7 日，中国政法大学诉讼法学研究院、北京市朝阳区人民检察院联合主办了刑事和解与程序分流专题研讨会；12 月 10—11 日，北京师范大学刑事法律科学研究院主办了恢复性司法与刑事和解座谈会；12 月 7—9 日，广州大学人权研究中心举办了中国刑事诉讼法再修改国际研讨会；12 月 18 日，北京市海淀区人民检察院、人民检察杂志社共同举办了刑事一体化视野中的不起诉制度专题研讨会等。

2009 年的主要学术活动有：1 月 10—11 日，北京师范大学刑事法律科学院研究院在北京主办了刑事和解与刑事诉讼法完善研讨会；7 月，中国政法大学证据科学研究院举办了第二届证据理论与科学国际研讨会，会议主要议题是：证据科学的跨学科研究，证据法学的最新理论进展，法庭科学的新进展，人文科学与证据等；中国政法大学诉讼法学研究院在江苏盐城开展“非法证据排除规则试点项目”并进行了一系列研讨会，如 7 月 11—12 日，在北京召开了“非法证据排除规则试点项目”启动暨研讨会；9 月 28 日，中国政法大学诉讼法学研究院在山东东营召开了刑事强制措施若干问题适用与完善研讨会；11 月 4—7 日，中国法学会刑事诉讼法学研究会在济南召开年会，围绕六十年来刑事诉讼制度的回顾与展望、刑事司法职权优化配置、量刑程序改革、宽严相济刑事政策与刑事诉讼程序的完善以及非法证据排除规则等议题展开讨论；12 月 5—6 日，中国社会科学院法学所在北京召开了《公民权利与政治权利国际公约》与刑事法制改革国际研讨会；12 月 12 日，中国政法大学诉讼法学研究院在北京召开了刑事搜查与扣押制度改革完善研讨会。

2010 年的主要学术活动有：1 月 8—9 日，由中国政法大学诉讼法学研究院与中华全国律协刑事专业委员会共同主办了“完善刑事辩护立法，提高刑事辩护能力”研讨会；1 月 30—31 日，中国人民大学诉讼制度与司法改革研究中心主办了看守所规范化与看守所立法研讨会；3 月 20—23 日，中国人民大学诉讼制度与司法改革研究中心在北京主办了羁押巡视制度培训研讨会；4 月 22 日，中国政法大学刑事法律研究中心与最高人民法院刑三庭联合主办了中国刑事二审程序的改革与完善国际研讨会；6 月 30 日，由中国政法大学诉讼法学研究院和山东省东营市人民检察院主办了非羁押性强制措施适用与完善研讨会；6 月 12—13 日，中国人民公安大学主办了“坚持文明办案遏制刑讯逼供”学术研讨会；2010 年 9 月 11—14 日，中国法学会刑事诉讼法学研究会在山西太原举办了年会，主题为“进一步深化刑事司法改革，推进刑事诉讼法修改完善”，分议题包括刑事诉讼法再修改的理念与原则、侦查程序的改革与完善、刑事强制措施制度的完善、刑事辩护制度的完善、刑事审判程序的改革与完善、刑事证据制度的完善、宽严相济在刑事诉讼中的贯彻、程序公正与诉讼监督等；11 月 15 日，中国人民大学诉讼制度与司法改革研究中心在北京主办了看守所在押人员投诉处理机制专题研讨会。

2011 年的主要学术活动有：2 月 19 日，中国政法大学诉讼法学研究院主办了我国非法证据排除规则的实施与完善研讨会；3 月 30—31 日，中国人民大学诉讼制度与司法改革研究中心在北京主办了司法精神病刑事立法与实务改革研讨会；5 月 14—15 日，最高人民检察院反贪污贿赂总局和中国政法大学诉讼法学研究院联合主办了讯问全程录音录像规范化建设学术研讨会；6 月 25 日，由中国人民大学诉讼制度与司法改革研究中心与北京市昌平区人民检察院联合举办了公民参与司法与人民监督员制度学术研讨会；6 月 26 日，由中国人民大学诉讼制度与司法改革研究中心主办的“两个证据规定”评估研究项目启动研讨会在京举行；7 月 23 日，中国人民大学诉讼制度与司法改革研究中心举办了“量刑程序改革与刑事诉讼法再修改研讨会暨芜湖量刑程序改革试点结项会议”；10 月 11—12 日，中国政法大学法律实证研究中心主办，广东省广州市公安局协办了“法律实证研究方法学术研讨会”；10 月 27—30 日，中国刑事诉讼法学研究会在四川成都召开年会，主题为刑事诉讼法的修改；11 月 17—19 日，中国政法大学诉讼法学研究院和台湾海峡两岸法学交流协会共同主办了“当代刑事诉讼法之展望——海峡两岸刑事诉讼法学交流研讨会”；12 月 17—18 日，中国人民大学诉讼制度与司法改革研究中心和上海市公安局联合主办了看守所管理机制创新学术研讨会。

2012 年新刑事诉讼法出台，在其还未生效之前，学术界围绕新刑事诉讼法的实施展开了一系列研讨活动，其中较为重要的有：2012 年 2 月 25 日，中国人民大学诉讼制度与司法改革研究中心和海口市中级人民法院在海口举办了“两个证据规定”实施状况评估研讨会；中国人民大学在海口举办了两个证据规定实施情况研讨会；4 月 4—5 日，中国人民大学诉讼制度与司法改革研究中心与中国政法大学刑事司法学院联合举办了刑事诉讼法实施研讨会；2012 年 4 月 14—15 日，北京师范大学刑事法律科学研究院、检察日报社、江苏省常州市人民检察院在江苏常州举办了刑事诉讼法实施与未成年人司法工作机制创新研讨会；4 月 28 日在中国政法大学昌平校区国际交流中心举行了新刑事诉讼法贯彻实施研讨会；2012 年 5 月 5—6 日，《法学研究》编辑部在浙江温州举办了诉讼法学研究之评价与展望理论研讨会；2012 年 5 月 26—27 日，浙江大学法学院在杭州举办了刑事审判程序及其改革国际研讨会；2012 年 6 月 17—18 日，中国人民大学诉讼制度与司法改革研究中心、英中协会与荷兰马斯特里赫特大学在北京举办了中欧遏制酷刑国际研讨会；2012 年 8 月 15 日，北京市人民检察院、北京市法学会诉讼法学研究会、国家检察官学院学报、北京市海淀区人民检察院联合主办了羁押必要性审查制度的理论与实践专题研讨会；2012 年 10 月 19—21 日，中国刑事诉讼法学研究会 2012 年年会在杭州召开，主题为“新《刑事诉讼法》的实施”；2012 年 10 月 25 日，中国人民大学法学院、英国伦敦大学学院法学院与香港大学法律学院主办的中英法治与刑事司法研讨会在北京举行；12 月 15—16 日，中国政法大学、吉林大学、武汉大学司法文明协同创新中心与中国政法大学诉讼法学研究院联合主办了“总结、交流、创新、发展：刑事法律援助国际研讨会”；12 月 22 日，中国人民大学诉讼制度与司法改革研究中心与公安部监所管理局、北京市公安局联合举办了“新刑事诉讼法实施与在押人员权利保障”学术研讨会等。

以上情况表明，2000—2012 年，学术研讨活动主要集中在刑事诉讼法的修改与实施、刑事证据制度的完善、刑事司法体制的改革等方面，其中审前程序、遏制刑讯逼供、保释制度、羁押必要性审查、刑事强制措施、搜查与扣押、看守所管理机制创新、律师辩护、法律援助、刑事和解、不起诉制度、证据开示、非法证据排除、审判程序、量刑程序改革、死刑案件诉讼程序、未成年人案件诉讼程序、精神病人强制医疗程序等是学术界关注的重点议题。

第四节　刑事诉讼法学发展中存在的问题及其转型

新世纪以来的刑诉法学研究与我国的社会发展和法治环境变迁之间呈现出互动关系，在较大程度上，回应了刑事诉讼法学学科发展的需要和中国社会政治、经济和文化发展对刑事诉讼制度所提出的要求，刑事诉讼法学研究在探索中逐步走向深化。

但是，刑事诉讼法学研究在取得长足进步的同时，也面临着发展的“瓶颈”问题。于研究对象而言，在经历了若干年的“拓荒式”研究之后，论文选题日益困难，与之相伴随的，是大量研究的低水平重复；于研究视野而言，存在着两端化发展趋势，一端是推崇国际标准，言必称英美法德日，另一端是固守中国特色，进行所谓纯粹中国式的研究，真正能够贯通中西、具有创新性和穿透力的研究成果较为少见；于研究思路而言，大量的研究缺乏体系性思维，有时将不同法域、不同层面的问题混为一谈，学术立场摇摆不定，学术观点的“碎片化”现象较为严重；于研究方法而言，在经历了侧重于规范分析、比较分析方法运用的阶段之后，实证研究方法开始兴起，但是各种研究方法运用的科学性、规范性、严谨性均显不足；于研究效果而言，理论与实践的供求关系明显不平衡，理论研究难以为立法和司法实践提供足够的智识支持，理论与实践相脱节现象严重，司法实践中出现了较为普遍的“程序失灵”问题。

具体来说，刑事诉讼法学研究中主要存在以下值得思考和关注的问题：

第一，理论创新以及对理论体系建构的宏观思考不足。刑事诉讼法学理论体系的构建是刑事诉讼法学逐步走向成熟的标志。多年来，刑诉法学界一方面致力于厘清诸如刑事诉讼目的、刑事诉讼价值、检察权、司法权、公正审判权、审判对象、形式理性等基本范畴的内涵，以便为学术研究的展开提供基础性的对话工具；另一方面则试图超越“拿来主义”的研究范式，提出符合中国立法和司法实际的理论创新命题，如在刑事诉讼模式的研究上，突破当事人主义与职权主义、犯罪控制模式与正当程序模式的分类方法，从一个新的维度提出司法过程中的“对抗与合作”两种形态；在证明模式的研究上，不是简单照搬西方国家的“自由心证”理论，而是提出具有中国特色的“印证证明模式”；还有将我国刑事审判方式概括为“案卷笔录中心主义”，将我国刑事审判构造归结为“伞形结构”，以及运用“相对合理主义”的学术立场和方法，分析我国刑事法治实践，这些均反映了学术界在创建“刑事诉讼的中国模式”方面所做的努力。但是，迄今为止，刑事诉讼法学的理论体系尚未建成，学术界在刑事诉讼法律关系、刑事诉讼主体、刑事诉讼客体、刑事诉讼行为等基本范畴上尚未达成共识；对于刑事诉讼原则体系的研究止步不前，难以担当构建科学、合理的刑事诉讼原则体系之使命，也难以对刑事诉讼制度和程序研究起到引领作用。

第二，基本价值追求方面的恒定性与通约性不够。现有的刑事诉讼法学研究在很大程度上体现出“对策法学”的特点。大量的研究围绕着刑事诉讼法的修改和完善而展开。一方面是从现有制度和程序的实施中发现问题，进而提出完善该制度和程序的设想；另一方面则是从比较法研究中获得灵感，发现中国相关制度的缺失，从而提出拾遗补缺的建议。前者如刑事附带民事诉讼、辩护冲突、未决羁押、刑事二审“发回重审”等问题的研究；后者如刑事缺席审判、技术侦查、暂缓起诉、刑事证据保全、刑事被害人国家补偿等问题的研究。国家层面的司法改革促进了刑事诉讼法的修改，并为刑事诉讼法学研究提供了新的学术增长点，如恢复性司法、刑事和解制度、量刑规范化改革、非法证据排除规则等成为学术研究的热点。可以预见，随着 2012 年刑事诉讼法的修改，新刑事诉讼法的实施问题将成为刑事诉讼法学研究的重点。在制度研究方面，一个较为明显的问题是，由于我们在一些基本价值问题上未能达成共识，影响了始终如一的深入研究，比如由于“司法裁判中心主义”的理念未能建立，检警关系、检法关系成为刑事诉讼法学研究中纠缠不清的问题，继而导致在强制性侦查措施制度建构上的长期争论，检察机关的法律监督应当强化还是弱化乃至取消，成为刑事诉讼法学研究中难解的“理论之结”；再有，“实事求是，有错必纠”与“禁止双重危险”原则的对垒，也直接影响到对于刑事再审程序的研究；此外，还有刑事证明标准上的客观真实与法律真实之争，刑事诉讼目的方面的惩罚犯罪与保障人权“先后论”与“并重论”之争，等等。所谓“对策法学”，在一定程度上也包含着“意识形态法学”的色彩。更有甚者，“存在即合理”的简单公式套用，使得一些研究甚至放弃了刑事诉讼中的基本价值追求。

第三，对于中西方学术传统的梳理与承继不足。学术研究应当站在“前人的肩膀”上，以避免自说自话或重复性的研究，这就涉及对于学术传统的梳理和承继问题，或曰“专业槽”问题。在刑事诉讼法学研究中，与刑事诉讼程序研究相比，刑事证据法学的研究更显薄弱，虽然偶有亮点(如关于刑事诉讼证明模式的研究和证明力规则的研究)，但总体上歧见丛生，所达成的共识更少。比如，关于证据法学的学科体系应当如何构建，至今仍是一个没有定论的问题；对于刑事证据立法的方向与模式问题，还存在着较大的意见分歧；对于证明标准问题、推定问题，尽管进行了较为集中的研讨，碰撞出智慧的火花，并推动了相关立法的完善，但是，关于证明标准的层次性问题、死刑案件的证明标准问题、推定的含义与分类问题等，仍存在着争论。近年来，一些学者从关注证据规则转向关注司法证明逻辑与机理，从而开拓出新的研究领域。但是，从总体上看，刑事证据法学的发展举步维艰。刑事证据法学研究中所存在的问题和所面临的困境，与我们对西方证据法学逻辑体系以及发展脉络缺乏深入的了解和准确的把握有着密切的关系。长期以来，刑事证据法学研究在本体论问题上争论不休，但真正对于事实认定具有实质意义的认识论问题以及认识方法、手段等问题却未引起我们的足够重视，误读西方证据法学理论和概念的问题较为突出。从我国自有学术传统而言，清末变法以来，刑事诉讼法学研究曾经获得初步的发展；新中国建立以后，刑事诉讼法学研究经历了重大转型；改革开放以来的三十多年间，刑事诉讼法学研究获得了显著的发展。然而，由于缺乏对于学术传统的应有尊重，一些研究者习惯于“另起炉灶”、“天马行空”，随意“下判断”、“得结论”，导致所谓的“最新成果”反而不及已有的研究，更谈不上体系性思维和教义学思维的形成，也使得真正的学术争鸣与对话难以展开，更遑论学术流派的形成与发展。

第四，刑事诉讼法学研究与相关学科相分离。从刑事诉讼法与宪法的关系来看，刑事诉讼法常常被冠之以“小宪法”、“应用之宪法”、“宪法之施行法”、“宪法之测震仪”等称谓，但是，宪法在刑事司法实践中并没有真正得到应用，刑诉法学者也很少关注宪法学者对于刑事诉讼问题的研究，在研究中刑事诉讼法学视角与宪法学视角未能做到有效对接，涉及公民人身权、财产权、隐私权、知情权等问题的研究均是如此。从刑事诉讼法学与刑法学、犯罪学的关系来看，尽管“刑事一体化”研究被大力提倡，但是，由于长期以来所形成的学术惯性，“刑事一体化”研究在很大程度上流于一种口号，不少刑诉法学者疏于关注刑法学与犯罪学的研究成果，更谈不上将“刑事一体化”思维注入自己的研究之中，如关于诉讼时效、管辖权、自诉、强制性措施、证明对象、证明标准、推定、分案审理与合并审理、量刑改革等问题的研究，均是适例。刑事诉讼法学与民事诉讼法学、行政诉讼法学同为程序法学，彼此间的相互借鉴与协同研究，也极为不足。在刑事诉讼法学研究中，较为普遍地存在着学术视野狭隘的问题，在理论层面，不能有效借鉴法理学的研究成果；在规范层面，未能重视宪法规范对于刑事诉讼立法与司法实践的实质约束力；在经验层面，忽视了犯罪学研究的基础性作用。刑事诉讼法学研究与相关学科相分离，影响和制约着刑事诉讼法学研究的广度、深度和视角，也不利于法秩序的统一和安定。

第五，缺乏对于中国刑事司法实践的深度关注。尽管刑诉法学者对于“理论联系实际”的研究定律耳熟能详，也往往声称自己的研究做到了“理论与实践相结合”，但是，从实际情况来看，结合的程度却并不能令人满意。长期以来，刑事诉讼法学界将大量的学术资源投入到了刑事诉讼法的修改和完善以及司法体制和工作机制改革的研究之中，研究的焦点集中在对于法律规范的设计、分析和解释上，而对于法律规范的实施效果、刑事诉讼的现实状况以及刑事诉讼程序运作中的法内外影响性因素等，却缺乏足够的关注；一些研究虽然问题意识来源于司法实践，但仅限于局部情况或者来自于第二手材料，缺乏对于司法实践状况的全面、系统了解和切实感受，司法实践常常成为批判的对象；近些年来“改革”成为刑事司法的主流话语，刑事司法实践呈现出日新月异的局面，更使一些学者的研究越发跟不上实践的步法。刑事诉讼程序的运作过程通常也是多种社会矛盾聚焦、博弈和解决的过程，转型期社会的复杂性必然会折射到刑事诉讼程序的实际运作过程之中，如果缺乏对于中国刑事司法实践的深度关注，只是借助西方话语一味地进行批判，显然难以找到使“中国问题”得到规范化解决的有效途径和方法，也难以弥合理论与实践之间的巨大鸿沟。

第六，研究方法运用中的科学性与规范性不足。在刑事诉讼法学研究中，除了价值分析、规范分析、历史分析之外，比较方法是常见方法。但外文注释不规范、所引资料陈旧、引用二手资料等，是刑事诉讼法学研究中较为常见的现象。在比较法研究中，如何将结论建立在扎实可信的资料基础上，避免误断乃至以讹传讹，值得我们关注。从现有的研究看，我国目前对西方刑事诉讼法学尤其是证据法学的了解还远远不够。在借鉴西方相关理论和制度的过程中，存在着忽视相关的背景、条件、配套措施以及实践效果，进行盲目和简单化移植的现象。

刑事司法改革试点带动了实证研究在刑事诉讼法学研究领域的勃兴，实证研究在摸索中日益走向科学化、规范化，法律实证研究中的伦理问题也相应引起了刑诉法学者的关注。但是，需要指出的是，刑事司法实证研究成果尽管呈上升趋势，但总体数量偏少，且质量不高。一些研究从内容上看似乎属于实证研究，但往往流于对现象的简单罗列和描述，不少人对于刑事司法中的实证研究方法缺乏系统的了解，无法灵活地、有针对性地加以运用，更不善于运用统计学的知识和 SPSS 软件进行数据分析；一些实证研究成果虽然对我国刑事司法的现状有较为准确的反映，但是理论分析往往缺乏深度，能够将理论与实务有机结合的成果可谓少之又少。

一些学者也曾尝试着将其他社会科学，如经济学、心理学、社会学、精神病学、哲学、伦理学、逻辑学、语言学以及系统论、控制论、信息论等方法，运用或引进到刑事诉讼法学的研究之中，但成功者寥寥，常常出现“两张皮”现象，这是因为学者们的学术背景普遍较为单一所致。

第七，学术风气浮躁与客观公正的学术评价缺乏。进入新世纪以来，与刑事诉讼法的修改和国家层面的司法改革相呼应，我国的刑事诉讼法学研究呈现出空前繁荣的景象，这不仅表现在研究成果的“爆炸式”增长和各种研讨会的层出不穷，而且表现在研究队伍的急剧扩大以及一些知名刑诉法学者的异常忙碌，刑事诉讼法学也因此而成为“显学”。这种“高投入”带来了刑事诉讼法学的快速发展，并且实质性地促进了国家刑事法治的进步。但是，在学术繁荣的背后，不难窥见研究成果数量的激增与质量的提高不太相称，追名逐利的社会氛围催生了大量粗制滥造的“速朽品”，客观公正的学术评价极为欠缺，这不仅造成了学术资源的浪费，而且容易对莘莘学子产生误导，难以培育出刑事诉讼法学高品质发展的土壤。

刑事诉讼法学发展所面临的“瓶颈”状态以及上述一系列问题的存在，意味着刑事诉讼法学研究需要进行转型。这种转型包括观念更新、学理递进、视野拓宽、重点调整、方法转换等诸多方面，其中的基点是从中国刑事司法实践出发，构建关于中国刑事诉讼理论、制度和经验的知识体系。这种“以我为主”、“立足实践”、“关注活法”的知识体系，应当具有逻辑自洽性、现实回应性、民族本土性等特征；而“中国问题”、“中国语境”、“中国特色”等关键词，不应该是简单的、抽象的大词，而应该体现在对于刑事诉讼中具体问题的具体分析之中，体现在对于古今中外的刑事诉讼知识的汇通融合之中，体现在刑事诉讼程序设计与运作的一个个技术细节之中，体现在对于程序运作状况的法律解释论的解决之中。

刑事诉讼法学研究的转型离不开中国社会的转型这一大的背景。对于我国当前的刑事法治建设而言，由于作为现代刑事诉讼法学核心概念的“正当程序”意识立足未稳，基本价值追求与选择尚未达成普遍共识，我们还需要通过深入细致的比较法研究和国际法研究，来推动相关理论和制度的完善和进步。从这个意义上讲，讨论刑事诉讼法学研究的转型问题，需要警惕以“转型”之名行“转向”之实，走背离刑事诉讼制度的历史发展规律之路。另一方面，中国社会转型期所面临的刑事司法问题空前复杂，它包括了司法现代化与中国特色、司法现代化与后现代化、现实社会与虚拟社会等诸多层面，过去那种对西方法律理论和制度进行“复制加解读”的研究方式，难以充分回答中国刑事法治实践中所面临的一系列具体问题。刑事诉讼法学研究的主流范式有待实现从法律移植向本土资源，从立法研究向司法研究，从案头研究向实证研究，从本学科研究向多学科研究，从粗放式研究向精细化研究的转换。此外，还需要检讨弥漫在学术界的浮躁风气，坚守学术研究的自主品格，本着对历史和未来负责的态度精心打造能够促进刑事诉讼法学发展和进步的知识产品。同时，也应改革现行的学术评价机制，以避免学术外因素实质性地影响和决定学术发展的方向。

第二章

刑事诉讼基础理论研究

刑事诉讼法学体系，可以分为刑事诉讼原理、刑事诉讼原则、刑事诉讼制度和刑事诉讼程序四大部分，其中刑事诉讼原理部分构成刑事诉讼学科体系的基石，它具体包括刑事诉讼目的、刑事诉讼价值、刑事诉讼构造、刑事诉讼职能、刑事诉讼阶段、刑事诉讼法律关系等内容；刑事诉讼原则是反映刑事诉讼理念与目的之要求，而作为刑事诉讼具体制度、规则、程序之基础和依据并对刑事诉讼具有指导或规范作用的，在刑事诉讼立法和司法中应当遵循的准则，它在整个刑事诉讼制度体系中具有基础性。

早在上个世纪50年代，我国学者就对无罪推定、自由心证、独立审判、律师辩护等刑事诉讼法学上的理论问题展开过研究和讨论；80年代末，刑诉法学界对刑事诉讼主体、职能和法律关系做了初步研究；紧接着，刑事诉讼结构、刑事诉讼目的、刑事诉讼职能等逐渐受到关注；再后来，程序正义、程序效益等刑事诉讼价值问题受到了重视。进入21世纪以来，刑事诉讼基础理论研究不断得到拓展，对于刑事诉讼基本范畴的研究有所深化，同时，一些新的理论问题被纳入研究视野。如有学者采用分析法学和自然法学的方法，对刑事程序的法哲学原理进行了探究。该学者认为：从逻辑结构上看，一项完整和独立的刑事程序规则由实体性规则（即规定在什么条件下进行什么行为的规则）和实施性规则（即如何实现实体性规则的内容的规则）构成。我国刑事程序规则的最大缺陷，是实体性规则和相应的实施性规则都不完善。刑事程序由主体（包括程序的启动者、受动者、裁决者和救济者）、行为、客体三个基本要素构成。刑事程序根据一定的逻辑结构和价值观念，决定着主体之间的行为和指向的客体，从而形成了以权利和义务为实质内容的法律关系。刑事程序的原则可以分为关于主体的原则（如中立、无罪推定、不告不理、对等、上级救济）、关于行为的原则（如直接、口头、公开、及时、集中、一事不再理）和关于客体的原则（如谁主张谁举证、证据裁判、自由心证）。刑事程序的逻辑结构与其体现的价值观念有着密切的联系，一定的价值观念决定着刑事程序的逻辑结构，而刑事程序的逻辑结构又体现着一定的价值观念。现代刑事程序价值论是一种以人权保障为核心的程序正义理论。关于诉讼过程中的案件事实问题，该论者认为：事实问题不能在刑事程序之外找到判断的标准，而必须受制于刑事程序，在刑事程序中予以解决，刑事程序在很大程度上就是判断诉讼的认识结果是否具有可接受性的装置，因此，“法律事实观”的确立是极为必要的。① 该研究注重从宏观层面探讨刑事诉讼的基础理论问题，除此之外，一些具体问题得到了较为集中的研讨。

第一节　宪法与刑事诉讼

宪法在一个国家法律体系中的核心地位是现代法治社会法治原则的重要体现。宪法与刑事诉讼法的关系极为密切，刑事诉讼法被称之为“小宪法”、“宪法之施行法”、“宪法的测震仪”。曾任美国联邦法院首席大法官的道格拉斯有句关于程序的名言，“权利法案中的大多数条款都是关于程序的规定，这并不是没有任何意义的。正是程序决定了法治与恣意的人治之间的主要区别。”② 可以说，这句话是对宪法与刑事诉讼法之间关系的精当概括。程序决定了法治与人治的主要区别——预先设定的程序规范了诉讼各方的行为、划分了权力与权利的界限。体现法治精神的刑事诉讼的相关程序性条款，是各国宪法中关于人权保障条款的核心内容，在西方法治国家宪法中占据重要地位。《世界人权宣言》、《公民权利和政治权利国际公约》等，也将人权保障的内容作为刑事司法的基本准则予以确认。

① 参见锁正杰《刑事程序的法哲学原理》，中国人民公安大学出版社 2002 年版。

② 转引自季卫东《法律程序的意义——对中国法制建设的另一种思考》，中国法制出版社 2004 年版，第 1 页。

宪法在一国法律体系中的核心地位决定了——刑事诉讼法的制定和实施应当充分体现宪法的基本价值。刑事诉讼法是贯彻落实宪法的具有重要作用的部门法，我国有学者指出，在维护宪法制度方面，刑事诉讼法发挥两方面的重要作用：一方面通过刑事诉讼法保证刑法的实施来实现宪法的规定；另一方面通过刑事诉讼法本身的实施来实现宪法的规定。①

一 新刑诉法中“尊重与保障人权”规定的评析

人权是当代国际社会普遍承认的价值和政治道德观念，是否尊重和保障人权已经成为评判一个国家民主法治的标杆。2004 年“国家尊重和保障人权”已经成为我国宪法明确规定的一项重要原则。有学者认为，素有“小宪法”之称的刑事诉讼法，应当特别强调保障人权，鉴于国家专门机关在追究、惩罚犯罪的过程中，往往自觉或不自觉地超越权限、甚至滥用权力，从而侵犯了诉讼参与人，特别是犯罪嫌疑人、被告人的权利，严重损害了司法公正。因此，刑事诉讼法不仅应当赋予公安司法机关必要的权力以有力追究和惩罚犯罪，同时必须严格限制国家公权力以防止公民个人权利受到侵害。

有学者认为，新刑事诉讼法在坚持惩罚犯罪与保障人权并重的指导思想下，着力加强了人权保障。新刑事诉讼法将“尊重和保障人权”作为一项重要任务来规定，对整部刑事诉讼法的基本原则、制度和程序均起到提纲挈领的指导作用。新刑事诉讼法在加强人权保障的指导思想下，在具体制度、程序等方面进一步完善了对犯罪嫌疑人、被告人的权利保障措施，主要内容包括：其一，强力改革完善辩护制度，扩大法律援助的范围；其二，完善律师会见程序。其三，严格限制采取强制措施后不通知家属的例外情形，完善家属知情权；其四，完善侦查阶段讯问犯罪嫌疑人程序，建立讯问全程录音录像制度；其五，完善审判程序，保障被告人获得公正审判权。其六，增加检察机关法律监督的内容，强化了检察机关在人权保障中的作用。②

---

① 参见王敏远《中国刑事诉讼法教程》，中国政法大学出版社 2009 年版，第 1 页。

② 参见陈光中、刘林呐《尊重和保障人权：不仅仅是一项基本原则》，《检察日报》2012 年 3 月 19 日第 3 版。

有学者认为，尊重和保障人权是我国宪法确立的一项重要原则，体现了社会主义制度的本质要求。刑诉法将“尊重和保障人权”写进刑事诉讼法总则，并在多项具体规定和制度完善中加以贯彻和体现。本次刑诉法修改将“尊重和保障人权”写入刑事诉讼法总则第 2 条，既有利于彰显我国司法制度的社会主义性质，也有利于公安司法机关在刑事诉讼程序中更好地遵循和贯彻这一宪法原则。本次刑诉法修改在很多具体诉讼制度和程序规定中，都注意体现尊重和保障人权的原则。例如，在证据制度中，明确不得强迫任何人证实自己有罪，确立非法证据排除制度；在强制措施制度中，完善了逮捕条件和人民检察院审查批准逮捕的程序，强调检察机关在批准逮捕后对羁押必要性的审查，严格限制采取强制措施后不通知家属的例外规定；在辩护制度中，明确犯罪嫌疑人在侦查阶段可以委托辩护人，完善辩护律师会见和阅卷的程序，扩大法律援助的适用范围；在侦查程序中，完善了讯问犯罪嫌疑人、被告人的规定，强化对侦查活动的监督；在完善审判程序中，明确第二审应当开庭审理的案件范围，完善上诉不加刑原则，规范发回重审制度；在执行程序中，增加社区矫正的规定；在增设的特别程序中，设置未成年人附条件不起诉和犯罪记录封存制度，等等。①

有学者认为，作为一项国家立法活动，刑事诉讼法的修改应当依据宪法来展开。立法部门无论是创设新的制度，还是对已有的制度作出变革，都不能突破宪法所确立的体制和原则。其中，宪法所确立的司法权力配置以及公民权利保障条款，对于刑事诉讼法的修改构成了一种严格的外部限制。只有具备充分的宪法意识，将宪法奉为刑事诉讼立法的最高准则，才能避免立法沦为部门利益协调的工具，也才能真正有效地维护公民的基本权利。②

二　我国宪法与刑事诉讼法的关系定位

国家权力和公民权利的调和过程，也就是人权理念的发展过程，刑事

---

① 参见卞建林《中国特色社会主义刑事司法制度的重大发展——〈全国人民代表大会关于修改〈中华人民共和国刑事诉讼法〉的决定〉概览》，《检察日报》2012 年 3 月 16 日第 3 版。

② 参见陈瑞华《法律程序构建的基本逻辑》，《中国法学》2012 年第 1 期。

诉讼中的诸多问题都应当在宪法中进行规定，我国现行宪法的诸多条款都与刑事诉讼直接相关：

1. 宪法是刑事诉讼法的渊源：我国宪法关于公民基本权利的规定，往往是刑事诉讼法规定权利、制约职权的渊源，并通过刑事诉讼法的各相关具体规范予以落实。比如，我国宪法第 33 条第 3 款规定的“国家尊重和保障人权”，就需要刑事诉讼法通过相关的约束职权机关的规定以及赋予并保障诉讼参与人权利的规定，予以贯彻落实。

2. 刑事诉讼法是宪法的贯彻落实：我国刑事诉讼法中对于宪法的基本规定予以重申，并在具体的制度设计中予以贯彻落实，比如，宪法第 135 条的规定（“人民法院、人民检察院和公安机关办理刑事案件，应当分工负责，互相配合，互相制约，以保证准确有效地执行法律”）以及宪法第 125 条的规定（“人民法院审理案件，除法律规定的特别情况外，一律公开进行。被告人有权获得辩护。”）在刑事诉讼法法中都得到了贯彻落实。

3. 宪法与刑事诉讼法关系的比较分析：与西方法治国家作比较，我们会发现以美国为代表的西方国家宪法将权力控制程序制度设计放在首位，而我国宪法注重宪法的实质和目标，轻视宪法的形式和手段；宪法缺乏形式化因素变成了宪法形同虚设。由于观念的局限，长期以来，宪法的政治性一直不断强化，冲淡了宪法的规范性，消弭了宪法的权限机能，对宪法与刑事诉讼法的关系，我国学界一般只是泛泛而论，比如宪法是刑事诉讼法的依据，刑事诉讼法是宪法的体现。刑事诉讼法的规定及解释不能与宪法相抵触，但由于我国没有具有可操作性的违宪审查制度，因而上述分析难免沦为空谈。

宪法在法律体系中的核心地位，决定了刑事诉讼法的制定和实施应当充分体现宪法的基本价值，在制定和实施刑事诉讼法时均应奉宪法为圭臬：刑事诉讼法的内容不得与宪法相抵触或者相违背；“合宪性”是宪法对刑事诉讼法的正当性提出的最基本要求；“宪法至上”是一种强法治原则；宪法是解决刑事诉讼法与其他法律之间效力冲突和规范矛盾的法律依据；刑事诉讼法的内容必须符合“最低限度的宪法秩序”的要求；刑事政策对刑事诉讼法的约束必须通过宪法制度来实现；刑事诉讼法的内容也会随宪法的发展变化而不断演变。

宪法与刑事诉讼法的关系，应定位于“价值法”与“实在法”之关系。有学者指出，不论是以人民主权说作为宪法的正当性依据，还是以基本规范作为宪法自身合法性的前提，宪法作为一个国家的根本法，不是由哪个具体的立法机关或者是依照某个具体的法律程序制定出来的，而是基于自然权利观念、人民主权学说以及基本规范等理论假定无条件成立的，宪法与刑事诉讼法之间的关系不是简单的“上位法”与“下位法”的关系，宪法属于“价值法”，是“人民”制定的法律，而刑事诉讼法属于“实在法”，是由立法机关制定的法律。①

三　我国宪法与刑事诉讼法的关系状况

有学者指出，当下中国的宪法超脱于刑事诉讼法之上，刑事诉讼法游离于宪法之外，两者之间呈现一种割裂的态势。然而，在割裂的大背景下，“宪治—富强”成为统摄宪法与刑事诉讼法的价值理念，为中心工作服务成为宪法与刑事诉讼法融合的连接点，以为中心工作服务为取向的中国式司法能动主义成为宪法与刑事诉讼法融合的关键因素，二者在这样一个背景下实现了“割裂下的融合”②。在“宪治—富强”理念居于主导地位、“为中心工作服务”以及中国式的司法能动主义保持长期稳定的前提下，当下宪法与刑事诉讼法关系所形成的基本格局亦会保持长期的稳定。然而，影响、制约宪法与刑事诉讼法关系的一些因素，正在发生着演化、变迁，2004 年人权入宪、为中心工作服务的弱化以及司法能动主义的转轨，对上述决定宪法与刑事诉讼法关系的三大支柱造成了冲击，尽管在当下不会对宪法与刑事诉讼法关系产生根本性影响，但从长期来看，这样一种能量的累积、积聚成为宪法与刑事诉讼法融合的契机，必然会对宪法与刑事诉讼法的关系产生广泛而深远的影响。③

有学者认为，近年来刑事司法领域不断披露出的一些重大冤错案件向社会发出了警示，要求人们给予人身自由保护问题以足够关注。保护人身自由固然需要完善刑事诉讼程序，但从根本上看却首先是宪法课题。全

---

① 参见莫纪宏《论宪法与其他法律形式的关系》，《法治论丛》2007 年第 6 期。

② 参见李训虎《割裂下的融合：中国宪法与刑事诉讼法关系解读》，《法学家》2009 年第 3 期。

③ 参见李训虎《融合的契机：中国宪法与刑事诉讼法关系的发展趋势》，《中国政法大学学报》2010 年第 4 期。

面、直接保护人身自由，既是20余年来的宪法传统，也是当代宪法发展的趋势。我国宪法保护公民人身自由的程序性条款不足，因而公民能够享有的相应程序性权利偏少。我国需从补充宪法程序性条款、建立有效的违宪审查制度和保障审判权独立等方面入手，来提升人身自由的保护水平。①

有论者认为，宪法中的基本权利对于包括刑罚权在内的公共权力有约束力，构成了刑罚权的界限，是刑罚权不得肆意侵犯和干涉的领域。要加大对刑罚权的宪法控制，使宪法规范真正作用于刑事诉讼程序中，应当加强宪法规范本身的控制，即赋予宪法基本权利直接效力；应赋予刑事诉讼权利以可诉性，对受不当干预的权利以有效救济；应逐渐完善刑事程序基本权利体系，实现刑事程序基本权利宪法化，透过权利得到保障实现宪法和刑事诉讼法的良性互动。② 权利保障是刑事诉讼程序自身的一个重要特质。实现宪法政治，构建刑事法治程序，必须正确认知刑罚权的权利保障属性，使刑罚权的行使最终归于权利规则之内。③

四　西方国家宪法与刑事诉讼法的关系模式

在世界各国宪法中，均规定了大量的与刑事诉讼有关的条款，其中大部分条款是有关刑事诉讼中的人权保护的规定。在美国的《权利法案》中，有12项公民权利的规定与刑事诉讼密切相关。德国刑事诉讼的理论和实践都必须遵守宪法的相关规定，刑事诉讼法被称为宪法适用法。德国宪法在保障公民在刑事诉讼中的人权方面，具有指导和矫正双重功能，构成了公民权利抵御国家权力的天然屏障。刑事诉讼法的规定越完善、保障越充分，公民的相关宪法权利就越能得到充分的实现。刑事诉讼法对于国家专门机关职权的限制条件越严格，就越有利于公民相关权利的保障。正是在这个意义上，刑事诉讼是检验宪法对国家专断权是否限制以及限制是

---

① 参见童之伟《从若干起冤案看人身自由的宪法保护》，《现代法学》2004年第10期。

② 参见王戬《规范与当为：宪法与刑事诉讼的良性互动》，《法学》2003年第7期。

③ 参见王戬《宪政体制下的刑事诉讼：权利维度的思考》，《四川大学学报》2003年第6期。

否有效的试金石。① 宪法作为刑事诉讼法的渊源在不同国家有不同的存在模式。世界各国宪法与刑事诉讼法的关系各异，总体来看有紧密型和分离型两种关系模式。在每一种关系模式中，由于宪法与刑事诉讼法的具体链接方式上的差异，紧密型关系模式中有一体型和统领型两种类型；分离型关系模式中有分立型和松散型两种类型。宪法与刑事诉讼法关系类型是权力与权利关系的反应。②

1. 美国。美国宪法对刑事诉讼法的建立和发展过程起了决定性的作用。在宪法及宪法修正案诸条款的基础上，美国联邦各州颁布了刑事诉讼法。刑事诉讼法被美国学者定义为：政府因维持法律与秩序须享有的权力，这一权力与公民个人权利发生冲突，刑事诉讼法就是为平衡这种权力与公民个人权利之间冲突而制定的规则。③ 1791 年《权利法案》是美国为控制刑事司法制度、保障个人自由而制定的 10 条宪法修正案。《权利法案》经由联邦最高法院以裁决个案的形式被全美各州接纳为州法律。第 4、5、6、8 条和后来的第 14 条宪法修正案限定了政府的权力。宪法第 5 修正案和第 14 条修正案关于正当程序的规定，要求对于确认被告人犯有被控罪行必需的每一项事实，都必须达到排除合理怀疑的程度。否则，根据无罪推定原则，就要依法判决被告人无罪。北美殖民地独立后所建立的美国宪法制度，没有确立立法至上的原则。美国宪法既具备制定法的形式，又以司法审查制度作补充，美国宪法时代被誉为从查士丁尼时代以来法学上最富有成果的时代。美国学者阿玛尔指出：宪法性刑事程序正处于混乱之中，美国刑事诉讼程序中的宪法性法律是糟糕的刑法性法律，对宪法文本漠不关心，对于宪法历史无知，并且无视宪法的结构，沃伦法院建

---

① 有什么样的国家政治就有什么样的刑事诉讼，刑事诉讼是检验宪法对国家专断权是否有限制以及限制是否有效的试金石。毫不奇怪，国家权力和公民权利的调和过程，也就是人权理念的发展过程，这就是为什么刑事诉讼中的诸多问题要在宪法中进行规定的根本原因——SeeJames O'reilly, Human and Constitution Law, The Round Hall Press, 1992, p. 4. 转引自陈永生《刑事诉讼的宪政基础》，北京大学出版社 2010 年版，第 160 页。

② 参见夏红《宪法与刑事诉讼法关系类型分析》，《辽宁师范大学学报》2006 年第 5 期。

③ L. Territo, J. Halsted, and M. Bromley, Crime and Justice in America: *A Human Perspective*, Boston, Butterworth Heinemann, 1998, p. 78. 转引自刘卫政、司徒颖怡《疏漏的天网——美国刑事司法制度》，中国社会科学出版社 2000 年版，第 9 页。

构的宪法性刑事程序的基础一点也不可靠。最高法院从来没有一致地和明显地发展宪法性刑事程序的理念。20世纪60年代以来，最高法院在宪法性刑事程序问题上没有善始善终，而是飘摇不定。即便在同一时期也是如此：自由派与保守派之间的分裂。美国的宪法性刑事程序应当予以重构，并提出：按照其构想的宪法性刑事程序的基本原理——“保护无辜与发现真实”来重构理想中的宪法性刑事程序。必须区分宪法性刑事程序以及普通刑事程序，并非所有的刑事程序规则都能或应当被宪法化。① 防止刑事诉讼法过度宪法化，过度保护了被追诉人的权利。刑事诉讼过度宪法化的另一个问题是：宪法性刑事诉讼程序支离破碎，缺乏一个融贯的理论体系。美国刑事诉讼革命失败是因为美国的宪法体制导致刑事程序规则呈现零碎的状态，一案一判，缺乏一部体系性的刑事诉讼法典。② 过度宪法化的宪法性刑事诉讼程序导致刑事诉讼法失却自主发展的空间，“刑事诉讼需要一套更为纯粹的规范原理，一幅能够与宪法平等地相互作用的图景”③。

2. 德国。在德国，专制体制下的刑事诉讼为启蒙运动及在此启蒙思潮中逐渐形成的自由主义所瓦解。德国刑事诉讼法典被称为应用的德国宪法。德国宪法对刑事诉讼程序具有指导和修正的功能。一般基本权利和所谓的司法基本权利，都构成了个人反抗国家权力的屏障。不论是在理论上还是在实践中，刑事诉讼程序都应当和宪法及其价值理念相一致。④ 在一般公共事务中考量国家和个人关系时，刑事诉讼法就成了国家基本法的测震器。该项政治现实同时亦表示着，每一项政治结构上的重大变动都将带动刑事诉讼法的修订。德国现行刑事诉讼法与民主、自由之思想有极重要之关联。保护个人自由不致受国家任意或过分侵害的自由思想，在德国刑事诉讼法中有极深远的影响，例如法官的独立性；要求被合法审判之权

---

① 参见李训虎《割裂下的融合——中国宪法与刑事诉讼法关系变迁考察》，中国政法大学出版社2010年版，第37页。

② 参见［美］布拉德利《刑事诉讼革命的失败》，郑旭译，北京大学出版社2009年版，第10页。

③ 参见Ronald. F. Wright《宪法与刑事诉讼——基本原理》，陈虎译，载胡建淼主编《公法研究》第6辑，浙江大学出版社2008年版，第511页。

④ 参见宋远升、闫银龙编著《最新国外刑事司法制度研究》，东南大学出版社2007年版，第31页。

利；罪疑唯轻原则及一事不两罚原则，此二原则乃为使可能的无辜者不会受到有罪之裁决，及为避免就同一犯罪行为受到多次刑罚。①

3. 法国。有学者指出，自2000年以来，宪法与刑事诉讼之间的微妙关系因频繁的刑事诉讼改革以及公民个案违宪审查权的创设，而成为法国学术界最炙手可热的问题。刑事程序的合宪性规制技艺、内容设定以及效力范围等，均成为讨论的重中之重。法国宪法委员会在宪治框架下确保了刑事诉讼改革中的"公正优先，兼顾效率"，构建了宪法与刑事诉讼法较为良性的互动。从比较法的角度看，法国的做法在欧洲大陆职权主义国家具有普适性。中国当下可能很难短时间内确立违宪审查机制，但可考虑在刑事诉讼法中确立序言性条款，允许法官在刑事诉讼法存有漏洞或与基本人权相冲突的情况下，直接援引序言条款予以排除适用。②

4. 俄罗斯。俄罗斯1993年宪法是俄罗斯刑事诉讼法的渊源和依据，直接与刑事诉讼有关的宪法条文大约有40条。俄罗斯宪法中涉及刑事诉讼的规定，主要集中在规定公民的权利与自由以及司法机关法律地位的第二章和第七章。这些规定包括最具原则性的规定，它们是整个刑事诉讼的基础：在法律和法院面前人人平等；个人自由不受侵犯；私生活不受侵犯；保护通信电话邮件电报和其他通信秘密；住宅不受侵犯；以任何法律不予禁止的方式，包括通过向法院提出请求，来维护自己权利的权利；无罪推定；诉讼的公开性；任何人不得被双重归罪；法庭审理的辩论制和权利平等。激励作出积极努力继续完善苏俄刑事诉讼法的因素，首先是1990—1992年期间对苏俄宪法的重大修改。③

五　刑事诉讼法的宪治基础

有学者认为，宪治是国家依据一部充分体现现代文明的宪法进行治理，以实现一系列民主原则与制度为主要内容，以厉行法治为基本保证，

---

① 参见［德］克劳思·罗科信《刑事诉讼法》（原书第24版），吴丽琪译，法律出版社2003年版，第14页。

② 参见施鹏鹏《走向刑事宪法——以宪政框架下的法国刑事诉讼改革为背景》，《浙江社会科学》2011年第6期。

③ 参见［俄］古岑科主编《俄罗斯刑事诉讼教程》，黄道秀等译，中国人民公安大学出版社2007年版，第37—45页。

以充分实现最广泛的人权为目的的一种政治制度。① 可见，宪治与宪法是两个概念，宪法是宪治出现的前提，没有宪法就没有宪治，但有宪法并不意味着就有宪治。民主是宪治的基础、法治是宪治存在的条件，如果一个国家的宪法不以人民主权为基本内容，不以保障人权为目标，不通过司法独立原则保证法治的实现，那么，宪法就不能够真正构成现代刑事诉讼的法治基础。

建立刑事诉讼法的宪治基础方面，有以下两个问题值得关注：(1) 无罪推定原则的入宪问题。无罪推定原则在我国应当得到宪法和刑事诉讼法的双重确立：被刑事追诉之人并未丧失其公民身份，因而与其他公民同样享有宪法所赋予的基本权利。任何公民都不应因为受到刑事追诉，而剥夺其作为公民的基本权利。无罪推定原则体现了宪法对于刑事诉讼法的限制，是刑事诉讼法的首要原则，是防止犯罪嫌疑人受到官方无根据的拘捕、羁押、搜查、扣押或者无理指控、不公正审判的重要屏障。许多国家在宪法中将无罪推定作为公民的基本权利予以规定。无罪推定原则一经提出就被上升到宪法高度，实行宪治的国家，必然要在宪法中确认无罪推定原则。我国宪法和刑事诉讼法均应当明确规定无罪推定原则，以此起到喻示社会、彰显法治的作用。在这个意义上，如果说宪法是公民权利的宪章，那么刑事诉讼法就是被刑事追诉之人的权利宪章。(2) 公、检、法三机关关系原则的出宪问题。我国刑事诉讼法第 7 条规定了公、检、法三机关在刑事诉讼中分工负责，互相配合，互相制约的原则——这一规定是宪法原则的刑事诉讼化。宪法第 135 条规定："人民法院、人民检察院和公安机关办理刑事案件，应当分工负责，互相配合，互相制约，以保证准确有效地执行法律。"根据这个关系原则，对于刑事诉讼中的各种强制措施，都可以由公安机关独立作出适用的决定，强制性措施的司法控制根本无从实现。三机关关系原则的宪法规定使得通过修改刑事诉讼法以实现司法控制因此也失去了根据。在宪法修改的时候，应当将这一违背宪治要求的法律规定予以废除。有学者分析指出，在我国刑事诉讼法第 3 条已经有关于公、检、法三机关的职责分工以及第 18 条已经有三机关管辖分工的前提下，再来强调分

---

① 参见李步云《走向法治》，湖南人民出版社 1998 年版，第 2 页。

工，反映了公、检、法三家其实就是一家的观念，“一家人”的观念意味着：只有他们之间才会有配合和制约的问题，至于他们之外的，都不是可以相提并论的诉讼主体了。这个原则与现代刑事诉讼的基本理念是不相吻合的，尤其是对法院而言，与控诉机关合一的法庭，和人权公约所要求的基本理念是不相符合的。由于该原则所存在的上述言外之意，刑事被告人在刑事诉讼中并不能确立其可以与控方平等的诉讼主体地位，辩护人难以获得足以和控诉方相抗衡的能力。①

从历史发展过程分析，人权理念的演化过程就是国家权力和公民权利的冲突与平衡调和过程。宪法作为规定国家权力和公民权利的根本法，在我国法律体系中居于核心地位，具有最高法律效力，是其他一切法律形式赖以产生和存在的法律依据。刑事诉讼中，国家司法权和公民个人权利展开直接对话，刑事诉讼中的诸多问题都必须在宪法中进行规定。从世界范围进行观察，刑事诉讼是检验宪法能否有效限制国家权力的试金石，已经成为国际社会的共识之一。宪法的诸多条款直接涉及刑事诉讼问题，而宪治视野中的刑事诉讼立法、司法及执行活动是检验宪法对国家专断权是否受到限制以及限制是否有效的试金石。

自从20世纪80年代北京大学的王以真撰文对美国联邦宪法中有关刑事诉讼程序的规定进行介绍以来，宪法与刑事诉讼的关系一直为学界所关注。但是，长期以来此话题的研究大多流于对国外的理论和制度进行介绍的层面，不涉及中国宪法与刑事诉讼法的关系问题。随着我国法治的发展与政制改革的推进，宪法的完善与宪治问题日益凸显。与此相适应，宪法与刑事诉讼的关系成为刑事诉讼法学研究的热点之一。

有论者认为，宪法中的基本权利对于包括刑罚权在内的公共权力有约束力，构成了刑罚权的界限，是刑罚权不得肆意侵犯和干涉的领域。要加大对刑罚权的宪法控制，使宪法规范真正作用于刑事诉讼程序中，应当加强宪法规范本身的控制，即赋予宪法基本权利直接效力；应赋予刑事诉讼权利以可诉性，对受不当干预的权利以有效救济；应逐渐完善刑事程序基本权利体系，实现刑事程序基本权利宪法化，透过权利得到保障实现宪法

---

① 参见王敏远《刑事诉讼法若干原则的修改》，载陈泽宪主编《刑事法前沿》第3卷，中国人民公安大学出版社2006年版，第25—28页。

和刑事诉讼的良性互动。[①] 权利保障是刑事诉讼程序自身的一个重要特质。实现宪法政治，构建刑事法治程序，必须正确认知刑罚权的权利保障属性，使刑罚权的行使最终归于权利规则之内。[②]

但是，究竟哪些权利属于刑事诉讼中的基本权利、我国宪法应对哪些刑事程序权利进行规范、宪法对刑事程序权利进行保护的必要限度在哪里、宪法实施机制如何保障这些权利的实现，对于这些问题，却未见有论文或专著进行深入的研究。

第二节　刑事诉讼的现代化

如果说我国民法学界对民法基础理论的研究热点，已经从 20 世纪 90 年代的关注“现代化”转移到了关注“现代性”[③]，那么，可以说，我国刑事诉讼法学基础理论的研究仍处于关注“现代化”的阶段，对刑事诉讼的现代化问题进行专门讨论始于 2003 年。“现代刑事诉讼法”是我国学者在学术研究中经常使用的一个概念。传统与现代、本土与西化始终是缠绕在中国学者心中的结。

一　我国刑事诉讼的现代化目标

有论者以现代化理论作为分析框架，对我国刑事诉讼制度改革所涉及的若干基本理论问题作了研究。该论者认为，从现代化理论来看，刑事诉讼制度的发展经历了一个传统型刑事诉讼制度向现代型刑事诉讼制度转变的历程。传统型刑事诉讼制度与现代型刑事诉讼制度之间，在程序理念、结构和运作等方面都存在重大的差异：在传统型刑事诉讼制度中，人权保障理念缺位，缺乏诉讼职能的分化、独立，在程序运作方面，非理性色彩浓厚；而现代型刑事诉讼制度确立了人权保障优先的诉讼理念，进行了诉讼职能的分化、整合，采用了控辩职能平等和审判职能中立的理性化运作

---

① 参见王戬《规范与当为：宪法与刑事诉讼的良性互动》，《法学》2003 年第 7 期。

② 参见王戬《宪政体制下的刑事诉讼：权利维度的思考》，《四川大学学报》2003 年第 6 期。

③ 参见谢鸿飞《民法学研究状况》，载夏勇等主编《中国法治发展报告》(2003)，社会科学文献出版社 2004 年版，第 183 页。

机制。对于这些基本理论问题，我国刑事诉讼制度改革在理论和实践中显然存在认识上的误区，如认为职权主义和当事人主义诉讼制度存在本质的区别；我国现行刑事诉讼制度是一种职权主义诉讼制度；职权主义诉讼制度存在重大结构性缺陷，刑事诉讼制度改革应向当事人主义学习。正是这种认识上的误差，导致了改革目标的错位以及改革路径的错误选择。我国刑事诉讼制度改革的目标应当定位为建立现代型刑事诉讼制度，改革的路径是兼采当事人主义与职权主义之长。与之相适应，我们应当重视对制度生长、发育所需的社会环境的培植。①

二　我国刑事诉讼的现代化图景

有论者从应然和实然两个层面，对中国刑事司法现代化的图景作了分析，认为将中国刑事司法的发展思路置于自20世纪70年代以来中国对现代化渴求的宏观背景下加以检视，将会更深刻地体认到刑事司法的发展方向与中国整体的现代化诉求之间的紧密关联。从社会整体发展来看，中国社会变革的现代化指向成为中国刑事司法法治进程变迁的基本动向；从全球化视角来看，违拗刑事司法全球化的发展趋势，无视人类在某些价值观上达成的共识，也不可能架构刑事司法的现代化图景。中国的刑事司法现代化诉求根植于中国社会整体的现代化和全球化的双重进程中，同其他场域的社会变革相同，必然会遭遇传统与现代或者本土与西方之间的价值论争。比如关于沉默权、辩诉交易等具体刑事诉讼制度或者证据规则在中国的引进或者创设问题，无不关涉特定价值纷争。在全球化的、现代整体社会发展的视野下，现代化的刑事司法所应体现的品质有两个，一是对人权的尊重，二是对程序正义的强调。处于整个世界发展过程中的中国，目前显露出的经济市场化、权力内敛化及社会市民三个变迁趋势，使个人的主体价值及程序的意义在整个国家机器的运转中日益彰显，中国的发展现状为其刑事司法发展实现理想的现代化图景提供了切实的可能性。中国刑事司法的现代化既是本土的也是一种全球的现代化。联合国刑事司法准则是中国刑事司法实现其现代化图景的最佳参照系。② 另有学者对刑事诉讼的

---

① 参见左卫民、万毅《我国刑事诉讼制度改革若干基本理论问题研究》，《中国法学》2003年第4期。

② 参见卞建林《刑事诉讼的现代化》，中国法制出版社2003年版，第35页以下。

全球化趋势作了评析。①

有论者认为，我国刑事诉讼制度的现代化构建于社会主义市场经济发展、政治体制改革、刑事司法观念转变的基础之上，其以国际化和价值衡量为主要表现。在中国刑事诉讼制度现代化的过程中，应正确处理本土化与国际化；职权主义模式与当事人主义模式；犯罪嫌疑人、被告人权利保护与被害人权利保护等诸方面的关系。中国刑事诉讼制度的现代化进程有着种种不确定性因素的存在。首先，其是一个系统的过程，涉及了各个领域、各个方面的嬗变。其次，它是一个艰辛的过程，鉴于我国法治后进型国家的现实，这种艰辛尤为明显：我国刑事诉讼制度的现代化又是一个长期的过程，很难在短时间内完成。同时，中国刑事诉讼制度的现代化又是一个不可逆转的过程，是基于生产力的发展所带来的必然进步和发展，其一旦开始就不可能被真正抑制，在这个过程中也许会有暂时的挫折和倒退，但总趋势是不可逆转的。②

三　我国刑事诉讼现代化的内涵

有论者指出，我国刑事诉讼的现代化便是包括制度、理念、主体三方面在内的全方位的现代化。刑事诉讼现代化 = 刑事诉讼制度现代化 + 刑事诉讼文化现代化 + 社会各主体在刑事诉讼方面的现代化。围绕这一现代化展开的刑事诉讼法学研究，也会较以往大大拓宽研究领域，最终形成全方位、多角度、多方法的立体研究。围绕制度、支撑制度的文化发展演进的历史考察，将构成今后刑事诉讼法学研究中的纵坐标，以往中西制度层面比较研究便随之拓展到制度、文化发展演进的过程研究。与之相对应，既有现实层面仅限于我国刑事诉讼的实证研究可以拓展到域外的相应领域，人之诉讼理念的培育与既有落后观念的克服，将共同构成今后刑事诉讼法学研究中的横坐标。纵横交错对某一范畴的考察，便构成了一个范围广阔的平面。这样的平面从静态上说有两个方面：一是制度从无到有的发展过程，二是相应诉讼观念的形成和转化过程。这两个方面之间应该是紧密结

① 参见陈卫东、程雷《刑事诉讼的全球化趋势析评》，《山东公安专科学校学报》2003 年第 2 期。

② 任华哲、刘洋：《中国刑事诉讼制度的现代化》，《武汉大学学报》（哲学社会科学版）2010 年第 4 期。

合的，前者应该体现后者，后者为前者提供支撑。与此同时，通过将上述两个层面的考察纳入对整体刑事诉讼现象的分析之中，将人的诉讼观念的培育融入到刑事诉讼法的修改完善与刑事诉讼文化改造之中，便可以避免以往研究中的就事论事，进而使我国的刑事诉讼现代化研究别开生面、针对性更强。①

有论者认为，刑事程序现代性的维度之一是理性化。在此基础上分析了理想类型法及其在刑事程序中的体现；我国刑事程序中非理性的典型表现。刑事程序现代性的维度之二是主体性。刑事程序现代性的维度之三是合法性。程序是合法性的基本资源，刑事诉讼现代化表征为刑事法治秩序的演进。该论者认为，清末刑事诉讼草案的制定标志着现代刑事诉讼制度的形成，民国时代的刑事诉讼制度属于大陆法系刑事诉讼制度，革命根据地的刑事诉讼制度也有鲜明的特征；1949—1957 年反右运动之前的刑事诉讼有法可依，从治理方式上看属于有法的治理；1957 年反右运动之后至 1976 年的刑事诉讼通过运动或政策进行，从治理方式上看属于无法治理；1949—1976 年刑事诉讼的社会基础为国家极强，社会极弱，国家全面渗透和控制社会生活；1979 年刑事诉讼法标志着法制的兴起，而当时的社会基础为国家与社会开始适当分离；1996 年刑事诉讼法标志着刑事法治秩序的形成。②

对于中国来说，“现代”一词始终是一个有吸引力的大词。在上述研究中，我们看到：前者使用了“现代化的刑事司法”的概念，后者则使用了“现代型刑事诉讼制度”的概念。这样的用词旨在从制度转型的角度来分析中国刑事诉讼的发展，它是一种宏观的类型化分析。较之“现代化”一词，“现代性”的内涵更为深远。③ 有民法学者提出：形式合理性与实质合理性的背离是现代法治最严峻的挑战，也是中国民法“现代性”问题产生的根源。④ 中国刑事诉讼法面临同样的问题。中国刑事诉讼法的“现代性”问题，不仅涉及刑事诉讼法价值取向的修正以及诉讼结

---

① 孙记：《论我国刑事诉讼现代化的多重意蕴》，《公民与法》2011 年第 7 期。

② 参见许身健《刑事程序现代性研究》，中国政法大学博士论文（2004 年）。

③ 参见谢鸿飞《民法学研究状况》载夏勇等主编《中国法治发展报告》（2003 年），社会科学文献出版社 2004 年版，第 183 页。

④ 参见李建华、蔡立东、董彪《论中国民法的现代性问题：民法典立法基调前瞻》，《法制与社会发展》2002 年第 1 期。

构的调整，而且涉及“现代性”与本土性的调适、制度转型与社会环境培育之间的互动，远非照搬国际标准那样简单。我国刑事诉讼法学有待对刑事诉讼法的“现代性”问题展开更加深入的讨论。

第三节 刑事诉讼目的与价值

一 刑事诉讼目的

刑事诉讼目的理论是刑事诉讼法学研究的一个基本命题，它作为国家进行刑事诉讼所要期望达到的目标，是国家权力意志的体现，反映的是国家对于刑事诉讼的价值评价。因此，对刑事诉讼目的的完整理解和准确设定，是科学构建刑事诉讼制度的出发点和归宿。① 刑事诉讼目的的确立及实现决定着刑事诉讼活动的方向，也与刑事诉讼主体、职能结构等紧密相关，因而成为刑事诉讼法学研究的一个基本问题。② 刑事诉讼的目的不同于刑事诉讼法的目的。③ 立法者在制定刑事诉讼法律时，赖以为基的任何重大理论问题，如刑事诉讼主体的确定、刑事诉讼职能的划分、刑事诉讼构造的安排等，都需要以对刑事诉讼目的的认识和判断作为逻辑原点。④

1. 关于“刑事诉讼目的”概念的新观点

关于“刑事诉讼目的”的概念，以往的主要观点包括三种：第一种观点认为，刑事诉讼目的是指国家进行刑事诉讼所要达到的具体目标，是统治者按国家和社会的需要和基于对刑事诉讼固有属性的认识，预先设计的关于刑事诉讼结果的理想模式，它分为根本目的和直接目的两个层次，根本目的在于维护国家的政治和经济制度，促进文明的发展和社会的进

---

① 参见卞建林、田心则《中国刑事诉讼制度科学构建论纲》，《北方法学》2009年第1期。

② 参见宋英辉《刑事诉讼目的论》，《政法论坛》1992年第2期。

③ 我国刑事诉讼法制定的目的，具体包括三个方面：其一，保障刑法的正确实施；其二，惩罚犯罪，保护人民；其三，保障国家安全和社会公共安全，维护社会主义社会秩序。这三个方面互相联系，形成了统一的刑事诉讼法的制定宗旨。我国刑事诉讼法第1条明确规定了刑事诉讼立法的目的：“为了保证刑法的正确实施，惩罚犯罪，保护人民，保障国家安全和社会公共安全，维护社会主义社会秩序，根据宪法，制定本法。”

④ 参见卞建林、田心则《中国刑事诉讼制度科学构建论纲》，《北方法学》2009年第1期。

步，直接目的则是实现国家刑罚权和保障公民人权的统一。[①] 第二种观点认为，刑事诉讼目的是以观念表达的国家进行刑事诉讼所要达到的目标，是统治者按照自己的需要和基于对刑事诉讼及其对象固有属性的认识，预先设计的关于刑事诉讼结果的理想模式。[②] 第三种观点认为，刑事诉讼的目的是指国家建立刑事诉讼制度、进行刑事诉讼所要达到的理想结果。[③]

2000 年以来，学界提出了关于刑事诉讼目的概念的如下观点：第一种观点认为，刑事诉讼的目的是指立法者预先设定的、进行刑事诉讼所要达到的具体目标。刑事诉讼的目的与控辩审中某一方参加刑事诉讼的目的不同。追求打击犯罪与保障人权的统一是各国刑事诉讼的共同目的。[④] 第二种观点认为，刑事诉讼目的是指国家根据各种刑事诉讼主体的客观需要及其对刑事诉讼价值的认知，所预先设计的，希望通过刑事诉讼立法和司法而实现的、理想的诉讼结果。刑事诉讼目的既是刑事诉讼的内在要素和基本前提，又是国家制定刑事诉讼法的基点和进行刑事诉讼活动所追求的目标。刑事诉讼目的的表现形式是主观的，客观条件对刑事诉讼目的的设立起制约作用，国家权力在主动开始和推动刑事诉讼进行方面处于一种积极状态。[⑤] 第三种观点认为，刑事诉讼目的是指国家根据各种刑事诉讼主体的客观需要及其对刑事诉讼价值的认知所预先设计的，希望通过刑事诉讼立法和司法而实现的理想的诉讼结果。它可以区分为浅层目的与深层目的。浅层目的包括根本目的和直接目的，根本目的是维护法治秩序和民主政治制度，直接目的是公正地实施刑法和公正地保障人权。深层目的是通过刑事诉讼实现自由、平等、公正和安全。[⑥] 第四种观点认为，刑事诉讼

---

① 参见陈光中、陈瑞华、汤维建《市场经济与刑事诉讼法学的展望》，《中国法学》1993 年第 5 期。

② 参见宋英辉《刑事诉讼目的论》，中国人民公安大学出版社 1995 年版，第 2 页以下。

③ 参见樊崇义主编《刑事诉讼法学》，中国政法大学出版社 1999 年版，第 33 页以下。

④ 参见徐静村主编《刑事诉讼法》（上），法律出版社 2003 年版，第 54—55 页。

⑤ 参见王敏远主编《刑事诉讼法》，社会科学文献出版社 2005 年版，第 7—8 页。

⑥ 参见陈建军《刑事诉讼的目的、价值及其关系》，《法学研究》2003 年第 4 期。

目的是指进行刑事诉讼所要达到的目标。刑事诉讼的目的起着统摄刑事诉讼各个阶段的作用，规范着各个诉讼参与者的刑事诉讼行为，是刑事诉讼最重要的基础理论之一。刑事诉讼的目的体系决定着刑事诉讼的整体构造，决定着刑事诉讼证明制度的特征。① 刑事诉讼目的是统治者按国家和社会的需要和刑事诉讼固有属性的认识，预先设计的关于刑事诉讼结果的理想模式。

2. 关于我国刑事诉讼目的的不同观点

在1978年之前，受阶级斗争观念的影响，我国的刑事诉讼立法和司法奉行的是一切为了并服从于惩罚犯罪的一元目的观。改革开放以后，特别是进入20世纪90年代以来，人们权利意识的萌发促使刑事诉讼法学界开始对此片面的诉讼目的观进行反思，逐步确立起惩罚犯罪与保障人权、发现真实与程序正当的双重目的论。2000年以来，学界从不同角度对惩罚犯罪与保障人权、发现真实与程序正当的双重目的论，进行了探讨，提出了关于刑事诉讼目的理论的新观点，为刑事诉讼制度的科学构建开辟了新视野。

有学者指出，刑事诉讼目的是一个法律概念，而非政治概念。统一说主张犯罪控制和人权保障作为直接目的，统一于刑事诉讼的根本目的。但是所谓根本目的其实是一个政治概念。用一个政治概念使原本相互冲突的两种需求之间实现一种观念上的统一，这历来就是我国学界一个惯用的思维方式。该思维方式与法治精神完全背道而驰。它不仅混淆了法律与政治的界限，更有甚者，它将法律置于政治之下，受政治制约，而不是相反。因此，刑事诉讼目的在立法过程中的贯彻应当遵循法治原则。我国目前的刑事诉讼程序在犯罪控制和人权保障两方面存在双重缺失。②

有学者指出，在传统的刑事诉讼目的观中，促进实体真实的发现具有普遍意义，是刑事诉讼的唯一目的。但在现代法治社会中，通过刑事诉讼发现真实进而实现国家刑罚权，却不能不择手段、不问是非及不计后果。在刑事诉讼制度的构建过程中，强调的是对国家公权力恣意及对侵犯公民权利可能性的防范，其在诉讼理念上就直接体现为人权保障目的观的确

---

① 参见李长城《刑事诉讼目的新论》，《中国刑事法杂志》2006年第1期。

② 参见汪建成《刑事诉讼法再修订过程中面临的几个选择》，《中国法学》2006年第6期。

立。在刑事诉讼中，公民权利的充分享有与国家权力的恰当行使同等重要。人权保障目的观的确立，就使得完善诉讼中的公民权利保障与救济体系成为刑事诉讼制度科学构建的现实要求和评价标准。刑事诉讼中的人权保障应当以犯罪嫌疑人、被告人即被追诉人为核心关切。科学构建我国的刑事诉讼制度，不能仅仅满足于在纸面上对诉讼参与人权利的宣告，还必须加强诉讼参与人权利救济机制的健全与完善，使得那些权利被不当侵犯、自由被错误剥夺的公民能够切实获得救济和纠正的机会。①

有学者指出，刑事诉讼的历史表明，过分关注控制犯罪或者单纯追求人权保障，都会带来难以克服的弊端，甚至会出现与立法期望目标完全相反的结果。立法上过分重视控制犯罪，往往导致实践中不择手段地侦破案件和追求高效率地定罪，从而使犯罪嫌疑人、被告人的人权无法得到保障，而且易于造成无辜者被定罪，真正的罪犯得不到追究，社会秩序难以实现。反之，如果片面强调人权保障，许多犯罪人因程序瑕疵而被释放，不仅被害人权利得不到保障，社会秩序得不到维护，而且还会带来私自报复等现象，由此也会导致刑事程序追求的人权保障目标难以在最终意义上得到实现。因此，在刑事诉讼制度、程序的设计上，应追求控制犯罪与人权保障的有机统一，两者兼顾，不能偏废。②

有学者认为，将惩罚犯罪作为刑事诉讼的目的存在诸多缺陷，与无罪推定原则相矛盾；与刑事诉讼动态发展的特点及不确定性相矛盾；混淆了查明事实与适用法律之间的逻辑关系，是“重结果、轻过程”的“工具论”观念的体现；抹杀了现代国家刑事司法分权的原则；强化了刑事诉讼的国家本位倾向，直接抑制了“辩护”这一刑事诉讼的重要主题。因此，刑事诉讼的目的应当是“发现真实，保障人权”③。

有学者提出，从刑事政策的视角来审视，刑事诉讼不仅仅是将刑罚规定适用于犯罪行为的机械的自动的过程，还应通过诉讼的过程以当时的社会状况和“犯罪的个性”为背景，实现面向犯罪防止和犯罪人再社会化

---

① 参见卞建林、田心则《中国刑事诉讼制度科学构建论纲》，《北方法学》2009年第1期。

② 参见宋英辉、罗海敏《刑事诉讼法修改的理念与原则》，《中国司法》2006年第3期。

③ 参见李长城《刑事诉讼目的新论》，《中国刑事法杂志》2006年第6期。

的实质性的诉讼的刑事政策机能。因此，应该超越惩罚犯罪、保障人权的二元论，以恢复社会和谐为旨归的犯罪治理思想为指针，进一步整合诉讼目标，使诉讼目的更加合理化，进而增强诉讼程序在保障法和平性方面的功能。①

有学者主张，应当抛弃犯罪控制的旧观念，而将人权保障作为我国刑事诉讼唯一或主要的目的。鉴于我国当前司法实践中存在的诸多严重侵犯人权的现状，与其空洞地讲平衡，还不如干脆就以人权保障为目标进行制度设计，以期尽快实现我国刑事诉讼的法治化。②

对此，有学者指出，将人权保障作为唯一或主要目的的观点，究其本意其实也仅仅是主张在当前现实情况之下，应当将人权保障作为这一矛盾的主要方面来对待。只不过人权保障的期待过于急迫，导致其在文字表述上有矫枉过正之嫌。平衡说失之肤浅，而这种观点则表现出片面的深刻。我国目前的刑事诉讼程序在犯罪控制和人权保障两方面存在双重缺失。刑事诉讼各目的之间的平衡是就法律制度的整体而言的，在各个具体制度的设置上，往往难以兼顾。刑事诉讼目的是一个学者抽象出来的概念，原本仅仅用于理论研究，但是其作用也仅限于此，一旦法律出台，接下来便是在司法过程中的具体适用。在这个过程中，刑事诉讼目的就不应当再作为依据，只有法律的各项具体规定才能成为司法裁判的依据。因为，一方面，犯罪控制与人权保障如何平衡，并无确定性的公式可以计算，在很大程度上是一个价值判断的问题，而价值判断恰恰是应当通过立法过程中的多方论证来完成的，司法应当尽量避免陷入价值判断的泥潭。另一方面，立法对犯罪控制和人权保障之平衡的追求，是在追求一种制度的实质合理性，但是，司法则仅仅能在法治相对完备的基础上，实现一种形式的合理性。这一点在我国尤其需要充分重视。只有让立法的归立法，司法的归司法，整个法律体制才能良性运转。③

有学者认为，现行刑事诉讼架构中广泛存在的与纠纷解决相关的制度

---

① 参见马明亮《“犯罪治理”作为刑事诉讼目的的若干思考》，《法律科学》2006 年第 6 期。

② 参见郝银钟《刑事诉讼目的的双重论之反思与重构》，《法学》2005 年第 8 期。

③ 参见汪建成《刑事诉讼法再修订过程中面临的几个选择》，《中国法学》2006 年第 6 期。

与实践，对传统的刑事诉讼双重目的论构成了挑战。回应挑战的途径是将纠纷解决提升为刑事诉讼目的。纠纷解决作为刑事诉讼目的的理论基础，存在于现行刑事诉讼中加害人/被害人的结构性主线和纠纷解决作为刑事诉讼目的对所有刑事诉讼利益相关者处境的改善之中。在刑事诉讼目的体系中，纠纷解决应当通过正当程序予以实现，并在原则上以查明事实真相为基础。①

2012年新刑事诉讼法新增保障人权的任务的规定。有学者认为，刑事诉讼领域内的保障人权，可以从三个层面去理解，第一个层面是保障犯罪嫌疑人、被告人和罪犯的权利，防止无罪的人受到刑事法律追究，防止有罪的人受到不公正的处罚；第二个层面是保障所有诉讼参与人，特别是被害人的权利；第三个层面是通过对犯罪的惩罚保护广大人民群众的权利不受犯罪侵害。其中，保障被追诉人的权利是保障人权的重心所在。当然，我们强调刑事诉讼法保障人权的重要性，并非忽视其惩罚犯罪的价值和目的。惩罚犯罪与保障人权是两种不同的价值取向，是一对矛盾的两个方面，两者既相互区别，又相互联系、相互转化，当两者处于并重的平衡关系时，就能更好地实现法律效果和社会效果的统一；当两者偏重偏轻时，就会引发某种社会矛盾和问题，不利于社会的安定和谐和国家的长治久安。我国长期以来存在着重打击犯罪轻人权保障的传统，这在修订前的刑事诉讼法的立法宗旨、任务及具体制度程序中仍多处保留其阴影，并导致司法实践中产生司法不公的负面影响。②

二　刑事诉讼价值

刑事诉讼价值理论的研究始于20世纪90年代。由于受到一般法律价值理论的影响，最初多数学者将刑事诉讼价值概括为自由、秩序、公正和效率；还有学者认为，自由与安全是刑事诉讼的两大法律价值。这种研究并没有突破一般法律价值理论的格局，缺乏对刑事诉讼价值的富有针对性的探讨。在陈瑞华对刑事诉讼价值所进行的三个层面的区分中，最为关键

① 参见肖仕卫《纠纷解决：一种新的刑事诉讼目的观》，《中国刑事法杂志》2010年第9期。

② 参见陈光中、刘林呐《尊重和保障人权：不仅仅是一项基本原则》，《检察日报》2012年3月19日第3版。

的就是内在价值问题，内在价值就是程序本身的伦理价值，即程序正义。陈瑞华将程序正义的核心要求概括为“程序的参与性”，围绕这一核心要求，还存在着七个方面的程序正义要求：即程序的中立性要求；程序的对等性要求；程序的合理性要求；程序的自治性要求；程序的及时性要求；程序的终结性要求；程序的人道性要求。[①] 刑事诉讼内在价值理论（独立价值）的提出，反映出人们对程序法的重视程度达到了崭新的高度，它使整个刑事诉讼法学界逐渐摆脱了程序工具主义的束缚，克服了长期以来实务界“重实体、轻程序”的落后观念。有关刑事诉讼价值理论的研究，为刑事诉讼法学的研究提供了发展空间。目前，刑事诉讼价值理论已经成为我国刑事诉讼法学研究的一个基本命题。有学者指出，要构建一部较为完善的刑事程序法，立法部门需要考虑多方面的因素。例如，要考虑法律程序背后的价值理念问题，对于诸如“程序的正义性”、“程序的工具性”、“程序的经济性”、“程序的和谐性”乃至“程序的诊疗性”予以兼顾，并加以适当的协调。又如，要考虑诸多基本原则的贯彻问题，将诸如无罪推定、禁止强迫自证其罪、禁止双重危险、有效辩护等基本原则，落实到具体的程序设计之中。再如，要对司法实践中出现的诸多问题，如刑讯逼供、冤假错案、证人出庭作证、超期羁押等，提出有针对性的解决方案。这些因素都在过去的刑事诉讼法学研究中，得到了较为充分的讨论。[②]

1. 关于“刑事诉讼价值”的概念

关于“刑事诉讼价值”的概念，以往的主要观点包括三种：第一种观点认为，刑事诉讼价值是指刑事诉讼立法及其实施能够满足国家、社会及其一般成员的特定需要而对其所具有的效用和意义。其内容包括秩序、公正和效益。[③] 第二种观点认为，刑事诉讼价值是指人们据以评价和判断一项刑事诉讼程序是否正当、合理的伦理标准，也是刑事诉讼程序在其具体运作过程中所要实现的伦理目标。其内容包括外在价值、内在价值和经

---

① 参见陈瑞华《刑事审判原理论》，法律出版社 1999 年版，第 37 页。

② 参见陈瑞华《法律程序构建的基本逻辑》，《中国法学》2012 年第 1 期。

③ 参见陈光中、徐静村主编《刑事诉讼法学》，高等教育出版社 2001 年版，第 42 页。

济效益价值。[①] 第三种观点认为，刑事诉讼价值是指刑事诉讼程序在设计和运作中所体现的基本价值标准，作为一种过程价值，刑事诉讼价值不是指什么抽象的安全、自由、秩序和正义价值，而是包含着诉讼的内在价值（或公正价值）与功利价值（或工具价值）两个方面。与程序的内在价值与外在价值相比，经济效益价值则处于次级价值的地位，也就是不具有选择上的优先性。[②]

2000 年以来，学界提出了关于刑事诉讼目的概念的如下观点：第一种观点综合上述的工具价值和伦理价值理论，认为刑事诉讼价值是指刑事诉讼程序本身固有的，不依赖于刑事诉讼主体及其需要而独立存在的，能够通过刑事诉讼活动对国家、社会和所有公民的合理需要和要求的满足具有积极意义的一种特性，分为内在价值和外在价值两个方面。其内在价值是指刑事诉讼程序本身具有公正性、民主性、人道性、合理性和效益性的优秀品质。其外在价值是指刑事诉讼程序具有满足刑事诉讼主体的合理需要，实现刑事诉讼目的的效用或积极意义。刑事诉讼的内在价值是其外在价值的基础和前提，外在价值是其内在价值的表现。[③] 第二种观点认为，刑事诉讼价值是指制定刑事诉讼法的掌握国家权力的统治阶级或者利益集团赋予的能够满足其特定需要的刑事诉讼的利益属性。该利益属性具有规范性、主观性、演进性、二元性、层次性及对立性的特点。[④]

2. 关于我国刑事诉讼价值目标的不同观点

我国刑事诉讼价值目标的不同观点，早期的代表性观点是公正、效率和效益说：按照公正价值的要求，审判应是诉讼的中心环节和本质反映；赋予被告人充分的辩解权利，还允许辩护人提前介入；实行检审分离；设立非法证据的排除规则。诉讼效率简单地说就是公安司法机关在单位时间内的办案量，而一般不用单位时间内的维护人权量来计算，其理论根据就在于刑事诉讼的目的与刑事诉讼的现实任务并非是完全相同的。为了实现刑事诉讼目的并提高办案效率，刑事诉讼的主要任务应当是惩罚犯罪，维

---

① 参见樊崇义主编《刑事诉讼法学》，法律出版社 2002 年版，第 23—24 页。

② 参见陈瑞华《刑事审判原理论》，法律出版社 1999 年版，第 65 页。

③ 参见陈建军《刑事诉讼的目的、价值及其关系》，《法学研究》2003 年第 4 期。

④ 参见曾友祥《刑事诉讼价值的六个基本特征》，《中山大学学报》（社会科学报）2006 年第 3 期。

护人权的行动主要通过准确地惩罚犯罪来进行。如果在刑事诉讼的具体操作过程中把保护无辜、维护人权单独作为一项与惩罚犯罪等量齐观的任务，不仅有碍于与犯罪作斗争的客观现实，更主要的是易造成司法人员过分的谨小慎微，从而降低诉讼效率，使公安司法机关难以完成保卫社会的使命。诉讼效益的内含主要指投入最小的司法资源取得最大的收益。就刑事诉讼而言，准确、及时地惩治犯罪取得的收益主要表现在：一方面，维护了刑法的尊严，为社会提供了安全感，并在一定程度上恢复被害者受侵害的权益，且通过自由刑或生命刑限制，甚至剥夺犯罪分子再犯罪的能力和达到一定程度的一般预防的作用。另一方面，保护无辜，保障人权。①

2000年以来提出如下新观点：第一种观点，秩序、公正和效益说。该说认为，秩序、公正和效益是刑事诉讼价值的基本内容。公正在刑事诉讼价值中居核心地位。刑事诉讼公正价值包括实体公正和程序公正两个方面。刑事诉讼秩序价值包括两方面含义：其一是通过惩治犯罪，维护社会秩序，即恢复被犯罪破坏的社会秩序以及预防社会秩序被犯罪所破坏。其二是追究犯罪的活动必须是有序的，不得因此而导致无序状态。刑事诉讼的效益在狭义上一般称为效率，指以一定的司法资源投入换取尽可能多的刑事案件的处理量，即提高单位时间内的有用工作量，加速刑事程序的运作效率，降低诉讼成本，减少案件积压和司法拖延等现象。从广义上讲，诉讼效益还包括其在保证社会生产方面所产生的效益，即刑事诉讼对推动社会经济发展方面的效益，而这正是刑事诉讼所追求的最终目标。② 第二种观点，程序正义说。该说认为，程序正义是刑事诉讼程序的独立价值。刑事诉讼过程中，程序正义弥补了诉讼参与人的被动与不利，保障其享有公正的诉讼待遇并对裁判结果的形成施予充分、积极的影响；在惩罚犯罪的同时，最大限度地兼顾了诉讼参与人的人权保障，更有助于从心理上解决争议。程序正义迫使国家专门机关在追求惩罚犯罪、实现实体真实的同时，必须遵守程序规则，否则对程序规则的违反将直接导致诉讼程序的停

---

① 参见马贵翔《公正·效率·效益——当代刑事诉讼的三个基本价值目标》，《中外法学》1993年第1期。

② 参见陈光中、徐静村主编《刑事诉讼法学》，高等教育出版社2001年版，第42页。

滞、诉讼结论的排除（如非法证据排除规则）。程序正义具有明显的独立性。①

3. 关于我国刑事诉讼价值权衡

有学者指出，刑事诉讼的本质是一个利益分配、利益冲突、利益衡量的过程。刑事诉讼的现代化之路，即是一部价值权衡的曲折史。刑事诉讼价值权衡，就是由裁判者依据一定程序和方法对冲突的利益确定其轻重而进行的衡量与选择活动。当前，随着法学方法论的发展以及刑事诉讼的现代化进程，两大法系在刑事诉讼价值权衡上面临一系列深刻变革：利益形态逐步从封闭走向开放；利益主体出现多元化倾向；普遍寻求价值权衡的方法论规制。中国刑事诉讼法可确立综合式利益衡平模式，融合静态位阶方法和动态衡平方法。同时，作为保障，需要克服部门利益化、职业利益化的褊狭心态，完善刑事诉讼法立法艺术，培植刑事诉讼法权感，力求利益均衡化、最大化。②

三　刑事诉讼目的与价值的关系

在刑事诉讼目的和价值理论研究中，目的与价值的联系与区别问题，也引起一些研究者的关注。有学者认为，刑事诉讼目的和价值的联系在于：刑事诉讼目的的产生是人们对刑事诉讼价值认识、评价和选择的结果，刑事诉讼目的的实现是刑事诉讼价值的体现。两者的区别在于：刑事诉讼目的是人们从事刑事诉讼活动的起点和终点，刑事诉讼价值是人们价值认知的对象。刑事诉讼目的追求的程序公正是人们的主观目标，刑事程序本身的公正性是其本质的内在规定。③ 还有学者指出，刑事诉讼的目的、价值问题是刑事诉讼法学中的重要理论问题，不能将两者混为一谈。刑事诉讼的目的是指国家根据各种刑事诉讼主体的客观需要及其对刑事诉讼价值的认知所预先设计的、希望通过刑事诉讼立法和司法而实现的理想的诉讼结果。刑事诉讼价值是指刑事诉讼程序本身所固有的、不依赖于刑

① 参见卞建林《刑事诉讼的现代化》，中国法制出版社2003年版，第8—9页。

② 参见雷小政《比较与借鉴：刑事诉讼价值权衡的方法论基础》，《法律科学》2009年第1期。

③ 参见王敏远主编《刑事诉讼法》，社会科学文献出版社2005年版，第19—20页。

事诉讼主体及其需要而独立存在的、能够通过刑事诉讼活动对国家、社会和所有公民的合理需要和要求的满足具有积极意义的一种特性。刑事诉讼目的与价值的联系在于：刑事诉讼目的的产生是人们对刑事诉讼的价值进行认知、评价、选择的结果，刑事诉讼目的的实现是刑事诉讼价值的体现。两者的区别在于：刑事诉讼目的具有主观性，刑事诉讼价值具有客观性；刑事诉讼目的是人们从事刑事诉讼活动的起点和终点，刑事诉讼价值是人们价值认知的对象；刑事诉讼目的追求的程序公正是人的主观目标，刑事诉讼程序本身的公正性是其内在的本质规定。要弄清刑事诉讼目的与价值的联系，应当从刑事诉讼目的产生和实现的动态过程来考察。刑事诉讼目的的产生是人们对刑事诉讼价值进行认知、评价、选择的结果，刑事诉讼目的的实现是刑事诉讼价值的体现。这是刑事诉讼目的与价值的最基本的联系。①

第四节　刑事诉讼构造

刑事诉讼构造或基本类型问题，是我国刑事诉讼法学界的研究重点之一。学界以我国实际存在的制度为原型，将刑事诉讼构造问题与刑事诉讼阶段、刑事诉讼主体、刑事诉讼职能等理论范畴结合起来，从而为完善刑事诉讼立法和司法提供了一些有价值的理论。

一　刑事诉讼构造的概念

“刑事诉讼构造”这一概念产生于日本刑事诉讼法学界。1980 年代中后期，我国学者提出并运用“刑事诉讼形式”的概念，对两大法系的刑事诉讼程序进行比较研究，并指出，刑事诉讼构造与刑事诉讼的形式不同。刑事诉讼的形式，是指国家专门机关在当事人和其他诉讼参与人的参加下进行刑事诉讼的基本方式和结构。刑事诉讼的结构涵盖在刑事诉讼的形式之下。② 1990 年，我国学者将“刑事诉讼构造”理论由日本引入我

---

① 参见陈建军《刑事诉讼的目的、价值及相互关系》，《法学研究》2003 年第 3 期。

② 参见陈光中主编《刑事诉讼法学》，中国政法大学出版社 1990 年版，第 9 页。

国刑事诉讼构造，其指出，“刑事诉讼构造”又称刑事诉讼形式、刑事诉讼模式、刑事诉讼结构。刑事诉讼构造是由一定的诉讼目的所决定的，并由主要诉讼程序和证据规则中的诉讼基本方式所体现的控诉、辩护、裁判三方的法律地位和相互关系。①

2000年以来，学界就此问题继续展开研究，主要观点包括：有学者认为，刑事诉讼的构造或者结构不同与刑事诉讼模式或类型。刑事诉讼的构造或者结构是指刑事诉讼中控诉、辩护和裁判三方诉讼主体的诉讼地位和法律关系。刑事诉讼的构造或者结构不同与刑事诉讼模式或类型，应指不同制度下的刑事诉讼构造经过简化和抽象所具有的样式。一般而言，模式尽管可以用来对某一刑事诉讼构造的特征进行概括，但它还不是构造或结构本身。人们在说某一刑事诉讼程序的构造形成特定的“模式”时，一般是相对于另一刑事诉讼程序而言的。② 有学者认为，刑事诉讼结构与刑事诉讼模式适用的场合与意境应该是有区别的，前者适用于静态解析诉讼中权力与权力、权力与权利的配置和关系；而后者“样式”之意，它是从动态的比较角度来考察基本的诉讼类型。国家之间或者某一国家在某一时间段，诉讼制度的基本特征相同。由于刑事诉讼模式描述或概括的对象限于典型特征，所以具有相同特征的诉讼制度都可以归属于同一种诉讼模式。③

目前，刑事诉讼的结构主体界定为控诉、辩护和裁判三方已经成为学界的主流观点。刑事诉讼构造这一范畴的提出，为人们观察和分析控诉、辩护和裁判三方的基本法律关系，提供了理论上的注解和基本的思路。④

二　域外刑事诉讼构造理论研究

国外研究者对刑事诉讼的类型划分进行了归纳，主要包括：帕卡的犯罪控制模式与正当程序模式、格里费斯的争斗模式与家庭模式、戈德斯坦

---

① 参见李心鉴《刑事诉讼构造论》，中国政法大学出版社1998年版，第7页。

② 参见陈瑞华《刑事诉讼的前沿问题》，中国人民大学出版社2005年版，第90页。

③ 参见汪海燕《刑事诉讼模式的演进》，中国人民公安大学出版社2004年版，第10页。

④ 参见陈瑞华《刑事诉讼的前沿问题》，中国人民大学出版社2005年版，第86页。

的弹劾模式与纠问模式、达马斯卡的对抗制模式与非对抗制模式和科层型程序与协作型程序等学说。我国刑事诉讼法学界对此进行了介绍和分析。

1. 帕卡的犯罪控制模式与正当程序模式

1964年帕卡在《刑事程序的两个模式》一文中，首次提出了犯罪控制模式与正当程序模式。犯罪控制模式主张刑事诉讼程序的最重要的机能就是抑制犯罪，即为了维护公共秩序，犯罪行为必须被置于严格的统治之下。基于这种立场，这一模式最关心的就是程序的效率，认为在惩罚犯罪上不具有高效率的刑事诉讼，无论对社会还是对个人的自由，都是有害无益的。正当程序模式则是崇尚个人自由、强调人权至上的模式，它的基础是自然法思想，认为人类拥有某些基本权利，如果统治者侵犯了这些权利，人民将不信任统治者并撤回授予统治者的权利。因此，为了保证程序的管理、运用的效率性和决定的确实性，必须扩大侦查机关的权力和信赖警察的能力。正当程序模式则是以个人优先的观念及为了保障个人权利不受侵犯而对国家权力进行制约的观念为基础的。这一模式认为，不受制约的权力必然被享有者滥用；在刑事程序上限制国家的权力，就是对被告人权利的保护。与犯罪控制模式的流水作业程序不同，正当程序模式是跨栏赛跑式的程序。① 对帕卡的刑事诉讼模式理论的集中批评意见是，该模式理论忽视了被害人的存在以及主张惩罚与保障的对立是不可调和的片面性。

2. 格里费斯的争斗模式与家庭模式

1970年美国学者格里费斯发表了《刑事程序中的理念——刑事程序的第三种模式》，批评帕卡的理论。他指出，帕卡所主张的两个模式实质上就是一种模式，即“争斗模式”与“争斗模式”相对立的是“家庭模式”。与争斗模式把利害调整的不可能作为前提的思考方式正好相反，家庭模式则像理想的家庭那样，是以利害调整的可能性和爱的理念为前提的。家庭模式强调对犯罪人的尊重与关切，注重刑事司法的教育功能，并阐明了辩护律师在实现刑事诉讼目的中的重要性。② 对该理论的批判，主要在于其片面夸大了国家与被告人利益的调和，不符合刑事诉讼的实际，带有空想的成分。各国的刑事司法实践中也出现了诸如辩诉交易、恢复性

---

① 参见宋英辉主编《刑事诉讼原理》，法律出版社2007年版，第230—231页。

② 同上书，第233—234页。

司法等建立在控辩双方的合作基础之上的新制度，这些新制度也在一定程度上与家庭模式理论暗合。① 但随着时代的进步和刑事诉讼程序的发展变化，格里费斯的家庭模式理论的合理性和意义逐步显现，一些学者给予了积极的评价。②

3. 对抗制模式与非对抗制模式

1973 年达马斯卡发表了《有罪判决的证据法制约与刑事程序的两个模式：一个比较研究》一文，论述了刑事诉讼的对抗制模式与非对抗制模式。达马斯卡认为，对抗制模式建立在自由主义的基础之上，以对国家官员权力的不信任作为前提。对抗制模式下，诉讼的主角有着明确、独立和矛盾的作用：控诉方的任务就是获得一个有罪判决，而辩方的任务就是阻碍控方达成这个任务。裁判者的任务是监督并促使双方遵守竞争规则并最终作出裁决。这种模式需要大量的技术性规则，来保证双方当事人活动的适当化。而非对抗制模式则将集体主义理念和温和的家长式统治理念作为其思想基础。在非对抗制模式中，刑事诉讼并不被认为是解决纠纷，而被认为是一次彻底的官方的调查，而这种调查则是由犯罪可能已经发生引起的。诉讼的目的不是解决争议，而是查明案件事实并证明施加的刑事制裁是正当合理的。非对抗制模式诉讼程序的构造更为简单，以至于技术性相对于对抗制模式要低许多。非对抗制模式信任官员权力的运用，不允许以违反程序的原因推翻事实上无误的判决。③

4. 科层型程序与协作型程序

1975 年达马斯卡发表论文《权利的结构与比较刑事诉讼程序》提出了科层模式与协作模式。随后又在 1986 年出版的《司法和国家权力的多种面孔——比较视野中的法律程序》中，对科层模式和协作模式的划分作了进一步的阐述和修正。达马斯卡指出，科层型程序具有以下特点：按部就班的递进式程序；注重上级审查；对案卷依赖；渐进式审判；官方程序的排他性以及逻辑法条主义与程序规制等。协作型程序具有以下特点：

---

① 参见梁欣《刑事诉讼家庭模式的再评价——从对抗到合作》，《国家检察官学院学报》2005 年第 6 期。

② 参见宋英辉主编《刑事诉讼原理》，法律出版社 2007 年版，第 234 页。

③ 同上书，第 236—237 页。

程序活动集中化；单一决策层级分叉；程序步骤压缩；私人程序行动的合法性以及实质正义与程序规制等。科层型程序与协作型程序两种模型的关系，并不等同于大陆法系制度与英美法系制度之分。他认为，建构这两种模型是以权力结构的组织模式为背景，并夸大或典型化了欧陆国家和英美法系国家的司法组织之间的差异以及某些趋势和特点，但是，这并不妨碍我们将现实中的英美程序与欧陆程序归入某种模型。从理论上来讲，科层型和协作型与抗辩式和纠问式两组概念完全可以交叉着联系在一起。科层型既可以同抗辩形式联系起来，也可以同非抗辩形式联系起来，协作型也是如此；从现实来说，由于纠问形式与抗辩形式实际上都经历了适应于不同的本土权力组织方式——英美诸国的协作型和欧陆的科层型权力组织的过程，所以抗辩程序和纠问程序已经牢牢地镶嵌在协作型和科层型权力组织的躯干上。①

5. 戈德斯坦的弹劾模式与纠问模式

19 世纪八九十年代，欧洲学者就已将刑事诉讼制度区分为三种基本类型，即控诉式制度、纠问式制度和混合式制度。1974 年美国学者戈德斯坦提出了弹劾模式与纠问模式两个模式的理论。弹劾模式的核心是“无罪推定”，其最主要的特点是被动性，国家在诉讼程序中处于消极的地位，是由当事人支配的程序。纠问模式的特点是国家的主动性，法官掌握着诉讼的控制权，把讯问被告人作为主要的证据来源，几乎没有证据规则，司法机关在诉讼制度中处于中心地位。戈德斯坦提出的这两种模式体现了刑事诉讼的基本构造，并且“弹劾式”和“纠问式”的概括也是比较传统的提法。该理论的缺陷在于没有准确区分纠问式与职权主义、弹劾式与当事人主义之间的差异。

三 我国刑事诉讼构造类型研究的新观点

20 世纪 90 年代开始，我国刑事诉讼法学界开始对刑事诉讼构造类型进行深入研究。有学者提出，刑事诉讼构造（或结构）有“三角结构”与“线形结构”之基本分类。② 有学者认为，刑事程序中存在两种类型的

---

① 参见宋英辉主编《刑事诉讼原理》，法律出版社 2007 年版，第 238—241 页。

② 参见左卫民《刑事诉讼基本结构论纲》，《上海社会科学院学术季刊》1993 年第 1 期。

三角结构，一种是正三角结构，一种是倒三角结构，后者之所以成立，是因为刑事公诉中的三角结构处在平行线结构之中，因而受到平行线结构的影响。公诉机关与审判机关同处在一条水平线上，而被告人处于被控诉和被审判的位置，因此在“平行线结构”影响下自然形成的是一个“倒三角”结构，即检、审在上，被告人在下的倒三角结构。① 还有学者对弹劾式、纠问式、混合式，职权主义与当事人主义等刑事诉讼构造类型进行了比较研究。② 2000 年以来，刑事诉讼法学界继续此方面的研究，提出了纵向构造和横向构造；三角结构与线性结构；对抗模式与合作模式等刑事诉讼构造类型理论。

有学者认为，有关刑事诉讼“三角结构”与“线形结构”的区分，固然在理论上有一些新意也能说明一些问题，但事实上，任何国家的刑事诉讼都不能被归结为典型的“三角结构”或者“线形结构”。所谓的“三角结构”可以被视为一种“诉讼结构”，而“线形结构”则可以被视为一种“行政治罪结构”③。我们可以将刑事诉讼构造分为两个方面：一是横向构造，即控、辩、裁三方在侦查、起诉和审判等各具体诉讼阶段上的法律关系；二是纵向构造，即侦查、起诉和裁判机构在整个刑事诉讼过程中的法律关系。刑事诉讼构造研究者普遍将侦查、起诉和审判等三个诉讼阶段作为分析的主要对象，忽略了刑事诉讼程序在纵向构造上的特点。中国刑事诉讼构造在纵向上具有‘流水作业’式的特点，这与西方两大法系的刑事诉讼构造形成了鲜明的对比。④ 有学者认为，倒三角结构与正三角结构存在根本矛盾，它冲击了诉讼结构公正性构架；倒三角结构因检控方和审判方的联手与统一，必然的逻辑是追究倾向和有罪推定。从基本的构造看，由“三方组合”所形成的“三角结构”，正是“诉讼结构”区别于“命令—服从”这种行政管理结构的特质与特征。而从本质上看，线

---

① 参见裴苍龄《关于刑事诉讼结构的研究》，《政治与法律》1996 年第 5 期。

② 参见李心鉴《刑事诉讼构造论》，中国政法大学出版社 1998 年版，第 70—99 页。

③ 参见陈瑞华《刑事诉讼的前沿问题》，中国人民大学出版社 2005 年版，第 90—91 页。

④ 参见陈瑞华《刑事诉讼的前沿问题》，中国人民大学出版社 2005 年版，第 344—346 页。

形结构即刑事诉讼中的权力（而非权利）互动结构。① 有学者认为，刑事和解制度的出现，第一次打破了犯罪与侵权、刑事诉讼与民事诉讼的理论界限，确立了一种司法机关通过接纳被告人与被害人的和解协议而解决刑事案件的诉讼模式。这种以被告人与被害人、被告人与刑事追诉机构达成和解协议为标志的新的诉讼方式，与那种建立在国家追诉原则基础上的诉讼模式迥然不同，具有“合作模式”的属性。根据合作双方的主体差异，我们还可以进一步将合作模式区分为“公力合作模式”和“私力合作模式”②。

四 我国刑事诉讼模式的选择

有学者认为，在刑事诉讼模式的选择问题上，不存在一种诉讼模式优越于另外一种模式的预设，一种诉讼模式的优劣，只能在特定的语境中去分析和考究，不能笼统地评价纠问式不好，而只能说，纠问式在今天不合时宜；不能说对抗式优越于职权主义，只能说这两种诉讼模式在其存在的土壤中，各有其适应性和合理性，并随着时代要求的不同或时局的不同，对各自的诉讼制度作相应的调整。在刑事诉讼模式选择方面，我们必须要考虑到与法文化相关、且内容相反的两个因素，即法文化的共同性、相容性和法文化的相异性、民族性。就我国目前而言，如果能够将现在的以强职权主义为基调的刑事诉讼模式转变为以职权主义为基调同时吸收对抗式的内容，已经难能可贵。我国不能选择对抗式刑事诉讼模式，除了从法文化的因素考虑之外，还有经济方面的理由。③

有学者认为，当事人主义与职权主义两大诉讼模式尽管形式上仅仅表现为程序主导者的不同，但是，这一区别的背后却隐藏着一系列深层次原因。这些原因使诉讼模式的转换成为一项成本巨大的工程。实现包括犯罪控制和人权保障在内的正义性目标可以通过多种方法和手段，这也是在当

---

① 参见龙宗智《相对合理主义》，中国政法大学出版社 2000 年版，第 100—112 页。

② 参见陈瑞华《刑事诉讼的中国模式》，法律出版社 2008 年版，第 10 页。

③ 参见汪海燕《刑事诉讼模式的演进》，中国人民公安大学出版社 2004 年版，第 478—505 页。

前这样一个价值目标逐渐趋同的全球化时代，各国诉讼模式仍然呈现出多样性的真正原因。诉讼模式在很大程度上是不可任意选择的，因为它背负了太多历史的积淀。传统职权主义诉讼模式仍然可以作为实现正义之有效方法。比较稳妥的选择应当是在完善职权主义诉讼模式的基础上充分保障被告人各项诉讼权利。①

第五节 刑事诉讼法律关系

2000年以来学界继续关于刑事诉讼法律关系的概念、范围、主体、客体及内容等方面的研究。

一 刑事诉讼法律关系的概念

有论者指出，刑事诉讼法律关系是进行或参见刑事诉讼的机关或个人基于刑事诉讼法的规定而产生的相互间的权利义务关系。② 其产生是基于刑事诉讼法律规范的规定并受其调整、刑事诉讼法律关系的主体既包括参与刑事诉讼的国家机关、当事人也包括其他诉讼参与人。有论者指出，刑事诉讼法律关系是指在刑事诉讼中形成的，并由刑事诉讼法所调整的社会关系。研究刑事诉讼法律关系，才能正确理解刑事诉讼法中的各项规定，明确为什么要设立某一项制度和程序，这些制度和程序还有什么缺陷和不足，应当如何改进，从而站在更高的角度，来把握刑事诉讼法的走向。③

二 刑事诉讼法律关系的范围

关于刑事诉讼法律关系的范围，我国理论界的传统学说有“一面关系说”、“两面关系说”和“三面关系说”及“多面关系说”等学说，其

---

① 参见汪建成《刑事诉讼法再修订过程中面临的几个选择》，《中国法学》2006年第6期。

② 参见陈瑞华《刑事诉讼的前沿问题》，中国人民大学出版社2000年版，第144页。

③ 参见崔敏《略论刑事诉讼基本原理》，《江西公安高等专科学校学报》2001年第3期。

中“三面关系说”① 和“多面关系说”② 是目前较为通行的观点。

对此，有学者指出，学界对我国刑事诉讼法律关系范围的界定过于泛化，没有将控诉、辩护和裁判三方的权利义务关系从一般的刑事诉讼法律关系中分类出来，这样的理论研究缺乏实际意义。③

三　刑事诉讼法律关系的主体

对刑事诉讼法律关系主体的界定，一直有广义和狭义两种观点。采用广义界定，刑事诉讼主体等同于刑事诉讼法律关系主体；采用狭义界定，刑事诉讼主体的范围小于刑事诉讼法律关系的主体。近期有论者提出，刑事诉讼主体仅是刑事诉讼的基本法律关系层面的主体，刑事诉讼法律关系主体则还是刑事诉讼的程序法律关系层面的主体。两者共同构成新说的主体理论：“两重主体说”④。论者提出，在刑事诉讼法律关系的主体中，根据他们各自承担的责任和与案件的利害关系不同，又分为两大类：第一类，是负责审理刑事案件的国家专门机关和与案件有直接利害关系的人员，他们属于“诉讼主体”，包括负责案件审理的国家专门机关。第二类，则是与本案没有直接关系，而只是由于偶然的原因，参与到诉讼中为案情事实作证或者承担某些辅助性工作的人员，他们也是刑事诉讼法律关系的主体，但不属于“诉讼主体”。这一类人，是指证人、辩护人、诉讼代理人、鉴定人、书记员以及翻译人员。⑤

四　刑事诉讼法律关系的客体

关于刑事诉讼法律关系的客体，刑事诉讼法学界争议不休，有刑事

---

① “三面关系说”认为，刑事诉讼法律关系是刑事诉讼中各个专门机关之间、专门机关和诉讼参与人之间以及诉讼参与人之间权利义务关系的产生、发展、变化和终止，同刑事诉讼活动有不可分割的联系。

② “多面关系说”认为，刑事诉讼法律关系是指进行或参加刑事诉讼的机关或个人基于刑事诉讼法的规定而产生的相互间的权利义务关系。

③ 参见陈瑞华《刑事诉讼的前沿问题》，中国人民大学出版社 2000 年版，第 143—145 页。

④ 参见边慧亮《传统刑事诉讼法律关系理论的困境及其新进展》，《法律与社会》2011 年第 9 期。

⑤ 参见崔敏《略论刑事诉讼基本原理》，《江西公安高等专科学校学报》2001 年第 3 期。

责任说、[1] 犯罪事实说、案件事实说、[2] 结合说、[3] 刑事责任追究说、[4] 诉讼行为说、[5] 诉讼行为结果[6]等主张。近期，有论者提出“两重客体说”：在刑事诉讼的基本法律关系层面，刑事诉讼主体间基本法律关系的客体，就是刑事案件事实和刑事实体法律关系；在刑事诉讼的程序法律关系层面，刑事诉讼法律关系主体间程序法律关系的客体，仅限刑事案件事实。[7] 有论者认为，刑事诉讼法律关系不应当有什么不同于刑事实体法律关系的单独的客体，两者的客体应当是一致的。揭示刑事实体法律关系与刑事诉讼法律关系之间以及二者与整体法律关系之间的联系，可以引导人们从新的视角重新思考刑事法律关系的基本问题，解决长期以来对刑事实体法律关系主体和刑事诉讼法律关系客体的认识困惑。[8]

五　刑事诉讼法律关系的内容

对于刑事诉讼法律关系的内容，传统理论只笼统地将其看作是刑事诉讼法律关系主体的诉讼权利和诉讼义务。近期，有论者提出“两重客体说”：刑事诉讼的基本法律关系层面的内容，就是有实体意义的刑事诉讼权利和义务；而刑事诉讼的程序法律关系层面的内容，就是程序性的刑事

---

① 有论者认为，刑事诉讼法律关系的客体，就是正在审理中的案件事实以及需要判明是否应当追究刑事责任。各个诉讼主体所从事的活动，都是围绕如何查明案件事实和如何确定刑事责任而进行的。参见崔敏《略论刑事诉讼基本原理》，《江西公安高等专科学校学报》2001 年第 3 期。

② 参见樊崇义主编《刑事诉讼法学研究综述与评价》，中国政法大学出版社 1991 年版。

③ 刑事诉讼法学界的传统观点认为刑事诉讼法律关系的客体范围为案件事实和刑事责任。

④ 参见裴苍龄、易萍《论刑事诉讼法律关系》，《法律科学》1996 年第 2 期。

⑤ 参见程荣斌主编《中国刑事诉讼法教程》，中国人民大学出版社 1997 年版。

⑥ 参见崔敏、李佑标主编《刑事诉讼法学》，中国人民公安大学出版社 2005 年版。

⑦ 参见边慧亮《传统刑事诉讼法律关系理论的困境及其新进展》，《法律与社会》2011 年第 9 期。

⑧ 参见刘万奇《整体背景下程序、实体一体化——考察刑事法律关系的应然视角》，《政法论坛》2008 年第 4 期。

诉讼权利与义务。① 有论者认为，刑事诉讼法律关系的内容，就是法律规定国家专门机关和当事人及其他诉讼参与人分别享有哪些诉讼权利，承担哪些诉讼义务。这些诉讼权利和诉讼义务都是法定的，不允许任意扩大，也不允许随意限制，更不允许任意剥夺。②

有论者指出，目前关于刑事诉讼行为和法律事实理论的研究，无法系统揭示刑事诉讼法律关系产生、变更、消灭的原因和内在动力；刑事既判力研究，在客观上忽视了刑事诉讼法律关系产生、变更、消灭的宏观目标和外在动力，也有待深入。司法体制和刑事诉讼程序及其构造等制度理论与传统大陆法系国家间的客观差异，使其既有的刑事诉讼法律本质理论难以准确诠释我国刑事诉讼的特有法律属性。同时，刑事诉讼法律关系理论范畴本身的科学界定和范畴体系的科学构建，是我国传统理论走出理论困境、实现理论突破的重要前提和保证。③

第六节　关于程序性制裁

一　程序性制裁的概念

从20世纪90年代中期开始，我国有学者开始关注程序性法律后果问题。王敏远认为，程序性法律后果是指违反诉讼程序的行为及其后果，在诉讼程序上不予认可，或应予否定或予以补正的法律规定。程序性法律后果的定义中所指的诉讼程序应当从广义上进行理解，程序性法律后果所要讨论的范围，是指违反刑事诉讼法的各种有关规定，而不仅仅是限于违反了侦查、起诉、审判和执行程序的规定的法律后果问题。④ 对违反诉讼程序的情况只是进行零敲碎打式的研究，只满足于揭示出存在的各类现象，开出相应的治疗药方，对于全面系统而有效地解决立法和司法中不够重视违反诉讼程序的问题，大概很难奏效。因此，我们所需要解决的更重要的

---

① 边慧亮：《传统刑事诉讼法律关系理论的困境及其新进展》，《法律与社会》2011年第9期。

② 参见崔敏《略论刑事诉讼基本原理》，《江西公安高等专科学校学报》2001年第3期。

③ 参见边慧亮《传统刑事诉讼法律关系理论的困境及其新进展》，《法律与社会》2011年第9期。

④ 参见王敏远《违反刑事诉讼法的程序性法律后果》，《中国法学》1994年第5期。

而且具有普遍意义的问题，应是揭示出轻视程序问题的核心和该种现象的原因，然后才能对症下药。① 刑事诉讼程序应具有其不可违反的法律地位和价值，而不应只是可以为着某一项任务是否实现而予以否定的手段和工具。②

2004 年以来，后续研究者使用程序性法律后果来界定程序性制裁，将程序性法律后果称为“程序性制裁”。③ 有研究者认为，程序性制裁属于一种程序性法律后果，是通过对那些违反法律程序的侦查、公诉和审判行为宣告无效、使其不再产生所预期的法律后果的方式，来惩罚和遏制程序性违法行为。刑事诉讼法所规定的任何一项规则，无论是授权性的、义务性的还是禁止性的，都必须包含一个极为重要的逻辑构成要素：违反该程序规则的法律后果，也就是针对程序性违法的程序性制裁措施。④ 有研究者认为，程序性制裁是指侦查、起诉、审判人员等因违反法定的诉讼程序所必须承担的程序上的不利后果。⑤

有论者认为，1979 年刑事诉讼法中的严禁刑讯逼供及以其他非法方法收集证据的规定，由于没有程序性法律后果的规定相辅助，实际上并不具有程序性法律后果的性质；而 1979 年刑事诉讼法中第 52 条规定的检察机关在审查批捕时发现侦查活动违法时应通知其纠正的规定，虽具有程序法的意义，却不具有程序性法律后果的价值；⑥ 1996 年刑事诉讼法修改后的第 191 条之规定，只是对部分违反诉讼程序的行为规定了尚不全面的程序性法律后果。⑦ 陈瑞华认为，迄今为止，中国刑事诉讼中的程序性制裁

---

① 参见王敏远《违反刑事诉讼法的程序性法律后果》，《中国法学》1994 年第 5 期。

② 同上。

③ 参见陈永生《刑事诉讼的程序性制裁》，《现代法学》2004 年第 1 期；陈瑞华：《程序性制裁理论》，中国法制出版社 2005 年版。

④ 参见陈瑞华《程序性制裁理论》，中国法制出版社 2005 年版，第 535 页。

⑤ 参见陈永生《刑事诉讼的程序性制裁》，《现代法学》2004 年第 1 期。

⑥ 参见王敏远《违反刑事诉讼法的程序性法律后果》，《中国法学》1994 年第 5 期。

⑦ 参见王敏远《设置刑事程序法律后果的原则》，《法学家》2007 年第 4 期。1996 年修正后的刑事诉讼法第 191 条规定：“第二审人民法院发现第一审人民法院的审理有下列违反法律规定的诉讼程序的情形之一的，应当裁定撤销原判，发回原审人民法院重新审判：（一）违反本法有关公开审判的规定的；（二）违反回避制度的；（三）剥夺或者限制了当事人的法定诉讼权利，可能影响公正审判的；（四）审判组织的组成不合法的；（五）其他违反法律规定的诉讼程序，可能影响公正审判的。”

只有两类：一是针对非法证据的排除规则；二是针对一审法院违反法定诉讼程序行为的撤销原判、发回重审制度。前者确立于最高法院的司法解释当中，后者则属于修订后的刑事诉讼法所确立的新制度。① 上述研究，使得程序性制裁的概念得以澄清。②

二　程序性制裁的特征

有观点认为，程序性制裁的特征包括：其一，程序性制裁直接针对的是违反法定诉讼程序的行为，也就是说，程序性制裁直接惩罚的是违反程序法的行为，而非违反实体法的行为；其二，程序性制裁强制违法者承担的是程序上的不利后果，而非实体上的不利后果，也即规定违反法定程序的行为不得产生预期的法律效力，而非直接对违法行为者个人进行惩罚。③

有论者通过分析程序性制裁的性质，扩充了程序性制裁制度的内涵：首先从所针对的违法行为来看，程序性制裁所要惩罚的是侦查人员、检察人员和法官在刑事诉讼过程中违反法律程序的行为。程序性制裁所依据的事实不仅是警察、检察官或法官存在程序性违法行为，而且是他们在刑事诉讼中破坏了刑事诉讼法所确定的基本法律准则，或者侵犯了被告人的人身权利或诉讼权利。其次，从实体性法律后果来看，程序性制裁所带来的是宣告无效的后果，也就是那些受到程序违法行为直接影响的证据、起诉、判决以及羁押命令等，不再具有法律效力，也不能产生预期的法律后果，即程序性制裁追究责任的方式为“宣告无效”。第三，从法院在宣告无效方面的裁量空间来看，对于违反诉讼程序的行为，应当依据行为不完善或者瑕疵的严重程度，而不应按照等同划一的方式加以制裁，更不应都采取宣告无效这种最为严厉的制裁方式。第四，从适用程序来看，程序性制裁要通过一种独立的司法审查程序加以实施，这种司法审查程序相对于那种为确定被告人刑事责任问题而进行的实体性裁判而言，构成了一种独

---

① 参见陈瑞华《程序性制裁理论》，中国法制出版社2005年版，第239页。

② 同上书，第188—193页。

③ 参见陈永生《刑事诉讼的程序性制裁》，《现代法学》2004年第1期。

立的程序性裁判。①

陈瑞华将建立程序性制裁的理由概括为四点：程序法实施的需要、公共权力机构遵守法律的保证、权利救济的必由之路以及实现司法正义原则的制度保障。② 具体而言，该观点认为，程序性制裁是程序法实施的需要，理由在于“无制裁则无规则”适用于各个部门法，与实体法的制裁机制一样，刑事诉讼法所规定的任何一项规则，无论是授权性的、义务性的还是禁止性的，都必须包含一个极为重要的逻辑构成要素：违反该程序规则的法律后果，也就是针对程序性违法的程序性制裁措施。③ 由于程序性违法行为主要是由警察、检察官或者法官在刑事诉讼中所实施的，属于他们在行使公共权力过程中所犯下的法律错误；相对于实体性制裁所具有的促使普通民众遵守实体法的功能而言，程序性制裁显然具有督促国家权力机关遵守法律的意义。④ 从权利救济的角度看程序性制裁制度的价值，可以发现通过对程序性违法者实施程序性制裁措施，被侵权者不仅可以看到实施侵权行为的警察、检察官或者法官受到一定的制裁，而且还可以得到相应的权利补救。由于程序性违法行为是对公民诉讼权利甚至是宪法性权利的侵犯，因此被告人通过提出司法审查之诉，促使法院对侦查、公诉和审判程序的合法性进行司法审查并做出判决本身，就会产生权利救济的作用。⑤ 程序性违法行为除了具有破坏程序法制、侵犯当事人基本权利的后果之外，还在不同程度上破坏了基本的司法正义原则，损害了法律程序的内在正当性，而通过实施程序性制裁制度，促使警察、检察官、法官遵守法律程序，那些隐含在法律程序背后的基本正义原则才能得到实现。⑥

---

① 参见陈瑞华《程序性制裁理论》，中国法制出版社 2005 年版，第 188—193 页。

② 同上书，第 193—201 页。

③ 同上书，第 195 页。

④ 同上书，第 195—197 页。

⑤ 同上书，第 199 页。

⑥ 参见陈瑞华《程序性制裁理论》，中国法制出版社 2005 年版，第 199 页。

三 程序性制裁的类型

王敏远在 1994 年提出程序性法律后果的四类型说。① 2004 年以来，学界有研究者提出了五类型说，五类型说还可区分为两种观点：一种五类型说把程序性制裁的类型归纳为非法证据排除规则、终止诉讼制度、撤销原判制度、诉讼行为无效制度与解除羁押制度。② 另一种是将程序性制裁的主要方式概括为终止诉讼、撤销原判、排除非法证据、诉讼行为无效（包括绝对无效与相对无效）与从轻量刑。③

四 程序性辩护

有学者指出，传统意义上的刑事辩护主要是指实体性辩护，即仅仅是指针对有关刑事实体问题所进行的辩驳、辩解性的活动。这种对刑事辩护的传统理解方式排除了程序性辩护的存在空间，然而程序性辩护理应在辩护形态中占有一席之地。程序性辩护是指以有关部门的侦查、起诉、审判活动程序违法为由，提出犯罪嫌疑人、被告人无罪、罪轻或者不应追究刑事责任的意见，以及要求诉讼程序应予补充或者重新进行的辩护方法。④ 程序性辩护概念提出的重要意义在于，有助于进一步强化刑事诉讼程序的地位，维护诉讼程序的尊严；有利于丰富刑事辩护的方法，更好地保护当事人的合法权益；有助于规范司法、侦查部门的行为，减少其违反诉讼规

---

① 王敏远认为程序性法律后果包括四种类型：(1) 否定该违反诉讼程序的行为的效力，并使诉讼从违反诉讼程序的行为发生的那个阶段重新开始。(2) 否定该违反诉讼程序的行为的效力，并否定该行为已得到的诉讼效果。(3) 否定违反诉讼程序的行为及其结果，并使诉讼进入另一阶段。(4) 补正该违反诉讼程序的行为，以使其得到纠正，最终符合程序法的要求。这种程序性法律后果主要针对那些较轻的违反诉讼程序的行为，所谓补正，即是将违反诉讼程序的行为及其结果补充，使之更正为合法行为与合法结果——参见王敏远《违反刑事诉讼法的程序性法律后果》，《中国法学》1994 年第 5 期。

② 参见陈瑞华《程序性制裁理论》，中国法制出版社 2005 年版，第 161—187 页。关于各种程序性法律后果的涵义，请参见作者原文中的分析。

③ 参见陈永生《刑事诉讼的程序性制裁》，《现代法学》2004 年第 1 期。关于各种程序性法律后果的涵义，请参见作者原文中的分析。

④ 参见王敏远《刑事辩护中的程序辩护》，《法制日报》2001 年 11 月 23 日；王敏远：《刑事辩护概念的发展》载陈卫东主编《司法公正与律师辩护》，中国检察出版社 2002 年版。

则的现象。① 程序性辩护之所以未能成为一种辩护实践中的典型形态，一个重要的原因在于缺乏法律的明确规定，举例而言，关于非法证据排除的辩护，由于刑事诉讼法中并未明确充分肯定非法证据排除规则及其后果，致使实践中以非法证据排除为由提出的程序辩护很难获得支持。因此程序性辩护的广泛、有效展开依赖于法律对其的充分肯定。② 随着 2012 年刑事诉讼法的修改以及对非法证据排除规则的确立，程序性辩护的空间逐渐扩大。

有论者认为，程序性辩护有广义与狭义之分，广义上的程序性辩护泛指所有以刑事诉讼程序为依据的辩护活动；而狭义的程序性辩护针对的不是一般的刑事诉讼程序问题，而主要是针对警察、检察官、法官在诉讼过程中是否存在违反刑事诉讼程序或是否实施过诉讼侵权行为，辩护方所提出的程序性申请也不是一般的旨在实施某一诉讼程序的诉讼请求，其最终目的在于通过说服法庭判定警察、检察官、法官存在程序性违法行为，从而宣告某一侦查、公诉或裁判行为丧失法律效力。③ 程序性辩护是一种更加积极的辩护形态，是一种通过指控检警机构和法院违法而实施的辩护活动，可以称之为“攻击性辩护”④。程序性辩护在我国面临以下现实困境：其一，程序性制裁制度的不完善和不发达，造成程序性辩护在我国刑事诉讼中不具备发挥作用的制度基础；其二，对于侦查行为、公诉行为和初审程序的合法性，我国法院没有建立专门的司法审查机制，这势必造成程序性辩护无法对法院的裁判活动产生有效的约束力；其三，两审终审制本身的内在缺陷，导致上级法院无法通过上诉审程序审查并纠正下级法院的程序错误；其四，中国特有的“公检法三机关”之间流水作业的法律关系，导致法院至少相对于公安机关和检察机关而言，既没有独立的裁判权力，也不具备权威的裁判效力。⑤

---

① 参见王敏远《刑事辩护中的程序辩护》，《法制日报》2001 年 11 月 23 日；王敏远：《刑事辩护概念的发展》，载陈卫东主编《司法公正与律师辩护》，中国检察出版社 2002 年版。

② 同上。

③ 参见陈瑞华《程序性制裁理论》，中国法制出版社 2005 年版，第 377 页。

④ 同上。

⑤ 同上。

五 设置程序性法律后果的原则

有论者提出了权利保障、规范职权、完整、充分、适当、协调以及法定与裁量相结合七个原则，就设置程序性法律后果的具体策略与方法提出了相应的建议。① 有论者指出，刑事诉讼法所要制裁的并不是技术意义上的“程序性违法行为”，而应当是那些严重侵犯公民权利甚至是宪法权利的行为，这样程序性违法行为就因其“侵权”性质而有了加以严厉制裁的正当性。②

刑事诉讼中的程序行为纷繁复杂，基于保障公民基本权利的立场，适当设置各种程序行为的法律后果，是解决问题的最终路径。现有的研究成果认为程序性法律制裁由违法程序行为的实施机构承担，但侦查人员个人而言是否应当承担相应的责任，值得关注思考。

第七节 司法审查原则

作为刑事诉讼法基本原则之一的司法审查（judicial control or judicial guarantee）不同于宪法意义上的司法审查制度（judicial review）。③ 在刑事诉讼过程中，根据司法审查原则的要求，未经法院的司法审查，任何人不得被剥夺生命、自由或科处其他刑罚；未经法院审查，不得对公民实施逮捕、羁押等强制措施或强制性侦查措施。④ 2000 年以来，我国刑事诉讼法学界关于司法审查原则的研究主要包括以下内容：

---

① 参见王敏远《设置刑事程序法律后果的原则》，《法学家》2007 年第 4 期。本部分综述中如无特殊说明，引用王敏远研究员的观点均出自本文，特此说明。

② 陈瑞华：《程序性制裁理论》，中国法制出版社 2005 年版，第 277—279 页。

③ 宪法意义上的司法审查是指法院审查政府的行为以决定其是否在宪法的界限之内的权利——参见贺卫方主编《美国法律大辞典》，法律出版社 1998 年版，第 20—21 页。宪法意义上的司法审查可分为广义上的司法审查和狭义上的司法审查。广义上的司法审查包括违宪审查，狭义上的司法审查仅局限于对行政机关的抽象行政行为和具体行政行为的审查。在欧洲某些国家，普通法院并没有获得全面实行违宪审查的权力，而主要采取的是狭义的司法审查。参见蒋石平《浅论对侦查行为的司法审查制度》，《现代法学》2004 年第 2 期。

④ 参见谢佑平《刑事侦查程序法哲学》，中国检察出版社 2010 年版，第 117—119 页。

一　司法审查原则的基本内容

刑事诉讼中的司法审查原则是指，在侦查实体法规定的某一犯罪的过程中，以及在诉讼的整个准备阶段，每一将严重影响个人自由的措施均应得到一名独立而又无偏见法官的授权；该名法官的职责是，核实采用这项措施是否有足够的法律基础、案件的具体情况是否严重到必须作出批准这项措施之裁定的程度。① 从法治国家的经验来看，强制侦查的司法审查原则一般要求在本案实体问题判决以前，对强制侦查行为进行两次审查：第一次是事先的司法授权审查或者事后的司法确认审查，第二次是开庭审理以前或者法庭审理过程中，根据被告人以侦查违法为由提出的排除证据申请进行的合法性审查。②

鉴于侦查程序中国家权力的过于强大和犯罪嫌疑人、被告人的权利弱小，强制侦查有的可能侵犯公民的人身自由，有的可能侵犯公民的财产权，还有的可能侵犯公民的身体健康或隐私，都涉及公民作为人所应有的尊严；因此，各国法律普遍要求强制侦查手段的使用必须符合司法审查原则，把强制侦查的力度和范围控制在必要的最低限度以内，并且通过独立的司法机关加以审查、监督。③ 根据这一原则，强制侦查权力的行使必须有独立的司法机关的授权，并且允许侦查机关的相对人通过法定的程序向司法机关寻求救济，防止侦查机关违法行使侦查权力或者滥用侦查过程中的自由裁量权。

有论者指出，两大法系国家在要求强制侦查必须贯彻司法授权和司法救济原则方面是一致的。《欧洲人权公约》和《美洲人权公约》的签约国，还允许强制侦查的相对人在穷尽了国内法的救济渠道之后，分别依据《欧洲人权公约》第 25 条和《美洲人权公约》第 44 条的规定向有关的人权委员会或人权法院提出申诉，由人权委员会或者人权法院在听取双方当事人的意见以后分别做出决议或判决。这些决议或判决对缔约国刑事诉讼

---

① 参见何家弘主编《刑事司法大趋势——以欧盟刑事一体化为视角》，中国检察出版社 2005 年版，第 283 页。

② 参见孙长永《强制侦查的法律控制与司法审查》，《现代法学》2005 年第 5 期。

③ 同上。

制度（包括侦查程序）的民主化改革起到了重要的促进作用；特别是在欧洲，英、法、德、意、奥等主要国家近三十年来刑事诉讼制度的发展，尤其是侦查程序的民主化和法治化，无不受到欧洲人权法院判例的影响。1994 年世界刑法学协会第十五届代表大会通过的《关于刑事诉讼中的人权问题的决议》第 8 条也明确规定："影响被告人基本权利的任何政府措施，包括警察所采取的措施，必须有法官授权，并且可受司法审查。"可见，司法审查原则已经是国际公认的约束强制侦查权力的刑事司法准则。①

有论者指出，司法审查原则具体包括司法授权和司法救济两个方面：根据司法授权原则，强制侦查必须事先经过独立的司法机关批准，在司法令状限定的范围内实施；在紧急情形之下，来不及经过司法机关批准的，侦查机关可以在系统内部的严格控制之下，依法自行决定实施强制侦查，但事后必须不迟延地申请司法机关审查确认。② 所谓"司法最终救济"原则就是指由法院进行司法审查，对案件做出最终的裁决。③

二 对西方国家司法审查原则的研究

刑事诉讼中的司法审查原则是权力分立的宪法思想在刑事诉讼领域的体现和落实，在刑事诉讼中的确立以控辩式诉讼构造为背景和依托，体现了正当程序观念的核心思想——以程序制约权力。"无制裁则无规则"，西方国家在刑事诉讼中遵循司法审查原则，一方面确立了司法令状主义；同时也设定了非法证据排除规则等程序性法律后果。

有论者认为，根据司法令状主义，无论是侦查还是审查起诉活动，都要受到法院或其他司法机构的授权和审查。在大陆法系国家，法官对于侦查行为的干预主要表现为事先的批准；在英美法系国家，法官对于侦查行为的干预除事前须签发令状方能实施外，法官还要对侦查行为的实施情况进行事后审查。此即所谓"司法令状主义"的基本要求。非法证据排除

---

① 参见孙长永《强制侦查的法律控制与司法审查》，《现代法学》2005 年第 5 期。

② 同上。

③ 参见蒋石平《浅论对侦查行为的司法审查制度》，《现代法学》2004 年第 2 期。

规则是国外刑事诉讼中法院对侦查行为进行司法审查的另一重要机制，即对侦查中以非法方法或者违反法定程序而取得的证据，在开庭审理以前或者庭审过程中予以排除。各国排除非法证据的方式，概括起来主要有两种：一种是“自动排除”（automatic exclusion）；另一种是“裁量排除”（discretionary exclusion）。无论采用哪一种方式，排除非法证据都体现了以司法权控制侦查权的思想。尽管排除非法证据通常发生在审前或庭审阶段，相对“司法令状主义”而言，它只是一种“事后”的司法审查，但由于侦查取证活动的主要目的正是为了收集证据，排除了非法证据，也就挫败了以非法手段追究被告人刑事责任的意图，因而其控制侦查权力的实际效果并不亚于“司法令状主义”。正因为如此，非法证据排除规则已经由最初只是少数国家采纳的判例法规则，发展成为各国普遍接受的基本证据规则。但是，各国排除非法证据的范围和方式不尽相同。①

有论者进一步指出，两大法系国家对强制侦查进行司法审查的限度和范围方面，存在如下差异：第一，大陆法系国家的普通法院只审查强制侦查的合法性，不能审查强制侦查的合宪性，即不能通过对侦查行为的审查判断侦查所依据的法律是否符合宪法；英美法系的美国、加拿大等国家的普通法院则可以同时审查侦查行为的合法性与合宪性，英国《1998 年人权法》也开始允许普通法院对官方的侦查行为是否符合宪法性法律的要求进行审查；第二，大陆法系有些国家（如意大利等）允许检察官授权实施部分强制侦查行为，而英美法系国家则普遍要求司法令状只能由法官签发。②

1. 大陆法系国家的司法审查原则

20 世纪中期以后，随着国际人权法的不断发展，大陆法系各国不同程度地在侦查阶段贯彻司法审查原则，法国已经实现预审职能的司法化，日本、德国、意大利先后在 1948 年、1975 年和 1988 年废除了预审制度。③ 法国预审职能已经实现司法化。法国刑事诉讼程序规定了对人身保

---

① 参见蒋石平《浅论对侦查行为的司法审查制度》，《现代法学》2004 年第 2 期。

② 参见孙长永《强制侦查的法律控制与司法审查》，《现代法学》2005 年第 5 期。

③ 此方面具体论述参见孙长永《探索正当程序——比较刑事诉讼法专论》，中国法制出版社 2005 年版，第 13—26 页。

全措施的采用实行事前审查和事后审查的双重审查机制：先行拘押由预审法官经过对席审判作出决定；同时还规定对于预审法官作出的实行拘押的裁定向上诉法院提出上诉。《德国刑事诉讼法典》第 114 条第 1 款规定："决定待审羁押时，需由法官签发书面逮捕令"；第 115 条规定了被指控人要求法官听证、审查的权利；第 116 条、第 117 条又规定了在待审羁押期间，被指控人申请延期执行逮捕令；可以随时申请法院复查是否撤销逮捕令；第 118 条规定：羁押复查时，依被指控人申请或者根据法院依职权的裁量，可以经言词审理而裁判。对逮捕令提起了抗告时，在抗告程序中，也可依被指控人申请或者依职权经言词审理而裁判。事后的复查必须保证被指控人听证、陈述的权利，因此，复查时被指控人应当在场。复查的结果一旦表明待审羁押的前提条件不再成立，或者继续待审羁押与案件的重大程度和可能的刑罚或者矫正及保安处分不相称时，法院应当做出撤销逮捕令的决定。如果判决被指控人无罪，或者法院拒绝开始审判程序，或者并非暂时性地停止程序的，更应当撤销逮捕令。第 136 条 a 确立了非法口供排除规则，在司法实践中，对于非法方法获得的实物证据，联邦（最高）法院基于"法制国家"的理念也逐渐接受了排除规则，但它不主张将其绝对化，而承认了法官的裁量权。日本刑事诉讼法第 199、200 条规定，检察官、检察事务官或者司法警察职员，在有相当的理由足以怀疑被疑人已经犯罪时，依据法官预先签发的逮捕证，可以逮捕被疑人。逮捕证应当记载被疑人的姓名及住所，罪名，被疑事实的要旨，应带到的官署或其他场所，有效期间及该期间经过后不得逮捕并应当将令状退回的意旨，以及签发的年月日和法院规则规定的其他事项，由法官记名、盖章。这说明，在日本逮捕犯罪嫌疑人必须经过法官的审查批准，对于显然没有逮捕必要时，法官可以不签发逮捕证。同时，第 205 条规定，检察官收到司法警察已送的被疑人时，应当给予辩解的机会，如果认为没有留置的必要时，应当立即释放；认为有留置必要时，应当在收到被疑人后的 24 小时以内请求法官羁押被疑人。这明确表明，羁押的采用也必须接受法官的司法审查。日本刑事诉讼法确立了口供的自愿性规则，但日本最高法院的判例所认可的非法证据排除规则仅仅适用于非常有限的非法证据。① 强制

---

① 参见谢佑平《刑事侦查程序法哲学》，中国检察出版社 2010 年版，第 117—119 页。

性证据保全措施中还包括一些秘密侦查措施和技术侦查措施如监听、诱捕、秘密录音、拍照、录像等，这些秘侦措施的采用并不以当事人的同意和自愿配合为前提，其实施往往会对公民的隐私权造成严重侵犯，因此，这一类证据保全措施的适用仍然必须经过法院的司法审查。①

2. 英美法系国家的司法审查原则

美国自 1961 年“马普诉俄亥俄州”案件开始，美国联邦和各州法院系统普遍采用“自动排除”方式，排除所有违反联邦宪法各修正案获得的非法证据及其派生证据，只是在例外情况下，才由法官裁量决定是否排除特定的非法证据，排除证据的范围相当广泛，以此达到遏制违法的目的。有论者指出，在美国，法官对侦查行为的合法性所进行的司法审查，被称为“证据禁止之听证程序”（suppression hearing）。为避免诉讼的拖延和审判对象的反复变更，美国将这种涉及非法证据排除规则问题的程序性裁判，设置在开庭前的准备程序中进行。被告方无正当理由没有在开庭前提出有关排除非法证据的动议，或者对于被告方提出的该类动议，法庭作出拒绝排除的裁定的，被告方就不能在法庭审理过程中再次提出该类动议，有关的持续性裁判也就不再进行。但是，被告方在开庭中提出了新的证据，足以证明公诉方的某一证据系属非法证据的，法官在法庭审理中也可以接受这类动议，举行排除非法证据的听证程序。② 英国刑事法院组织的陪审团审判程序中，有关排除非法证据的听证程序，主要在法庭审判过程中举行。法官是否举行正式的“审判之中的审判”，还要看在非法证据排除规则问题上是否存在事实争议问题，如果仅仅存在法律适用问题，法官就可以根据控辩双方的动议和简单辩论做出裁决。③ 英国等其他普通法国家则大多采用“裁量排除”的方式排除非法证据，自动排除的证据一般仅限于以强制、威胁等方法获得的口供，至于通过非法口供获得的实物证据，也适用裁量排除规则，通常情况下法官倾向于不排除。有论者指

---

① 参见谢佑平《刑事侦查程序法哲学》，中国检察出版社 2010 年版，第 117—119 页。

② See Joel Samaha, Criminal Procedure, Wadsworth Publishing Company, 1999, p. 649. 转引自陈瑞华《非法证据排除规则的中国模式》，《中国法学》2010 年第 6 期。

③ See John Sprack, Emmins on Criminal Procedure, 8th edition, Blackstone Press Limited, 1997, p. 282. 转引自陈瑞华《非法证据排除规则的中国模式》，《中国法学》2010 年第 6 期。

出，在英国这种围绕着侦查行为合法性展开的司法审查程序，通常被称为“预先审核程序”（voir dire）。为避免诉讼的拖延和审判对象的反复变更，美国将这种涉及非法证据排除问题的程序性裁判设置在开庭前的准备程序中进行。被告方无正当理由没有在开庭前提出有关排除非法证据的动议，或者对于被告方提出的该类动议，法庭作出拒绝排除的裁定的，被告方就不能在法庭审理过程中再次提出该类动议，有关的持续性裁判也就不再进行。但是，被告方在开庭中提出了新的证据，足以证明公诉方的某一证据系属非法证据的，法官在法庭审理中也可以接受这类动议，举行排除非法证据的听证程序。①

三　我国刑事诉讼中司法审查原则的确立

我国刑事诉讼法中缺失关于司法审查原则的法律规定，在我国既不存在西方国家实行的司法令状制度，也没有建立严格的非法证据排除规则；根据现行行政诉讼法的规定，刑事诉讼中的侦查权不能纳入行政诉讼受案范围：其一，我国刑事诉讼活动中，公安机关和检察机关主导整个审判前阶段的诉讼活动，中立的司法机构无权参与审判前活动，无法对审前的追诉活动进行同步的司法审查。我国不存在西方国家实行的司法令状制度。公安机关和检察机关自行采取强制侦查措施，犯罪嫌疑人无权向法院寻求司法救济。其二，我国刑事诉讼法中并未对非法证据排除问题作出任何规定；最高人民法院《关于执行（中华人民共和国刑事诉讼法）若干问题的解释》（以下简称《解释》）第61条仅规定：“严禁以非法的方法收集证据。凡经查证属实属于采用刑讯逼供或者威胁、引诱、欺骗等非法的方法取得的证人证言、被害人陈述，不能作为定案的根据，”《解释》的效力毕竟不能与在刑事诉讼法典作出规定的效力相提并论；2010年两高三部出台的《关于办理刑事案件排除非法证据若干问题的规定》（以下简称《非法证据排除规定》），其中第1条虽然将“采用刑讯逼供等非法手段取得的犯罪嫌疑人、被告人供述和采用暴力、威胁等非法手段取得的证人证言、被害人陈述”规定为无效证据，但并未涉及派生证据的可采性问题。在审判程序中，我国也并未建立严格的非法证据排除规则。其三，根据

---

① See Joel Samaha, Criminal Procedure, Wadsworth Publishing Company, 1999, p. 649. 转引自陈瑞华《非法证据排除规则的中国模式》,《中国法学》2010年第6期。

1989年颁布实施的行政诉讼法的规定，刑事诉讼中的侦查权不能纳入行政诉讼受案范围。到目前为止最高人民法院有司法解释规定：公安、检察、国家安全机关，在侦查活动中的行为，不论是逮捕、拘留、搜查、扣押、窃听等一系列涉及剥夺、限制公民人身自由和权利的侦查行为，都不属于行政诉讼的受案范围。因此，可以发现，刑事诉讼中的所有侦查活动，都处于无法接受司法审查的状况。①

有论者认为，刑事诉讼领域集中体现了个人权利与国家权力的紧张冲突与平衡，为保障个人权利免受国家权力的侵犯，必须遵循和贯彻司法审查原则，未经法院的司法审查，任何人不得被剥夺生命、自由或者科处其他刑罚；未经法院审查，不得对公民实施逮捕、羁押等强制措施以及其他强制性侦查措施。我国长期以来缺乏司法审查的观念，现行立法中存在着严重背离司法审查原则的现象，直接导致了现行刑事诉讼机制的结构性缺陷。在我国审前程序的改革中，可以考虑建立预审法官或侦查法官制度；改革劳动教养制度的关键是实施司法审查原则，通过公诉和简易审判来解决现行劳动教养制度的困境。②

1. 对强制侦查进行司法审查的主体之争

关于强制侦查的法律控制与司法审查的主体，在理论上有“法院审查说”、“检法共同审查说”以及“折中说”等不同观点。“法院审查说”为学界通说，具体理由如下：其一，根据刑事司法国际准则和法治国家的经验，我国检察机关不具有进行司法审查所必需的中立性；其二，我国检察机关的宪法地位及享有批捕权的现实，并不足以支撑其享有司法审查权。③

有论者指出，通过强化检察机关对公安机关的制约、有效控制侦查权的行使是符合我国国情的可行办法：相对中立性是检察机关司法审查的基础；检察机关法律监督的本质属性包含着对公权力的法律制约和对公民权利的法律保护，使其进行司法审查有了充分的前提条件；程序裁量性是检

① 参见陈瑞华《刑事诉讼中的司法审查》，《工人日报》2003年9月13日。

② 参见谢佑平《刑事诉讼视野中的司法审查原则》，《中外法学》2003年第1期。

③ 参见孙长永《通过中立的司法权力制约侦查权力——建立侦查行为司法审查制度之管见》，《环球法律评论》2006年第5期。

察机关司法审查的进路；检察权与司法审查权具有法理上的一致性和相容性。与世界主要国家的司法审查制度相比，我国检察机关行使的司法审查权还存在制度性缺陷，应当完善我国检察机关的司法审查制度，以有效地担负起法律监督职能，保障刑事诉讼活动依法规范有序进行：建立人身保全措施和证据保全措施；检察机关自行侦查中采取的有关强制性处分行为，也应列入司法审查的范围，在审查的方式和要求上，需要设计得更为严密和精细。①

2. 构建强制侦查司法审查原则的不同观点

我国的强制侦查中主要存在以下问题：其一，一些经常使用的强制侦查手段在法律上缺乏明确的、适当的规定，几乎完全由侦查机关自由裁量，不符合强制侦查法定原则。如 1993 年通过的《国家安全法》第 10 条规定："国家安全机关因侦察危害国家安全行为的需要，根据国家有关规定，经过严格的批准手续，可以采取技术侦察措施。"其二，现行法关于强制侦查的规定，以及实践中对强制侦查手段的使用过度强调侦查办案的需要，未能充分体现比例原则的精神。比如羁押手段的普遍使用；在执行拘留、逮捕时过度使用武力；把讯问等调查取证手段，规定为强制侦查手段或者作为强制侦查手段使用，嫌疑人或者涉嫌犯罪的法人单位的资产，甚至利用这些手段介入经济纠纷或者征地拆迁，等等。其三，对强制侦查缺乏独立的司法授权程序，侦查程序成为强大的侦查机关单方面追究犯罪嫌疑人的过程。其四，对违法侦查缺乏必要的司法救济程序，违法侦查的结果几乎可以不受限制地进入庭审程序，并且构成有罪判决和量刑的根据。我国刑事诉讼法关于审前程序和审判程序的规定根本就没有"违法审查"之类的程序设置，即使在法庭审判中被告人或者其辩护律师提出证据是以非法侦查方法收集的，并以之为由要求排除相关的证据，法院一般也不会予以排除。② 鉴于上述问题，研究者普遍认为，我国应当构建强制侦查的司法审查原则，并从不同角度提出不同建议：

有论者指出，要在我国审前程序中构建司法审查原则，就必须对制约

① 参见叶林华、周建中《检察机关司法审查职能研究》，《中国刑事法杂志》2009 年第 1 期。

② 参见孙长永《强制侦查的法律控制与司法审查》，《现代法学》2005 年第 5 期。

司法审查原则确立的宏观要素重新加以梳理、整合，在技术层面上引进司法审查原则的同时，在宏观层面上铸就支撑该制度良性运作的制度和观念基石：其一，在技术层面，通过“检警一体化”赋予检察院立案控制权和侦查指挥权；摒弃由检察院来行使强制处分审查权的传统模式，在侦查程序中引入“中立性因素”，建立强制侦查行为的司法审查机制，由法院控制侦查程序，在我国建立预审法官或侦查法官制度。原则上，强制处分措施应当经法官审查批准后才能采用，在例外情况下，也允许检察官以及警察机关自行决定。其二，在宏观层面，一个国家刑事诉讼制度的形成，在很大程度上是与该国特定的政治经济制度、司法传统和社会文化背景等社会大环境密切相关的。从现代法治国家来说，在刑事诉讼程序中普遍确立司法审查原则，是基于自然法思想、社会契约论演化而来的现代法治国家理念以及分权制衡的政治制度。从我国的国情来判断，显然还缺乏确立司法审查原则的社会制度和观念基础。①

有论者指出，在我国建立强制侦查的司法审查制度，必须坚持两条原则：一是要达到刑事司法国际准则的基本要求；二是从我国实际情况出发，分步实施，即首先建立对强制侦查合法性的司法审查制度，待条件成熟以后，再扩充至对强制侦查合宪性的司法审查。我国强制侦查司法审查制度的初步构想是：其一，司法审查的范围方面，可以将司法授权与司法救济的范围区别对待：司法授权的范围短期内可以小一些，但司法救济的范围应当大一些，原则上，侦查机关通常情况下自行决定的强制侦查措施以及经过法院批准的强制侦查措施，如果利害关系人对强制侦查的合法性有异议，都应当允许其申请法院进行审查；侦查机关在紧急情况下自行决定的强制侦查措施，则必须依法主动、及时地提请法院进行审查。其二，司法审查的内容方面：根据法治国家的一般经验，司法审查的内容主要是强制侦查的“合法性”，即强制侦查是否符合法定的实体要件和程序要件；至于强制侦查的“必要性”，法院原则上应当尊重侦查机关的判断，但以下两种情形例外：第一，侦查阶段采取的属于法院固有权限的措施，如羁押候审以及对证人证言的保全，法院有权对强制侦查的必要性做出独立的判断；第二，根据涉嫌犯罪的性质、严重程度、当时掌握的证据多少

① 参见谢佑平《刑事诉讼视野中的司法审查原则》，《中外法学》2003 年第 7 期。

以及相关的时间、环境等综合考虑，采取强制侦查措施明显不必要或者侦查机关滥用职权的，法院有权宣布其无效。其三，司法审查的方式方面：司法授权，除羁押候审以及延长羁押期限的裁判以外，原则上应当依据侦查机关提供的证据材料进行书面审查，不举行听证，但法官认为对侦查活动不会造成妨碍且为作出适当的判断所必要时，可以听取犯罪嫌疑人或者其律师的意见。司法救济则应当一律采取控辩双方言词辩论的方式。对强制侦查的合法性，由检察官在侦查人员的协助下履行证明责任。其中，对未经法院授权的侦查行为的合法性证明，检察官应当提供侦查行为实施以前侦查机关所掌握的证据，不得以通过该侦查行为所获得的证据来证明侦查行为的合法性。其四，违法救济方面：法院认定强制侦查违法时，应当依法给予违法侦查的相对人以相应的救济。对违法侦查的证据排除规则，各国的做法差异很大，国内学术界也有较多争议，通说认为违法侦查并不必然导致所收集的证据一律被排除，如果违法的情节或者对相对人权利的侵害不太严重、排除证据对相对人没有实际利益、侦查人员的违法行为出自“善意”、违法侦查的犯罪性质极其严重等，法院根据利益权衡原则认为排除证据不符合司法正义的要求时，也可以拒绝犯罪嫌疑人提出的排除证据的申请。①

有论者对司法控制刑事羁押的必要性以及司法如何控制刑事羁押问题作了分析。该论者认为，由法院审查刑事羁押的合法性、必要性，并不必然意味着实体意义的实现，实体意义上的非法刑事羁押及不必要的刑事羁押之减少乃至消除，并不能因此而可以获得简单的解决。因此，我们不能只是满足于由法院审查刑事羁押制度的建立。另一方面，非法刑事羁押及不必要的刑事羁押之减少，虽然也不排除通过其他途径实现的可能性，但“等候审判的人受监禁不应成为一般规则”，即使成为现实，也并不意味着法院审查刑事羁押的程序意义的实现。显然，由独立而公正的司法机关通过司法程序才能显示的程序公正，是其他机关通过其他方式所难以达到的。就此而言，法院审查显示羁押合法性的程序意义和实体意义，都是我们必须予以充分考虑的问题。法院审查刑事羁押应当遵循合法性、相当性

---

① 参见孙长永《强制侦查的法律控制与司法审查》，《现代法学》2005 年第 5 期。

和必要性三项原则。①

有论者指出，强制侦查的司法审查，是刑事程序法制的一项基本原则。对强制侦查的司法审查，是刑事程序法治的一项国际准则，也是我国刑事诉讼程序最薄弱的环节。制度阙如已对刑事诉讼中的人权保障带来显著不良影响，且与现行法律体系的规范逻辑明显不协调、与我国司法运行与司法改革的指导思想不一致。司法审查原则，尤其是强制侦查的司法审查。由于侦查机关实施强制侦查具有打破法律侵犯权利的天然倾向，因此，对强制侦查实施司法审查，是人权保障的一项基本制度，是宪法政治和法治的基本要求。在刑诉法修改时，对于窃听等高强度的强制侦查行为以及羁押性质的指定场所监视居住等，需要司法控制。遵循司法审查原则，恪守程序法治的底线。建立司法审查制度，要逐步推进，区分强制侦查的强度分别处理，同时注意“司法二元体制”的制约，采取检察机关的“准司法审查”与法院的司法审查相结合的模式。具体内容包括缩短拘留时间、改变检察机关“自侦自捕”、允许对不服批捕决定有限制地申请法院救济、对特殊形式的监视居住实施外部监督。同时，应对一部分高强度的对物的强制侦查行为实行外部审批，对电子监听严格法律程序并实施检察监督，以及对物的强制侦查措施设置司法救济等。②

3. 关于令状制度的研究

有论者对司法审查原则中的令状制度进行了分析并指出，侦查阶段的司法令状制度是令状主义的一种表现形式，其基本要求是在侦查阶段引入中立的审判机关，就强制侦查的理由进行司法审查，以判断强制侦查的合法性和必要性，其本质上通过司法权控制侦查权以保障人权。令状制度的控权功能体现在以下几方面：其一，令状签发前的审查制度对侦查权将起到一定的抑制作用。其二，令状的存在便于公民申请救济。其三，令状可以防止侦查人员做伪证。其四，令状可以防止法官受事后调查的结果影响，形成对犯罪嫌疑人的偏见。司法令状的签发必须具备实质要件和形式要件，前者以“可能事由”为重要标准，后者以“特定性”为主要特征。令状制度体现了司法审查原则，它将政府与人民之间具有宪法意义的“政治关系”纳入了“技术化”的程序处理系统，以规范侦查行为、维护

---

① 参见王敏远《中国刑事羁押的司法控制》，《环球法律评论》2003 年冬季号。

② 参见龙宗智《强制侦查司法审查制度的完善》，《中国法学》2011 年第 6 期。

个人权利和保障司法独立的形式予以“个别分解”，这不仅可以使直接的利害关系人通过正当程序获得救济，也可以使政府执法所依赖的政治权威得以维持。虽然令状制度具有控制侦查权与保障人权的功能和维护刑事执法正当性的价值，但其本身以及在实际运行中仍然存在着如下问题：其一，令状制度本身存在着制约侦查效率、无令状搜查范围不断扩大、令状数量减少等问题；其二，令状制度运行过程中存在着令状原则例外化、法官审查形式化、违反令状要求的救济效果不理想等问题。令状制度有效运行的条件包括：其一，有保障的司法独立；其二，训练有素的侦查官员；其三，检察官对警察的合理指导；其四，健全的程序规则和证据规则，尤其是应当建立程序价值被侵害时的纠正和惩罚机制，这种纠正和惩罚的机制主要是非法证据排除规则。①

4. 关于非法证据排除规则的研究

有论者对我国目前非法证据排除规则的法律规定分析之后指出，不管是刑事诉讼法还是 1998 年两高解释和《非法证据排除规定》，均未对非法取证方法对证据能力的影响加以明确区分。刑事诉讼法第 43 条仅规定严禁刑讯逼供和以威胁、引诱、欺骗以及其他非法方法收集证据，1998 年两高解释也只是规定以刑讯逼供或者威胁、引诱、欺骗等非法的方法收集的犯罪嫌疑人（被告人）供述、被害人陈述、证人证言，不能作为指控犯罪（定案）的根据。据此，只要确认收集言词证据的过程中使用了非法方法，司法机关只能排除证据，没有其他裁量余地。而《非法证据排除规定》第 1 条虽然根据证据种类在非法手段的用词上有所区别，即把所有“采用刑讯逼供等非法手段取得的犯罪嫌疑人、被告人供述和采用暴力、威胁等非法手段取得的证人证言、被害人陈述”认定为非法言词证据。表面上看，对所有非法取证手段一视同仁地严格要求似乎可以彰显程序法治的精神，实际上这种整齐划一的规定并不符合诉讼规律。派生证据的可采性也是我国排除规则的一个盲点。1998 年两高解释提出了排除非法言词证据，却并未指明其是否包含从非法证据派生的言词证据。至于非法实物证据（在我国主要表现为由非法自白派生的实物证据），解释中的付之阙如恰是对其可采性的概括认可。《非法证据排除规定》细化了

---

① 参见孙长永、高峰《刑事侦查中的司法令状制度探析》，《广东社会科学》2006 年第 2 期。

非法言词证据排除的操作规程，但依然未涉及派生证据的可采性问题。尤其是对于实物证据，虽然规定违法取得的实物证据也可以排除，但却做了三重限制，即要求取得方法明显违反法律规定、可能影响公正审判且不能补正或做出合理解释。如此苛刻的要求表明，实务部门对待非法实物证据包括派生实物证据的态度没有实质性改变。①

2012 年刑事诉讼法及 2010 年新颁行的两个司法解释，确立了颇具特色的非法证据排除规则。“强制性排除”与“自由裁量的排除”的确立，针对若干程序瑕疵所建立的“可补正的排除”规则等，体现了该项规则在实体构成方面的特点。有论者指出，程序审查优先、法庭初步审查、程序性裁判、证明责任倒置等规则的确立，则意味着该项规则在程序实施方面所具有的一些创新性。改革者不仅要推动该证据规则的颁行，更应关注该规则的有效实施问题。而为了有效实施这一证据规则，改革者需要构建针对侦查行为合法性问题的司法审查机制，确立以司法裁判为中心的诉讼构造，并就刑事司法体制的改革问题进行进一步的探索。②

司法审查原则功能的发挥在审前程序中体现的最为突出，包括司法授权和司法救济两个方面，西方法治国家的刑事诉讼程序遵循司法审查原则的要求，普遍确立了司法令状主义和非法证据排除规则等程序性法律后果。我国刑事诉讼中应当尽快将司法审查作为公理性的法律原则予以确立。司法审查原则适用于刑事诉讼各阶段，是规制国家机关职权、保障人权的刑事诉讼理念的集中体现。为保障犯罪嫌疑人、被告人的权利免受国家权力的侵犯，在刑事诉讼的各个阶段，都应当遵循并贯彻司法审查原则。

---

① 参见孙长永、闫召华《欧洲人权法院视野中的非法证据排除制度——以“格夫根诉德国案”为例》，《环球法律评论》2011 年第 2 期。

② 参见陈瑞华《非法证据排除规则的中国模式》，《中国法学》2010 年第 6 期。

第三章

刑事诉讼基本制度研究

第一节　管辖制度

管辖是刑事诉讼活动中首先需要解决的问题。科学、合理地确定管辖，明确公安司法机关各自受理刑事案件的权限和职责，对于保证刑事诉讼活动顺利进行，使案件得到公正、及时地处理，有重要的意义。对于管辖制度的相关规定，理论界的争议主要集中于管辖制度的立法体例、职能管辖的范围、级别管辖的调整、地域管辖的明确以及管辖权异议等问题。

一　管辖的立法体例

我国现行刑事诉讼法第二章“管辖”，包括立案管辖和审判管辖两个方面。立案管辖解决的人民法院、人民检察院和公安机关等直接受理刑事案件范围的权限划分问题；而审判管辖解决刑事案件由哪一级、哪个地区法院进行一审问题。

有观点认为，在立案管辖中，侦查管辖主要是一种侦查权的分工，公安机关、检察机关以及其他机关对案件的受理，与人民法院对自诉案件的受理在性质上存在极大的差异，对案件受理的要求考虑的目标、价值均有所不同。所谓侦查管辖实际上就是侦查分工，而侦查权的分工要着眼于案件的及时破获、真相查明等因素。与此相对，法院对案件的受理与管辖主要关系到保护被告人获得公正审判的权利。现代刑事诉讼所确立的审判中心原则要求在法典的通则中应当明确审判管辖问题，侦查分工的内容可以参照审判管辖中对地域管辖与级别管辖的划分。因此，在体例上，法典通则部分只规定法院审判管辖，立案管辖应放在“侦查”章中。①

我们认为，立案管辖首要解决的问题是刑事案件是公诉案件还是自诉案件，以及公诉案件由哪个机关立案侦查的问题。就此而言，将自诉案件管辖和公诉案件的立案管辖放在同一章节并无不妥。另外，从立法体例上看，我国刑事诉讼法典更加接近于大陆法系；从诉讼基本结构考察，也与大陆法系更加具有亲和性。因此，我国现行管辖的立法体例并无大的不妥之处。有些学者提出的刑事诉讼法典建议稿仍然遵照了现行法典的基本体例。②

二　自诉案件管辖权

我国自诉案件有三类：告诉才处理的案件、被害人有证据证明的轻微刑事案件以及“公诉转自诉”案件。对于这三类自诉案件范围的法律规定，理论界均有不同观点。

1. 告诉才处理的案件。这类案件只有被害人或其法定代理人起诉，法院才予以受理。根据我国刑法规定，告诉才处理的案件共有四种：侮辱、诽谤案（刑法第 246 条规定，但是严重危害社会秩序和国家利益的除外），暴力干涉婚姻自由案（刑法第 257 条规定第 1 款规定的），虐待案（刑法第 260 条第 1 款规定的）和侵占案。

有论者认为，关于告诉才处理的案件中，侵占罪不宜作为绝对的自诉案件。侵占罪是指以非法占有为目的，将代为保管的数额较大的他人财物或者遗忘物、埋藏物占为已有，拒不交还的行为。此罪的犯罪对象一般是公民个人拥有的合法财产，但是公共财产也有可能成为侵占罪的犯罪对象，如无主物、埋藏物等。因此，当该罪的犯罪对象是公共财产时，可能会出现有起诉权的主体因不知晓其财产受侵占而不能行使起诉权，或者怠于行使自己的起诉权，这就有可能使国家的利益受损。③ 另外，由于自诉案件由自诉人负举证责任，在司法实践中，很少有被告人承认侵占事实，

---

① 参见陈卫东主编《模范刑事诉讼法典》，人民出版社 2005 年版，第 10 页。

② 参见陈光中主编《中华人民共和国刑事诉讼法再修改专家建议稿与论证》，中国法制出版社 2006 年版，第 273—279 页。

③ 参见陈光中主编《刑事诉讼法实施问题研究》，中国法制出版社 2000 年版，第 19—20 页。

这就导致了自诉人很难证明“侵占”以及“侵占财物多少”的事实。基于上述分析，对于侵占国家财物的犯罪行为，应当由检察机关提起公诉，不宜作为自诉案件处理；而对于侵犯集体或者个人财物的犯罪行为，可作为被害人有证据证明的轻微刑事案件，由被害人选择适用自诉或公诉程序处理。

2. 被害人有证据证明的轻微刑事案件。按照法律的规定，这类刑事案件共包括八种：故意伤害案（轻伤），重婚案，遗弃案，妨害通信自由案，非法侵入他人住宅案，生产、销售伪劣商品案（严重危害社会秩序和国家利益的除外），侵犯知识产权案（严重危害社会秩序和国家利益的除外），属于刑法分则第四章、第五章规定的，对被告人可以判处 3 年有期徒刑以下刑罚的其他轻微刑事案件等。

（1）重婚罪不应作为自诉案件。针对重婚案件的特点，首先其并非轻微的刑事案件，重婚案件破坏婚姻法的基本原则一夫一妻制度，造成家庭关系的不稳定，影响正常的社会秩序，其社会危害性较大；其次，我国社会人口流动性大，使得重婚案件呈现出一定的隐蔽性，受害人举证责任较为困难；另外，重婚案件的被害人不能、不敢或者不愿控告的情况也是普遍存在的，这就导致罪犯得不到应有的惩罚。所以建议明确规定重婚案件是公诉案件，由公安机关立案侦查，由人民检察院审查决定应否对此类案件提起公诉。

（2）遗弃罪不应作为自诉案件。我国刑法第 261 条规定：“对于年老年幼患病或者其他没有独立生活能力的人，负有抚养义务而拒绝抚养，情节恶劣的，构成遗弃罪。被遗弃者或者没有诉讼行为能力，无法提起诉讼，或者其法定代理人就是遗弃者，不能代为行使刑事追诉权。将此种犯罪列为自诉案件，实际上削弱了法律对被害人的保护。”①

（3）生产销售伪劣商品罪不宜作为自诉案件。最高人民法院、最高人民检察院、公安部、国家安全部、司法部、全国人民代表大会常务委员会 1998 年颁布的《关于刑事诉讼法实施中若干问题规定》（以下简称六部委 1998 年《规定》）第 4 条、最高人民法院 1998 年《关于执行〈中华人民共和国刑事诉讼法〉若干问题的解释》和 2012 年发布的《关于适用

---

① 参见朱祖洋《刑事职能管辖的完善》，《国家检察官学院学报》2008 年第 5 期。

〈中华人民共和国刑事诉讼法〉若干问题的解释》（以下简称 1998 年《解释》和 2012 年《解释》）第 1 条规定，除严重危害社会秩序和国家利益，生产、销售伪劣商品案是自诉案件。但是，何谓“严重危害社会秩序与国家利益”，法律语焉不详。结合司法实践，在一般情形下，生产销售伪劣商品罪无论其情节是否严重，对社会的危害性都较大，这种犯罪具有行为隐蔽性、被害人不特定性、犯罪涉及面广等特征，其侦破往往需要专门机关的侦查，因此不宜列为自诉案件。

（4）自诉案件与公诉案件交叉问题。六部委 1998 年《规定》第 4 条规定，对于被害人有证据证明的轻微刑事案件，被害人直接向人民法院起诉的，人民法院应当依法受理，对于其中证据不足、可由公安机关受理的，应当移送公安机关立案侦查。被害人向公安机关控告的，公安机关应当受理。由此可见，对被害人有证据证明的轻微刑事案件，不以情节轻重划分管辖，被害人可以选择向人民法院直接起诉，也可以向公安告诉并要求立案侦查。公安机关认为符合立案条件的，应当立案侦查；检察机关认为符合起诉条件，应当提起公诉。但是，1998 年《公安机关办理刑事案件程序规定》第 14 条第 2 款规定：“对人民法院直接受理的被害人有证据证明的刑事案件，因证据不足驳回自诉，可以由公安机关受理并移交的，公安机关应当受理”。该《规定》第 160 条同时规定，对于“被害人有证据证明的轻微刑事案件，应当将案件材料和有关证据送交有管辖权的人民法院，并告知当事人向人民法院起诉。”这就使得在司法实践中，如果被害人直接向公安机关控告，要求将案件作为公诉案件立案侦查，但公安机关往往却以这些案件是自诉案件为由不予立案，告知当事人直接向法院起诉。公安部的上述规定以及上述做法违背了法律意图。被害人有证据证明的轻微刑事案件区别于告诉才处理的案件的关键点是，后者只能由被害人告诉，否则法院只能遵照不告不理原则不能受理，而前者被害人既可以选择自诉途径，也可以选择要求公安机关立案，将其作为公诉案件处理。基于此，我们建议，刑事诉讼法再次修改时，应当明确被害人有证据证明的轻微刑事案件，被害人可以直接向法院起诉，也可以要求公安机关立案侦查；对于符合立案条件的，公安机关应当立案。

3. “公诉转自诉”案件，即被害人有证据证明被告人侵犯自己人身、财产权利的行为应当依法追究刑事责任，而公安机关或者人民检察院不予追究被告人刑事责任的案件。有些学者认为此类案件侵犯了检察机关的公诉权，甚至可能导致公安、检察机关怠于行使自己追诉犯罪的职责，因此建议废除此类自诉案件。但是，另外有观点认为，此种不起诉在实践中确实能够起到保障被害人诉讼权利和制约公安、检察机关权力的作用，因此应该将其保留。同时为了使被害人能够准确地行使这项权利，增加法院对此类案件在决定开庭之前的审查义务。①“公诉转自诉”案件是1996年修改后刑事诉讼法新增的一类自诉案件。其目的是为了解决被害人“状告无门”，保障被害人合法权利，防止或减少“有案不立”、“有罪不究”现象的发生。如果公权力不保护被害人合法权益，被害人自己通过合法的渠道来维护自身的权利，并且还有“有证据证明”的条件防止其滥用此权利，因此，以“公诉转自诉”侵犯公诉权为由废除此类自诉案件的主张难以成立。

在司法实践中，此类自诉案件面临最严重的问题，是被害人难以履行证明被告人有罪的责任问题。由于这类案件在性质上是公诉案件，一般情节比较严重，案情比较复杂，侦查机关取证有一定难度，或者由于人情甚至腐败等因素导致公安机关或者检察机关不追究被追诉人的刑事责任，这些都导致被害人很难履行证明责任。这就使得此类自诉案件很难具有操作性。这是当前需亟待解决的问题。

三　级别管辖

按照我国1996年刑诉法规定，中级人民法院作为一审法院管辖危害国家安全的案件，可能判处死刑、无期徒刑的普通刑事案件，以及外国人犯罪的刑事案件；高级人民法院管辖全省（自治区、直辖市）性的重大刑事案件；最高人民法院管辖全国性的重大刑事案件。除此之外，其他案件由基层人民法院管辖。

1. 最高人民法院和高级人民法院刑事案件一审管辖权

有观点认为，最高人民法院作为最高司法机关，主要负责全国审判工作的指导与协调、负责法律的统一适用，从司法实践看，由其一审的刑事案件基本没有。高级人民法院的一审审判权也存在同样的问题。因此，提

---

① 参见陈光中主编《中华人民共和国刑事诉讼法再修改专家建议稿与论证》，中国法制出版社2006年版，第571页。

出取消最高人民法院、高级人民法院对一审刑事案件的管辖权。[①] 还有观点认为，高级人民法院、最高人民法院既然不宜确定管辖第一审刑事案件具体范围，那么，授权性的规定似无实际意义。但它们可以通过提审的方式对第一审刑事案件行使管辖权。[②] 我们认为，虽然在司法实践中，最高人民法院甚至高级人民法院作为一审法院对刑事案件审判的情形确实很少，但是从保证案件的审判质量和权威性的角度出发，保留高级人民法院和最高人民法院对于一些影响重大或非常重大的刑事案件弹性管辖权，还是有其必要性。

2. 中级人民法院管辖的案件范围

按照 1996 年刑诉法的规定，只要是外国人犯罪的案件，无论涉案罪行轻重、无论公诉案件还是自诉案件一律由中级人民法院管辖。随着我国社会开放程度越来越高，外国人犯罪的案件也日益增多，如果所有的外国人犯罪均由中级人民法院管辖，不仅增加了中级人民法院的负担，而且不利于司法资源的合理分配，同时也违背了“法律面前人人平等”原则。因此，应当将“外国人犯罪的刑事案件”从中级人民法院的一审范围中删除。这一修法建议已经为 2012 年刑诉法所采纳。

四　地域管辖

地域管辖解决同级人民法院之间在审判第一审刑事案件上的权限划分问题。根据刑事诉讼法的规定，在我国确定刑事案件地域管辖的原则有两个：以犯罪地管辖为基本原则和以被告人居住地管辖为辅助性原则。同时还规定，几个同级的人民法院都有管辖权的案件，由最初受理的人民法院审判。在必要的时候，可以移送主要犯罪地的人民法院审判。

1. 对于“犯罪地”的理解。

有观点认为，“犯罪地”既包括犯罪预备地、犯罪行为实施地，也包括结果发生地和销赃地。[③] 而按照最高人民法院 1998 年《解释》，犯罪地

---

① 参见陈卫东主编《模范刑事诉讼法典》，人民出版社 2005 年版，第 138 页。

② 参见陈光中主编《中华人民共和国刑事诉讼法再修改专家建议稿与论证》，中国法制出版社 2006 年版，第 281 页。

③ 全国人大常委会法制工作委员会刑法室编：《中华人民共和国刑事诉讼法条文说明、立法理由及相关规定》，北京大学出版社 2008 年版，第 65 页。

指的是犯罪行为发生地。以非法占有为目的的财产犯罪，犯罪地包括犯罪行为发生地和犯罪分子实际取得财产的犯罪结果发生地。“犯罪地”或者“犯罪行为发生地”是否包括预备地、结果地、销赃地，仍然语焉不详，法律和相关解释应作出更明确的规定。

另外，随着犯罪行为日益复杂化，尤其是利用高科技手段作案的犯罪行为日益增多，法律也应适当扩展“犯罪地”的外延。2007 年，为解决近年来在办理毒品案件中遇到的法律适用问题，最高人民法院、最高人民检察院、公安部联合制定并下发了《办理毒品犯罪案件适用法律若干问题的意见》中对毒品犯罪地定义包括犯罪预谋、筹集毒资等预备地，生产、贩运、交易毒品等各项犯罪行为地，以及犯罪嫌疑人被抓获地。除此以外，根据法律相关规定，犯罪地还包括犯罪行为发生地、犯罪结果发生地、侵犯财产犯罪的财产取得地、单位犯罪或者公司企业人员职务犯罪中的公司企业注册地、经营地等。相对于犯罪的新形式、新特点，特别是利用网络实施的犯罪来讲，上述关于犯罪地的规定已经不能完全适应公安司法机关及时受理和查处案件的需要。因此，犯罪地的时空概念有必要适当地进行扩张。可以考虑将犯罪预谋地、犯罪预备地、犯罪所得窝藏地或者销售地等均列入犯罪地的范畴，从而为最初受理案件的公安司法机关及时查处案件提供法律依据。①

2. 确立共同犯罪案件主犯犯罪地管辖原则。在共同犯罪案件，特别是侵犯财产类的共同犯罪案件中，主犯分别伙同其他成员在不同行政区域内实施抢劫、盗窃、诈骗犯罪活动的情形普遍存在，由此引发的管辖争议也经常发生。按照现行法律关于管辖的规定，共同犯罪人通常会被分案处理，形成主犯与从犯、盗窃犯与销赃犯被分别处理的局面。实践证明，共同犯罪人在分案处理的情况下，出于趋利避害的心理，通常会编造谎言、避重就轻、推卸责任，给司法机关正确认定案件事实、准确适用刑罚造成障碍。而不同司法机关基于对同一事实或者同一行为人在共同犯罪中地位、作用认定上的差异，又不可避免地造成刑罚适用上的不统一和不协调。因此，明确共同犯罪人分别结伙作案的案件由主犯犯罪地的公安司法机关管辖的原则，对于提高诉讼效率、节约诉讼成本，提高审判质量，保

---

① 刘祥林、黄晓平：《案件地域管辖争议问题研究》，《人民检察》2009 年第 2 期。

障刑罚的准确适用都具有十分重要的意义。①

五　牵连管辖

牵连管辖制度是指互有牵连的案件合并审理的制度。牵连管辖包括级别牵连管辖与地域牵连管辖。我国司法解释已经确立了级别牵连管辖制度。最高人民法院 1998 年《解释》第 5 条规定，一人犯数罪，共同犯罪和其他需要合并审理的案件，只要其中一人或者一罪，属于上级人民法院管辖的，全案由上级人民法院管辖。这是有关级别牵连管辖的规定。除此之外，我国还应建议地域牵连管辖制度。具体而言，包括以下几种情形：(1) 一个被告人实施数个犯罪行为的案件，由主要犯罪行为地人民法院管辖；如果不能区分主要犯罪行为，由最初受理的人民法院管辖。(2) 数个被告人共同实施一个或数个犯罪行为的，由主要犯罪行为地人民法院管辖；如果不能区分主要犯罪行为，由主犯被捕地或居住地人民法院管辖；不能区分主犯与从犯，由最初受理地人民法院管辖。(3) 如果同级人民法院之间发现受理的案件之间有牵连，应当按照上述原则协商管辖，协商不成，报共同上级人民法院指定管辖；上下级人民法院之间就牵连案件发生管辖争议逐级上报共同上一级人民法院指定管辖。②

六　管辖权异议

刑事诉讼管辖权异议是指当事人认为办理案件的公安司法机关对该案件没有管辖权而提出异议。应当说，管辖权异议是当事人一项重要的救济性程序权利，对于保障诉讼公正有重要的意义。我国民事诉讼法和行政诉讼法对于管辖权异议均有规定，但刑事诉讼法对此没有规定。

对于管辖权异议的范围，存在广义的管辖权异议和狭义的管辖权异议两种观点。广义的管辖权异议观点认为，按照我国现在管辖制度的基本框架，管辖有职能（立案）管辖和审判管辖，因此，管辖权异议也应当包括职能管辖权异议和审判管辖权异议。职能管辖权异议主要是对立案、侦

---

① 刘祥林、黄晓平：《案件地域管辖争议问题研究》，《人民检察》2009 年第 2 期。

② 参见董丽红《刑事诉讼管辖制度研究》，来源于中国优秀硕士学位论文全文数据库，2003 年。

查阶段公安司法机关管辖错误或不适当管辖提出的异议。审判管辖权异议则包括一审中的级别、地区（优先、移送）、指定和专门管辖权异议。① 而狭义的管辖权异议仅限于对审判权管辖异议。由于在立案问题上，也有可能存在公安司法机关立案不符合法律规定或者不公正的情形，所以，司法实践中当事人对立案管辖提出异议并不鲜见。另外，由于我国并不是实行审判中心主义，侦查的结果对于后续程序包括审查起诉和审判阶段有重大的影响。基于此，我们认为，管辖权异议应当作广义理解，即，既包括对职能管辖的异议，也包括对审判管辖的异议。

对于管辖权异议的主体，也有不同的主张。有观点认为，有权申请管辖权异议的，只能是被告人。因为受理法院是经过作为公诉机关的人民检察院或者自诉人选择的，即其认为受理法院对该案件有管辖权，所以不得再提出管辖权异议。② 有些人认为，提出管辖权的主体不仅包括被告人，而且还包括犯罪嫌疑人、自诉人、被害人及其法定代理人，而且检察机关也有权提出管辖权异议。③ 这种观点对应的是上述广义的管辖权异议，即管辖权异议不仅可以针对审判法院提出，而且还可以针对侦查机关提出。就检察机关而言，是指公安机关和人民法院的指定管辖，要接受检察机关的法律监督；还有就是公检法机关在依法行使指定管辖权过程中或之后，要告知案件当事人并听取其意见，以求公开、公正。在违反法律规定指定管辖或指定管辖明显不当的情况下，检察机关和案件当事人可在一定期限内提出异议。已经判决的，可视为程序上严重违法，已进行的诉讼归于无效。④ 其实，在不同的国家，由于诉讼结构和相关的诉讼制度有较大的差异，管辖权异议的主体也不尽相同，主要有三类：第一，以英国、美国以及我国香港地区为代表，申请管辖权异议的只能是被告人；第二，以日本、德国为代表，申请管辖权异议的主体是被告人和检察官；第三，以法国、俄罗斯为代表，申请管辖权异议的主体包括几乎所有的当事人和检察机关。我们认为，针对我国现行的诉讼结构和管辖制度的外延，加之检察

---

① 参见石晓波《刑事诉讼管辖权异议制度研究》，《中国刑事法杂志》2004 年第 4 期。

② 参见刘崇理《对刑事案件中审判管辖异议程序的构想》，《法律适用》2003 年第 9 期。

③ 参见周永年《构建刑事管辖争议问题的解决机制》，《法学》2007 年第 2 期。

④ 参见周常志《刑事案件指定管辖制度的完善》，《人民检察》2008 年第 3 期。

机关行使法律监督权的现实，不仅当事人及其法定代理人有权提出管辖权异议，检察机关对立案管辖以及审判的指定管辖也应当有异议权。

对于审判管辖错误的后果，有观点认为，如果法院对一个案件没有管辖权而对其进行了审理，无论其实体结果如何，这种行为从本质上看是无效的。一些西方代表性国家，如美国、德国、日本等国家的立法例也体现了这一点，即如果原审法院违反了审判管辖的规定，案件将被要被上级法院发回有管辖权的法院重新审判。我国法律虽然规定了刑事审判地域管辖和级别管辖，并且也规定了审判法院发现没有管辖权时的移送制度，但是，却没有明确违法管辖的程序性后果。在司法实践中，一些法院由于种种原因，违反甚至恶意规避法律有关管辖的规定，对案件行使审判权。因此，无论是从借鉴外国法的经验，还是从我国司法实践中出现的问题出发，一审法院如果违背管辖规定的，上级法院应当撤销原判，并将案件交由有管辖权的法院审理。①

还有学者对指定管辖制度做了专门研究，认为因指定而改变管辖，其目的是保障司法公正，实践中发挥了积极作用，但也有一定弊端，如适用随意性较大，指定侦查管辖于法无据，公、检、法在指定管辖上不能有效衔接，以及公民的管辖异议权与指定管辖申请权不受尊重等。存在的问题与我国特有的分工负责，互相配合、互相制约的制度结构，以及司法权集体行使的特殊形式有关。改革完善该制度，在模式设定上，仍应以审判为基点，同时明确审前即侦查阶段的指定管辖并允许检察机关监督。审判中的指定管辖应由检察机关提出，由人民法院审查决定。在指导思想上，坚持程序法定原则，慎重适用指定管辖；坚持管辖便利原则，指定地点应当方便办案。在制度完善方面，需要明确指定管辖的适用范围；明确指定管辖的相关主体、考量因素及决定程序；合理设置指定管辖的具体程序，确认公民的管辖异议权与管辖申请权并予以保障。②

虽然我国理论界对管辖权异议制度构建方面存在争议，但有些方面却达成了共识：（1）学界对于管辖权异议制度的必要性有了基本的统一认识，认为这是保障当事人获得公平审判权的条件，是保障刑事诉讼

---

① 参见汪海燕《论刑事程序倒流》，《法学研究》2008 年第 5 期。

② 参见龙宗智《刑事诉讼中的指定管辖制度亟待完善》，《法学研究》2012 年第 4 期。

程序公正审判的前提，因此，应确立当事人对法院审判的管辖权异议制度；(2) 至于申请管辖权异议的主体，多数认为首先是被告人，同时也应当包括被害人、自诉人和附带民事诉讼当事人等；(3) 应当对当事人提出管辖权异议的时间加以限制，即最迟在法院进行实质性审判之前，也就是法庭调查之前提出；(4) 管辖权异议必须具有法定的理由，即法院无权管辖或者虽然有管辖权但对当事人具有重大不利，如舆论极端偏激、民众偏见等；(5) 当事人向法院提出管辖权异议的，法院应当受理并审查异议的理由；(6) 存在救济程序，即如果当事人不服法院的裁决有权上诉。① 由于管辖涉及案件的公正处理，管辖权异议是当事人的重要救济性权利，对于已经成熟的理论或者立法设想应尽早体现在法律之中。

第二节　回避制度

自然正义的基本要求之一，就是任何人不能做自己的法官。回避制度是保障诉讼裁决者中立性和诉讼公正性的基石之一。我国刑事诉讼中的回避，是指侦查人员、检察人员和审判人员，因与案件具有某种利害关系或其他特殊关系，可能影响案件的公正处理，而不能参加诉讼的制度。我国理论界对于申请回避权的主体、对象、程序等均存在不同程度的争议。

一　申请回避权的主体

按照我国1996年刑诉法规定，有权申请回避的主体是当事人及其近亲属。对于申请回避的主体，很多学者认为范围过窄。主要观点有：

1. 应赋予辩护人申请回避权。按照现行法律规定的范围，辩护人没有申请回避的权利。在刑事诉讼中，辩护人的职责是依据法律和事实维护犯罪嫌疑人的实体性权利和程序性权利，而申请回避权当属于程序性权利。因此，辩护人②为了维护犯罪嫌疑人、被告人的合法权利，当其发现

---

① 陈光中：《刑事诉讼法》，北京大学出版社、高等教育出版社2009年版，第126—127页。

② 此处辩护人包括侦查阶段为犯罪嫌疑人提供法律帮助的律师。

诉讼程序中应当回避而没有回避的侦查人员、检察人员、审判人员参与了诉讼，就应当有权提出申请。在当前我国民众法律素养不是很高的背景下，赋予辩护人此权利更有其必要性。当然，由于与案件有直接利害关系的人是犯罪嫌疑人、被告人，辩护人在犯罪嫌疑人不能行使或者不违背其本人及其法定代理人的意思的前提下，方可行使此权利。

2. 赋予执行阶段的当事人申请回避权。按照现行法律规定，回避限于侦查、审查起诉、审判阶段。执行是为实现生效裁判所确定的刑罚内容而进行的活动，其中包括对确定的刑罚给予一定的变更和调整，如减刑、假释等，这些行为在本质上都属于刑事诉讼的延伸。我国的立法体例也体现了这一点，即刑事诉讼法也调整执行程序。因此，为了保证执行（包括执行变更）公正，应当允许执行阶段的当事人包括被害人享有申请回避的权利。此外，根据我国刑事诉讼法和监狱法的规定，犯罪人的减刑、假释等都需要刑罚执行机关提供有关减刑、假释的材料，而刑罚执行机关所提供的材料对犯罪人是否能够实现减刑、假释等，具有重要意义。因此，负有监管职责的人员与服刑人或与原案件有某种利害关系或其他特殊关系，可能会影响刑罚的公正执行时，应当回避。人民法院在审查有关减刑、假释等材料时，如果发现具有应回避而未回避，特别是被害人提出应当回避而未回避的情形时，应当驳回其减刑、假释申请或建议。

二　回避人员的适用范围

根据 1996 年刑事诉讼法第 28、31 条的规定，适用回避的人员包括侦查人员、检察人员、审判人员以及参加诉讼活动的书记员、翻译人员和鉴定人。结合相关司法解释，适用回避的人员范围如下：公安机关负责人、侦查人员、参与侦查活动的记录人、翻译人员和鉴定人，检察长及其他检察人员、参与起诉活动的书记员、司法警察和人民检察院聘请或者指派的翻译人员、鉴定人、检察委员会的成员，审判委员会的成员、合议庭组成人员及独任审判员、书记员、翻译人员和鉴定人。

1. 关于律师是否应适用回避。我国法官法和检察官法规定，法官或检察官离任后两年内，不得以律师身份担任诉讼代理人或者辩护人；法官或检察官离任后不得担任原任职机关办理案件的诉讼代理人或者辩护人；法官或检察官的配偶、子女不得担任该法官、检察官所任职机关办理案件的诉讼代理人或者辩护人。有观点认为，这是对传统回避制度的发展，其实质是扩大了回避制度的主体范围。律师为诉讼中的一方当事人服务，在谋求其服务当事人利益最大化的前提下，如果律师与司法官员存在有血缘、姻亲、朋友等利益关系，他必然会千方百计地利用这种所谓的“资源”去影响裁判者。在这种条件下，即使律师不存在这种动机，旁观者也会对司法的公信力产生怀疑。因而律师回避是十分必要的，理应成为我国回避制度的一个重要组成部分①。这种观点值得商榷。回避制度的核心理念是防止司法裁判者因私情、私利的影响而在审案中出现偏私，这项制度是直接针对司法官设置的②。我们认为，回避制度是为限制公权力（包括经过公权力授权的主体）而设置的。法官法、检察官法虽然在表面上似乎是对律师从业的限制，实际是仍然是对法官、检察官行为（包括离职后行为）的制约。律师行为从本质上看是一种“私权利”，如果案件的裁决者与律师的关系影响案件公正审判，应当回避的是裁决者，而不是律师。就此而言，律师不应作为回避的对象。

2. 建立整体回避制度。

我国现有的回避制度实际上是个人回避制度，而没有建立起来的整体回避制度，此种弊端在实务中已有所反映。有时案件的处理涉及办案机关整体利益或者办案机关领导时，办案机关作为整体回避就有其必要性。例如，如果当事人申请法院院长回避，由于在我国审判机关及其活动行政化倾向严重，有时审判委员会难以作出是否回避的公正决定；即使院长被决定回避了，这个案件的裁判者（合议庭成员或者审判委员会）实际上很难完全脱离院长的影响。同样，如果案件涉及到该法院的全体利益，现行法律规定的法官个人回避制度也不能解决案件公正审理的问题。

有学者建议，解决整体回避问题至少可以从建构回避制度和完善管辖变更制度两个路径进行。第一种方案指打破我国刑事回避制度的既有框架，将作为整体的公安机关、检察院和法院纳入刑事回避制度的适用主体范围之内，参照现有的个别回避制度建构相关规则解决整体回避问题。第二种方案指维持我国刑事回避制度的既有框架，通过完善管辖变更制度来

① 王锐：《刑事回避若干问题之比较研究》，《宜宾学院学报》2006 年第 2 期。

② 参见熊洪文《刑事诉讼回避制度若干思考》，《人民检察》2002 年第 7 期。

解决公安机关、检察院和法院的整体回避问题①。其实我国立法关于管辖的有关规定与第二种方案相类似。最高人民法院 1998 年《解释》第 18 条规定，有管辖权的人民法院因案件涉及本院院长需要回避等原因，不能行使管辖权的，可以请求上一级人民法院管辖；上一级人民法院也可以指定与提出请求的人民法院同级的其他人民法院管辖。但是即使如此，第二种建议亦遭到了指责。理由是，虽然回避制度与管辖异议是血脉相连的，然而我国并没有赋予当事人申请管辖权异议的权利，于是当事人在基于回避考量时，不能提出针对原有审判机关整体的回避申请；即使提出，也会无果而终，因为我国并未规定管辖权异议的程序及救济②。由此可见，即使在法律上确立了整体回避制度，为了保证此制度有效运行，还应当建立相应的配套措施。

三　回避的程序

回避的程序包括回避的启动、对回避申请的审查与决定，对权利人的救济程序，义务人的督促惩戒程序，以及相关的程序保障措施等。

1. 启动程序

我国现行立法关于申请回避权利的告知规定，仅在 1996 年刑事诉讼法第 154 条中规定："开庭的时候，审判长查明当事人是否到庭；宣布案由；宣布合议庭的组成人员、书记员、公诉人、辩护人、诉讼代理人、鉴定人和翻译人员的名单；告知当事人有权对合议庭组成人员、书记员、公诉人、鉴定人和翻译人员申请回避……"除此以外，法律及司法解释都没有规定在侦查、审查起诉活动中，侦查机关和检察机关应当对当事人申请回避的权利予以告知。由于申请回避权的告知阶段过晚，因此当事人的回避申请权利有时很难得到有效行使。

针对以上问题有学者建议刑事诉讼法修改时，在专门规定回避制度的第三章中增设回避权利告知条款。即在第 29 条之后增设一条规定："公安机关、人民检察院立案侦查后第一次讯问时，应当告知犯罪嫌疑人依法

① 刘加良、张亚琼：《完善刑事回避制度的一点思考——以麻广军妨害作证案为例》，《黑龙江省政法管理干部学院学报》2005 年第 3 期。

② 参见易延友《司法权行使的正当性——由回避制度看刑事诉讼程序之弊病》，《北大法律评论》2004 年第 1 期。

申请回避的权利；人民检察院自受理移送审查起诉案件之日起三日内，应当告知犯罪嫌疑人、被害人、附带民事诉讼的当事及其法定代理人，有权依法对审查起诉活动中的办案人员、翻译人员、鉴定人申请回避。人民法院开庭审理案件，应当及时告知被告人、被害人、附带民事诉讼的当事人及其法定代理人有权申请回避”①。

实践中，由于检察委员会，审判委员会审查案件基于书面材料而不是直接参加庭审，所以当事人一方很难知悉其人员组成，更不用说相关人员是否与案件有利害关系或其他关系进而需要回避。因此建议在案件需检察委员会或者审判委员会讨论时，应在相关部门做出转交案件时通知当事人相关委员会的组成名单，以及告知其对委员会成员有申请回避的权利。

此外，我国刑事诉讼法对申请人申请回避权的行使时间，也应当有条件的延长，即应当允许诉讼当事人在开庭时因不知情而明确放弃申请回避权后，而在开庭审理过程中，又发现应当回避的情形时，允许诉讼当事人在被告人最后陈述前提出回避的请求。

关于自行回避、指令回避的程序、启动的时间、形式以及决定主体等，法律的有关规定基本为空白，对此法律应当作出相应的规定。

2. 审查程序和复议程序

我国刑事诉讼法规定，有关审判人员、检察人员、侦查人员的回避，分别由法院院长、检察长和公安机关负责人决定；法院院长的回避，由本院审判委员会决定；检察长、公安机关负责人的回避，由同级人民检察院检察委员会决定。有关书记员、鉴定人员和翻译人员的回避，在侦查阶段由公安机关负责人决定，在审查起诉阶段由检察长决定，在审判阶段由法院院长决定。这里除了公安机关负责人的回避是由另外一个部门（检察院）决定外，其余的回避决定都是本部门做出的。由于受各部门利益的影响，就会导致做出回避决定的客观公正性受到怀疑。因此我们建议，把决定回避的权利交由办案机关的上一级机关，以保证其决定的公正性。可以有其他方案解决此问题，即决定主体维持现有法律规定，但如果申请人不服，不是向原决定机关而是向其上级机关申请复议。这在公正和效率之间保持了平衡和一定程度的妥协。另外，基于审判对于诉讼公正之重要意

① 参见杨立凡《刑事诉讼法应健全申请回避的告知制度》，《人民检察》2007年第21期。

义，有学者主张，法院对于回避的申请审查结果采用“裁定”而不是“决定”的形式，允许当事人在接到裁定书之日起五日内如不服裁定，可以向上一级人民法院上诉。也可因为法院违背回避事项而向上一级法院进行上诉。①

3. 审查回避阶段诉讼行为的状态以及违反回避规定的程序性后果

在回避申请已经提出但是否回避的决定尚未作出的期间内，诉讼程序一般应暂时停止以保障诉讼程序的合法性。如，法庭审判阶段可以宣布暂时休庭或决定延期审理。但是基于侦查工作的特殊性，1996 年刑事诉讼法第 30 条规定，对侦查人员的回避作出决定前，侦查人员不能停止对案件的侦查。

在侦查阶段，对于在回避决定作出前公安机关、检察机关所进行诉讼行为的效力，我国法律有明确的规定。1998 年《公安机关办理刑事案件程序规定》第 33 条规定，被决定回避的公安机关负责人、侦查人员、鉴定人、记录人和翻译人员，在回避决定作出以前所进行的诉讼活动是否有效，由作出决定的机关根据案件情况决定。1998 年《人民检察院刑事诉讼规则》第 30 条规定，因符合《刑事诉讼法》第 28 条或者第 29 条规定的情形之一而回避的检察人员，在回避决定作出以前所取得的证据和进行的诉讼行为是否有效，由检察委员会或者检察长根据案件具体情况决定。

但是，关于审判人员在回避决定作出前所进行的诉讼行为是否有效，法律只是规定了二审阶段法院发现一审违反回避制度的规定。我国 1996 年刑事诉讼法第 191 条规定，第二审人民法院发现第一审人民法院的审理违反回避制度的，应当裁定撤销原判，发回原审人民法院审理。该规定的进步意义不容忽视，但其中也存在着比较明显的缺陷与问题，即该规定在具体性和可操作性方面显得有些粗糙，如所谓的“违反回避制度”是只针对人民法院的审理行为，还是针对人民法院的审理行为、侦查机关的侦查行为和检察机关的审查起诉行为？违反回避制度的一审案件是一律裁定撤销原判，发回原审人民法院审理，还是不同情况不同对待？此外，1996 年修订后的刑事诉讼法律渊源在有关审判监督程序的规定中，没有像民事诉讼法及其司法解释那样将“违反回避制度，可能影响案件正确裁判的”

---

① 陈瑞华：《无偏私的裁判者——回避与变更管辖制度的反思性考察》，《北大法律评论》2004 年第 1 期。

视为当事人及其法定代理人、近亲属提出申诉、人民检察院抗诉和人民法院发动审判监督程序的情形，从而使违反回避制度的程序性规制问题在刑事审判监督制度部分呈现空白状态。①

有观点主张，以阶段不同，区分建立救济制度。

第一，关于审判人员回避后的审理程序更新。

审判人员的不可更换性是司法权的亲历性原则和司法权的集中性原则的共同基本要求。司法权的亲历性原则，刑事裁判结论的做出者必须参加庭审；司法权的集中性原则指审理活动必须在固定的审判人员的主持和参与下，在相对固定的时间、地点持续不间断地进行，直至裁判结论的完成。审判人员回避后，已经过的审理程序如果不重新进行，则产生同一审理程序对应着两组不同一的审判人员的结果，这与司法权的亲历性原则和集中性原则的基本要求不相符合。所以，审判人员回避后，已经过的审理程序应当重新进行。

第二，裁判作出后违反回避制度的救济。

对于违反回避制度的程序性规制问题，应当有如下三种解决途径：(1) 对于刑事诉讼中的国家权力主体违反回避制度的行为情节比较严重，导致诉讼参与人的诉讼权利遭受重大损害，导致刑事诉讼程序的公正性遭受重大贬损的情形，第二审人民法院审查后，应当一律裁定撤销原判，发回原审人民法院审理；在人民法院的裁判发生法律效力后，当事人及其法定代理人、近亲属有权提出申诉，人民检察院有权抗诉，人民法院有权启动审判监督程序。(2) 对于刑事诉讼中的国家权力主体违反回避制度的行为情节轻微，没有导致诉讼参与人的诉讼权利遭受到明显损害，没有导致刑事诉讼程序的公正性遭受到明显贬损的情形，第二审人民法院审查后，裁定撤销原判，发回原审人民法院审理应当以当事人的同意为前提条件；在人民法院的裁判发生法律效力后，当事人及其法定代理人、近亲属不得提出申诉，人民检察院不得抗诉，人民法院不得发动审判监督程序。(3) 对于刑事诉讼中的国家权力主体违反回避制度的其他情形，由第二审人民法院审查后，裁定撤销原判。如果发回原审人民法院审理，应当以当事人的同意为前提条件；在人民法院的裁判发生法律效力后，当事人及

① 洪浩、刘加良：《刑事诉讼回避制度若干问题探析》，《山东公安专科学校学报》2004 年第 5 期。

其法定代理人、近亲属有权提出申诉，人民检察院有权抗诉，人民法院有权启动审判监督程序。[①] 总而言之，对于违反回避制度的程序性制裁措施，应当综合考虑不同的因素，尤其是考虑到当事人的诉求。

第三节 辩护制度研究

辩护权表现为根据事实和法律提出和论证被指控人有利的材料和理由，在实体上反驳指控，提出证明被指控人无罪、罪轻、应当减轻或者免除其刑事责任的材料和意见，以及在程序上主张被指控人所拥有的合法的诉讼权利，防止其受到不公正的待遇和不应有的侵犯。[②] 辩护权是被追诉人的核心权利。可以说，刑事诉讼的近现代文明史就是辩护权的发展史。修改后的刑事诉讼法规定了律师有权介入侦查程序，并扩充了辩护人的诉讼权利，但是在立法上和司法实践中还存在诸多问题。2008 年 6 月 1 日生效的律师法，试图在一定程度上改变这种局面，然而收效甚微。关于侦查阶段律师辩护人的身份、程序性辩护以及辩护人的会见权、阅卷权、调查取证权等，都成为争议的焦点。

一 侦查阶段律师的身份

从总的来看，将侦查阶段犯罪嫌疑人委托的律师身份界定为辩护人，已成为学界的共识。

1996 年修改的刑事诉讼法允许律师介入侦查并享有一定的诉讼权利，是我国刑事诉讼制度改革的一大进步。刑事诉讼法第 96 条规定，犯罪嫌疑人在被侦查机关第一次讯问后或者采取强制措施之日起，可以聘请律师为其提供法律咨询、代理申诉、控告。受委托的律师有权为逮捕的犯罪嫌疑人申请取保候审，向侦查机关了解犯罪嫌疑人涉嫌的罪名，可以会见在押的犯罪嫌疑人并了解案件的情况。这种规定对于在侦查中发挥律师的作用，保护犯罪嫌疑人的合法权利无疑具有重要意义。然而遗憾的是，法律

---

① 刘加良、聂广亮：《关于刑事回避制度的改进探析》，《广东行政学院学报》2005 年第 3 期。

② 熊秋红：《审判前程序中的律师辩护》，载樊崇义主编《刑事审前程序改革与展望》，中国人民公安大学出版社 2005 年版，第 314 页。

并没有明确侦查阶段犯罪嫌疑人委托的律师的地位和身份。刑事诉讼法第33条规定："公诉案件自案件移送审查起诉之日起，犯罪嫌疑人有权委托辩护人。"因此，按照法律规定，辩护人最早只能是自"移送审查起诉之日"受委托，侦查阶段律师不属于辩护人范围。另外，按照刑事诉讼法第82条规定："'诉讼参与人'是指当事人、法定代理人、辩护人、证人、鉴定人和翻译人员。"显然，侦查阶段律师也不属于法律规定的"诉讼参与人"。新律师法虽然扩充了律师在侦查阶段的权利，但仍没有明确侦查阶段律师的地位。在学界，有将之称为"受犯罪嫌疑人委托的律师"、"犯罪嫌疑人的法律顾问"、"法律帮助人"、"辅佐人"，还有将其称为"广义辩护人"。从实然的描述而言，这些说法均有一定的道理。但是，从应然的角度考量，侦查阶段犯罪嫌疑人所委托的律师，其身份应当是辩护人。刑事诉讼中有三个基本职能，即审判、控诉和辩护，公安专门机关和诉讼参与人的行为都是围绕这三个基本职能展开的。公安机关、检察机关和被害人及其法定代理人的具体诉讼目标，都是要求对被追诉人定罪科刑，行使的是控诉职能；与控诉职能相对应的是辩护职能。可以这样界定，在诉讼中，如果诉讼主体参与诉讼目的是专门为了维护被追诉人的合法利益，那么其履行的职能就应当被界定为辩护职能。侦查阶段犯罪嫌疑人委托律师的目的与功能，显然符合这一特征。

首先，侦查阶段的律师是为了维护犯罪嫌疑人合法利益而参加诉讼，履行的是辩护职能。我国刑事诉讼法规定，律师在侦查阶段，有权为犯罪嫌疑人提供法律咨询、代理申诉、控告、为逮捕的犯罪嫌疑人申请取保候审、会见在押的犯罪嫌疑人。显然，这些行为均是为了维护被追诉人利益，与审查起诉阶段和审判阶段辩护人的性质和目标完全相同。为什么履行这些职能的主体在审查起诉、审判阶段是辩护人，而在侦查阶段就不是呢？如果不规定侦查阶段律师辩护人的身份，在逻辑上难以成立。①

其次，侦查阶段律师是犯罪嫌疑人合法利益的"专门"维护者。犯罪嫌疑人委托的律师的功能与效果，与法院、检察机关和侦查机关在诉讼中进行的可能有利于被追诉人的行为性质截然不同。法院在诉讼中也有保障被告人合法权利的职责，如告知被告人在审判中享有的法定诉讼权利，

---

① 参见陈光中、汪海燕《侦查阶段律师辩护问题研究——兼论修订后的（律师法）实施问题》，《中国法学》2009年第6期。

为符合法定条件的被告人指定辩护人，等等；即使作为行使控诉职能的检察机关和侦查机关，也有履行保护犯罪嫌疑人、被告人合法权利的职责，如在诉讼中要全面收集证据，包括收集有利于被追诉人的证据，在不同阶段侦查机关或者检察机关要告知被追诉人的法定诉讼权利等。侦查机关、检察机关和法院的上述行为，尽管也是有利于被追诉人的，但是这些行为与犯罪嫌疑人委托律师的行为，在职能性质上是不同的。侦查机关、检察机关和法院进行上述行为，从根本上说，是客观、公正行使控诉权和审判权的要求，同时也体现了代表公权力机关对作为天然弱者被追诉人的保护职责；而侦查阶段辩护人参与到诉讼中的唯一目的，就是为了维护犯罪嫌疑人的合法利益。即使受委托的律师在执业活动中知晓了不利于被追诉人的事实，也有保密的义务，而不能向侦控机关告发，否则将会受到相应的处罚。可见，侦查阶段律师的行为就是维护犯罪嫌疑人的合法权利，目标单一，法律并不苛求其要履行客观义务，就此而言，其身份当属辩护人。①

另外，从侦查阶段在整个诉讼程序中的重要地位而言，侦查阶段的律师更应当被定位为辩护人。在一般意义上，审判是决定被追诉人命运的最终阶段，而侦查阶段侦查机关收集证据、查获犯罪嫌疑人是为以后的起诉、审判做准备的。也正因为如此，在传统上，各个国家的法律均强调对审判阶段被告人辩护权的保障。然而，强调审判阶段的辩护权并不意味着侦查阶段的辩护不重要，因为侦查是公诉案件审判的基础准备程序，一定意义上是决定审判质量的关键阶段，特别是在中国这点体现得更加明显。在我国当前，审判阶段证人不出庭做证已成为普遍现象，同时在审判阶段的有罪判决率接近百分之百的情形下，尽管在侦查、审判之间有审查起诉程序起过滤作用，但审判程序在一定程度上仍被蜕化成对侦查结果的一个“确认”程序。正如有的学者所言，“在一定意义上说，真正决定中国犯罪嫌疑人和被告人命运的程序，不是审判，而是侦查。”② 加之侦查机关及其工作人员具有天然的攻击性、侵犯性，侵犯犯罪嫌疑人合法权利的行为极易发生，这在我国侦查实践中更为突出。在这种背景下，如果认识不

---

① 参见陈光中、汪海燕《侦查阶段律师辩护问题研究——兼论修订后的〈律师法〉实施问题》，《中国法学》2009 年第 6 期。

② 孙长永：《侦查程序与人权》，方正出版社 2000 年版，序言。

到侦查机关与被追诉人之间的对抗性，不加强对于被追诉人辩护权的保护和强化，诉讼程序就有可能被演化成一个由侦查机关主导的“治罪程序”。还须指出，从程序分流的角度考虑，也应当承认侦查阶段律师具有辩护人的身份。在有些案件中，侦查阶段有可能就会出现程序终结的情形，如符合刑事诉讼法第 15 条规定的不需要追究被追诉人刑事责任的情形，侦查机关应当撤销案件；再如，随着刑事和解的兴起，对于案件性质较轻的，由于犯罪嫌疑人与被害人之间达成和解协议，侦查机关可能撤销案件，等等。在这些情形中，侦查程序的结束就意味案件终结，律师作为辩护人介入诉讼就更加有必要。

其实，世界法治国家均将侦查阶段犯罪嫌疑人委托的律师界定位为辩护人。如德国刑事诉讼法典第 137 条规定，被指控人可以在程序的任何阶段委托辩护人为自己辩护。日本刑事诉讼法第 30 条规定，被告人或者被疑人，可以随时选任辩护人。俄罗斯联邦刑事诉讼法典第 49 条规定，在侦查程序中确定为被告人时，有权请求辩护人；被拘捕或者受羁押的犯罪嫌疑人，也有权请辩护人参加诉讼；至于轻罪案件在调查程序和自诉程序中，从提起刑事案件起就有权请辩护人。英国、美国等国在侦查阶段律师均是以辩护人的身份参加侦查。联合国有关文件也体现了侦查阶段犯罪嫌疑人有权得到律师辩护的权利，如《关于律师作用的基本原则》第 1 条就要求，“所有的人都有权请求由其选择的一名律师协助保护和确定其权利，并在刑事诉讼各个阶段为其辩护。”

应当说，将侦查阶段犯罪嫌疑人委托的律师定位为辩护人，不仅符合法理，亦是当今国际司法的共同准则。因此，学术界建议我国刑事诉讼法再次修改时，应当明确侦查阶段律师的身份，即规定，“侦查机关第一次讯问犯罪嫌疑人之前或者采取强制措施时，应当告知其有权委托律师担任辩护人。”该建议已经为 2012 年刑事诉讼法所采纳。

二　侦查阶段律师辩护的特点

学者们已经充分认识到，在侦查阶段允许律师作为辩护人参加诉讼，并不意味着其享有的权利与其他阶段就应完全相同。这种不同主要是由侦查阶段的主要任务和特点所决定的。

毋庸置疑，侦查阶段的主要目的之一就是保全证据和查获犯罪嫌疑人。犯罪行为发生以后，从趋利避害的本能出发，在一般情形下，犯罪嫌疑人总想通过各种手段毁灭、伪造、隐匿证据或串供，或者逃跑等，以达到逃避法律制裁的目的。另外，与案件相关的证据材料如果不及时收集，即使没有受到人为的损毁，也有可能因为时间的流逝而湮灭。为了及时查明案件事实和查获犯罪嫌疑人，各个国家法律都赋予了侦查机关有权采取适当的强制性措施的权力，如对被追诉人采取保释、羁押等限制人身自由甚至剥夺人身自由的强制措施，对相关的人身、场所、财物等搜查、扣押、冻结等强制性行为。侦查任务和目的决定了侦查活动的特点与审判有所不同，如在价值目标上，审判活动偏向于公正，而侦查活动强调效率；在行为方式上，审判活动原则上要求公开进行，而侦查行为绝大多数是不公开进行；在行为特征上，在审判活动中强调审判主体具有中立性、消极性，而侦查行为要求侦查机关的活动具有积极、主动性。

但是，并不是说侦查阶段由于其主要任务是保全证据和查获犯罪嫌疑人就不强调人权保障，恰恰相反，在侦查阶段更加需要强调人权保障。这是因为侦查行为与诉讼中其他专门机关采取的行为相比较，强制力的因素有时更加突出。与此相对，犯罪嫌疑人相对于拥有强大司法资源的侦控机关而言，不仅不能采取强制性手段收集对自己有利的证据，而且还可能不知道如何运用法律来维护自己的权利，甚至人身自由遭到限制或剥夺。从司法实践的角度考察，侵犯被追诉人合法权利的行为往往发生在侦查阶段。所以，在强调侦查行为发现案件真实、惩罚犯罪的功能的同时，要重视对犯罪嫌疑人的权利保障。在当代文明国家和法治社会，“刑事诉讼法不容许以不择手段、不问是非及不计代价的方法来发现真实”① 因此，设计侦查程序和进行侦查行为必须要权衡发现案件真实、惩罚犯罪和人权保障之间的价值冲突，要考量二者之间的适度平衡。②

我国有学者认为，由于审判前程序与审判程序在目的、地位、结构等方面有较大的不同，从而导致了审判前程序中的辩护与审判程序中的辩护各自具有不同的特点，并认为审判前程序中律师的辩护特点如下：③ 第

① 林钰雄：《刑事诉讼法》（上册），中国人民大学出版社 2005 年版，第 11 页。

② 参见陈光中、汪海燕《侦查阶段律师辩护问题研究——兼论修订后的〈律师法〉实施问题》，《中国法学》2009 年第 6 期。

③ 熊秋红：《审判前程序中的律师辩护》，载樊崇义主编《刑事审前程序改革与展望》，中国人民公安大学出版社 2005 年版，第 319 页。

一，辩护权的有限性。一般而言，在审判前程序中被指控人偏重于消极地位，在审判程序中则偏重于积极地位。与审判程序相比，被指控人在审判前程序中的辩护权较为有限，如律师阅卷的范围远不如审判阶段，律师的会见权、通信权、在场权受到更多的限制。第二，辩护的准备性和独立性。从审判程序与审判程序的关系看，审判前程序具有为审判做准备的功能，所以，审判前程序中的辩护也具有为法庭辩护的功能。但是，审判前程序中的辩护并不止为法庭辩护准备的功能，审判前程序中辩护功能的发挥具有独立价值，这主要是由审判前程序中所处的重要地位决定。第三，辩护的结构制约性。审判程序的诉讼结构大体上可以称为等腰三角形，是一种控、辩、裁三方参与的机制，具有典型的诉讼形态；但是，与审判程序相比，审判前程序在某种程度上体现为一种控、辩对立的线形结构。在这种结构下，被追诉者主要向追诉者而非裁判者主张权利，这种状态必然会使辩护权的行使受到抑制。另外，审判前程序以不公开为原则，进一步制约了辩护功能的发挥。第四，程序性辩护的重要性。相比较而言，如果说实体性辩护的作用在审判程序中表现尤为明显，那么程序性辩护在审判前程序中则具有特殊的意义。由于审判前程序以不公开为原则，在该程序中，被指控人权利受到的侵犯的可能性相对审判程序而言，呈增强趋势。在被指控人受到羁押的案件，律师会见权、在场权等权利的行使有助于打破审判前程序的封闭性，防止追诉机关任意侵犯被指控人的权利。① 西方国家侦查阶段辩护律师的权利内容，往往侧重于对侦查权合法性和正当性的监督。这主要表现为以下几个方面：第一，律师在场权。侦查机关在进行讯问、调查或者辨认等侦查行为时，辩护律师有权在场，以监督侦查机关遵守法定的程序。如美国、英国、俄罗斯、意大利等国都规定了侦查阶段讯问犯罪嫌疑人时，律师有在场权。第二，对侦查中不合法的行为提出控告、申诉。如在日本，律师除可以提起不服逮捕裁判的准抗告、请求撤销逮捕、申请开始逮捕理由以及请求停止执行逮捕等，以尽快解放犯罪嫌疑人；针对搜查、扣押、勘验等强制处分，辩护人事后对应有权提起准抗告、要求交付搜查证明书、要求返还扣押物品等。第三，有权申请保释的权利，如英国、美国律师通过保释的权利，恢复犯罪嫌疑人的人身自由，

① 参见熊秋红《审判前程序中的律师辩护》，载樊崇义主编《刑事审前程序改革与展望》，中国人民公安大学出版社 2005 年版，第 319 页。

以防止其受到不法羁押或者在羁押期间受到侵害。①

这些观点或主张为我国侦查阶段律师辩护权配置提供了方向。只有这样，才能既符合人权保障的潮流发展趋势，同时在很大程度上又能照顾到侦查任务顺利实现。

三 程序性辩护

1. 程序性辩护的概念

在理论上，根据辩护活动的内容不同，将辩护分为实体性辩护和程序性辩护。对于程序性辩护的界定，研究者们的观点不尽一致。有学者认为，程序性辩护是指辩护方针对警察、检察官、法官所实施的程序性违法行为，为追求特定的程序性制裁之诉讼结果，而要求法院做出专门程序性裁判的权利②。也有学者认为："所谓程序性刑事辩护是指：在刑事辩护中以有关部门的侦查、起诉、审判活动程序违法为由，提出犯罪嫌疑人、被告人无罪、罪轻或者不应追究刑事责任的意见，以及要求未依法进行的诉讼程序应予补充或者重新进行、非法取得的证据应予排除等，从程序方面进行辩护的方法。"③ 还有学者将程序性辩护看作是被指控人及其辩护律师在刑事诉讼中特别是侦查阶段，享有一切程序权利以及这些权利的行使④。

我们认为，程序性辩护应当具有以下特点：首先，从内容上看，在程序方面提供有利于犯罪嫌疑人、被告人的事实和理由。具体而言，既包括要求行使法律赋予的程序性权利，也包括要求公安司法机关纠正程序违法行为。第二，从时间上考察，在每个诉讼阶段都可以进行程序性辩护，因为在侦查、起诉和审判阶段，被追诉人都有程序性权利方面或者要求纠正程序性违法方面的诉求。第三，从行使的主体上，既可以由被追诉人及其法定代理人能行使，也可以由其辩护人行使。

---

① 参见陈光中、汪海燕《侦查阶段律师辩护问题研究——兼论修订后的〈律师法〉实施问题》，《中国法学》2009年第6期。

② 陈瑞华：《程序性辩护之初步考察》，《燕山大学学报》（哲学社会科学版）2005年第1期。

③ 王敏远：《刑事辩护中的程序辩护》，《法制日报》2001年12月23日。

④ 樊崇义主编：《刑事诉讼法学》，法律出版社2005年版，第365页。

2. 我国程序性辩护的缺失

我国传统的"重实体、轻程序"、"重惩罚、轻保护"的观念，导致了我国程序性辩护的不发达。首先，从法律规定的我国辩护人职责考察，我国缺失程序性辩护的法律界定。我国 1996 年刑事诉讼法第 35 条规定："辩护人的责任是根据事实和法律，提出证明犯罪嫌疑人、被告人无罪、罪轻或者减轻、免除其刑事责任的材料和意见，维护犯罪嫌疑人、被告人的合法权益。"此处"无罪、罪轻或者减轻、免除其刑事责任"显然仅仅涉及实体性辩护，不包括程序性辩护。第二，在各个诉讼阶段程序性辩护均有不同的缺失。如在侦查阶段，侦查阶段律师介入的有限性，讯问过程中排除了律师在场的可能，讯问程序的合法性自然无以监督，程序辩护更无从提起。在审判阶段，最典型的体现是没有构建体系性的非法证据排除规则。

除了观念原因，导致我国程序性辩护不发达的原因有：（1）程序性制裁制度的不完善和不发达，造成程序性辩护难以促使法院做出程序违法行为无效之宣告，也难以取得最终的成功。（2）对于侦查行为、公诉行为和初审程序的合法性，中国法院没有建立专门的司法审查机制，这势必造成程序性辩护无法对法院的裁判活动发生有效的约束力。（3）两审终审制本身的内在缺陷，导致上级法院无法通过上诉程序审查并纠正下级法院的程序错误。（4）中国特有的"公检法三机关"之间流水作业的法律关系，导致法院至少相对于公安机关和检察机关而言，既没有独立的裁判权力，也不具备权威的裁判效力。①

为了改变这种情形，首先要在法律中明确程序性辩护的概念。我们建议，应将"辩护人的职责"修改为，"辩护人应当根据事实和法律，收集、提出犯罪嫌疑犯人、被告人无罪、罪轻或者减轻、免除其刑事责任以及维护其诉讼权利的材料和意见，维护犯罪嫌疑人、被告人的合法权益。"2012 年刑事诉讼法第 35 条规定："辩护人的责任是根据事实和法律，提出犯罪嫌疑人、被告人无罪、罪轻或者减轻、免除其刑事责任的材料和意见，维护犯罪嫌疑人、被告人的诉讼权利和其他合法权益"，应当说已经吸收了学术界的有关建议。

---

① 参见陈瑞华《程序性辩护之初步考察》，《燕山大学学报》（哲学社会科学版）2005 年第 1 期。

另外，还有学者主张，在刑事诉讼过程之中构建专门的“司法审查之诉”，使得侦查行为、公诉行为和初审程序的合法性问题，都成为法院司法审查的对象。① 程序性司法审查机制的基本内容，包括程序性申请、证明责任的承担情况、证明标准的确定、程序性答辩、程序性审查、程序性裁判、对程序裁决结论不服的救济途径等。我国的程序性司法审查机制可包括以下内容：（1）诉讼双方中的任何一方认为对方的某诉讼行为违反诉讼程序，即可提出审查性的申请；而裁决者（以法院中建立专门进行程序性审查的部门为宜）就此通知证明责任的承担者进行举证。（2）举证责任应实行倒置的原则。因为被审查的程序行为的实行者，最了解自己的行为，这样也可调动对方监督的积极性。同时规定较严格的证明标准，以“证据确实充分”来规范，如果没有证据证明自己的行为符合法定的程序，即推定其程序行为违法。当然，申请一方应有基本的证据证明其申请的程序行为系对方所为，其证明标准相应可规定得低一些，以“有证据证明对方有程序违法行为”为宜。（3）在控、辩、裁三方在场的情况下，举行听证程序，对提出的程序性申请进行答辩，裁判者在听取双方意见的基础上，对被申请审查的程序行为是否违法作出裁决。（4）诉讼双方对裁决有异议的，可在法定的期间内提出申诉，并有权在法定期间内得到相应的答复。② 对于程序违法的后果包括诉讼行为无效、重新进行、侵权赔偿、行为人的行政责任甚至是刑事责任等。

四　修改后的律师法的效力

2007 年修订后的律师法进一步完善了律师的具体执业权利，同时增加规定了律师的有关执业保障权利，特别是进一步完善了关于律师会见权、阅卷权和调查取证权的规定，增加了律师执业人身保护权、律师执业言论责任豁免权以及保守执业过程中知悉的当事人秘密的权利等。由于其中很多条款直接涉及侦控机关的诉讼权力与律师诉讼权利的配置，在一定程度上重新调整了控辩关系和诉讼结构，因此，它们成为律师法与 1996 年刑事诉讼法效力之争的主要根源。对于这两部法律的效力问题，有两种

---

① 参见陈瑞华《程序性辩护之初步考察》，《燕山大学学报》（哲学社会科学版）2005 年第 1 期。

② 参见张月满、张海莹《试论程序辩护》，《法学论坛》2005 年第 5 期。

截然不同的主张。

第一种观点认为，当律师法与刑事诉讼法内容冲突时，以后者效力优先。其理由是：全国人大常委会只是全国人民代表大会的一个常设机关，二者在本质上并不是同一个主体，因此，二者制定的规范性文件的效力应当处于不同的阶位。据此，全国人民代表大会制定的刑事诉讼法属于基本法，是上位法，而全国人大常委会制定的律师法属于基本法以外的一般法律，是下位法，当二者发生冲突时，应以前者为标准。换而言之，修改后的律师法与刑事诉讼法相冲突的部分如果要有执行力，必须以修改刑事诉讼法为前提，得到其认同。在实践中，这种观点在侦查机关，尤其是公安机关比较普遍。①

另一种观点认为，当律师法与刑事诉讼法内容冲突时，前者效力优先。其理由是：从制定主体上看，律师法是由全国人大常委会制定的，而全国人大常委会是全国人民代表大会的常设机关，依据宪法第 67 条的规定，在全国人民代表大会闭会期间，全国人大常委会有权对全国人民代表大会制定的法律进行部分修改和补充，只要不与该法律的基本原则相抵触即可，因此，律师法与刑事诉讼法的制定或修改主体可以视为“同一主体”。另外，立法法并没有规定全国人民代表大会制定的基本法律的效力高于全国人大会常务委员会制定的一般法律。据此，按照“新法优于旧法”的原则，修改后的律师法就具有当然的执行力，如果其内容与刑事诉讼法发生冲突，应以律师法为标准。大部分学者坚持这种观点。

我们认为，在法治建设过程中，一切纠纷的解决应当以法律的规定为标准，法律本身之间的冲突亦不例外。全国人民代表大会和全国人大常委会制定的规范性文件，都属于“法律”，只不过前者是“基本法”，后者是“其他法律”，但是对于二者效力如何，无论是宪法，还是立法法，都没有明确规定。因此，以法律效力层级为根据，认为全国人大制定的刑事诉讼法效力当然高于全国人大常委会通过的律师法，进而否定律师法相关条款的执行力，于法无据。另外，否定律师法效力优先的另一个重要理由

① 检察机关基本承认修改后《律师法》的效力，代表性观点参见朱孝清《认真准备，积极应对，努力适应律师法的修改》，《检察日报》2008 年 2 月 28 日。但公安机关并没有明确承认《律师法》的优先效力，有些地方公安机关包括看守所还在等待“上级指示”，在此之前，仍适用《刑事诉讼法》的相关规定。

是，当律师法与刑事诉讼法发生冲突时，并不能按照“新法优于旧法”处理。因为按照立法法第83条的规定，“新法优于旧法”适用的前提是“同一个机关制定的”，而“全国人民代表大会”和“全国人民代表大会常务委员会”在组成、职权、议事程序等均不同，将二者视为“同一个机关”有牵强之嫌。对于此种观点，有学者反驳认为，由于我国宪法、立法法的规定以及长期的立法实践并不区分全国人大与全国人大常委会通过的规范性文件的效力，而是将两者混为一体的做法，再加上全国人大常委会作为全国人大的常设机构，并且即便在全国人大的会议上也起重要作用的现实，因此可以将全国人大与全国人大常委会视为同一机关。① 此种解释虽然有一定的说服力，但毕竟也是一种学理解释，无法否认全国人大与全国人大常委会不是同一个机关的事实。综上，客观地评价，从现行宪法、立法法等法律中无法找到解决二者冲突的直接依据。

这种效力不明的消极性后果有三个：第一，修改律师法的意图得不到实现，包括改善律师执业环境、充分发挥律师的作用，以及通过完善律师执业权利增强对犯罪嫌疑人、被告人的合法权利的保护，同时在一定程度上调整诉讼结构，尤其是控辩关系将落空。第二，破坏了法制的统一性，导致司法混乱。不同机关对律师法效力不同的理解，不同地方对律师法执行的标准不一，其后果就是司法混乱。第三，损害了法律的权威性。修订后的律师法的效力得不到承认和执行，不仅与“依法治国”的方略不符，也冲击了民众对法律的期待与信仰。②

为了解决两部法律的效力之争，全国人大法工委代表立法机关以答复的形式给出了答案：“新修订的律师法，总结实践经验，对《刑事诉讼法》有关律师在刑事诉讼中执业权利的有些具体问题作了补充完善，实际上是以新的法律规定修改了《刑事诉讼法》的有关规定，对此应按修订后的《律师法》的规定执行。”③ 但是，这种“答复”本身的效力也值得怀疑，因为全国人大法工委只是全国人大的一个职能部门，其本身并没

---

① 参见樊崇义、冯举《新〈律师法〉的实施及其与〈刑事诉讼法〉的衔接》，《中国司法》2008年第5期。

② 参见汪海燕《一部被“折扣”的法律——析〈律师法〉与〈刑事诉讼法〉的冲突》，《政法论坛》2009年第2期。

③ 《律师法与刑诉法冲突人大法工委：按照律师法》，《法制日报》2008年8月17日。

有法律解释权。另外，这种笼统的答复也不能解决律师法相关条款语义不明的问题。故而，我们认为，从严肃性角度出发，应当由全国人大常委会对此作出正式的解释，或者是对刑事诉讼法相应部分进行修改。

当然，律师法得不到有效的执行，并不仅仅是与刑事诉讼法相关条款发生冲突，还有其本身的一些原因。其中最主要的有三个方面，第一，一些条款本身模糊，如“案卷材料”包括哪些内容、“不被监听”的方式等，语焉不详。第二，一些条款不具有执行力，与刑事诉讼法的一些基本原则冲突。如按照律师法，律师在审判阶段可以查阅、摘抄、复制“所有材料”，这与合议庭评议不公开原则相违背。第三，缺乏相应的保障条款。法律制度的构建是一个体系工程，单个法律条文如果要得到切实的执行，也离不开其他相关条款的支撑。律师法规定了律师的诸多执业权利，但是，这些权利普遍缺乏保障条款。

2012 年刑诉法在辩护律师会见权、阅卷权、证言豁免权等方面吸收了律师法的规定，较大程度上消除了刑诉法与律师法之间的冲突。如关于会见权，修改后的刑诉法吸收了律师法中关于律师原则上凭“三证（律师执业证书、律师事务所证明和委托书或者法律援助公函）”即可会见在押犯罪嫌疑人、被告人和“会见时不被监听”的规定，同时取消了原刑诉法中关于“涉及国家秘密”的案件，律师会见需要批准的规定，而是将其明确为三种案件——即危害国家安全犯罪案件、恐怖活动犯罪案件、特别重大贿赂犯罪案件，律师会见需要批准，这就避免了对“涉及国家秘密”的案件做宽泛解释的可能性。关于阅卷权，修改后的刑诉法规定，辩护律师自审查起诉之时起，可以查阅、摘抄和复制本案的案卷材料。这也是吸收了律师法中的相关规定，保障辩护律师享有充分的阅卷权，从而改变了过去辩护律师仅能查阅部分案卷的做法。关于证言豁免权，修改后的刑诉法规定，辩护律师对在执业活动中知悉的委托人的有关情况和信息，有权予以保密。但是，辩护律师在执业活动中知悉委托人或者其他人，准备或者正在实施危害国家安全、公共安全以及严重危害他人人身安全的犯罪的，应当及时告知司法机关。这与律师法中的相关规定也是基本一致的。

但是，值得注意的是，刑诉法中的规定与律师法中的规定也存在不一致之处。以阅卷权为例，律师法第 34 条规定：“受委托的律师自案件审查起诉之日起，有权查阅、摘抄和复制与案件有关的诉讼文书及案卷材料。受委托的律师自案件被人民法院受理之日起，有权查阅、摘抄和复制与案件有关的所有材料。”而刑诉法第38条规定：“辩护律师自人民检察院对案件审查起诉之日起，可以查阅、摘抄、复制本案的案卷材料。”有学者解释说，刑诉法第38条基本吸收了律师法第34条的规定，只是在文字表述上有所调整。“所谓本案的案卷材料，应该是指该案的全部诉讼文书及全部证据材料，但在不同诉讼阶段范围有所差异。在审查起诉阶段，主要是侦查终结后侦查机关向检察机关移送的全部诉讼文书和全部证据材料，此外，还有退回补充侦查后补充的证据材料。到审判阶段后，则应当是检察机关向法院移送的全部诉讼文书和全部证据材料，也包括在审查起诉阶段，检察机关自行收集补充的证据材料。”① 学者固然可作上述学理解释，但是从律师法与刑诉法的文字表述看，对“案卷材料”的理解，有可能产生分歧，因为律师法的规定中对“诉讼文书”与“案卷材料”作了区分，显然，“案卷材料”不包括“诉讼文书”；另外，刑诉法规定中的“案卷材料”是否可与律师法规定中的“与案件有关的所有材料”相对应，作完全一致的解释，也是存在疑问的。如果说刑诉法与律师法所规定的辩护律师阅卷范围完全相同，那何必使用不同的文字表述，徒增理解上可能产生的歧义呢？法律条文所表现出的模糊性和不一致性，在实践中必然会削减法律的实施力度。

还有关于律师调查取证权，原刑诉法第37条规定，辩护律师调查被害人方的证据，必须经人民检察院或者人民法院许可，并且经被害人或者其近亲属、被害人提供的证人同意。律师法第35条规定，律师自行调查取证的，凭律师执业证书和律师事务所证明，可以向有关单位或者个人调查与承办法律事务有关的情况。两部法律对律师调查取证权的规定相互矛盾，修改后的刑诉法维持了原刑诉法的规定，未能参照律师法的规定修改刑诉法。②

五　律师会见权

为了解决会见难的问题，修改后的律师法增加了律师与犯罪嫌疑人、

---

① 陈光中主编：《〈中华人民共和国刑事诉讼法〉修改条文释义与点评》，人民法院出版社2012年版，第36页。

② 参见熊秋红《刑事辩护的规范体系及其运行环境》，《政法论坛》2012年第5期。

被告人的会见权的规定。按照该法第 33 条，犯罪嫌疑人被侦查机关第一次讯问或者采取强制措施之日起，受委托的律师凭律师执业证书、律师事务所证明和委托书或者法律援助公函，有权会见犯罪嫌疑人、被告人并了解有关案件情况。律师会见犯罪嫌疑人、被告人，不被监听。相对于刑诉法和有关解释的规定，此条变化有三：其一，改变了会见的时间。相对于 1996 年刑事诉讼法规定“犯罪嫌疑人被侦查机关第一次讯问后或者采取强制措施之日起，可以聘请律师……”修改后的律师法将律师参与刑事诉讼的时间提前，即律师“被侦查机关第一次讯问或者采取强制措施之日起”，就有权会见犯罪嫌疑人。其二，取消了会见的许可程序。修改后的律师法规定，律师只要凭“三证”可以直接会见被追诉人，不需要安排和批准，而根据 1996 年刑事诉讼法以及六机关 1998 年《规定》，涉及国家秘密的案件，律师会见要经过批准，同时所有的案件律师会见都需要安排。其三，改变了会见的方式。按照 1996 年刑诉法规定，律师会见在押犯罪嫌疑人时，侦查机关可以派员“在场”，而律师法规定是，律师会见在押的被追诉人，不被监听。不难看出，修订后的律师法相对于刑事诉讼法和相关解释，在律师会见权方面是重大突破。但是，此条规定缺乏可操作性。这主要体现为以下几个方面：

第一，对于涉及国家秘密案件的会见问题。根据律师法第 33 条，律师凭“三证”直接会见在押的犯罪嫌疑人、被告人，并不受案件是否涉及国家秘密的限制。有论者认为，对于涉及国家秘密的案件，律师会见在押的犯罪嫌疑人，仍应经过侦查机关的批准，那种认为此类案件无须经侦查机关批准的观点，超越了新律师法字面所赋予律师的权利，属于扩张性解释。① 但从立法本意出发，这种理解有失偏颇。因为提交全国人大常委会审查讨论的律师法修订草案第 32 条原规定：“除涉及国家秘密的案件外，受委托的律师凭律师执业证书、委托书和律师事务所介绍信，可以与犯罪嫌疑人、被告人会见并了解有关案件情况。”在审议中，有的常委委员提出，犯罪嫌疑人、被告人会见律师是行使其辩护权的重要内容，不论是否涉及国家秘密，犯罪嫌疑人、被告人都有权获得律师的法律帮助，同时律师对所知悉的国家秘密负有保密的义务。经法律委员会研究，将“除涉及国家

---

① 参见杨国民、赵欣《〈律师法〉施行后律师会见涉及国家秘密案件犯罪嫌疑人仍需经侦查机关批准》，《中国检察官》2008 年第 5 期。

秘密的案件外”删除。[①] 而此建议最终被立法采纳。可见按照立法本意，律师会见不需要批准并不受案件范围的限制，包括涉及国家秘密的案件。

第二，会见是否需要经过许可。根据刑事诉讼法和相关解释，除涉及国家秘密的案件，犯罪嫌疑人委托律师以及律师会见在押的犯罪嫌疑人都不需要批准，但需要“安排”。然而，这种所谓的“安排”，在司法实践中却演变成“批准”。为解决此问题，按照修改后的律师法，律师可以凭“三证”会见，即律师会见既不需要安排，更不需要批准。但在司法实践中，很多地方会见不仅需要安排或者批准。这是立法亟待解决的问题。

第三，应当明确“不被监听”的含义和违反此规定的后果。为了保证律师与在押犯罪嫌疑人之间进行全面、有效的沟通，律师会见时不被监听是落实会见权的最基本的要求和保障措施。1955 年第一届联合国预防犯罪和罪犯待遇大会通过的《关于囚犯待遇最低限度标准规则》第 93 条规定，“警察或监所官员对于囚犯和律师之间的会谈，可以用目光监视，但不得在可以听见谈话的距离以内。”1990 年第八届联合国预防犯罪和罪犯待遇大会通过《关于律师作用的基本原则》第 8 条规定：“遭逮捕、拘留或者监禁的所有人应有充分机会、时间和便利条件，毫不迟延的在不被窃听、不经检查和完全保密的情况下接受律师来访和与律师联系协商。这种协商可在执法人员能看见但听不见的范围内进行。”世界刑法学协会第十五届代表大会《关于刑事诉讼法中的人权问题决议》第 19 条规定：“羁押的被告人有权与其律师秘密交流。”

因此，“不被监听”不仅包括不能利用监控设备对律师和犯罪嫌疑人会见时的谈话进行监督，也包括侦查人员不应在场。否则，这项规定就失去了意义。有论者认为，侦查人员在场的目的是为了保证律师的安全，有其必要性。但是这种理解不符合立法意图。在提交全国人大常委会审议的律师法修订草案中规定，“在已经采取安全措施的场所内，律师会见犯罪嫌疑人不被监听。”有的常委委员提出，律师会见犯罪嫌疑人，当然应在具有安全措施的场所内进行，不宜对场所再区分是否采取了安全措施。[②] 最终此意见被采纳。因此，以“安全”为由，在律师会见犯罪嫌疑人时

① 参见王胜明、赵大鹏主编《中华人民共和国律师法释义》，法律出版社 2007 年版，第 244 页。

② 同上书，第 230 页。

侦查机关派员在场，有悖立法本意。

为了保证此项规定得到切实执行，除了要明确“不被监听”的含义外，法律还要明确违反此项规定的消极性后果，即以监听方式获得的证据材料以及以此为线索获得材料不具有可采性。否则，“不被监听”有可能成为一个侦查机关取证“陷阱”。另外，还要在体制上保证看守机关的中立性，防止看守机关成为侦查机关的“协助人”。

六 律师阅卷权

为了使辩护律师更有效地履行辩护职能，实现司法资源共享，修改后的律师法扩大了律师的阅卷范围。律师法第 34 条规定：“受委托的律师自案件审查起诉之日起，有权查阅、摘抄和复制与案件有关的诉讼文书及案卷材料。受委托的律师自案件被人民法院受理之日起，有权查阅、摘抄和复制与案件有关的所有材料。”“案卷材料”取代了 1996 年刑事诉讼法中规定的“技术性鉴定材料”；“与案件有关的所有材料”取代了“所指控的犯罪事实材料”。但是，对于“案卷材料”、“与案件有关的所材料”范围，法律并没有明确，导致司法实践操作混乱。

第一，“案卷材料”的范围。在司法实践中，审查起诉阶段“案卷材料”包括侦查案卷、检察内卷和公诉卷宗。检察内卷包括阅卷报告、审理报告、会见犯罪嫌疑人笔录、起诉书草稿等；公诉卷宗包括起诉书、证据目录、证人名单和主要证据复印件和照片。有的学者认为，律师可以查阅的案卷材料包括两部分：一是侦查机关侦查终结移送人民检察院审查起诉的卷宗材料，包括退回补充侦查后移送的补充侦查材料。二是检察机关自行补充侦查并且作为提起公诉案件的案卷材料。① 按照这种观点，检察内卷就不属于阅卷的范围。我们认为，这种解释并不完全符合立法意图。诚然，检察内卷中的阅卷报告、检察委员会讨论材料等应当保密，不能为律师查阅，但是还有一些与案件相关的证据材料，尤其有可能证明程序违法（如刑讯）或证明被追诉人无罪、罪轻的材料，并没有出现在侦查卷宗和公诉卷宗中，但这些材料对于律师的辩护有着重要的意义。显然，这部分的材料也应当属于律师可以查阅的“案卷范围”之列。我们认为，

① 参见李忠诚《律师会见权和阅卷权问题》，《人民检察》2008 年第 7 期。

在解释"案卷材料"时，应当明确包括"所有证据材料"。

第二，"所有材料"的范围。审判阶段，人民法院持有"与案件有关的所有材料"包括侦查卷、公诉卷以及一审诉讼卷及附卷。其中，一审诉讼卷包括起诉书、各种程序性文件、庭审笔录、律师的辩护意见、宣判笔录、判决书等，附卷包括合议庭笔录、判决签发文稿、审判委员会讨论笔录等。① 从立法意图看，律师阅卷的目的是为辩护做准备，因此其查阅的材料范围应与定罪量刑相关，而对于法院审判案件所产生的材料，包括合议庭合议记录、审判委员会的讨论记录，没有查阅的必要。另外，从审判评议不公开的原则出发，律师也无权查阅这些内部讨论记录。按照1998年《最高人民法院关于执行〈中华人民共和国刑事诉讼法〉若干问题的解释》第40条规定，"有关其他案件的线索材料"，辩护人不得查阅、摘抄、复制。此条规定的目的是为了保护举报人、报案人、控告人等安全，为其保密，同时防止对其他案件的侦查造成消极影响。我们认为，辩护律师是否可以查阅这些材料不可一概而论。如果这些线索材料与被告人定罪量刑没有关系，为了最大程度防止相关信息泄露，辩护律师无权也没有必要查阅；但是，如果这些材料与被告人定罪量刑相关，法律不应禁止律师的阅卷权，因为知晓相关的证据材料是被告人实现辩护权和辩护律师进行辩护活动的基础。

第三，完善相关的配套制度。为保障律师充分、有效地阅卷，除了要明确律师阅卷的范围之外，还应当建立完善的配套体系。从已有的法律规定考察，至少还需要完善以下几个方面：首先，规定司法机关尤其是检察机关的配合职责。司法机关有义务保障被追诉人有权获得辩护，其中要求之一就是要保障律师有充分行使辩护的条件和手段。为了让辩护律师可以及时阅卷，司法机关应当建立查询登记制度、预约阅卷制度，及时公开相关的信息。如果辩护律师要求阅卷的，应当在3日内安排阅卷。否则，有可能被办案人员借故推诿、拖延。其次，法律应明确规定，律师阅卷不受次数和时间的限制。由于案件的相关卷宗材料处于变化之中，如在审查起诉阶段可以退回侦查机关补充侦查或者自行侦查，即使在审判阶段，案件也可能出现补充侦查的情形，再加之律师有可能根据具体情况认为需要对

① 参见左卫民《中国刑事案卷制度研究——以证据案卷为重心》，《法学研究》2007年第6期。

相关材料补充查阅、摘抄、复制，甚至在诉讼过程中还有可能出现变更辩护人的情形，因此，限制律师的阅卷次数有欠妥当。另外，由于案件的复杂程度不同，材料多少不一，而且每个律师专业素养、学识、判断能力等也不尽相同，因此限制律师的阅卷时间也不合理。再次，应当明确司法机关和办案人员违反相关规定的后果。除了按照相关法律追究办案人员的行政责任外，还应当明确违法行为的程序性后果。从查明事实的角度出发，对属于律师可以查阅、摘抄、复制，而检察机关隐瞒了的相关证据材料，在庭审中可以出示，但是如果律师认为有必要作相应的辩护准备从而提出延期审理的要求，法院应当同意。如果没有此点作为保障，律师的阅卷权很有可能被虚置。最后，应当明确阅卷的场所和义务方。修改后的律师法虽然规定在审查起诉阶段和审判阶段的阅卷范围，但是在审判阶段，辩护律师是否可以到检察机关阅卷并不明确。有些案件辩护人并没有参加审查起诉阶段，仅从审判阶段接受委托或指定，或者审判阶段变更了辩护人，在这些种情形下，为了使辩护人充分了解案件情况，就有必要到检察机关去阅卷。即使审查起诉阶段和审判阶段辩护人为相同的律师，由于以前没有阅卷或者没有充分阅卷，为了保证其充分的阅卷权，因此，在审判阶段也可以到检察机关阅卷。

七　律师调查取证权

修改后的律师法第 35 条规定：“受委托的律师根据案情的需要，可以申请人民检察院、人民法院收集、调取证据或者申请人民法院通知证人出庭作证。律师自行调查取证的，凭律师执业证书和律师事务所证明，可以向有关单位或者个人调查与承办法律事务有关的情况。”与 1996 年刑事诉讼法以及原律师法的相关规定比较，此条最大的变化是律师可以直接向有关单位或者个人取证，不需要经过其同意，向被害人、被害人近亲属及其提供的证人收集证据，事先也不需要经过人民检察院或者法院的许可。关于此条款争议最主要的是两个问题。

第一，在侦查阶段，律师是否有权调查取证。按照刑事诉讼法第 96 条的规定，在侦查阶段，犯罪嫌疑人委托的律师仅有提供法律咨询、代理申诉、控告、申请取保候审、会见在押犯罪嫌疑人、向侦查机关了解涉嫌罪名的权利，而没有调查取证权。而修改后的律师法第 35 条第 1 款申请调查取证权的主体界定为“受委托的律师”，第 2 款自行调查取证权的主体规定为“律师”。对于这种变化有观点认为，新律师法将调查取证的主体改为“受委托的律师”，意味着律师在获得辩护人身份之前，即在审查起诉阶段以前，凭相关证件就可以调查取证了。这实际上是将律师调查取证权提前至侦查阶段，与侦查阶段律师会见权的规定相结合，实际上律师在侦查阶段就已经行使了辩护权的内容。① 我们认为，这一条仅仅是取消了律师调查取证时需要经过有关单位、个人同意或者需要经过检察机关、法院许可的规定，而并没有赋予律师在侦查阶段的调查取证权。因为按照修改后的律师法第 35 条第 1 款，“受委托的律师”申请检察机关、法院调查取证或者要求法院通知证人出庭做证，相对应的分别是检察机关主持的审查起诉阶段和法院主持的审判阶段。而此条第 2 款“律师”的范围应当承接前款。另外，原律师法第 31 条规定②中的“律师”虽然没有限定阶段，但是与刑事诉讼法的规定结合，也是理解为“辩护律师”，而不包括侦查阶段“委托的律师”。实际上，第 2 款强调的是取消律师取证受限的问题，而并没有解决取证的阶段问题。当然，在侦查阶段，从律师介入诉讼的目的以及我国庭审改革的方向考察，立法应当赋予侦查阶段律师调查取证权。从律师介入侦查的目的看，除了为犯罪嫌疑人提供法律帮助外，还应当为审查起诉阶段和审判阶段的辩护做准备。律师只有比较全面收集证据、了解案情的情形下，在审查起诉阶段才可以向检察机关提出比较客观、中肯的辩护意见，才能为审判阶段为被告人提供更加有效的辩护。另外，在庭审的控辩对抗性增强的前提下，赋予侦查阶段律师调查取证权，使控辩双方站在同一起跑线上，对被追诉人才不失公平。退一步说，即使立法不承认侦查阶段律师调查取证权，对此也应当予以明确。否则，很有可能导致司法实践中的混乱。

第二，律师调查取证是否有强制取证权。修改后的律师法取消了律师取证需要经过被调查人同意或经过检察机关、法院批准的规定，但是这并不意味律师就有强制取证权。修改之前的法律规定，“律师承办法律事务，经有关单位或者个人同意，可以向他们调查情况”，对于律师而言，

---

① 参见樊崇义、冯举《新〈律师法〉的实施及其与〈刑事诉讼法〉的衔接》，《中国司法》2008 年第 5 期。

② 原律师法第 31 条规定：“律师承办法律事务，经有关单位或者个人同意，可以向他们调查情况。”

既是权利性条款——“有权调查取证”，同时又是一项义务性规定——应当“经过有关单位或者个人同意”；而修改后条文仅仅强调了律师调查取证的权利。但是，由于律师不掌握公共权力，其目的是为了特定当事人提供法律服务，因此其调查取证权的本质是一种“权利”，这与行使公共权力公安司法机关行使的“权力”有本质不同。这也决定了在被调查对象不配合律师取证时，律师不能对其采取强制性手段。正因为如此，法律为了弥补律师在调查取证权方面的不足，律师可以通过阅卷的方式获取控方掌握的证据材料，另外，还可以申请检察机关或者法院调查取证，或者要求法院通知证人作证。

由于律师调查取证权没有强制力致使其存在“天然缺陷”，使得律师申请检察机关、法院调查取证权显得尤为重要。然而，我国法律只是笼统规定了律师的申请权，对于在何种具体情形下律师可以申请调查取证，检察机关和法院按照何种标准进行审查，以及不同意申请后如何救济，法律皆语焉不详。

我们认为，对于申请调查取证权，法律应当明确以下几个方面：首先，律师申请收集、调查取证的情形。律师申请检察机关、法院调查取证除了基于案件需要外，还应当满足律师无法自行取证的条件。如果律师依法能够自行取证的，就不能启动申请程序。具体而言，律师申请调查取证应当包括以下几种情形：（1）申请调查收集的证据属于国家有关部门保存、须由人民检察院、人民法院依职权调取的档案材料；（2）涉及国家秘密、商业秘密、个人隐私，而律师无法调取的材料；（3）律师自行无法调取，却提供了相关的线索或者说明了可以相信的理由，申请检察机关或者法院收集、调取的材料。其次，申请的对象。按照现行法律的规定，律师既可以向检察机关，也可以向法院申请收集、调查。两个机关对应的诉讼阶段分别是审查起诉和审判阶段。但是，由于检察机关行使控诉职能，行使辩护职能的律师申请其调查取证，无论是理论上还是实践中均不具有可行性。因此，在将来修改刑事诉讼法时可以考虑删除。①同时规定只能申请由法院决定是否收集、调查证据。最后，完善律师参与调查取证权。在我国审判阶段，法院并不

---

① 参见管宇《审前程序律师辩护权及其保障》，中国社科院法学研究所博士后出站报告（2008年），第167页。

是完全消极、中立的。刑诉法第 158 条规定："法庭审理过程中，合议庭对证据有疑问的，可以宣布休庭，对证据进行调查核实。人民法院调查核实时，可以进行勘验、检查、扣押和查询、冻结。"最高人民法院 1998 年《解释》第 154 条也规定，人民法院采用勘验、检查等手段调查核实证据，"必要时，可以通知检察人员、辩护人到场"。然而，在司法实践中，有些法院在对证据进行调查核实时，一般并不通知控辩双方或仅通知某一方（通常是检察机关）到场，也不经过控辩双方质证和辩论，这不仅使裁判者偏离了应有的中立地位，而且也剥夺了辩护人参与调查证据的权利。基于此，法律应当明确，法院调查核实证据时，"应当"而不是"必要时可以"通知控辩双方到场。

第四节 强制措施制度

强制措施作为刑事诉讼基本制度之一，既关乎能否有效地追究、惩罚犯罪，又直接关系到公民人身自由权利的维护，鲜明地体现出一个国家的民主和法治程度。我国强制措施的体系由拘传、取保候审、监视居住、拘留和逮捕构成。虽然我国修改后的刑事诉讼法对于强制措施体系、内容作了一些调整，但是仍然存在诸多问题，这不仅体现在法律本身的一些内容不合理，还体现在司法实践中存在一些问题。学界对此均有讨论，以下分别阐述。

一 强制措施的体系

在严格意义上，强制措施应当包括三部分：一是对人的强制措施；二是对物的强制措施；三是对隐私权的强制措施。① 我国刑事诉讼法所规定的强制措施仅限于第一种对人的强制。我国对物的强制措施，如勘验、检查、搜查、扣押、查封等在"侦查"中规定。这些侦查行为虽然名义上不是强制措施，但却实际上发挥着强制措施的法律效用。② 对

① 参见陈光中主编《刑事诉讼法实施问题研究》，中国法制出版社 2000 年版，第 79 页。

② 参见樊崇义主编《刑事诉讼法实施问题与对策研究》，中国人民公安大学出版社 2001 年版，第 135 页。

隐私权的强制措施，我国法律基本没有规定。由于犯罪活动日趋隐蔽化和反侦查手段、能力日趋提高，要求侦查机关必须采取一定的限制隐私权的措施，如监听、秘密侦查；另一方面，隐私权又是现代社会公民的一项基本权利，为了防止国家对隐私权的任意侵犯，也必须通过立法对公安司法机关的有关行为进行规范和限制。许多国家对此对进行了相关立法。我国虽然涉及隐私权的侦查手段在司法实践中已在不同程度上使用，但基本上没有法律进行调整。如果不通过立法解决，容易出现问题。① 如何通过法律规范其他强制措施，尤其是隐私权的强制措施是我国立法亟待解决的问题。

除了上述问题之外，有论者认为，即使对人的强制措施也需要进行较大的改造。应当将目前的取保候审、监视居住制度改造为保释制度，单列一章，体现其权利性质与羁押替代手段的性质，而“拘传、拘捕、羁押”一章集中规定各种对人身自由的强制措施。具体而言，对人身自由的强制体系包括拘传、拘捕与羁押，其中拘传与拘捕作为强制到案的措施，羁押为强制候审的措施，现行的逮捕一分为二，包括了拘捕与羁押，而现行法中的扭送、留置、拘留均属于拘捕的范畴。②

二　强制措施的司法解释

“解释不能超越法律”。司法解释或者其他性质的解释都不能与刑事诉讼法的相关规定包括立法意图相冲突，反之，则属于越权解释，不具有法律效力。因此，有权机关对强制措施进行解释，不能违背刑事诉讼法中有关强制措施的规定及其立法意图。但是，现行解释包括法院、检察机关的司法解释和公安机关的有关强制措施的解释中的有些条款，皆有僭越权限之嫌。如按照1996年刑事诉讼法的规定，对犯罪嫌疑人、被告人取保候审、监视居住的期限分别不能超过12个月、6个月。但是最高人民法院、最高人民检察院和公安部均通过解释规定本部门采取的取保候审和监视居住不能超过上述期限，这就使得在整个刑事诉讼中，对被追诉人的取保候审期

---

① 参见陈光中主编《刑事诉讼法实施问题研究》，中国法制出版社2000年版，第79页。关于搜查等侦查行为的控制，本书将在侦查阶段论及，在此不作讨论。

② 参见陈卫东主编《模范刑事诉讼法典》，中国人民大学出版社2005年版，第12页。

限可以分别达到36个月和18个月。显然，这些机关通过解释权扩大了本部门的权限。同样，公安部1998年关于《公安机关办理刑事案件程序规定》第63条将取保候审的对象作了扩展，增加了“移送起诉后，检察机关决定不起诉，需要复议、复核的”，显然，这不仅不符合法理，也超出了法律的授权。这些解释冲击了刑事诉讼法的权威，应当予以规范。

三　拘传

在我国强制措施体系中，拘传是最轻的强制措施。但即便如此，如果拘传规定不合理，或者滥用拘传，也很有可能导致侵犯人权的现象发生。为了防止长时间限制人身自由和讯问从而侵犯犯罪嫌疑人、被告人的权利，我国1996年刑诉法规定了拘传的持续时间不能超过12小时。但是，对于拘传的次数和两次拘传以及传唤和拘传中间间隔的时间段，法律均没有规定。我们认为，由于在诉讼中，需要讯问犯罪嫌疑人、被告人的次数根据不同的案情、不同的诉讼情形应有所不同，因此，法律没有必要限制拘传的次数。但是，如果对两次拘传以及拘传和传唤的中间间隔时间不进行合理限制，拘传很有可能变成变相的羁押。我国刑事诉讼法仅是笼统规定了不得以连续拘传或者传唤的形式变相羁押犯罪嫌疑人、被告人，而对于中间间隔时间并没有具体化。这就不能防止将拘传演变成羁押。因此，法律有必要对两次拘传之间应该有相对合理的时间限制。为了保证犯罪嫌疑人、被告人有相对充分的时间休息，两次拘传之间至少应当间隔12小时。2012年修改后的刑事诉讼法第117条规定：“传唤、拘传持续的时间不得超过十二小时；案情特别重大、复杂，需要采取拘留、逮捕措施的，传唤、拘传持续的时间不得超过二十四小时。不得以连续传唤、拘传的形式变相拘禁犯罪嫌疑人。传唤、拘传犯罪嫌疑人，应当保证犯罪嫌疑人的饮食和必要的休息时间。”

四　取保候审

取保候审是我国刑事强制措施体系中一项非羁押性的强制措施，也是在我国刑事程序中实现犯罪嫌疑人、被告人非羁押的最重要途径。然而，当前取保候审适用比率极低并导致一系列负面影响。这种情况的产生，与我国社会整体处于转型之中、犯罪数量激增、人口流动性增强等因素有关，也与我国取保候审制度本身及在司法实践中的具体操作方式上的不完善密切相关。[①] 对取保候审制度改革和完善的观点主要有以下方面：

1. 关于取保候审的性质

在我国，取保候审一直被界定为刑事诉讼强制措施的一种，是对犯罪嫌疑人、被告人的人身自由进行限制的一种强制性方法。虽然取保候审作为一种非羁押性措施，其强制性和严厉性要比拘留、逮捕等羁押性措施轻缓得多，但始终无法摆脱强制措施所具有的两个基本属性：第一，取保候审是办案机关根据法律所赋予他们的权力来决定是否适用，属于国家权力的覆盖范围，在适用时具有强烈的职权属性。第二，取保候审制度的价值取向首先是保证诉讼的顺利进行。取保候审的性质在很大程度上决定了其在实践中的适用状况：第一，在数量上，羁押相对于取保候审而言显然处于常态，取保候审的适用比率较低，而一旦逮捕，转为取保候审的可能性同样较低。第二，在程序上，取保候审的决定主体是办案机关一方，而其决定程序亦属于典型的单向程序。[②]

有的学者认为，我国的取保候审与国外保释制度性质完全不同。虽然取保候审与保释有许多相似之处，但二者形成强大的反差。因为在英国，保释是作为一项犯罪嫌疑人、被告人在刑事诉讼中享有的权利出现的。而在我国，取保候审在刑事诉讼法中是一种强制措施，它是立法者为保障刑事诉讼的顺利进行，而设置的以限制犯罪嫌疑人、被告人人身自由为手段，要求犯罪嫌疑人在一定期日出现在侦查、检察或司法人员面前的一种强制方法。[③] 正因为如此，有的学者主张，对取保候审性质上进行彻底的改革，即将取保候审、监视居住制度改造为保释制度，体现其权利性质与羁押代替手段的性质。引进保释制度对于降低羁押率、强化刑事诉讼制度保障人权的功能，贯彻无罪推定原则，实现保释为原则羁押为例外的目的有积极意义。[④]

---

① 参见何挺、王贞会《取保候审：亟待完善制度摆脱适用困局》，《人民检察》2007 年第 14 期。

② 参见宋英辉、何挺《我国取保候审制度之完善》，《法学评论》2007 年第 5 期。

③ 参见徐美君《构建程序化的取保候审制度》，《法制与社会发展》2003 年第 5 期。

④ 参见陈卫东主编《模范刑事诉讼法典》，中国人民大学出版社 2005 年版，第 13 页。

2. 取保候审的方式

我国刑事诉讼法限定我国取保候审有两种方式：保证人保证与保证金保证，并且规定两种方式不得同时适用。

针对取保候审的方式，有学者认为，相关规定存在着一系列的问题：其一，取保候审方式单一，根据具体案情进行调整的制度性功能较差。其二，保证人保证的方式适用比率极低，未能发挥其应有功能。在司法实践中，出于对保证人信誉的担忧等因素，办案机关大多采用保证金保证的方式，只有在犯罪嫌疑人交不出保证金而又必须对其取保候审的情况下才适用保证人保证。事实上，人保的方式更符合取保候审这种建立在人与人之间的信任关系基础之上的诉讼制度，而一个适当的保证人也更有助于对被取保候审人的约束。其三，保证金保证的方式也存在适用上的问题。首先，我国的保证金保证必须交纳现金，而不能以房屋等其他财产作为抵押，这导致一些一时无法提供现金的犯罪嫌疑人无法取保；其次，保证金数额的确定不受限制，一些办案机关往往为了降低取保的风险而设定较高数额的保证金，这实际上限制了贫困犯罪嫌疑人获得取保候审的机会；最后，保证金收取和退还的手续过于复杂，导致办案人员不愿意适用取保候审。①

对于保证金的利息问题，有观点认为取保候审结束的时候，应当退还保证金及产生的利息。但反对观点认为，对于被取保人而言，其选择保证金取保，是一种权利而不是一种义务。如果舍不得放弃可以获得的利息的保证金，他可以不选择交纳保证金取保而选择保证人取保。被取保人选择接受保证金取保，对该笔金钱在取保期间预期利益的损失是明知的，他所做的选择是对该利益的主动放弃，是自愿的行为。在司法实践中，银行接受公安机关的指定收取保管保证金，为保证金开立的只是普通储蓄账户，而我国银行系统现行有关储蓄业务支付利息的做法客观上产生了保证金利息。改变这种状况有赖于改变现有的做法，在银行开立特殊保管账户，该账户不是储蓄账户，仅仅起保管作用，不产生利息，这样可以防止公安机

① 参见宋英辉、何挺《我国取保候审制度之完善》，《法学评论》2007 年第 5 期。关于保证金数额确定的任意性，还可参见樊崇义主编《刑事诉讼法实施问题与对策研究》，中国人民公安大学出版社 2001 年版，第 131 页。

关从犯罪嫌疑人的保证金中获利。①

我们认为，如果不退还保证金的利息，不符合所有权有关的基本原理。按照现行的法律，如果犯罪嫌疑人、被告人在取保候审期间没有故意犯罪或者其他法定情形，在取保候审期限结束时应返还保证金。换而言之，在一般情形下，保证金的所有权仍归被追诉人所有，那么，保证金的孳息也应当归属被追诉人，否则就剥夺了被追诉人合法财产所有权。

3. 取保候审的适用对象

应当说，我国相关解释对取保候审的适用对象限制过多。刑事诉讼法的条文并没有规定不得取保候审的对象，但是在 1998 年《公安机关办理刑事案件程序规定》第 64 条和《人民检察院刑事诉讼规则》第 38 条中，对不得取保候审的对象限制很多。因此，这些限制是有罪推定的产物，在是否羁押问题上，羁押总是公安、检察机关首先考虑的。办案机关尤其是公安机关，关于强制措施工作的出发点是能捕的尽量捕，而不是考虑尽可能取保候审，导致该取保候审的不能办理。②

另有观点认为，取保候审的适用范围弹性过大，不易操作。我国 1996 年刑事诉讼法第 51 条规定取保候审的适用范围为："第一，可能判处管制、拘役或者独立适用附加刑的；第二，可能判处有期徒刑以上刑罚，采取取保候审、监视居住不致发生社会危险性的。"其中，第 2 款规定过于宽泛，缺乏可操作性。实践中，公安司法机关除对一些罪轻和逮捕后有特殊情况的犯罪嫌疑人、被告人适用取保候审外，对其他的犯罪嫌疑人、被告人很少适用取保候审。这就使一部分符合取保候审条件的人也被羁押，从而侵犯犯罪嫌疑人、被告人的合法权利，甚至出现羁押期与刑期倒挂的现象，严重损害了司法机关的权威和形象。③

另有观点认为，在司法实践中，取保候审放宽条件适用的多，严格按条件适用的少。取保候审的对象主要是罪行较轻，不需要拘留、逮捕，但对其行动自由又必须作一定限制的犯罪嫌疑人、被告人。但有些基层公安

---

① 参见刘根菊、刘蕾《取保候审保证金利息之处分》，《人民检察》2003 年第 8 期。

② 参见陈卫东、刘计划《英国保释制度及其对我国的借鉴意义》，《法制视窗》2003 年第 3 期。

③ 参见樊崇义主编《刑事诉讼法实施问题与对策研究》，中国人民公安大学出版社 2001 年版，第 130 页。

司法机关对一些违法人员及与犯罪嫌疑人有牵连的人，也采取取保候审措施，收取保证金。如金融票据诈骗、虚开增值税发票、拐卖妇女、假冒商标等案，涉及中间环节的人员较多，一些与案件有牵连的违法人员，因不构成犯罪本应作其他处理的，也被取保候审。①

4. 取保候审的异化

按照我国立法意图，适用强制措施的目的是为了防止犯罪嫌疑人逃避侦查、起诉和审判，是为了保证诉讼的顺利进行。强制措施具有的预防性是其与刑罚的根本区别之一。但是在司法实践中，强制措施已经存在普遍的功能异化问题。取保候审的异化是因为其不具有权利保障的功能，并且基本丧失了替代羁押的功能，反而增加了预防犯罪的功能；在司法实践中，取保候审具有预演案件实体判决和变相结案的功能，因为实践中，赔偿协议、刑事和解协议的达成和履行，成为特定轻微的、有被害人的案件中取保候审的适用前提；证据不足，需要终止诉讼的案件也成为取保候审的适用对象。② 强制措施在很大程度上存在“实体化”的问题。这一现象如果不发生改变，那么，任何旨在推进强制措施制度“正当化”的改革努力都将是徒劳无益的。③

5. 取保候审的重构

（1）立法体例

对于取保候审制度中存在的诸多问题的症结，应当是对取保候审作用认识偏差及其功能异化所致。所以，正如上文所述，很多学者主张改变取保候审的性质。有学者提出，如欲改变我国取保候审适用比率低和程序单向、封闭的现状，应重新界定取保候审的性质。只有将获得取保候审界定为被追诉者的一项基本权利，才有可能改变传统观念，真正大幅度地提高取保候审的适用率，消除因大量审前羁押而带来的漠视人权、浪费诉讼资源的弊端。虽然在我国现阶段将被追诉者获得取保候审的权利写入宪法尚

---

① 参见陈连义《取保候审“六多六少”现象浅析》，《人民检察》2000 年第 7 期。

② 参见褚福民《取保候审的实体化》，《政法论坛》2008 年第 2 期。

③ 参见陈瑞华《刑事强制措施改革的新动向与新思考》，《人民检察》2008 年第 24 期。

较为困难，但在刑事诉讼法中明确被追诉者的这一权利应该还是现实可行的。[①] 这应当是比较务实的一种方案。

在立法模式上，有很多学者主张，我国可以借鉴英美保释制度的立法模式。首先应当改变适用取保候审的一般条件，改变1996年刑事诉讼法第51条的立法模式，因为该法条虽从文字上讲似乎取保候审可适用于可能判处任何刑罚的犯罪嫌疑人，但由于其第一项首先做了严格的限制，第二项又难以把握，可以认为立法是严格限制取保候审的，所以应改变该立法模式。[②] 还有学者主张，借鉴保释，通过立法修改相关法律，使之符合人权公约中要求的“保释是常态，羁押是例外”原则。明确不予适用取保候审的对象和条件，保证其硬性适用。[③]

（2）关于取保候审的适用对象

针对我国取保候审的弹性规定，有人主张，对取保候审的适用条件，应作出更易于操作的规定。立法可以考虑犯罪嫌疑人、被告人的社会危害性，采取排除式立法体例作出更为明确的禁止性规定。对于如下情况应作出不予取保候审的决定：（1）可能被判处有期徒刑10年以上刑罚的；（2）累犯、惯犯或同类前科的重犯；（3）犯罪集团的主犯；（4）流窜作案的；（5）曾被取保候审而有逃避或者其他妨碍刑事诉讼行为的；（6）可能对被害人、证人、鉴定人及其近亲属的人身或者财产进行侵害的；（7）可能逃跑、自杀、自残或者进行其他犯罪活动的；（8）一人犯有数罪的；（9）住址或者身份不明的。[④] 这种“例外性”立法体例应当明确在一般情形下可以取保候审，即明确取保的权利性质，否则还是有可能出现现在类似的问题。

（3）取保候审的程序

关于取保候审的决定程序，有观点主张，应有必要进行三方面调整：第一，赋予检察机关的取保候审决定权，建立取保候审的外部权力决定机制；第二，调整证据不足等适用理由下取保候审的期限；第三，建立

---

① 参见宋英辉、何挺《我国取保候审制度之完善》，《法学评论》2007年第5期。

② 参见刘迎春《论刑事诉讼取保候审制度完善的法律思考》，《前沿》2007年第8期。

③ 参见周伟、邵尔希《释放还是羁押》，《现代法学》2007年第1期。

④ 参见唐磊《论我国取保候审制度的完善》，《社会科学研究》2005年第1期。

“准司法化”的审查决定程序。① 而有的观点主张，增加取保候审的附带条件，即担保犯罪嫌疑人、被告人不逃避或妨碍侦查、审判的重要保证，犯罪嫌疑人能否满足这些条件，是办案机关判断是否适用取保候审的前提；充实关于取保候审的决定、变更或撤销程序的规定；完善取保候审的执行程序和执行条件，即公安、检察机关决定适用取保候审时，必须事先听取犯罪嫌疑人及其律师的意见，并且根据法律的规定选择附带适当的条件；犯罪嫌疑人或其律师认为取保候审的决定或者取保候审所附带的条件不合法或者不必要的，可以申请法院予以撤销或者变更，法院对此应当在举行听证以后做出裁定。②

（4）取保候审的方式

针对当前法律取保方式单一化的特点，很多学者主张增加取保的方式，增强其可操作性。有观点认为取保方式应作三方面改革：一是增加财产保证，允许犯罪嫌疑人、被告人以非现金财产作为担保，以提高取保候审的适用率，减少不必要的羁押；二是增加具结保证，对于某些具有劳动能力、有固定收入或者其他固定财产的犯罪嫌疑人、被告人，如果其犯罪较轻、违反取保候审义务的可能性比较小，可以采用比较简化的具结保证方式，以简化诉讼程序，拓展取保候审的适用范围；三是实现多种保证方式的灵活运用。我国法律应当允许同时采用两种保证方式，同时，应当简化保证金保证的手续，增加保证人保证方式中对被取保候审人的监管力度。③ 有的学者借鉴国外的做法，认为保释的附加义务可以多样化，如交上执照、接受戒毒治疗，禁止接触证人或者被害人，同时增加规定社会组织可以作为保证人。④ 还有的学者建议将“接受执行机关对其行踪实施的电子监控”、“责令被取保候审人上交机动车（船）驾驶证、护照或者其他可供其出入境使用的有效证件”、“禁止其出入特定场所”等作为取保

① 参见左卫民《侦查中的取保候审：基于实证的功能分析》，《中外法学》2007年第3期。

② 参见孙长永《比较法视野中的刑事强制措施》，《法学研究》2005年第1期。

③ 参见宋英辉、李哲《我国取保候审适用现状与改革对策研究》，《人民检察》2007年第12期。

④ 参见陈卫东主编《模范刑事诉讼法典》，中国人民大学出版社2005年版，第11页。

的方式。[①] 应当说，扩大取保的方式使得取保候审具有更强的可操作性。

五　监视居住

监视居住，是指人民法院、人民检察院、公安机关在刑事诉讼过程中对犯罪嫌疑人、被告人采用的，命令其不得擅自离开住所或者居所并对其活动予以监视和控制的一种强制方法。学界近年对监视居住的性质、缺陷以及改革等都作了讨论。

1. 监视居住的存废

毋庸置疑，按照法律的规定和立法意图，监视居住是限制人身自由而不是剥夺人身自由的强制措施。然而，在司法实践中，监视居住存在最突出的问题，就是公安司法机关在执行过程中将其蜕变为羁押。根据1996年刑事诉讼法第57条的规定，在监视居住的执行中，执行场所以犯罪嫌疑人、被告人的住所为原则，指定居所为例外。根据调查中发现，许多办案机关不论犯罪嫌疑人、被告人在本地有无住所，多将其放在“指定的居所”执行。从而导致名为监视居住，实则变相羁押。[②] 由于监视居住措施在实际运用中已经异化为一种限制人身自由的变相羁押行为，因而成为了一些公安、检察办案单位逼收犯罪嫌疑人罚款、收取费用的一种手段。检察机关采取监视居住措施后打击处理率不高，采取监视居住措施后撤案与不起诉的案件为数不少。这样，难免在客观上造成了立案多、报捕少、起诉更少这样一个刑罚打击率较低的局面。[③]

监视居住异化为羁押，除了公安司法机关不依法进行诉讼的原因之外，与法律本身规定不合理有很大的关系。我国1996年刑事诉讼法第57条规定，监视居住的执行地点一般应为犯罪嫌疑人、被告人的“固定的住处”，但是，这一规定在实践中很难执行。因为，如果将犯罪嫌疑人、被告人置于自己固定的住处，那么就意味着，对犯罪嫌疑人、被告人的活动加以监视的执行机关工作人员也必须长期留守在犯罪嫌疑人、被告人的

---

① 参见陈光中主编《中华人民共和国刑事诉讼法再修改专家建议稿与论证》，中国法制出版社2006年版，第362页。

② 参见董丽丽《关于监视居住制度在实践中若干问题的思考》，《法制与社会》2007年第5期。

③ 参见陈建新《对监视居住措施实施现状的调查与思考》，《人大研究》2003年第1期。

住处，这显然有一定的困难。①

针对司法实际中监视居住普遍异化的现象，有主张认为，在刑事诉讼法再修改时，将监视居住的法律性质界定为剥夺人身自由的措施。因为现行刑事诉讼法规定被监视居住人应当遵守的义务的强度已基本等同于剥夺人身自由，实践中执行时往往也剥夺了被监视居住人的人身自由，不如明确将监视居住界定为剥夺人身自由的措施，这样可以避免执行中的尴尬。② 甚至有人主张废除这种强制措施。这种观点遭到了反对，认为监视居住虽然实际适用率很低，效果不理想，但毕竟是一种不同于羁押的强制候审措施，对于减少未决羁押的人数，节约司法成本以及减小对公民人身自由的侵犯，具有一定的积极意义，因此，应当予以保留。③

我们认为，监视居住是介于取保候审和羁押之间的一种强制措施，对于实现采取强制措施的比例性原则，构建层次性强制措施体系，降低羁押率，同时保证诉讼顺利进行，都起到积极的作用，因此，对监视居住应当进行改革，但不应废除。

2. 监视居住的适用对象

按照1996年刑诉法的规定，监视居住的适用对象与取保候审完全相同。很多学者认为，这两种强制措施的对象应有所区别，应该限制监视居住的对象范围，对于根据刑诉法的规定，符合取保候审、监视居住条件的犯罪嫌疑人或被告人，原则上应当适用取保候审，不适用监视居住；对其中危险性稍大的犯罪嫌疑人，可借鉴德国等国家的实践经验，采取电子监控的附加措施，对犯罪嫌疑人加强监控。只有当犯罪嫌疑人、被告人在办案机关所在地没有固定住处（包括户籍所在地或在外地有较为固定的住处）、确有流窜作案可能的，才可以适用监视居住。④ 还有学者与此观点类似，监视居住的对象原则上应当限于在办案机关所

---

① 参见陈光中、张小玲《中国刑事强制措施制度的改革与完善》，《政法论坛》2003年第5期。

② 参见潘金贵《监视居住保留论：反思与出路》，《人民检察》2007年第14期。

③ 参见孙长永《比较法视野中的刑事强制措施》，《法学研究》2005年第1期。

④ 参见陈光中、张小玲《中国刑事强制措施制度的改革与完善》，《政法论坛》2003年第5期。

在地没有固定住处以及有继续流窜作案嫌疑的犯罪嫌疑人、被告人，对其他不符合羁押条件的犯罪嫌疑人、被告人，原则上应当适用取保候审的措施。①

3. 监视居住的决定程序

针对监视居住限制人身自由的地域范围更小的特点，有学者主张严格监视居住的决定程序。在批准适用监视居住的程序上应当明确，适用短期的监视居住，如15日以内的，可以由公安机关自行决定；适用较长期的监视居住，如15日以上、3个月以下的，应当由公安机关报请人民检察院批准。另外，建议缩短监视居住的期限，建议为3个月；有特殊情况的，经人民检察院批准可以延长1个月。② 有的学者主张，对适用监视居住的权力加以具体分割：公安机关决定监视居住的，不得超过1个月；1个月以上、3个月以下的，必须报经检察机关批准；超过3个月的，必须经过法院预审法庭批准，但在判决以前监视居住的期限累计不得超过6个月。③

还有观点认为，被监视居住的人及其律师有权被告知监视居住的理由，有权申请法院对监视居住的合法性进行审查，并且有权申请取保候审。法院认为对犯罪嫌疑人适用监视居住不合法的，应当撤销监视居住，但可以根据案件情况以及检察机关的申请，裁定予以取保候审。④ 另有观点要求建立彻底的法官审查制度，由法官决定是否对犯罪嫌疑人、被告人实施监视居住。这种制度在其他国家具有普遍性。检察官认为有必要对被告人采取司法管制措施的，在通知法官后，法官可以听取被告人陈述，被告人可以请求律师出庭。法官必须听取律师意见。由法官决定是否采取监视居住，并采取对席庭审方式，听取律师意见，可以减轻侦查机关的压力，可以给予被告人、犯罪嫌疑人充分表达自己意见的机会和条件，自觉履行自己在法官面前所做的履行义务的承诺。通过诉求于审判机关通过中立程序而作出的正当结论，才会使当事人形成合乎理性的关于监视居住制

---

① 参见孙长永《比较法视野中的刑事强制措施》，《法学研究》2005年第1期。

② 参见陈光中、张小玲《中国刑事强制措施制度的改革与完善》，《政法论坛》2003年第5期。

③ 参见孙长永《比较法视野中的刑事强制措施》，《法学研究》2005年第1期。

④ 同上。

度正当性的信仰。① 这种由法官主持的、听证式的决定方式无疑对于保障被追诉人的权利起到保障作用。但是，如果我国没有建立司法审查制度，单独对监视居住这种强制措施实施法官审查决定，这种设想似乎有理想化之嫌。

4. 监视居住的执行权

在司法实践中，监视居住适用范围较广的案件是有关贪污腐败案件。因此，有人主张，将检察机关自侦案件的监视居住执行权赋予检察机关，这将有利于该强制措施更好地服务于侦查工作，有利于反腐败工作的开展和加强检察机关打击职务犯罪的力度。检察机关自身拥有一支作风优良技术过硬的司法警察队伍，并且随着司法改革的深入，这一队伍的建设还将进一步加强和提高，因而，检察机关完全有能力自身依法执行监视居住。② 这种建议值得商榷。因为监视居住的执行本身的目的是为了防止犯罪嫌疑人、被告人逃避侦查、起诉、审判，而不能利用其侦破案件，否则就有可能违背立法的初衷，而且决定权与执行权合二为一也不符合权力分离的基本原理。

5. 被监视居住人的权利保障

在改变现行监视的范围的基础上，有学者主张强化被监视居住人的权利保障，规定："执行机关在执行监视居住后二十四小时之内应当通知被监视居住人的家属或者其所要求通知的人，并且将通知结果告知被监视居住人。"被监视居住人除享有刑诉法规定的其他诉讼权利以外，还享有其他权利，包括根据合理的实际需要自费改善居所的居住条件和生活条件；在没有第三人在场、且不受监听的条件下，随时会见其辩护人、近亲属；通过电话、邮件等途径与其辩护人、近亲属进行联系，不受法律规定以外的限制；人身不受器械约束等。③ 当然，如果监视居住的地点是被追诉人的居所，这些权利的增加就无必要。

6. 监视居住的配套措施

为了完善监视居住制度，还应建立相应的配套措施。一是建立监视居

---

① 参见朱德宏《监视居住制度的异化及其规范化》，《河南公安高等专科学校学报》2006 年第 2 期。

② 参见郭琼《试论检察机关自侦案件中监视居住的执行》，《当代法学》2003 年第 2 期。

③ 参见陈光中《刑事诉讼法修改专家建议稿》，《人民检察》2006 年第 11 期。

住折抵刑期制度。刑法应当规定：判决执行前被监视居住的，监视居住 1 日折抵拘役和有期徒刑的刑期各 1 日；折抵管制刑的刑期 2 日。2012 年刑诉法第 74 条规定，“指定居所监视居住的期限应当折抵刑期。被判处管制的，监视居住一日折抵刑期一日；被判处拘役、有期徒刑的，监视居住二日折抵刑期一日”，部分吸收了学术界的建议。二是建立错误监视居住的国家赔偿制度，司法实践中已经有判令决定机关对没有任何违法犯罪行为而被采取监视居住措施的犯罪嫌疑人承担赔偿责任的判例，立法应当重视。① 针对国家赔偿的规定，有观点建议，应将“错误监视居住”也列入国家刑事赔偿的范围，如果犯罪嫌疑人或被告人经刑事侦查或刑事审判，最后与案件无涉，或者无充分证据证明其犯罪并作无罪处理后，那么该公民遭受的人身权利和财产权益的损害，应当根据特别法——国家赔偿法来申请刑事赔偿。② 上述这些设想，对于规范公安司法机关依法适用监视居住、保障被追诉人的权利，有参考价值。

六　拘留

我国刑事拘留，是指公安机关、人民检察院在侦查过程中，在紧急情况下依法临时剥夺某些现行犯或者重大犯罪嫌疑人的人身自由的一种强制措施。我国的刑事拘留是以有证为原则，无证为例外。我国刑事拘留存在的问题主要集中于拘留适用条件（对象）的模糊性以及拘留羁押期限等方面。

1. 拘留的适用条件

刑事拘留的适用条件是指 1996 年刑事诉讼法第 61 条规定的情形，即针对现行犯和重大嫌疑分子。应当说，“现行犯”与“重大嫌疑分子”是有着明确区分的两种对象。拘留制度将两种性质不同的对象放在一起规定，导致了在实践当中拘留适用对象的不确定性。第一，“重大嫌疑分子”的模糊性。在司法实践中将“重大嫌疑分子”作为拘留适用对象的直接后果就是导致刑事拘留适用的任意化，尤其是在不具备现行犯情形

---

① 参见潘金贵《监视居住保留论：反思与出路》，《人民检察》2007 年第 14 期。

② 参见周勇《A 女无辜被监视居住能否获得赔偿》，《政治与法律》2000 年第 5 期。

时，“重大嫌疑分子”成为刑事拘留适用的最佳借口。① 第二，“现行犯”未予明确界定，拘留条件之间逻辑较为混乱。

针对如此情形，有学者建议应当根据不同的情形，将拘留区分为有证拘留和无证拘留。有证拘留只能适用于同时符合以下三个条件的犯罪嫌疑人：首先，有证据证明其有犯罪嫌疑；其次，对其涉嫌的犯罪可能处有期徒刑以上刑罚；再次，犯罪嫌疑人有逃避、妨碍侦查或继续危害社会的现实可能。具体包括犯罪后企图自杀、逃跑或者在逃的；有隐匿、毁灭、伪造证据或者串供，或者妨碍知情人作证的现象可能的；经依法留置盘问，不讲真实姓名、住址，身份不明，或者没有固定住所的；有流窜作案、多次作案或者结伙作案嫌疑的。之所以这样规定，是为了使刑事拘留的适用条件更加具体、明确，防止对所有的犯罪嫌疑人一律予以拘留的现象出现。另外，对于有证据证明犯罪嫌疑人实施了法定最低刑为三年有期徒刑以上的故意犯罪，并有继续危害社会现实可能的，也可以拘留。这主要是考虑到法治国家对重罪嫌疑人实行“危险推定”，并设有“预防性拘留”措施。我国如果不设立这一规定，很难根据具体的理由对这部分犯罪嫌疑人予以拘留，因为现行立法规定的拘留理由都不包括“可能继续危害社会”这一点。② 与此同时，法律还应规定，对于现行犯或者准现行犯，可以无证拘留。现行犯是指实施犯罪或者刚实施完犯罪即被发觉的情形。准现行犯是指符合下列情形之一，可以明显地认为实施犯罪完毕后间隔不久的：（1）被害人或者在场亲眼看见的人指认犯罪的；（2）持有赃物或者持有可以明显地认为是供犯罪使用过的凶器或其他物品的；（3）身体或者衣服上有犯罪的明显痕迹的；（4）受合法盘问时企图逃跑的。③ 这些情形下公安机关无法办理手续，所以有必要规定无证拘留。

对于有证拘留和无证拘留的程序和期限，有学者建议也应当分别对待。有证拘捕应当经过检察机关批准，并且签发拘捕令；无证拘捕，公

---

① 参见宋家宁、李颖《刑事拘留条件的分析与重构》，《中国刑事警察》2006年第2期。

② 参见陈光中主编《中华人民共和国刑事诉讼法再修改专家建议稿与论证》，中国法制出版社2006年版，第372页。

③ 同上书，第373页。

安机关可以自行决定，但应当在48小时以内报请检察机关审查确认，并且转化为有证拘捕，否则应当释放被拘捕人；对有证拘捕的人，公安机关应当在7日以内经过同级检察机关审查同意后提请同级法院批准羁押，对流窜作案、多次作案、结伙作案的重大嫌疑分子，经过同级检察机关书面许可，提请批准羁押的时间可以延长7日；负责审查批准羁押的法院应当在7日以内做出是否批准羁押的决定。这样，公安机关无证拘捕的期限不得超过48小时，有证拘捕的期限一般不得超过14日，最长不得超过21日。取消1998年《公安机关办理刑事案件程序规定》第112条的规定。检察机关有证拘捕的期限可以维持1996年刑诉法第134条的规定不变。①

2. 刑事拘留羁押期限

按照1996年刑诉法的规定，公安机关将犯罪嫌疑人拘留后3天内报捕，在特殊情况下，提请审查批捕的时间可以延长1日至4日。对于"流窜作案、多次作案、结伙作案"的重大嫌疑分子，提请审查批捕的时间可以延长至30日。而在司法实践中，有些办案机关无论案件是否属于流窜作案、多次作案、结伙作案"情形，都将报捕时间延长至30天。显然，这种做法不仅侵犯了犯罪嫌疑人的合法权利，而且也是公然的有法不依，有损法律的权威性。

另外，1996年刑事诉讼法第128条第2款规定："犯罪嫌疑人不讲真实姓名、住址、身份不明的，侦查羁押期限自查清其身份之日起计算。"我国侦查羁押期限指的是逮捕后的羁押期限，而不是包括拘留后的提请审查批准逮捕的期限。而公安部1998年发布的《公安机关办理刑事案件程序规定》第112条规定："犯罪嫌疑人不讲真实姓名、住址、身份不明的，在30天内不能查清提请批准逮捕的，经县级以上公安机关负责人批准，拘留期限自查清其身份之日起算。"此规定显然超过了刑事诉讼法的规定，应属无效解释。

七　逮捕

逮捕是刑事诉讼强制措施中严厉的一种，不仅剥夺了犯罪嫌疑人，被

① 参见孙长永《比较法视野中的刑事强制措施》，《法学研究》2005年第1期。

告人的人身自由，而且从司法实践看，逮捕后除发现不应当追究刑事责任和符合变更强制措施的条件外，对被逮捕人的羁押期限一般要到人民法院判决生效为止。对于逮捕制度的重构、羁押的司法审查以及逮捕的条件等，学界争论比较激烈。

1. 逮捕（羁押）的决定权

在我国，立法并没有将羁押与逮捕分开，羁押是逮捕的自然延伸。如果被羁押人及其近亲属或其委托人的对于超过法定羁押期限要求解除逮捕的，可以向公安机关、检察机关或法院提出申请。但是，被羁押人是否符合释放或变更强制措施的条件，并不需要经过第三方的审查，而是由侦查机关或决定机关（法院或检察院）决定。可见，对于未决羁押的救济无论是由公检法机关自行实施的，还是由被羁押者一方申请提出的，都采用了典型的行政化的救济方式。①

很多学者建议，在我国也应当建立法院对羁押的司法审查以及司法救济制度。从其他国家立法例考察，由于法院处于中立的地位，为了保证羁押决定的公正性，从而有利于实现司法权对侦查机关追诉行为的司法控制，审前羁押的决定权通常都赋予法院，是否羁押犯罪嫌疑人必须接受法院的司法审查。侦查机关有临时控制犯罪嫌疑人的权力，但一般没有较长时间地羁押犯罪嫌疑人的权力。有观点主张，在借鉴国外司法审查制度的基础上对我国羁押的强制措施进行改造，即，将对人身自由的强制措施分为三种，包括拘传、拘捕与羁押，其中拘传与拘捕作为强制到案的措施，羁押为强制候审措施，现行的逮捕一分为二，包括了拘捕与羁押，而且现行法中的扭送、留置、拘留均属于拘捕的范围。拘捕分为令状拘捕和紧急拘捕。令状拘捕是侦查机关依法官签发令状而采取的强制到案以短期扣押的方式限制人身自由的措施，是羁押必经的前置措施。无证逮捕是紧急情况下临时限制人是自由的一种措施。羁押是经司法审查决定在一定期限内将已经拘捕的犯罪嫌疑人、被告人关押在专门场所的强制措施。②

有的学者与上述观点类似。其具体的建议是：首先，除羁押县级以上

① 参见陈瑞华《未决羁押制度的反思》，载陈光中主编《中德强制措施国际研讨会论文集》，中国人民公安大学出版社2003年版，第80页。

② 参见陈卫东主编《模范刑事诉讼法典》，中国人民大学出版社2005年版，第12页。

的人大代表需要经过同级人大或者其常委会同意以外，批准羁押的权力应当统一由法院行使，取消检察机关的批准逮捕权，防止“以捕代侦”，贯彻《公民权利和政治权利国际公约》第 9 条规定的司法审查原则。为此，可以考虑在基层法院、中级法院设置对应的预审法庭，配备必要的预审法官，专门负责审查批捕羁押、强制侦查的令状签发、证据开示、审前会议以及解决控辩双方关于证据可采性的争议等程序性裁判和审前准备事项。再次，在审查批准羁押的程序中引入拘捕前置原则和司法审查原则。具体内容包括：（1）羁押的批准权由法院专门设置的预审法官 3 人组成合议庭行使；（2）公安机关提请批准羁押应当通过同级检察机关提出书面申请，并且由承办检察官签名；（3）提请批准羁押的对象只能是已经被拘捕的犯罪嫌疑人；（4）预审法庭审查批准羁押应当举行听证，检察官必须当庭说明羁押的理由并提供证据，证明羁押的必要性，对此，侦查人员有义务予以协助；犯罪嫌疑人及其律师有权提供证据反驳羁押的理由，并且申请取保候审；（5）预审法庭听取控辩双方的意见后，应当按照少数服从多数的原则在法定期限以于犯罪嫌疑人或者其律师、检察官在场的情况下宣布是否批准羁押的决定，并且说明理由；（6）对不批准羁押的犯罪嫌疑人，预审法庭应当根据控辩双方的申请和案件情况裁定取保候审或者立即释放，并且依法宣布取保候审所附带的条件；（7）对预审法庭不批准羁押的裁定，控方不得声明不服，但是可以要求预审法庭在裁定取保候审时附带必要的条件，当犯罪嫌疑人违反取保候审的条件时，或者有新的证据足以证明有羁押必要时，可以再次提请批准羁押；对批准羁押的裁定，辩方可以依法向上级法院提出上诉，并且可以申请取保候审。①

但是，反对的声音认为，从现实出发，将羁押决定权赋予法院会存在极大困难，原因在于：第一，把羁押的决定权赋予法院将面临“违宪”的问题。根据宪法第 37 条的规定：“任何公民，非经人民检察院批准或者决定或者人民法院决定，并由公安机关执行，不受逮捕。”在宪法没有取消人民检察院的逮捕决定权之前，如果将羁押决定权给予法院，无疑将会与宪法相抵触。第二，西方国家法院所拥有的崇高的司法权威使司法审查制度能够有效运作，而我国目前法院的司法权威尚未得到充分树立的情

① 参见孙长永《比较法视野中的刑事强制措施》，《法学研究》2005 年第 1 期。

况下，将羁押决定权赋予法院未必适当。而且在中国目前公安机关具有超强政治地位的司法体制下，要想实现法院对侦查行为的司法审查还有相当的难度。第三，从保证侦查活动顺利进行的角度来看，将羁押的决定权赋予人民检察院虽然存在缺陷，但在及时控制犯罪嫌疑人人身自由，防止其逃避刑事追诉方面尚有一定的合理性，更符合我国的国情。①

毫无疑问，在理论上由中立的司法权对羁押进行审查无疑是正确的。同位权力之间能够制衡的前提必须是不同机关行使异质的权力，即权力目标的相异性。从应然的角度看，侦查机关和检察机关行使控诉权、求刑权，而审判机关行使的应当是裁判权，即站在中立的立场解决国家和犯罪嫌疑人、被告人之间的纠纷。因此，以裁判权制约追诉权，防止后者的膨胀和异化无疑是最佳的方式。我国学界主张设立司法审查制度即以此为依据。但是，当前宪法和刑事诉讼法都规定了公、检、法“相互配合”原则；此原则使三机关的任务一致化，即它们的任务都是查明事实、打击犯罪。而且，政府、党委、人大甚至公安机关、检察院在事实上或法律上的强势地位，这使得法院在当前的情形下很难保持超然的中立立场行使裁判权。因此，在此种体制下，即使建立了司法审查制度，也很难保证法院能够站在中立的立场或以积极的态势对被羁押人的权利予以保护。当前，我国法院系统也存在超期羁押的问题，就从反面证明了这一点。因此，有效地防止超期羁押，如果仅依靠设立司法审查制度，而法院的职能不作转变，不将其定位于中立的裁判机关，不从体制上实现司法独立，其结果很可能是水中月，镜中花。因此，从现实的角度出发，我们主张，对公安机关的逮捕仍然保留由检察机关审查决定，而对于检察机关自侦案件的逮捕决定权交由上级检察机关决定，这样既考虑到目前不能改变检察机关法律监督机关地位的现实，也考虑到了在有效打击犯罪与控制权力之间的平衡。当然，在条件成熟时，尤其是当法院有足够的权威保证司法独立，还是应当将逮捕和羁押的权利赋予于法院。

2. 逮捕的条件

按照我国1996年刑事诉讼法第60条和相关解释的规定，逮捕应当符合三个条件：第一，有证据证明有犯罪事实。“有证据证明有犯罪事实”

---

① 参见徐静村、潘金贵《我国刑事强制措施改革的基本构想》，《甘肃社会科学》2006年第2期。

具体是指同时符合下列三项条件：（1）有证据证明发生了犯罪事实；（2）有证据证明该犯罪事实是犯罪嫌疑人实施的；（3）证明犯罪嫌疑人实施犯罪行为的证据已有查证属实的。“犯罪事实”并不要求查清全部犯罪事实，既可以是单一犯罪行为的事实，也可以是数个犯罪行为中任何一个犯罪行为的事实。第二，可能判处有期徒刑以上刑罚。第三，有逮捕的必要性，即采取取保候审、监视居住等方法，尚不足以防止发生社会危险性。具体是指可能继续实施犯罪行为，危害社会的；可能毁灭、伪造证据、干扰证人做证或者串供的；可能自杀或逃跑的；可能实施打击报复行为的；可能有碍其他案件侦查的。

对于逮捕的上述三个条件，在实践中不同程度都存在一定的问题。首先，逮捕的证明问题。修改后的刑事诉讼法将原来的逮捕条件中的“主要犯罪事实已经查清”改为“有证据证明有犯罪事实”，其本意是降低和放宽逮捕条件，以达到有效打击犯罪的目的。这主要是因为一方面“有证据证明有犯罪事实”虽然有具体的解释，但是在实践中仍难以把握和操作，另一方面，如果检察机关不从严适用逮捕的条件，有可能导致国家赔偿。因为按照国家赔偿法的规定，行使侦查、检察、审判职权的机关对没有犯罪事实的人错误逮捕的，受害人有权得到国家赔偿。因此，如果最终被告人没有被认定为犯罪，即使在逮捕时候“有证据证明有犯罪事实”，相关的机关也要承担赔偿责任。为了避免这种后果，办案机关一方面从严把握逮捕的证明标准，而另一方面，一旦犯罪嫌疑人被逮捕，检察机关就力求将被告人定罪。由此可见，有必要对国家赔偿法的相关条款进行修改，应当将“没有犯罪事实”改成“不符合逮捕条件”的，检察机关承担赔偿责任。有学者建议，为了防止错误逮捕事实上没有犯罪的人以及“以捕代侦”的现象，有必要有确实证据加以证明犯罪嫌疑人、被告人实施犯罪行为的重大嫌疑，以提高证明标准。①

其次，对于“可能判处徒刑以上刑罚”的逮捕理由，在实践中往往被虚置。如果理解为法定刑的话，我国刑法对每个犯罪都规定了有期徒刑，每个案件被告人都有可能判处有期徒刑，设置此逮捕的条件就没有实际意义。如果将其理解为可能判处宣告刑，其实绝对大数案件被告人也有

① 参见陈光中主编《中华人民共和国刑事诉讼法再修改专家建议稿与论证》，中国法制出版社2006年版，第378页。

可能被判处有期徒刑，而且在审查逮捕阶段，一些有关从轻、减轻情节的证据，一般都没有作为侦查的重点，或者没有查清，有时即使查清，侦查机关为了实现羁押犯罪嫌疑人的目的，即使有从轻、减轻的量刑证据，也不会移送检察院。因此，“徒刑以上”作为逮捕的刑罚要件不但起刑点低，太过宽泛，也不符合比例原则和“羁押例外”原则。所以逮捕的刑期条件应该定为三年以上有期徒刑。这样既降低了逮捕率，也有利于操作。

再次，对于“有逮捕必要”的逮捕理由，在实践中无法把握。在审查逮捕违反取保候审、监视居住条件的案件中，比较容易把握，因为犯罪嫌疑人的行为就说明了其逃避侦查、起诉、审判的主观动机。但是在一般案件的审查逮捕中，虽然根据有关规定是指可能继续实施犯罪行为，危害社会的；可能毁灭、伪造证据、干扰证人作证或者串供的；可能自杀或逃跑的；可能实施打击报复行为的；可能有碍其他案件侦查的，但是，“可能”实施上述行为的依据是什么，刑事诉讼法和有关的司法解释并没有要求必须有证据证明，侦查机关对于提请批准逮捕的案件，肯定认为是有逮捕的必要性的，如果检察院在审查中认为无逮捕必要的话，也没有任何证据的支持，加之办案人员都担心被扣上打击不力的帽子，所以在实践中不考虑有无逮捕必要性的问题。① 基于此，有学者建议，对羁押“必要性”这一要件具体化，包括“没有任何其他措施能够防止犯罪嫌疑人逃避侦查、审判，或者妨碍证人、被害人、鉴定人依法作证，或者继续危害社会”② 情形。

3. 建立书面说明逮捕理由的制度

人民检察院经过审查批准逮捕的，必须书面说明理由，重点要对羁押的必要性作出说明。这是对检察机关自身进行制约的有效方式。法国于2000年6月15日对刑事诉讼法进行重大修改，要求自由与羁押法官在作出羁押决定时必须附具理由。近年来，我国一些地方人民检察院推出改革举措，即在作出不批准逮捕的决定时向公安机关书面说明理由，不过还没有规定向犯罪嫌疑人说明批准逮捕理由。人民检察院作出批准逮捕的决定

---

① 参见陈力《论我国逮捕制度的完善》，硕士学位论文，中国政法大学，2007年4月。

② 参见孙长永《比较法视野中的刑事强制措施》，《法学研究》2005年第1期。

而不说明理由，无异于“不讲理”的“判决书”。因此，为了保证逮捕的必要性和正当性，逮捕的决定者即人民检察院批准逮捕时，应当书面说明逮捕的理由。当然，逮捕的必要性必须由逮捕的提请者即公安机关举证证明，证明应达到清楚和有说服力的证明程度。根据1996年刑事诉讼法第60条的规定，逮捕的必要性只能是具有现实的“社会危险性”，具体而言，就是存在有现实的可能性逃避审判、妨害证据等妨害诉讼顺利进行以及进一步犯罪等情形。①

4. 建立对羁押的定期复查制度

定期复查羁押的目的在于确保审查羁押的实质要件仍持续存在，在逮捕羁押的法定理由已不存在时应当及时变更强制措施，以维护犯罪嫌疑人、被告人的合法诉讼权利。法律应当赋予被羁押者及其律师羁押复查申请权，允许其随时提起撤销逮捕或变更逮捕的请求。同时，明确规定司法机关有依职权定期进行复查的义务，发现有不应当继续进行羁押的情况的，应依职权撤销或变更。② 定期复查制度对于保障犯罪嫌疑人的合法权益，保障其不受非法羁押或者超期羁押是有必要的。

5. 附条件逮捕

附条件逮捕是指对于确有逮捕必要的重大案件的犯罪嫌疑人，已经查证属实的证据能够证明有犯罪事实，但定罪证据尚未达到确实、充分程度，认为经过进一步侦查能够取到定罪所必需的证据的，检察机关在向侦查机关提出继续侦查意见，列明需要查明的事实和需要补充收集、核实的证据的情况下，可以批准逮捕，但应当对侦查机关继续侦查情况和羁押的必要性进行定期审查。对于侦查羁押期限届满时，仍未能达到检察机关继续侦查取证要求的，或者经审查后认为没有继续羁押必要的，应当及时撤销逮捕决定。该制度产生的背景是，最高人民检察院在总结各地检察机关实践经验的基础上，于2006年8月17日颁布了《人民检察院审查逮捕质量标准（试行）》，其中第4条规定：“有证据证明有犯罪事实，一般是指证据所证明的事实已构成犯罪。对于证据有所欠

---

① 参见刘计划《拘留逮捕制度改革与完善刍议》，《人民检察》2007年第14期。

② 参见曹国华《逮捕适用中存在的问题及改革完善对策》，《人民检察》2008年第22期。

缺但已基本构成犯罪、认为经过进一步侦查能够取到定罪所必需的证据、确有逮捕必要的重大案件的犯罪嫌疑人，经过检察委员会讨论决定可以批准逮捕并应当采取以下措施：（1）向侦查机关发出补充侦查提纲，列明需要查明的事实和需要补充收集、核实的证据，并及时了解补充取证情况；（2）批准逮捕后3日内报上一级人民检察院备案；（3）侦查机关在侦查羁押期限届满时，仍未能取到定罪所必需的充足证据的，应当及时撤销批准逮捕决定。”这是附条件逮捕基本内容和依据。附条件逮捕制度蕴含有两大价值：一是实现了案件的分类、分流处理。实行附条件逮捕后，提请批捕案件在事实上按照犯罪性质和社会危害性被分为两类：一类是重大案件适当放宽标准，采用有“有证据证明有犯罪事实”的法定逮捕标准，实行附条件逮捕；一类是一般案件从严掌握，采用“证据确实、充分”的实践标准，能不捕就不捕。从而保证了宽严相济政策得到更好的贯彻，降低羁押率，保障人权。二是实现了附条件逮捕后的定期审查制度。附条件逮捕的案件还有两条后续措施：一要给侦查机关发补充侦查意见书，以引导侦查，取到定罪所必需的证据；二要跟踪监督，督促侦查机关积极取证，如果发现侦查工作没有进展，难以取得定罪所必需的证据，应及时撤销逮捕，以保障犯罪嫌疑人的合法权利。① 关于附条件逮捕，学术界存在较大争议，部分学者认为，如果经过司法实践检验，上述相关做法确实能够达到实现程序分流、降低逮捕率、保障人权的目的，应当将该制度上升为立法；如有学者明确指出，“附条件逮捕的实质是附定罪条件逮捕，应当被定位于审查逮捕案件分流机制下的一项制度；它不是孤立的制度安排，而是系统的制度构建；不是简单的逮捕条件的降低，而是法定逮捕标准的分层次适用；不仅具有控制犯罪的价值，同时还有人权保障的目的；不仅是检察机关进行的一项工作探索，而且是中国司法制度与国际公约和国际刑事司法准则接轨的必然性制度改造。”② 另有学者认为，该制度不具有合法性、合理性和正当性，难以避免逮捕适用的扩大化和超期羁押现象，通过建

---

① 参见倪爱静《附条件逮捕步入公众视野》，《人民警察》2009年第2期。

② 冀祥德：《附定罪条件逮捕制度论——兼评〈人民检察院审查逮捕质量标准（试行）〉第4条》，《法学家》2009年第4期。

立附条件逮捕制度实质性地降低逮捕条件的做法弊多利少，应予废止。①

第五节　附带民事诉讼制度

设计刑事附带民事诉讼的立法初衷是，在解决犯罪行为刑事责任的同时附带解决因为犯罪行为所引起的物质损害赔偿问题，从而达到提高诉讼效率，保护被害者的合法权益，并维护裁判的权威性。随着司法实践的发展，理论界对刑事附带民事诉讼制度的诸多内容甚至该制度本身存在的必要性都受到质疑。

一　附带民事诉讼的性质和特点

关于刑事附带民事诉讼的性质，理论界有三种不同的观点。② 第一种观点是“刑事说”，认为附带民事诉讼既然规定在刑事诉讼中，是在刑事诉讼的过程中进行的，因此在本质上是刑事诉讼。第二种观点是“民事说”，认为附带民事诉讼的目的是解决被告人的民事责任问题，所适用的是民事法律。附带民事诉讼只不过是在刑事诉讼期间进行的民事诉讼，所以在本质上还是民事诉讼。第三种观点是“综合说”，认为附带民事诉讼是将刑事诉讼和民事诉讼结合在一起的程序，它既不完全和刑事诉讼相同，也不完全和民事诉讼相同，是刑事诉讼和民事诉讼结合后形成的一种特殊的诉讼。我们认为，附带民事诉讼是解决犯罪行为的刑事责任的同时附带解决犯罪行为引起的物质损害赔偿问题，简而言之，附带民事诉讼解决的是民事赔偿问题，因此，其本质当属民事诉讼，所以其法律渊源有民法、民事诉讼法。只不过此种民事诉讼是在刑事诉讼过程中提出，依附于刑事诉讼，有其特殊性，是一种特殊的民事诉讼。

关于附带民事诉讼的特点，学者们的归纳各不相同。但从现行大多数的法学教材和专著的论述看，对附带民事诉讼的特点的描述主要集中在其

---

① 参见张兆松《附条件逮捕制度批判》，《现代法学》2009 年第 5 期；郭明文：《附条件逮捕质疑》，《求索》2011 年第 8 期。

② 参见邵世星、刘选《刑事附带民事诉讼疑难问题研究》，中国检察出版社 2002 年版。

特殊性、依附性和从属性（或称附属性）上。但有的学者认为，过分强调突出附带民事诉讼的依附性和从属性，容易抹杀民事诉讼的独立特点，不利于保护被害人的民事权益。如有论者认为，如果过分地强调刑事附带民事诉讼的特殊性和附属性，忽略附带民事诉讼作为民事诉讼所应当具有的独立性以及在程序上与刑事诉讼的可分性，是偏颇的，容易在司法实践中造成“重刑轻民”的程序救济思路，使附带民事诉讼制度完全依附于刑事诉讼，造成对民事赔偿责任的轻视，使受害人的个别救济问题淹没在国家追究、惩罚犯罪的过程中，不利于对受害人民事权利的保护。我国现行的刑事附带民事诉讼由同一审判组织审判，实践中法官容易对相关事实的认定适用同一个标准，没有顾及或忽视了刑事诉讼与民事诉讼的不同要求，使刑事附带民事诉讼不仅在程序上附属于刑事诉讼，而且在实体上附属于刑事诉讼，这就抹煞了公法和私法的区别。①

还有论者认为，将民事诉讼放在刑事诉讼中附带提出，主要是为了简化诉讼程序，减少当事人的讼累，实现诉讼经济，并不意味着刑事诉讼优先于民事诉讼。从被害人的角度来看，虽然他们大多具有追诉犯罪、惩罚犯罪的强烈愿望，但他们更为关注的乃是自身受损害的民事权益能否迅速得到赔偿。这意味着在追究民事责任的时间和方式上，国家利益与被害人的个人利益可能会发生冲突。国家利益要求把刑事诉讼置于优先的位置，被害人的民事赔偿问题在刑事诉讼的过程中附带解决，而被害人的个人利益则往往要求优先解决民事损害赔偿问题。②

有人认为，刑事附带民事诉讼并不表示这两种诉讼在混合程序中地位有优劣之分，不存在刑主民辅的问题，其所体现的只是一种便宜原则。所谓“附带”者，也许仅仅表明了一种制度设计上的合理性选择。但这同时意味着既然不存在主导的诉讼，那么两大诉讼各自的指导原则就没有谁必然服从谁的问题。刑事追诉权是国家赋予的，是不能随便放弃的，而民事权力是私权，当事人可以自由处分，所以，刑事诉讼的启动相比民事诉讼而言，有更多的可预测性和固定性，故让民事诉讼程序融入刑事诉讼程

---

① 参见郑鲁宁、何乃刚《合并与分离：刑事附带民事诉讼制度的反思与重构》，《政法论坛》2003 年第 4 期。

② 参见奚玮《刑民合一抑或刑民分审——刑事附带民事诉讼制度评析》，《国家检察官学院学报》2002 年第 6 期。

序比反向融入有更多的可能性。①

这些观点不无道理。附带民事诉讼中“附带”性，只是表明民事诉讼在启动上的依附性，并不表明“刑主民辅”，更不表明被害人的个人利益在诉讼中要服从国家利益。

二　附带民事诉讼的赔偿范围

对附带民事诉讼赔偿范围的改革，呼声最大的莫过于在附带民事诉讼中允许针对犯罪行为提出精神损害赔偿。我国 1996 年刑事诉讼法第 77 条规定，只有当被害人因为犯罪行为遭受物质损失时，才可以提起附带民事诉讼。最高人民法院 2000 年 12 月 4 日发布的《关于刑事附带民事诉讼赔偿范围问题的规定》第 1 条第 2 款规定：“对于被害人因犯罪行为遭受精神损失而提起附带民事诉讼的，人民法院不予受理”，进一步明确将附带民事诉讼的赔偿范围限定在物质损失范围。最高人民法院 2002 年 7 月 11 日发布的《关于人民法院是否受理刑事案件被害人提起的精神损害赔偿民事诉讼问题的批复》规定，对于刑事案件被害人由于被告人的犯罪行为遭受精神损失提起的附带民事诉讼，或者在该刑事案件审结以后，被害人另行提起精神损害赔偿民事诉讼的，人民法院都不予受理。学术界认为，这种将附带民事诉讼的赔偿范围限定在物质损失范围的规定不合理。

首先，从逻辑和法理上看，应当赋予被害人精神损害赔偿的权利。按照《民法通则》及最高人民法院《关于确定民事侵权精神损害赔偿责任若干问题的解释》规定，公民在其人身权遭受不法侵害时，对其非财产上的损失即精神损失有权要求经济赔偿。这种规定显然符合法理，也反映了时代的要求。但按照刑事诉讼法和相关解释，当不法侵害上升为刑事犯罪的程度时，被害人在附带民事诉讼中的权利和救济却反而被限制在物质损失之内，这在法理上不通。刑事案件被害人遭受的精神损害要比一般民事侵权造成的损害程度深，如毁人容貌的故意伤害、强奸、侮辱、诽谤等犯罪行为所造成的物质损失，往往比对被害人的精神损失轻微得多。只赔偿物质损失，而对被害人的巨大精神损害视而不见，显然违反了法律的公

---

① 参见张珺《刑事附带民事的合理性探讨》，《法学适用》2002 年第 6 期。

平原则和法治的人文精神。[①] 其次，造成法律之间的冲突。2001 年最高人民法院《关于确定民事侵权精神损害赔偿责任若干问题的解释》出台后，为精神损害的赔偿提供了法律依据。应当说，很多犯罪行为对于被害人而言同时也是民事侵权行为。这样，不同的法律（解释）对于侵权行为能否提出精神损害赔偿给出的答案大相径庭。这不利于树立法律本身的权威性。

因此，赋予刑事案件被害人精神损害赔偿权（包括程序意义上的请求权和实体上的赔偿权）是公平、正义原则的要求，有利于维护公民的合法权利，并且可以避免被害人与罪犯非法“私了”，同时，也符合国际立法惯例。德国、法国都将附带民事诉讼的请求与赔偿范围规定为物质的和精神的全部损失；我国台湾地区和澳门地区则灵活规定为“由民法规范之”、“依民法之规定”[②]。

还有论者认为，附带民事诉讼赔偿范围的规定应当迎合司法实践发展的需要。在腐败犯罪案件的诉讼中，经常遇到如何对待犯罪嫌疑人、被告人在犯罪过程中所订立的合同、所许可的特许权以及其他类似文件的效力问题。因此，附带民事诉讼的标的范围修正为“赔偿损失”，不但要将精神损害赔偿，而且还要将“返还赃物”、“废除某些非法确立的法律文件和特许权”作为内容，以适应现代诉讼的需要并解决不断增多的腐败犯罪案件中的有关民事问题。[③]

另一种观点认为，附带民事诉讼的案件范围应该界定在一个较小的范围内。这样便于在附带民事诉讼案件的审理，有利于划清刑事诉讼和民事诉讼的界定。在具体界定的方法上，有人认为，案件有特别重大的刑事案件和普通的刑事案件之别，被害人的请求内容有精神损害赔偿和单纯的物质损害赔偿的不同，被害人请求的对象有针对刑事被告人和针对刑事被告人及其以外的单位和个人的范围差异，尤其是在除了被害人和刑事被告人以外的其他人作为民事赔偿关系参加人等易极其复杂的民法问题的情况

---

① 参见郑鲁宁、何乃刚《合并与分离：刑事附带民事诉讼制度的反思与重构》，《政法论坛》2003 年第 4 期。

② 参见陈光中主编《中华人民共和国刑事诉讼法再修改专家建议稿与论证》，中国法制出版社 2006 年版，第 397 页。

③ 同上。

下，并不适合由刑事法庭审理。也就是说，可以考虑把刑事被害人提起的赔偿请求分为两种情况：一种是适宜于通过附带民事诉讼审理的案件，这类案件立法应当给予被害人或其近亲属选择提起附带民事诉讼的或单独提起民事诉讼的选择权；另一种是不适宜于通过附带民事诉讼审理的案件。这类案件应当向人民法院民事审判庭提出，同时刑事诉讼立法应当限制被害人或其近亲属向审理相关刑事案件的刑庭提出。这两类案件的界限是：(1) 是否存在刑事被告人以外的应当对受害人承担民事赔偿责任的其他单位或个人；(2) 受害人或其近亲属是否提起精神损害赔偿；(3) 是否属于特殊领域的侵权行为、是否属于严格过错责任或无过错责任、是否涉及举证责任的倒置等情形。如果答案是肯定的，该案件不应通过刑事附带民事诉讼解决。具体而言，如果法院刑事诉讼审判的犯罪人仅仅是共同犯罪人的一部分，按照损害赔偿的救济要求，其余的共同犯罪人如负罪潜逃者、已死亡者、不被起诉者未参与刑事诉讼；或应当承担民事责任的法人或组织未参与刑事诉讼，但与刑事被告人一同被提起赔偿请求的，刑事法庭将赔偿请求合并刑事程序中进行审理不仅会造成诉讼拖延，而且审理起来也确实有许多不便。另外，受害人或其近亲属对犯罪行为造成精神损害提起的赔偿诉讼，以及医疗事故、产品责任、知识产权等特殊领域的赔偿案件，不通过刑事法庭的附带民事诉讼程序解决，而由民事法庭审判更为适当。①

三　附带民事诉讼与被害人权利的保障

刑事附带民事诉讼制度设计的初衷是合并诉讼程序，节约司法资源，减少当事人讼累，同时还可以使被害人通过附带民事诉讼程序，及时得到物质损害赔偿。但在我国“重刑轻民”传统思想的大背景下，刑事附带民事诉讼制度能否在解决被告人刑事责任的同时，合理的解决被告人的民事责任并维护好被害人的合法民事权益，则受到质疑。除上述被害人不能针对犯罪行为不能提起精神损害赔偿之外，相关规定在司法实践操作过程中，有可能不利于被害人。

在程序上，有学者指出，刑事附带民事诉讼可能不利于被害人合法权

① 参见肖建华《刑事附带民事诉讼制度的内在冲突与协调》，《法学研究》2001年第6期。

益的保护，对于附带审理民事赔偿部分，法官在庭审中对于刑事案件的证据及认定的损害事实不在附带民事诉讼庭审时重新质证或只是简单地走过场，妨碍附带民事诉讼当事人充分进行法庭调查和辩论，诉讼权利被变相剥夺。①

在实体上，针对司法实践中“赔钱减刑”的现象，有学者指出，刑罚与损害赔偿是两个不同性质诉讼程序的两种制裁手段，二者不应相互替代。然而现实中“以钱买刑”在附带民事诉讼中已成为公开的秘密，甚至有合法化的趋势，成为一般的量刑依据。“打了不罚，罚了不打”的观念又在不规范的附带民事诉讼中找到了立足之地。“钱刑交易”严重降低了法律的公正性这一基本价值观，使被告人及被害人双方都认为附带民事诉讼的判决不公正。② 刑事附带民事诉讼中受害人的权益往往因被告人被判处死刑而“绝收”，因判处长期徒刑而“减产”。受害人往往等到司法人员“因某种原因无法满足”的规劝而“放弃”自己的权利。③ 也有学者指出，对法条的曲解也有可能损害被害人的合法利益。1996 年刑事诉讼法第 77 条规定：被害人由于被告人的犯罪行为而遭受物质损失的，在刑事诉讼过程中，有权提起附带民事诉讼。实践中由于对“犯罪行为”一词的理解歧义，在生命健康权利受到损害或经济犯罪的案件中，行为人即使有故意或过失，但其情节若不够追究刑事责任，亦得不到民事责任的追究。④

我们认为，刑事附带民事诉讼从本质上看是两个诉讼，即一个刑事诉讼和一个民事诉讼。因此，在程序上，在附带民事诉讼程序中，不能因为民事诉讼附在刑事诉讼之后，就限制或者剥夺附带民事诉讼当事人法定的诉讼权利。在实体上，民事诉讼和刑事诉讼对应的是两个不同的法律关系，前者是民事法律关系，后者是刑罚权。法律规定被告人积极赔偿被害人物质损失的，可以作为量刑情节予以考虑。因此，物质赔偿和减刑之间

---

① 参见江伟、范跃如《刑民交叉案件处理机制研究》，《法商研究》2005 年第 4 期。

② 参见谌鸿伟、贾伟杰《我国刑事附带民事诉讼制度的设计缺陷及重构》，《法学评论》2006 年第 2 期。

③ 参见龚德培、彭政《对刑事附带民事诉讼的质疑》，《中国刑事法杂志》1999 年第 1 期。

④ 同上。

并不是必然的因果关系，被告人能否获得减刑还应结合案件的其他情节予以考虑，包括罪行的轻重、悔罪的态度、被害人的谅解等。另外，由于刑事附带民事诉讼对应不同的法律关系，因此，即使在刑事上被告人不负刑事责任，也并不意味着其不承担民事责任。

四　附带民事诉讼中的当事人

我国 1996 年刑事诉讼法第 77 条规定，被害人由于被告人的犯罪行为而遭受物质损失的，有权提起附带民事诉讼。最高人民法院 1998 年《解释》中具体规定有权提起附带民事诉讼的人为被害人（公民、法人和其他组织）、已死亡被害人的近亲属、无行为能力或者限制行为能力被害人的法定代理人。关于附带民事诉讼当事人的争议主要集中在以下几方面：

第一，我国立法上仅规定了附带民事诉讼的原告是被害人（公民、法人和其他组织）、已死亡被害人的近亲属、无行为能力或者限制行为能力被害人的法定代理人，对间接受害人的附带民事诉讼主体资格没有任何规定。关于间接受害人的范围，有以下几种观点：[①]（1）继承人说。该说认为，应以继承人的范围来确定间接受害人的范围。原因是被继承人遭受的物质损失，通过继承关系转化成了继承人的损失，所以侵权行为间接侵犯的是继承人的利益。（2）近亲属说。此说认为，间接受害人应限定为近亲属。他们是附带民事诉讼适格的原告。但是对于近亲属的范围，我国多个法律作了规定，且有所不同。有学者认为，按照法律一致性的原则，应将刑事附带民是诉讼中近亲属的范围与民事关系中的近亲属范围相衔接，而不是按照刑事诉讼法中的近亲属范围的规定。[②]（3）共同生活人说。此说认为，间接受害人，应是和被害人生前或者丧失劳动能力前共同生活的人。按照该说，虽和被害人无法律关系上的权利义务关系，但和被害人共同生活的人，可以作为间接受害人以原告的身份提起附带民事诉讼，要求赔偿。（4）实际抚养人说。此说认为，间接受害人应是直接受害人生前或伤前实际抚养的，且没有其他生活来源的人。原因是我国民法

---

① 参见邵世星、刘选《刑事附带民事诉讼疑难问题研究》，中国检察出版社 2002 年版，第 165—166 页。

② 鄢智敏、查小云：《刑事附带民事诉讼若干问题探讨》，《法律适用》2007 年第 6 期。

通则和多个司法解释中均采此观点。如最高人民法院在贯彻执行民法通则的《意见》第147条规定："侵害他人身体致人死亡或者丧失劳动能力的，依靠受害人实际抚养而又没有其他生活来源的人要求侵害人支付必要生活费的，应当予以支付，其数额根据实际情况确定。"

第二，为已死亡的被害人承担丧葬费、医疗费或护理费的间接受害人以外的人，可否提起附带民事诉讼。对这个问题有赞成和反对两种观点。① 反对者认为，这些人不是刑事诉讼法及其解释规定的人，提起附带民事诉讼没有法律依据，但形成了债权债务关系，可另行提起诉讼。赞成者认为，这些人直接向加害人追偿，符合诉讼经济的原则，符合设计刑事附带民事诉讼制度的初衷。另外，如不允许这些人向加害人追偿，在被害人死亡且没有继承人等情况下，将使他们无法实现自己的权利，这是不公平的。

第三，关于检察院提起附带民事诉讼的合理性。

有的学者指出，法理上看，受害单位通常是某种形式的法人，有独立的请求权和处分权，即使为了防止某些国有企业不提起附带诉讼导致"国有资产流失"，也应该由国资委以受害人的身份起诉，检察院越俎代庖的行为似乎有侵权的嫌疑。而且，检察院的诉讼地位也不好确定，称其为原告不符合民事诉讼原告的条件，不称其为原告又会使民事诉讼出现原告缺位的尴尬局面。② 还有学者指出，在涉及国家、集体财产受损时，大部分采取的是追缴财产的方式，检察机关极少使用法律赋予的权利去提起附带民事诉讼。一方面此类型的损失可能是难以确定的。在这种情况下，追缴财产似乎也可达到民事赔偿的目的。③

有的观点认为，应当保留检察机关提起附带民事诉讼的规定。这种观点认为，根据诉讼信托理论，非直接利害关系人可基于法律规定或者当事人的授权而享有程序意义上的诉权，从而有权以自己的名义提起诉讼并承担程序意义上的诉讼后果。同时，实体意义上的诉权与程序意义上的诉权

---

① 参见邵世星、刘选《刑事附带民事诉讼疑难问题研究》，中国检察出版社2002年版，第172页。

② 参见谢佑平、江涌《质疑与废止：刑事附带民事诉讼》，《法学论坛》2006年第2期。

③ 参见张珺《刑事附带民事诉讼的合理性探讨》，《法学适用》2002年第6期。

在一定条件下可以分离的理论，也是检察机关提起民事诉讼的理论基础之一。人民检察院只是代表国家以公益诉讼代表人的身份行使程序意义上的诉权，目的在于保护国家和社会公共利益，不独立享有实体意义上的诉权，但其与其他提起附带民事诉讼当事人在诉讼地位上是相同的，其参加诉讼并不会破坏附带民事诉讼法律关系的正常格局。①

有论者认为，国家、集体财产遭受损失的，人民检察院可以提起附带民事诉讼的规定过于宽泛。对于国有财产遭受损失的，人民检察院在受损失单位属于履行职责时代表国家同时提起附带民事诉讼，尚属情理之中，但对于集体财产遭受损失的，检察机关代为提起附带民事诉讼存在诸多不合理之处。② 因此，法律应当废除检察机关在集体财产遭受损失时可以提起附带民事诉讼的规定。

五　附带民事诉讼制度的存废

鉴于附带民事诉讼制度存在的一系列问题，有的学者主张废除这个制度，而有的学者主张在现有的制度基础上对其进行改良。主要观点如下：

主张废除这个制度的学者认为，根据域外如何处理刑、民交叉案件的经验和模式（主要有附带诉讼模式和平行式诉讼模式）可以得知，刑、民分诉是主流，是发展的趋势，而刑事附带民事诉讼则是一种没落的边缘化的制度，濒临被淘汰的境地。该观点认为，该制度历史合理性的丧失、现实制度的重重矛盾加上境外的启示，在我国应该废除刑事附带民事诉讼制度，而应采用刑事、民事诉讼分别进行的诉讼模式。随着民事诉讼制度的健全完善，被害人的任何合法民事权利，都可以通过健全的、独立的民事诉讼程序得到有效保护。③

有的观点认为，附带民事诉讼制度有其存在的内在合理性和价值基础，只不过相关的规定需要改革或完善。这不仅表现在该程序能将两个不同的诉讼置于同一个诉讼程序中处理，避免了诉讼程序的重复启动，节省

---

① 参见陈光中主编《中华人民共和国刑事诉讼法再修改专家建议稿与论证》，中国法制出版社 2006 年版，398—399 页。

② 参见陈卫东主编《模范刑事诉讼法典》，中国人民大学出版社 2005 年版，第 554 页。

③ 参见谢佑平、江涌《质疑与废止：刑事附带民事诉讼》，《法学论坛》2006 年第 2 期。

了司法资源，提高了诉讼效率，而且该程序为受害人的民事诉求目的的实现，提供了较之另行起诉更具有保障性的程序基础。因为在国家运用公权力惩罚犯罪的同时，被害人可以借助国家机关有效的侦查手段查明案情，获得证据。① 除此之外，附带民事诉讼还能从另一个角度促进公正的实现。这主要表现在将民事诉讼附带于刑事诉讼之中进行，可以避免因审判组织的不同而做出对同一个事实相互矛盾的判决。②

有的学者具体提出了改善附带民事诉讼制度的措施，主要是突出附带民事诉讼制度的独立性，赋予当事人程序选择的权利，在刑事附带民事诉讼制度和单独的民事诉讼制度之间可以进行选择。被害人如选择民事诉讼程序，可使赔偿请求不受“先刑后民”处理原则的限制，不必等到进入审判阶段即可使赔偿请求及时兑现。③

毋庸置疑，我国关于附带民事诉讼制度的有些规定固然有其不合理之处，但是对于维护判决之间的统一性和权威性，对于节约司法资源、提高诉讼效率，以及减轻被害人的证明负担，有其存在的必要性。另外，在法律中明示被害人的程序选择权，剔出“先刑后民”、“刑主民附”的因素也是有必要的。

---

① 参见陈卫东主编《模范刑事诉讼法典》，中国人民大学出版社 2005 年版，第 27 页；庞君淼：《刑事附带民事诉讼制度存在的价值质疑》，《中国刑事法杂志》2004 年第 5 期。

② 参见陈卫东主编《模范刑事诉讼法典》，中国人民大学出版社 2005 年版，第 27 页。

③ 参见谌鸿伟、贾伟杰《我国刑事附带民事诉讼制度的设计缺陷及重构》，《法学评论》2006 年第 2 期。

第四章

侦查程序研究

第一节　侦查权的性质

侦查权是刑事诉讼中重要的权力之一。准确界定侦查权的性质，对整个侦查体制、制度以及程序的设置和运行具有决定性的影响。在我国1996年刑诉法修改以前，“主流的观点是将其理所当然地放置于司法权名下，与检察权和审判权三分天下”。① 然而，在1996年刑事诉讼法修改以后，这一观点开始受到质疑，有观点主张，侦查权应属于行政权。由此，关于侦查权究竟应归属于“司法权”抑或是“行政权”的话题，在学术界引发了广泛的争议。这一争议促进了我们对侦查权的全面认识，对我国侦查体制和制度的改革与完善起到了积极的推动作用。《刑事诉讼法修正案（草案）》对侦查权属性并没有作出明确的规定，但有学者认为“草案”把公安机关定性为司法机关。② 2012年刑事诉讼法虽然对原来草案部分关于“司法机关”的规定作了修改，但总体上秉承了“草案”的规定，在一些条文中仍然将公安机关称为“司法机关”。从目前来看，我国尚未就这一问题达成共识，仍有必要进一步研究。

---

① 参见但伟、姜涛《论侦查权的性质》，《国家检察官学院学报》2003年第5期。

② 参见陈光中《刑事诉讼中公安机关定位问题之探讨——对〈刑事诉讼法修正案〉（草案）中“司法机关”之商榷》，《法学》2011年第11期。

一　司法权与行政权：特征与区别

需要指出的是，我国学界对侦查权性质的探讨是与其对“司法权”与“行政权”及其关系的研究紧密相连的，在一定意义上而言也是以后者为基础的。因此，这一问题常常被作为认识侦查权性质的切入口。

关于司法权与行政权之间的关系，有学者从法学一般理论的层面进行了分析。该学者在揭示司法权与行政权本质的基础上，指出了二者之间存在的区别。他认为，虽然司法权与行政权同属于执行权，但是，司法权以判断为本质内容，是判断权，而行政权以管理为本质内容，是管理权。因此，二者之间存在明显区别。具体而言，表现在以下十个方面：第一，行政权在运行时具有主动性，而司法权在运行时具有被动性。前者积极主动地干预社会活动和个人生活，而后者则以“不告不理”为原则。第二，行政权在其面临的社会矛盾面前具有鲜明的倾向性，而司法权具有中立性。前者代表国家，具有官方性，而后者以维护权利为己任，不受政府、政党、媒体等非法律因素影响。第三，行政权更注重权力结果的实质性，希望和追求实现国家权力的目标，而司法权更注重权力过程的形式性。第四，行政权在发展与变化的社会情势中具有应变性，而司法权则具有稳定性。前者须不断调整行政政策、增减行政机构、任免行政人员，以适应社会需要，增强管理实效；后者则必须保持稳定的司法政策、司法态度、司法标准、司法体制和人员。第五，行政权具有可转授性，司法权具有专属性。行政事务可指派行政人员或非政府人员处理；而司法权的行使主体只能是特定的少数人，具有专属性。第六，行政权主体职业的行政性，司法权主体职业的法律性。对行政人员不能做职业法律家的要求，而司法人员的职业化要求远比行政人员高，未经职业训练的人员不得作法官。第七，行政权效力的先定性，司法权效力的终极性。行政行为一经做出，行政主体以及相对人必须服从，非依法不得撤销或变更；而司法权则是最终的判断权、最权威的判断权。第八，行政权运行的主导性，司法权运行的交涉性。行政权运行以行政主体为中心。行政程序中一般不涉及意见交涉，而是行政单向命令，强制主导。而在司法程序中，控辩双方展开交涉、抗辩，令判断者兼听则明，作出理性选择和判断。第九，行政权的机构系统内存在官僚层级性，司法权的机构系统内存在审级分工性。前者可以接受领导者的命令，以服从为天职，保证政令畅通；而后者只存在审级制度，不存在官僚层级上的服从关系。第十，行政权的价值取向具有效率优先性，司法权的取向具有公平优先性。①

上述可见，司法与行政不仅在国家与社会的宏观层面上各具特点，相互间存在区别，而且二者在主体与运行过程等微观层面上亦存在差异。上述观点对诉讼法学界产生了较大影响，为从刑事诉讼的角度考察司法权与行政权奠定了基础。

具体到刑事诉讼领域，有观点立足于刑事司法，以行政权为参照，从司法权与行政权差异的角度，对司法权的特征进行了分析。首先，在司法权的程序特征方面，该学者指出：第一，与经常带有主动性的行政活动相比，司法活动具有被动性。法院的司法活动只能在有人提出申请以后才能进行；其裁判范围也必须限于起诉书明确载明的被告人和被控告的事实。第二，与行政活动通常呈现的秘密性和封闭性不同，司法裁判活动应当具有公开性和透明性，前者为"形式上的公开"，后者为"实质上的公开"。第三，与行政活动是由管理者与被管理者双方构成，行政决定以单方形式做出不同，司法裁判要由作为第三方的裁判者参与，并在争议各方参与的情况下进行。第四，与行政活动具有一定便宜处分性不同，司法裁判要求"亲历性"，裁判者要亲自经历裁判的全过程。第五，行政机构在进行管理、控制、协调等行政活动，甚至在作出行政决定时，通常具有一定的灵活性和自由裁量权，如中断活动、替换人员等。而裁判活动则要求集中进行，须在相对集中的时间、集中的场所连续不断地进行，直至形成最后的裁判结论为止。第六，裁判活动具有终结性，在法院作出生效裁判之后，非依法律明确规定，不得启动对该案件的再审程序；控辩双方之间的利益争端一般也不得再纳入司法裁判的范围。其次，在司法权的独立性方面，该学者指出，行政权具有较为明显的上令下从或依附的性质，但司法权必须具有独立性。其核心是裁判者在进行司法裁判过程中，只能服从法律的要求及其良心的命令，而不受任何来自法院内部或者外部的影响、干预或控制。为了确保司法独立，需设立全面的保障机制。包括：法院的整体独立或外部独立；法院的内部独立；法官的身份独立；法官的职业特权；法官的职业伦理准则。最后，在司法权的组织特征方面，该学者指出：第

① 参见孙笑侠《司法权的本质是判断权——司法权与行政权的十大区别》，《法学》1998 年第 8 期。

一，法官必须高度职业化。这是司法权的独立性所要求的。职业化可以确保法官具有较高的法律素养和较深的法律功底，更好地完成司法裁判的使命。第二，民众对司法的参与。作为外行的普通民众通过一定的选任程序成为陪审员，参与行使裁判权，这向来被视为司法权在组织方面的重要特征。第三，合议制。合议制的实行有助于裁判者发挥整体的智慧，减少或避免单个裁判者的认识局限性和专断可能性，并促使裁判者之间进行更多的沟通、交涉和对话。第四，上下级司法机构之间的关系。与行政机构内部上下级之间以及行政机构整体上具有一体化的特征不同，司法机构上下级之间是一种完全独立的关系。①

上述观点结合刑事司法的特点，对司法权与行政权从程序运行、独立性与否以及组织机构等方面进行了比较系统而全面的考察和分析，揭示了二者间的差异。其分析合理，具有极大的启发意义。

我们认为，司法权与行政权的关系，归根结底，取决于整个国家权力架构中二者各自承担的职责（权）分工及其范围。在此，暂且抛开不同国家政体的具体差异，从国家权力分工的最一般意义上对二者的关系加以分析。相对于立法而言，司法与行政具有一定的共性。一方面，从活动的目标和指向来看，二者均是为使纸面的立法在现实生活中得到落实和体现，在这个意义上，二者可以被归纳为广义的“执行”，即使立法者的意志得到实现；而另一方面，从活动的依据来看，二者均以既定的立法为指南，就此而言，可以说二者均为广义的“司法”，即适用法律的过程。这是二者之间关系一个基本的方面。然而，二者相比较则又存在明显区别，这是由二者在国家整体的权力架构中所承担的具体职责（权）分工的差异所决定的。虽然二者均可以被纳入为广义的“执行”或“司法”，但侧重点是不同的。行政的具体职责在于在国家和社会生活中一般性地按照立法者的意志行事，而司法的具体职责则是在执法与守法的行为偏离或违背立法者的意志时，进行判断并做出相应的处理。正是因为职责（权）分工的差异，二者在权力行使的主体（包括组织架构及具体成员）、实体的价值目标与指向、程序的价值目标与运行机制等方面，均表现出明显的不同。在此方面，笔者赞同上述观点的阐述，不再赘叙。正确认识司法权与

---

① 参见陈瑞华《司法权的性质——以刑事司法为范例的分析》，《法学研究》2000年第5期。

行政权的关系，不仅有利于加深对刑事司法权的认识，而且为进一步研究侦查权的性质提供了直接的理论依据。

二　侦查权：性质与归属

应当说，上述对司法权与行政权的研究虽不直接指向侦查权，但却在很大程度上推动了对侦查权的研究。从方法上来看，我国学者在对侦查权性质进行辨析时，往往是以司法权与行政权的特征为参照，分析侦查权更靠近前者抑或是后者，并据此得出侦查权属于前者抑或是后者的结论；相应的，在视角和内容上，我国学者对侦查权性质的论述中也明显有掺杂上述理论的印迹。

总体上来说，对于侦查权的性质，我国学界主要存在两种观点：一是“行政权本质说”；二是“司法权本质说”。“行政权本质说”主张，侦查权在本质上属于行政权。有学者对侦查权的特征进行了分析，并通过侦查权与行政权特征的近似而与司法权特征的大相径庭，来论证侦查权是行政权而非司法权。该学者指出，首先，在价值功能方面，侦查权具有以下特征：第一，在价值取向上，司法追求公正，而侦查侧重于效率；第二，在社会功能上，司法重在保护个人权利，而侦查重在维护社会公益。其次，在体制、人员方面，侦查权具有以下特征：第一，行使司法权的主体只有法院，而行使侦查权的主体具有多样性；第二，行使司法权的人员之间相互独立，而行使侦查权的主体具有一体性；第三，司法人员的选任侧重于法律知识的合格性，而侦查人员的选任侧重于政治倾向的合意性；第四，司法人员应相对超脱于其职务以外的社会活动，而侦查人员必须与社会公众保持密切的联系。最后，在权力运作方面，侦查权具有以下特征：第一，司法权在程序启动上应遵循被动原则，而侦查权在程序启动上应积极主动；第二，司法权应保持客观中立，而侦查权则具有鲜明的追诉倾向；第三，司法权在运作时强调多方参与，而侦查权在运作时通常单方进行；第四，司法活动具有亲历性和不可转授性，而侦查活动不具有亲历性和不可转授性；第五，在运作风格上，司法追求稳定，而侦查贵在权变；第六，司法有严格的形式性和程序性，而侦查的形式性和程序性则相对自由；第七，司法的裁量权较小，而侦查的裁量权较大；第八，司法在作出裁判时通常采用合议制，而侦查在作出决定时通常采用首长制；第九，司法具有终结性，而侦查不具有终结性。①

还有学者从侦查权的运作和功能等入手，提出侦查权属于行政权，集中体现在以下几个方面：第一，侦查的目的。侦查权力行使的主要目的是事实真相的查明，这与司法权以裁判纠纷为目的迥然不同。第二，侦查的规范形式。刑事诉讼法关于侦查程序的规定属于限权法，关于审判程序的法律规范则属于授权法。法官依照法律所要求的程式逐步完成即可履行其职责，而侦查人员的具体侦查措施则非文牍性、非程式性的。第三，侦查权的运行方式。侦查权运行时具有主动性、单方性的特点，主体之间为上下位结构，裁量的范围也往往比较宽泛。侦查权的这种运行方式是决定其性质的关键性因素。第四，主体的法律角色。侦查权行使的主体在刑事程序中自始至终不会获得司法权行使者的地位。警察通常是行使侦查权的主体或主体之一。第五，相对人的法律地位。侦查权指向的对象（犯罪嫌疑人）在侦查程序中不具有诉讼参与人的地位，而是行政相对人。第六，侦查的标的。侦查权指向的事项不同于刑事诉讼的诉讼标的（即被追诉人的刑事责任问题），而是一种行政调查事项。第七，运用的手段。侦查权在具体行使的时候，以高效、封闭为原则。②

与“行政权本质说”不同，“司法权本质说”主张，侦查权本质上属于司法权。有观点首先对“行政权本质说”所运用的方法提出了质疑，认为凡是与行政权有相同相似之处的都属于行政权，凡是与司法权有不同之处的都不属于司法权，在逻辑上是错误的。在此基础上，其指出，考察侦查权的性质，关键在于侦查行为的职责范围和职责内容，而并非权力行使方式、运行程序等表面特征。具体而言，第一，将侦查权归为“执行与管理权”并不合适。理由是：侦查工作是专门针对涉嫌触犯刑法的行为而展开的调查工作，本质上属于国家公权力对法律责任的追究行为，应该归于司法，而不具有管理权的特性；在侦查权的运行过程中，调查和判断是互为基础的，不能将侦查程序仅仅只当作一种单纯的收集证据、查找犯罪嫌疑人的“执行”过程；刑事强制措施与行政强制措施存在根本区

---

① 参见陈永生《侦查程序原理论》，中国人民公安大学出版社 2003 年版，第 44—78 页。

② 参见但伟、姜涛《论侦查权的性质》，《国家检察官学院学报》2003 年第 5 期。

别，不能认为前者即为行政管理性的体现。第二，在行使方式上，我国行政权是主动的，司法权也不是被动的，不能以侦查权行使过程中的职权性和裁量性等主动性特征而将其归为行政权。第三，我国侦查权的主体主要是公安机关，但侦查部门与其他行政部门职责划分泾渭分明，侦查权并不属于行政职权。第四，不应将侦查权看作是像行政权一样带有倾向性的权力。无论是整个刑事诉讼程序还是侦查工作，其任务都是收集、调取证据，查明案件事实真相，追诉犯罪，保障无罪者不受追究，而绝不只是“将嫌疑人交付起诉”。第五，侦查以效率优先的说法是没有理论根据的，如将其应用于实践，则易导致对效率的片面追求，带来巨大危害。①

还有观点认为，侦查权的属性既不是由承载主体所处的国家机关的法律性质决定，也不能仅从其部分特征上与行政权进行简单类比。从行政权与司法权（诉讼权）的本质特征来看，从诉讼一体化的视角出发，我国侦查权属于司法权（诉讼权），而不是行政权。该观点在将司法界定为诉讼的基础上，指出我国的侦查权更具司法（诉讼）的特征。具体表现在以下几个方面：第一，侦查具有司法的内在特质。刑事诉讼的审前活动是审判的前提和基础，侦查权和公诉权是审判权的延展，侦查权是为了搜集犯罪证据，查获犯罪嫌疑人，为公诉做准备，它与公诉权、审判权一起完成司法的“判断”任务，共同构成广义的刑事司法权。第二，侦查权的价值取向与起诉权、审判权在本质上具有一致性。刑事诉讼活动追求的价值取向是公正优先，兼顾效率，而设计侦查程序时同样以公正优先，兼顾效率为原则。第三，侦查权的行使主体已经纳入司法人员的范畴。各国警察机关均行使最广泛的侦查权，许多国家或地区都把专司刑事侦查职权的警察称为司法警察，也称刑事警察。第四，侦查权适用的法律依据是规范刑事司法活动的法律文件。我国《刑法》、《未成年人保护法》以及《公安机关组织管理条例》等均将侦查纳入司法的范畴。第五，联合国的有关法律文件也将侦查行为界定为司法行为。第六，英美学者也逐渐意识到侦查权的司法特性。随着人权意识的提高，一些英美学者也认识到，警察的侦查行为应属于司法性质的行政行为，必须受司法控制。第七，对侦查

① 参见杨宗辉《论我国侦查权的性质——驳“行政权本质说”》，《法学》2005年第9期。

权的监督主要依靠司法控制。①

应当说，我国学界对侦查权性质的研究具有积极的理论和现实意义，尽管在一些方面“司法权本质说”与“行政权本质说”存在争论，但二者从不同角度所作的分析，无疑有助于我们进一步认识侦查权的性质和特点。从目前来看，无论对侦查权的性质作何种定位，学界普遍认识到：一方面，侦查权与审判权具有明显不同，但二者在“诉讼”这一共同的框架下也存在某些共性；但另一方面，侦查权与一般的行政管理权之间存在区别，但也不乏有众多共同点。然而，学界对侦查权性质的研究也存在缺陷和不足，突出地表现在，“行政权本质说”与“司法权本质说”理论的基础不同，具体而言，二者对“司法”的理解是有差异的。前者理解的“司法”是在国家权力架构中专司审判权的活动；而后者中的“司法”是指“诉讼”，而且是广义的诉讼。就此而言，二者的主张在形式来看是冲突的，但实质上并没有形成真正的交锋。

我们认为，如何界定侦查权的性质，在方法上，应当与认识司法权与行政权性质和相关关系一样，将侦查权放在整个国家权力架构中考察其承担的职责（权）分工及其范围。由于在权力层级中，侦查权是行政权、司法权的下位权力，因此，侦查权所司分工与范围若为行政权所包含即应为行政权，若为司法权所包含自然应属于司法权。在此意义上，侦查权应当属于行政权而非司法权。从国家权力结构体系来看，侦查权的职责（权）分工并不指向“诉讼”，而是为了维护国家和社会秩序。侦查权之所以与“公诉权”、“审判权”发生联系，是因为按照国家权力体系架构，行政权本身不包含裁判的权能，其无权对公民进行刑罚惩罚，其必须诉诸审判权，由后者进行裁断。将侦查权视为司法（诉讼）权忽视了侦查权的本质使命，而着眼点放在侦查权与诉讼在形式上的关联之上，这是极不妥当的。考察其他国家相关立法，我们不难发现，在一些国家，即使是在类似于我国的行政管理领域中，行政机关发现违法行为，包括我国立法所区分的一般违法或构成犯罪的严重违法，均不能直接做出认定违法并予以处罚的裁判，而必须移交司法机构处理。那么，这是否意味着行政管理权也属于司法权呢？答案显然是否定的。

---

① 参见周欣《我国侦查权合理配置问题研究》，博士学位论文，中国政法大学，2009 年。

此外，需要说明的是，对于我国学者分析指出的关于侦查权与行政管理权之间的差异，我们是赞同的。但同时认为，这不是否定侦查权行政性的根据。在国家权力架构中，“行政权”、“司法权”、包括我国的检察院的“法律监督权”，均为权力的大的分支。从权能上来看，每一支权力均是若干项具体权力的复合体，而每一项具体权力未必是完全一致的。正如审判权有审理权与判决权、定罪权与量刑权的划分，法律监督权有公诉权与诉讼监督权的区分，其所含具体权力存在明显差异一样，行政权中包含行政管理权与侦查权，而二者之间存在差异，也是允许的。

第二节　侦查程序的构造

随着刑事诉讼构造理论的引入，以及在其引导下进行的审判程序改革初见成效，我国学界开始逐步把目光投向侦查程序构造的领域。从内容上来看，主要涉及以下三个方面：一是对域外的侦查构造理论进行了考察和反思；二是在域外侦查构造理论基础上进行了创新；三是对我国侦查构造的改革提出了具体的设想和建议。毫无疑问，上述研究不仅充实和发展了刑事诉讼理论，特别是刑事诉讼构造理论，而且对侦查立法与实践的完善也具有积极的意义，但其中也存在不足和缺陷，亟待重视和加强。

一　对域外侦查构造理论的考察和反思

我国学界对侦查构造的研究建立在对域外诉讼构造理论，尤其是侦查构造理论进行梳理和反思的基础上。根据我国学者的考证，早在19世纪80—90年代，欧洲学者就已将刑事诉讼制度分为三种基本类型，即：控诉式制度、纠问式制度和混合式制度。① 但是，系统提出和阐述刑事诉讼构造理论的则是美国学者。日本吸收并发展了美国的诉讼构造理论，并第一次提出了侦查构造的概念，形成了三种不同的侦查构造观。这成为我国以及我国台湾地区有关侦查构造理论的直接来源。②

---

① 参见陈瑞华《刑事诉讼的前沿问题》，中国人民大学出版社2000年版，第116页。

② 参见陈永生《侦查程序原理论》，中国人民公安大学出版社2003年版，第270—271页。

在域外诉讼构造理论对我国审判程序改革发挥重大影响的背景下，我国学者对于域外的侦查构造理论并未盲目地加以“拿来”，以此作为我国侦查制度改革的方向和目标，而是表现出了应有的审慎态度。对于在我国影响最大的美国学者帕卡的犯罪控制模式与正当程序模式，有观点认为，其存在以下缺陷：第一，帕卡过分强调了这两种构造之间的对立和竞争，而忽视了它们之间可能存在的统一和融合；第二，帕卡忽视了对两种不同刑事诉讼构造中法官角色差异的分析；第三，帕卡过分强调了两种侦查程序构造在诉讼目的上的差异和对立，导致此后一种构造在吸收他种构造的合理因素时往往面临巨大的社会压力。帕卡对两种构造诉讼目的的界定不符合逻辑上的对应关系，对于犯罪控制模式与控制犯罪之间的关系界定过于简单，事实上，正当程序模式有利于保护犯罪嫌疑人、被告人的权利，但并非必须以放纵犯罪为代价，犯罪控制模式与正当程序模式在多数情况下是可以互相兼容的。①

对于日本的侦查构造理论，有观点认为，一方面，其存在许多值得肯定之处，包括：第一，它使刑事诉讼构造论的研究对象和理论重点，即控、辩、裁三种职能的地位及相互关系第一次得到明确的强调；第二，日本有关侦查程序构造的三种理论都注意到了裁判职能在侦查程序中的重要性；第三，弹劾式侦查观与诉讼式侦查观都认识到即使是在侦查程序中，辩护和侦查职能之间也应当存在一定的对等关系。而另一方面，其也存在缺陷和不足，包括：第一，纠问式侦查观过分贬低了侦查程序中辩护方的诉讼地位；第二，诉讼式侦查观认为，对司法警察职员进行制约和监督的，是具有司法官性质的检察官，这是欠妥的；第三，弹劾式与纠问式是两个有特定内涵的概念，用它们来界定现代社会任何一种侦查程序构造都是不合适的。②

我们认为，美国、日本等域外侦查构造理论对于我国具有借鉴意义，然而理性的分析和评价是借鉴的前提。就帕卡的两种模式而言，作为理论分析的工具，其所提出的两种诉讼构造类型的“极端性”以及相互间的“对立性”是可以理解的，惟其如此更显“典型性”与“深刻性”。然

---

① 参见陈永生《侦查程序原理论》，中国人民公安大学出版社 2003 年版，第 262—268 页。

② 同上书，第 273—276 页。

而，两种模式之间“统一”的一面也是不应忽视的。这不仅为科学而严谨的侦查构造理论所必须，而且从实际的模式选择和运用角度来看，如何寻求“统一”，在控制犯罪与正当程序之间谋求平衡也是刑事诉讼一直以来追求的目标。而从诉讼构造类型本身来说，对法官功能的忽视势必影响侦查构造分析的全面性，事实上也可能导致控辩双方地位与关系界定的不准确，毕竟法官的功能对控辩关系亦会产生重要影响。因此，与其将上述利弊的分析视作为对域外相关理论的评价甚至质疑，莫若将之作为对我国自身侦查构造理论创建和相关立法架构的提示和警醒。

二 在域外侦查构造理论基础上的创新

在对域外侦查构造理论进行考察与反思的基础上，有观点提出了新的侦查构造类型。我国对侦查构造的分类研究一直承袭诉讼构造相关理论，如对应于当事人主义诉讼构造与职权主义诉讼构造提出的对抗式侦查构造与职权式侦查构造。但近年来，有学者在此方面进行了创新，从不同的角度，按照不同的标准对侦查构造进行了新的分类。主要包括司法型侦查模式与行政型侦查模式；主观型侦查模式与客观型侦查模式。该学者指出，对抗式侦查模式与职权式侦查模式是根据侦、辩之间的关系所作的分类。而根据侦、辩、审三方的关系即侦查程序是否受法院的司法控制，可以将侦查程序区分为司法型侦查模式与行政性侦查模式。受司法控制的侦查程序，称之为司法型侦查模式；而不受司法控制，由侦查机关自行决定的侦查程序则称之为行政型侦查模式。前者为西方两大法系国家所采用，后者则为以前苏联为代表的社会主义国家普遍采用。另外，根据侦查程序的运作导向，可以将侦查程序区分为“主观型”侦查模式和“客观型”侦查模式。所谓主观型侦查模式，就是指侦查程序的运作以获取犯罪嫌疑人口供为中心而展开，获取口供是侦查工作的主要目标和对象，其他侦查工作均围绕此而进行；而客观型侦查模式则是以获取客观物证为中心而展开的侦查程序。①

对于上述分类，我们认为，首先必须指出的是，学界通常所讨论的侦查构造是指，在侦查程序中，控、辩、裁三方的地位与相互关系。该学者

---

① 参见万毅《程序正义的重心——底限正义视野下的侦查程序》，中国检察出版社 2006 年版，第 62—72 页。

对侦查模式加以界定时也指出，“它指的是构成侦查程序的标准元素（程序主体）及其结构、组合样式，即侦查程序中各个程序主体之间的地位、组织及其相互关系”。① 然而，在上述分类中，主观型侦查模式与客观型侦查模式的划分标准是侦查程序的运作导向，偏离了通常讨论的侦查构造的范畴，也与该学者所界定的侦查模式不甚一致。因此，该模式划分虽有一定的积极意义，但在此不予讨论。

而对于司法型侦查模式与行政型侦查模式的提出，笔者则认为在一定意义上丰富了侦查构造的类型。与传统的对抗式与职权式模式相比，司法型与行政型的分类更加突出了司法权在侦查程序中的地位和作用，明确了不同模式在此方面存在的差异，有助于揭示侦查程序中司法权与侦查权以及国家权力与公民权利之间的关系。

三　对我国侦查构造改革的建议与设想

对于我国应当确立何种侦查构造，学界存在不同观点。有学者主张，以公安机关侦查为视角，我国应设立“准三角形构造”模式，即类似控、辩、裁三方参与诉讼的一种模式。具体是指，在我国侦查程序中，凡是侦查人员对犯罪嫌疑人的人身、财产采取强制措施和强制性措施，均应报经属于第三方的检察机关审批和决定（紧急情形下可以先施后报）。犯罪嫌疑人对侦查人员违反法律规定的行为，有权向检察机关控告，检察机关为查明情况，有权通知侦、辩双方参加由其主持的“听证”会并作出裁决。如果一方不服，可申请复议；若一方还不服，有权向同级法院申请裁断。“准三角形构造”模式中“准”的含义包括：居中的裁决主体不是法院而是具有法律监督权的检察院；检察机关与侦查机关同属于控方，与完全居中的法院有别；审查和裁决的形式是由检察官主持且有侦、辩双方参加的“听证会”，不同于庭审；所作的裁决不是司法裁判，但具有居中性质，即诉讼中的司法性质。与此相适应，该学者主张，我国在刑事诉讼法修改时，应增加规定“无罪推定原则”、“疑罪从无原则”、“程序法定原则”、“一事不再理原则”等有利犯罪嫌疑人的原则；取消犯罪嫌疑人“如实回答”的规定，赋予犯罪嫌疑人有限的沉默权；增加规定犯罪嫌疑人有权

① 万毅：《程序正义的重心——底限正义视野下的侦查程序》，中国检察出版社 2006 年版，第 62—72 页。

聘请律师为其提供辩护；赋予辩护律师向证人收集证据的权利；删除关于辩护律师收集证据所受限制的规定；建立非法证据排除规则；赋予犯罪嫌疑人聘请“私人侦探”为其收集证据的权利；赋予犯罪嫌疑人对侦查违法行为向检察机关控告，对裁判不服向法院申诉的权利。①

有观点则提出，我国侦查构造的最佳选择应当是在线性的基础上，融入部分三角形态；线性是主流形态，三角形是非主流形态；线性是基础形态，三角形是特殊形态；线性是贯穿于侦查程序始终的形态，三角形是存在侵犯公民人身、财产或者其他权益可能的时候才产生的形态。与此相适应，我国应当建立一套与此相配套的制度体系，包括重大案件录音录像制度、讯问羁押主体分离制度、非法言词证据排除规则、侦查程序违法的制裁机制。② 还有观点认为，从侦、辩双方在程序中的地位和关系来看，我国的侦查模式属于职权式侦查模式。但我国不应匆忙引进对抗式侦查模式，这不仅是因为职权式侦查模式自身在惩罚犯罪方面有其优势，而且因为对抗式模式对相关配套措施（包括大的法制环境、律师制度、私人侦探制度等）要求颇高，而在我国当前，与这种要求的差距显然还相当大。另外，从侦、辩、审三方在侦查中的关系，即侦查程序是否受法院的司法控制的角度来看，我国的侦查模式属于行政型侦查模式。其缺陷在于，由于采用了同体监督的形式，缺乏有效的外部制约，难以防范违法侦查行为。因此，应当在侦查程序中建立侦查行为的司法审查机制，确立侦查法官制度。③

上述可见，尽管学界对于我国应设立何种侦查构造意见并非完全一致，但有一点已成共识，即必须加强对侦查权的控制。这一点无疑是正确的。我们认为，目前我国侦查构造存在的突出问题在于：侦、辩力量失衡；裁判方缺位。其中，侦、辩失衡集中表现在两个方面：一是从影响案件实体处理的能力方面来看，侦查机关享有广泛的权力进行调查取证，而

---

① 参见刘根菊《侦查程序中设立“准三角形构造”模式——以公安机关侦查为视角》，载刘根菊等《刑事诉讼程序改革之多维视角》，中国人民公安大学出版社2006年版，第80页。

② 参见黄豹《我国的侦查构造发展趋势研究》，载刘根菊等《刑事诉讼程序改革之多维视角》，中国人民公安大学出版社2006年版，第68—69页。

③ 参见万毅《程序正义的重心——底限正义视野下的侦查程序》，中国检察出版社2006年版，第82页。

犯罪嫌疑人及其律师则缺乏相应的调查取证的权利；二是从程序运作方面来看，侦查机关享有广泛的运用强制性措施包括强制措施的权力；而对于由此可能导致的人身、财产、住宅、隐私等权利的侵害，犯罪嫌疑人并不享有充分的防御的权利。而裁判方缺位与侦、辩失衡是相联系的，裁判方的缺位在很大程度上恶化了侦、辩失衡的局面。因此，这两个问题在一定意义上可以认为是一个问题的两面。如何解决这一问题，从方向上来看，只能是强化犯罪嫌疑人的权利保障，并引入裁判机制，对侦查权力进行制约。因此，在侦查构造的层面上，主张由线形结构向三角形结构转化的观点具有一定道理。至于在三角结构中，裁判方应由检察机关承担，还是由法院承担，我们认为，就现阶段而言，对于公安机关侦查的案件，可以由检察机关承担；对于检察院自行侦查的案件，可以由法院承担。

2012 年刑事诉讼法中增加了许多加强对犯罪嫌疑人权利保护的内容，如增加规定“不得强迫任何人证实自己有罪”；将侦查阶段律师的“辩护人”地位予以确认；改革了辩护律师的“会见权”和“调查取证权”；改革法律援助制度，扩大了法律援助的范围。与此同时，法律还加强了对侦查权的规制，如规定侦查机关应当将被拘留或逮捕的犯罪嫌疑人立即送看守所；明确了讯问的地点，确立讯问时全程录音、录像制度；完善强制措施制度，严格限制逮捕范围和采取强制措施后不通知家属的情形，并规定检察机关对羁押必要性的审查机制；建立非法证据排除规则，等等。上述制度、规则促进侦查机关和被追诉人方力量趋于平衡，并在一定程度上使得侦查呈现诉讼化趋向，这些规定也在一定程度上使得我国侦查构造合理化。

第三节　侦查行为

一　讯问

在侦查程序中，讯问是获取犯罪嫌疑人陈述的唯一途径，因而是重要的侦查手段之一。然而，过分偏重讯问程序的工具价值也可能会给公民的合法权益带来损失。因此，如何确保讯问程序的公正性，特别是保障犯罪嫌疑人的合法权益，是侦查立法与实践中值得关注的问题。有鉴于此，学界对此进行了较多的探讨，对立法在此方面存在的粗疏和问题进行了揭示，并对其改革与完善提出了建议和设想，这对我国讯问制度的进一步完善无疑是有益的，但其中仍有缺陷和不足，因而以下对此进行进一步探讨。

1. 讯问的原则

为了确保讯问公正、有效地进行，在讯问过程中，必须遵循相应的原则。有观点主张，讯问中应遵循以下原则：第一，禁止先行讯问原则，即侦查人员不应在侦查案件的开始就讯问犯罪嫌疑人，而应当在收集了相应的物证或人证，积累了一定的能证明被讯问人有犯罪嫌疑时才进行讯问的原则；第二，禁止刑讯逼供原则；第三，公秘结合原则，即公开与秘密相结合的原则；第四，法定讯问原则，即严格依照法律规定讯问的原则；第五，不轻信口供原则。①

2. 讯问的证据条件

我国立法对于在何种条件下可以对犯罪嫌疑人进行讯问，并没有作出明确的规定。一般认为，立案以后即可进行讯问。而在我国，立案的条件为“有犯罪事实，需要追究刑事责任”，就此而言，讯问只需达到“有犯罪事实，需要追究刑事责任”的标准即不违法。然而，有犯罪事实，需要追究刑事责任，并不能表明犯罪事实可能为何人所为，也就是说，并不足以确定犯罪嫌疑人。而司法实践中，往往在立案之后、侦查之初，侦查人员即根据主观上推测或怀疑传唤或拘传犯罪嫌疑人到案接受讯问。在此情形下，犯罪嫌疑人沦为发现证据的手段，这是我国侦查中“由供到证”模式的表现之一。这不仅容易导致无辜的公民被当作犯罪嫌疑人接受讯问，而且不利于犯罪嫌疑人合法权益的维护。因此，对于侦查讯问的证据条件，立法有必要作合理而明确的规定。

对此，有学者根据1996年刑诉法第90条（2012年刑事诉讼法第114条），即公安机关经过侦查，对有证据证明有犯罪事实的案件，应当进行预审的规定提出，在侦查过程中，讯问犯罪嫌疑人应当以侦查人员收集的证据已经达到“有证据证明有犯罪事实”这一标准为前提条件。② 按照1998年《最高人民法院、最高人民检察院、公安部、国家安全部、司法部、全国人大常委会法制工作委员会关于刑事诉讼法实施中若干问题的规

---

① 参见徐美君《侦查讯问的程序性原则》，《政法论坛》2003年第1期。

② 参见宋英辉、吴宏耀《刑事审判前程序研究》，中国政法大学出版社2002年版，第170页。

定》第26条的规定，“有证据证明有犯罪事实”是指同时具备下列情形：有证据证明发生了犯罪事实；有证据证明犯罪事实是犯罪嫌疑人实施的；证明犯罪嫌疑人实施犯罪行为的证据已有查证属实的。我们认为，这一条件是比较合理的。

3. 威胁、引诱、欺骗的讯问方法

2012年刑事诉讼法第50条规定：“审判人员、检察人员、侦查人员必须依照法定程序，收集能够证实犯罪嫌疑人、被告人有罪或者无罪、犯罪情节轻重的各种证据。严禁刑讯逼供和以威胁、引诱、欺骗以及其他非法的方法收集证据，不得强迫任何人证实自己有罪。”第54条规定：“采用刑讯逼供等非法方法收集的犯罪嫌疑人、被告人供述和采用暴力、威胁等非法方法收集的证人证言、被害人陈述，应当予以排除。收集物证、书证不符合法定程序，可能严重影响司法公正的，应当予以补正或者作出合理解释；不能补正或者作出合理解释的，对该证据应当予以排除。在侦查、审查起诉、审判时发现有应当排除的证据的，应当依法予以排除，不得作为起诉意见、起诉决定和判决的依据。”该规定吸收了相关解释的内容，在立法层面确立了非法证据排除制度（包括言词和实物证据）。

对于讯问中全面禁止威胁、引诱、欺骗等方法的规定，学界存在着质疑的声音。有观点将“以威胁、引诱、欺骗的方法收集证据”与“刑讯逼供”进行了比较，其指出，第一，以威胁、引诱、欺骗的方法获取的口供未必虚假，至少比刑讯获取的口供虚假的概率要小得多。第二，威胁、引诱、欺骗的方法并不必然损害犯罪嫌疑人的权利。第三，最重要的是，完全禁止威胁、引诱、欺骗的方法讯问犯罪嫌疑人并不符合讯问规律。因此，其主张以威胁、引诱、欺骗的手段应当在一定范围内被允许使用，使用这种方法获得的证据不应当必然违法。① 有观点认为，刑事审讯不可避免地带有欺骗的成分，而且，威胁、引诱的审讯方法在我国刑事审讯中具有一定的容许度。②

有学者进一步明确指出，在修改刑事诉讼法时应当取消第43条的规定，并且，在确立证据排除规则时，不能将通过适度威胁、引诱、欺骗的

① 参见陈卫东主编《刑事审前程序研究》，中国人民大学出版社2004年版，第167—169页。

② 参见龙宗智《威胁、引诱、欺骗的审讯是否违法》，《法学》2000年第3期。

方法获取的证据纳入排除之列。理由如下：第一，在讯问中全面严格禁止威胁、引诱、欺骗的方法不符合讯问活动的一般规律和基本特点。第二，严格禁止威胁、引诱、欺骗的讯问方法与现行法律的相关规定之间互相矛盾，也与刑事司法改革的整体价值取向（如鼓励自愿供述的改革趋向、引进辩诉交易制度的主张）之间存在矛盾。第三，从联合国所确认的刑事司法准则看，在一些国际法律文件与文书中，只是禁止酷刑和其他不人道及有辱人格等待遇，并没有明确禁止威胁、引诱、欺骗的讯问方法。第四，刑事诉讼法第43条的规定过于笼统，可操作性不强，如果讯问实践中严格执行，既对犯罪嫌疑人的人权保护没有太大的实际意义，又会导致无谓地放纵犯罪；如果不严格执行，又会有损法律的严肃性和尊严。第五，在讯问中适度采取威胁、引诱、欺骗的方法，并不必然导致对犯罪嫌疑人合法权利的侵害，并不必然导致虚假口供。①

我们认为，我国应否禁止使用威胁、引诱、欺骗的讯问方法，关键不在于上述方法的使用是否必然导致虚假证据，或者必然导致侵害犯罪嫌疑人的合法权利，换言之，“不必然导致”并不意味着“必然不导致”。另外，其关键也不在于其他国家或国际社会的相关法律文件是否明确禁止威胁、引诱、欺骗的讯问方法，在前者未禁止的情形下，我国立法亦可加以禁止。在我们看来，问题的关键还在于相关价值的权衡和取舍。

刑诉法与相关司法解释关于禁止以威胁、引诱、欺骗的方法收集证据，以及由此取得的言词证据应予排除的规定，其目的在于防止上述方法在讯问中的使用，这不仅有助于防止出现虚假证据，促进正确地查明案情，而且有助于防止侦查人员滥用权力，树立国家专门机关公正、诚信的形象，更重要的是，能够更好地维护犯罪嫌疑人、被害人、证人等公民的合法权益。因此，上述规定的立法初衷是好的。但在另一方面，完全禁止使用上述方法，又显然会影响讯问作为收集证据的手段所应发挥的作用，进而对追究和惩罚犯罪构成冲击。因此，完全禁止使用威胁、引诱、欺骗的方法并不妥当。2012年刑事诉讼法对1996年刑事诉讼法第43条内容予以保留，可以看出立法者仍然偏重于对其积极作用的肯定。但并不意味着完全禁止即是合理的，可以在适度的范围内使用威胁、引诱、欺骗等讯

---

① 参见郝宏奎《侦查讯问改革与发展构想》，《法学》2004年第10期。

问方法。

在肯定适度使用威胁、引诱、欺骗等讯问方法的基础上，还须明确究竟在何种限度内加以使用方为合理的问题。对此，有学者指出，刑事审讯应当遵循三项合法性原则，即法定原则、真实原则、合理性原则。① 有学者则建议立法规定，禁止实施在当时情况下可能导致犯罪嫌疑人、被告人的供述不可靠的任何语言或行为。并指出，对于以法律范围内的利益相允诺，以法律规定内的处罚措施相威胁，或者不影响犯罪嫌疑人供述自由的欺骗手段，都应当予以认可。② 还有学者提出，讯问策略运用应当遵守不得破坏公序良俗、司法信用、不得有利于导致虚假陈述产生等原则。③ 我们认为，上述建议的原则均具有一定的合理性。

4. 刑讯

根据前述刑事诉讼法第 50 条、第 54 条规定，在侦查讯问中，禁止刑讯逼供，凡经查证属实属于刑讯、暴力方式取得的犯罪嫌疑人供述、被害人陈述以及证人证言应当予以排除，不得作为起诉意见、起诉决定和判决的依据。然而，在司法实践中，刑讯逼供的现象却依然存在。近年来一些社会影响颇大的冤假错案，包括杜培武、聂树斌、佘祥林等案件中，都存在刑讯逼供。这一问题引起了社会各界的广泛关注。

如何对刑讯逼供问题加以根治，学界从多个角度进行了探讨。有学者从国家权力运作模式等宏观语境的角度对刑讯逼供由合法转变为非法的原因进行了分析，并从这一视角出发，提出了我国遏制刑讯逼供的有效路径。他们认为，主要由于科技水平差异造成的社会客观条件不同，致使传统国家是一种“权力炫耀型”国家，而现代国家是一种“日常监控型”国家。正是这种国家权力运作策略的嬗变，使得实施刑罚的意义与方式、证据的客观化生成机制发生转变，再加上与之相应的社会意识对刑讯逼供的认同度发生了重大变化，从而在根本上促成了刑讯逼供由合法转化为非法；在我国当前，权力运作兼具传统性和现代性的特征，造成了刑讯逼供

① 参见龙宗智《威胁、引诱、欺骗的审讯是否违法》，《法学》2000 年第 3 期。

② 参见陈卫东主编《刑事审前程序研究》，中国人民大学出版社 2004 年版，第 173 页。

③ 参见毕惜茜《侦查讯问理论与实务探究》，中国人民公安大学出版社 2004 年版，第 81—84 页。

处于一种“暧昧”境地，因此，有效遏制刑讯逼供的出路之一，在于加强规范化的日常监控。①

有学者从刑事政策的角度，对刑讯逼供的成因和防治进行了探讨。他们认为，以“严打”、“坦白从宽，抗拒从严”、“命案必破”为代表的我国现行刑事政策，对于严厉打击犯罪发挥了很大作用，但是却也成为引发刑讯的一大内在诱因。这背后有国家、社会、个人三重利益的强力支持，有功利主义价值观的伦理支撑。在价值博弈中，协调功利与正义的关系，合理地组织对犯罪的反应，以完善我国现行的刑事政策，是遏制刑讯的必然要求。②

还有学者从思想、价值、制度、实践等方面对刑讯逼供的根源进行了分析，并针对性地提出了以下具体的对策：第一，消除刑讯逼供产生的思想根源。第二，确立自由与安全并重的诉讼价值观。第三，加强相关制度建设，包括彻底确立无罪推定原则；赋予犯罪嫌疑人、被告人以沉默权；确立并真正贯彻非法言词证据排除规则；确立讯问时律师在场制度；建立并落实侦押分离制度；建立警察出庭作证制度；完善证人作证制度。第四，加大刑事诉讼的司法投入。第五，提高公安、司法工作的技术含量。第六，强化对刑讯逼供的查处力度。③

我们认为，在我国现阶段，从成因上来看，刑讯逼供较之刑事诉讼中存在的诸多其他国家机关滥用权力以致侵害公民合法权益的问题而言，并不更为特殊。然而，其之所以受到“万众瞩目”，是因为其危害后果已经触及甚至逾越了现代文明社会、法治社会的底线，因此，解决这一问题具有更明显的迫切性。尽管如何在惩罚犯罪与保障人权之间、国家权力与公民权利之间求得平衡，不仅涉及司法体制和诉讼制度，而且涉及思想观念、刑事政策、社会环境等方方面面的问题，以至如学者们所言很难一蹴而就。但就其中遏制刑讯这一问题而言，仍有必要呼吁各界尽快地、切实地采取有效的行动，而不仅仅停留在舆论和口号上。唯有如此，我们才能

---

① 参见左卫民、周洪波《从合法到非法：刑讯逼供的语境分析》，《法学》2002年第10期。

② 参见胡铭《刑事政策视野下的刑讯问题》，《环球法律评论》2007年第2期。

③ 参见樊崇义主编《刑事诉讼法实施问题与对策研究》，中国人民公安大学出版社2001年版，第318—330页。

向着现代法治和文明迈进一步。

5. 讯问时律师在场权

在我国，刑事诉讼法对讯问时律师在场权并没有进行规定，新修订的律师法对此也未涉及。近年来，随着对侦查阶段犯罪嫌疑人权利保障的重视，主张赋予犯罪嫌疑人讯问时律师在场权的呼声不绝于耳。如有观点主张赋予讯问时律师在场权，同时规定相应的保障配套措施。首先，法律应当明确规定讯问时律师的在场权。否则，律师在场很有可能遭到侦查机关的抵制。其次，法律应当将被追诉人委托律师的时间起点提前。无论被调查人有无被讯问或者采取强制措施，都可以委托律师。再次，应当明确侦查机关的配合义务，包括侦查机关应当提前告知律师讯问犯罪嫌疑人的时间、地点。此外，还要建立其他的配套措施，如扩大法律援助范围，建立律师值班制度等。同时，为了防止律师在场给侦查活动带来负面影响，我们建议，律师在场可以“以看得见，但听不见”的方式进行。① 还有学者指出，在赋予犯罪嫌疑人讯问时律师在场权时，必须明确其具体含义：是单纯地在法律上赋予犯罪嫌疑人聘请的律师享有讯问时在场的权利，还是要在此基础上进一步确立无律师在场不能讯问的制度。并提出，考虑到我国财政状况的实际情况，在立法中只赋予侦查讯问中的律师在场权，不规定由国家财政承担为律师在场服务的埋单义务。②

需要指出的是，为了推动立法设立讯问时律师在场制度，我国学界与司法实务部门进行了相关的制度试验，从司法实践的角度对律师在场的必要性、可行性等问题进行了有益的探索。试验表明，律师在场的必要性是明显的，表现在：能够有效遏制刑讯逼供和其他违法审讯现象；能够强化审讯文明；能够平衡被告人的心理，保证口供的质量，减少翻供；能够缓和侦查人员与犯罪嫌疑人的对抗情绪，提高办案质量和效率；能够纠正侦查人员所作笔录中的错误，保障笔录内容的真实性；能够保障犯罪嫌疑人依法行使诉讼权利；能够解决非法证据的证明责任问题。而在可行性方面，试验表明，通过宣传，越来越多的侦查机关、侦查人员会接受这种做

---

① 参见陈光中、汪海燕《侦查阶段律师辩护问题研究——兼论修订后的〈律师法〉实施问题》，《中国法学》2009 年第 6 期。

② 参见郝宏奎《侦查讯问改革与发展构想》，《法学》2004 年第 10 期。

法，比较困难的是在场律师的来源和保障问题。①

我们认为，讯问时律师在场，对于平衡讯问中侦查人员与犯罪嫌疑人的力量对比，防止侦查人员滥用权力，保障犯罪嫌疑人的合法权益，促进讯问顺利而有效地进行，均具有积极的意义，因而，我国立法确立此项制度的必要性自不待言。目前亟待解决的是，如何科学、合理设置律师在场制度以及如何完善相关的配套制度。具体而言，须明确下列问题：第一，讯问时律师在场制度建立在现有的侦查阶段律师介入制度的基础上，还是不拘此限，由专门律师专司讯问在场？第二，在场律师的权利、义务。讯问时在场的律师可以为犯罪嫌疑人提供哪些方面的帮助？对于侦查机关违法讯问的行为，律师是否有权提出异议或加以制止？第三，讯问过程中，犯罪嫌疑人能否请求更换律师，律师能否辞却委托？第四，讯问中，侦查人员发现律师违法的，如何处理？第五，律师在场的时间。如果由犯罪嫌疑人自行聘请律师，按照刑诉法及修订后的律师法的相关规定，时间为"第一次讯问"或"采取强制措施之日起"，那么，第一次讯问时犯罪嫌疑人是否有权要求律师在场呢？第六，侦查人员对犯罪嫌疑人的告知义务，以及对律师的通知义务，何时以及如何履行？当然，对上述问题作答，必须要考虑到我国的实际国情。否则，即使法律明确确立了讯问时的律师在场权，也有可能会在实践执行中被"打折"。

二　搜查

在刑事诉讼中，搜查是重要的侦查手段之一。搜查的实施不仅事关犯罪嫌疑人的查获、犯罪证据的收集，同时也与公民的人身权、住宅权、财产权等息息相关。因此，合法而有效地实施搜查，对于查明案件事实真相、追究和打击犯罪分子，并保障相关公民的合法权益，具有十分重要的意义。然而，由于主要涉及住宅权、财产权和隐私权等权利的限制，而对人身限制相对较小，在以往的研究中，搜查并未受到应有的重视。无论是理论界还是司法实务部门，都把视线更多地投向了对公民人身自由加以剥夺或限制的强制措施领域，而对搜查则较少关注。这种研究上的缺乏必然导致立法的粗疏，并进而带来司法实践的混乱。近年来，这些问题已经逐

① 参见樊崇义主编《刑事审前程序改革与展望》，中国人民公安大学出版社2005年版，第367—369页。

步地引起了各界的关注，学界也对此问题进行了较之以往更为全面的探讨。从方法上来看，既有一般性理论研究，也有实证性研究；从内容上来看，涉及搜查的性质和分类、理论基础、立法现状及其改革与完善等各个方面。这对我们深化认识，进一步完善立法、规范实践无疑具有积极的意义。

1. 搜查的性质与分类

以往，由于搜查往往涉及公民的人身、住宅、财产及隐私等各项权利，因此人们通常将之归属于强制性侦查行为之列。如日本学者田口守一将强制侦查分为对人的强制措施和对物的强制措施，其中，对人的强制措施之中包括搜查身体，对物的强制措施则包括对场所和物品的搜查。① 然而，近年来，我国有学者对搜查的性质进行了进一步分析，并提出了不同的看法。其指出，搜查既可以是任意侦查手段（合意性搜查），也可以是一种强制侦查手段，前者指经过权利人同意后进行的搜查，无需证件；后者则指侦查机关经过批准或依职权强行搜查，原则上需要搜查证，但在紧急情况下，也可以进行无证搜查。② 在此基础上，有观点对搜查提出了新的分类方法，即依据是否取得被搜查人的同意，将搜查划分为合意性搜查与强制性搜查。③ 合意性搜查，又被称为同意搜查。所谓同意搜查就是在没有人被捕，又没有搜查证的情况下，如果一个人同意让警察对自己进行人身搜查，或对他的住宅进行搜查（以及其他情况下的搜查），那么搜查即是合法的，搜查所得的证据也可以进入司法程序。④ 另外，有学者认为，“根据公安部 1978 年制定的《刑事侦查工作细则》第 3 条之规定，秘密侦查、密取证据、跟踪监视、适用耳目、技术鉴定等皆可纳入‘秘密侦查的范围’”。⑤ 据此，秘密搜查属于秘密侦查的一种方式。2012 年刑事诉讼法第 151 条虽然规定了秘密侦查，但是对其适用范围却作了限制，即由有关人员隐匿其身份实施侦察。因此，新刑事诉讼法规定的秘密侦查措施中并没有包括秘密搜查。

---

① 参见［日］田口守一《刑事诉讼法》，刘迪、张陵、穆津译，法律出版社 2000 年版，第 29—30 页。

② 参见孙长永《侦查程序与人权》，方正出版社 2000 年版，第 93 页。

③ 参见马静华《合意性搜查制度：基础与应用》，《政法论坛》2005 年第 4 期。

④ 参见李义冠《美国刑事审判制度》，法律出版社 1999 年版，第 143 页。

⑤ 万毅：《秘密搜查制度批判》，《法学》2011 年第 11 期。

2. 搜查的主体

根据2012年刑事诉讼法以及相关司法解释和实施细则的规定，搜查由侦查机关负责人批准，并由侦查人员执行，无须接受检察院或法院的事先审查。由此导致权力滥用的风险。对此，有观点主张引入西方的司法审查制度，原则上由法官事先签发令状，在紧急情况下，由法官事后授权追认；① 还有观点主张由检察机关行使批准权，强化检查监督。② 对此，我们认为，设立令状制度，由法官实行司法审查是未来的发展方向。但从我国现实国情来看，在体制和制度等各方面条件还不完全具备，基于检察院法律监督的职能，可以先将批准权赋予检察院，待条件完备后，再将批准权交给法院。

3. 搜查的要件和理由

现行立法对于搜查的实施仅仅从目的上进行了限定，即“为了搜集犯罪证据、查获犯罪嫌疑人”。而对于在何种条件下才可以实施搜查，特别是侦查机关所掌握的证据应达到何种程度和标准，立法没有进行任何限定。由此导致搜查的实施具有较大的随意性，极易侵犯公民的合法权益。因此，有学者主张明确搜查的实质条件，包括罪重条件和证据条件。前者限定，搜查应针对可能判处徒刑以上刑罚的案件，对轻罪不适用强制搜查；后者限定，有证据证明有查获嫌疑人或证物的可能。③

我们认为，明确规定实施搜查的条件和理由，是遏制搜查的随意性，事前预防违法搜查的有效途径之一。至于具体条件的设定，应当结合搜查对公民权利进行限制的强度和范围加以确定。搜查的对象和范围主要包括犯罪嫌疑人以及可能隐藏罪犯或者犯罪证据的人的身体、物品、住处和其他有关的地方。其中，对物品与场所的搜查对公民合法权益带来的侵害要小于人身，而对人身的搜查往往是短暂的，强度上不及强制措施。因此，对搜查的条件限制不应过于严苛。建议为，有证据证明在拟搜查的人身、物品、住处和其他有关地方可能发现罪犯或犯罪证据。

---

① 参见闵春雷《完善我国刑事搜查制度的思考》，《法商研究》2005年第4期。

② 参见宋世杰、黄柳《刑事搜查初探》，《福建公安高等专科学校学报》2003年第2期。

③ 参见闵春雷《完善我国刑事搜查制度的思考》，《法商研究》2005年第4期。

4. 搜查证

搜查通常为有证搜查，搜查证由侦查机关负责人签发，是证明侦查人员身份并有权进行搜查的凭证。在很多国家，搜查证内容完备，涉及搜查的时间、地点、对象、范围等多方面要求，不仅对执行人员的行为起到约束作用，而且有助于保护所涉公民的知情权，进而维护其所涉及的合法权益。然而，在我国，搜查证是一种填空类文书，内容简单、宽泛，既无明确的搜查对象和范围，也无搜查的时间和期限。对此，有必要借鉴其他国家的做法作出明确的规定。

5. 搜查相对人的救济

非法搜查往往导致公民的人身、财产、住宅以及隐私权受到不应有的损害，对此，其应有权提出异议，并寻求保护和补偿。2012 年刑事诉讼法第 55 条规定："人民检察院接到报案、控告、举报或者发现侦查人员以非法方法收集证据的，应当进行调查核实。对于确有以非法方法收集证据情形的，应当提出纠正意见；构成犯罪的，依法追究刑事责任。"该法第 56 条第 2 款规定："当事人及其辩护人、诉讼代理人有权申请人民法院对以非法方法收集的证据依法予以排除。申请排除以非法方法收集的证据的，应当提供相关线索或者材料。"这是立法上关于搜查相对人权利救济的规定。搜查相对人认为侦查机关的搜查行为非法，其可以选择向检察院控告、举报，如果是在审判阶段还可申请法院予以排除。立法上关于搜查相对人权利保护的这一规定是进步的，但仍存在不足，体现在立法关于非法搜查对搜查相对人造成的损失的弥补上欠缺法律规定。当检察院或法院发现侦查机关是通过非法搜查获取证据的，其救济方式是提出纠正意见、依法追究刑事责任、排除该非法证据。但是对于非法搜查导致公民的人身、财产、住宅以及隐私权受到损害，包括经济上的损失和精神上的损失，如何补偿和救济却没有规定，不能不说这是此次刑事诉讼法修改的遗憾之一。

6. 非法搜查的后果

2012 年刑事诉讼法第 54 条规定："收集物证、书证不符合法定程序，可能严重影响司法公正的，应当予以补正或者作出合理解释；不能补正或者作出合理解释的，对该证据应当予以排除。"如此规定，有利于改变实践中往往将非法取得物证作为定案的根据的做法，有利于遏制非法搜查的行为，保护相对人的利益。同时，刑事诉讼法第 55 条规定：

“人民检察院接到报案、控告、举报或者发现侦查人员以非法方法收集证据的，应当进行调查核实。对于确有以非法方法收集证据情形的，应当提出纠正意见；构成犯罪的，依法追究刑事责任。”第 56 条规定：“法庭审理过程中，审判人员认为有第 54 条规定情形的，应当对证据的合法性进行法庭调查。”同时规定：“当事人及辩护人、近亲属有申请排除非法证据的权利，但应当提供相关线索或者材料。”立法如此规定，对于通过否定非法搜查所获得的证据的效力来对非法搜查制度予以遏制具有积极意义。但是，何谓“予以补正或者作出合理解释”，法律语焉不详。另外，在实践中，受传统观念的影响，非法物证、书证排除的情形极为鲜见。

7. 无证搜查

无证搜查是指在法定情形下，无须使用搜查证而进行的搜查。我国立法在规定有证搜查的同时，也对无证搜查进行了相应的规定。2012 年刑事诉讼法第 136 条第 2 款规定：“在执行逮捕、拘留的时候，遇有紧急情况，不另用搜查证也可以进行搜查。”相关解释亦有细化性规定。有观点认为，上述规定存在歧义。即对“在执行逮捕、拘留的时候”与“遇有紧急情况”，既可作“重叠式”理解，也可作“并列式”理解。结合汉语使用习惯及实践中的做法，一般按重叠式理解，但这违背了搜查的基本法理，不仅对搜查的要件限制过严，而且不符合附带搜查的基本法理。因此，主张对我国搜查法理重新建构，一方面，明确无证搜查的种类；另一方面明确无证搜查的共同要件。①

我们认为，在实行有证搜查原则的基础上，确定无证搜查的例外，并对此进行全面规定，不仅有助于收集证据、查获犯罪嫌疑人，确保有效地追究和打击犯罪，同时也有利于保障犯罪嫌疑人以及其他所涉公民的合法权益。然而，我国立法对无证搜查的规定是极为粗疏的，对此，应当全面加以完善。具体而言，第一，应合理确定无证搜查的条件。无证搜查除了满足搜查的共同性要件，即有证据证明在拟搜查的人身、物品、住处和其他有关地方可能发现罪犯或犯罪证据之外，还须具备以下情形之一：（1）经被搜查人同意的。（2）在执行逮捕、拘留的时候，为确保逮捕、

① 参见张斌《我国无证搜查制度法理之构建——〈刑事诉讼法〉第 111 条第二款质疑》，《现代法学》2003 年第 4 期。

拘留措施的执行，或者为防止犯罪嫌疑人隐藏、毁灭证据，或者为保障执行人员的安全。（3）存在紧急情况，犯罪嫌疑人可能逃跑或证据可能被隐藏、灭失的。第二，应明确限定无证搜查的对象及范围。无证搜查的对象应符合立法对搜查范围的限制，即犯罪嫌疑人以及可能隐藏罪犯或者犯罪证据的人的身体、物品、住处和其他有关的地方，不能因事先不受审查即任意扩大搜查的范围。

需要指出的是，在上述无证搜查中，同意搜查是重要的一种。所谓同意搜查，我国有学者又称之为合意式搜查，是指不存在逮捕或有紧急情况等其他无证搜查的情形，经过某人的同意，对其人身、物品或住宅进行搜查的制度。对于同意搜查，我国现行立法并未涉及，但在司法实践中却广泛存在。有学者认为，鉴于我国侦查实践中业已形成的合意性搜查制度所具有的现实合理性，以及其良好的运作效果对于实现侦查目的的作用，我国应通过立法对此实践进行确认并进一步规范。第一，以被搜查人的同意为搜查进行的合法依据；第二，明确有同意权的主体资格；第三，权利人的同意必须以明示的、书面的方式作出；第四，无论是以查看还是翻查的方式进行的搜查，侦查人员均应制作搜查笔录，如果搜查到犯罪证据或可疑物品，还应制作扣押物品清单；第五，在未取得权利人同意的情况下进行的搜查属于违法搜查，由此而获得的证据不能作为定案依据，但这并不必然导致此后进行的其他诉讼程序无效。①

8. 行政手段对搜查的冲击

近年来，实证研究的方法被更多地运用在刑事诉讼法学研究领域。对于搜查，亦有学者从实证的角度进行了考察。其以对抽样案卷中的统计数据作为定量分析的根据，以访谈所获得的信息及案卷中的相关法律文书样本作为定性分析的参照，对搜查措施的实践运行状况及存在问题进行了细致的分析。调查发现，实践中搜查被多种行政性的手段所替代，其运用十分有限。如在人身方面，搜查被到案检查所替代，后者包括警察在日常巡逻、设卡检查过程之中发现犯罪嫌疑人时进行的检查，以及在犯罪嫌疑人留置后，以及群众将犯罪嫌疑人扭送到案之后，对犯罪嫌疑人进行的检查。而在场所方面，搜查多被治安检查所替代，只有当搜查的对象为住宅

---

① 参见马静华《合意性搜查制度：基础与应用》，《政法论坛》2005 年第 4 期。

时，才使用搜查。相应的，证据的收集多是在犯罪嫌疑人交代或证据持有人提交的情况下通过扣押和提取来完成。① 应当说，这一问题是学界以往从立法与理论层面对搜查制度进行研究时没有发现的新的问题，由此也可见将实证研究方法引入刑事诉讼研究的重要意义。至于应当如何应对行政性手段对搜查造成的冲击，我们认为，从刑事诉讼改革的视角出发，归根结底还在于搜查制度本身的完善。只有搜查制度满足公正与效率的要求，才能期待其在实践中被广泛运用以发挥更大的作用。

三 监听

监听是采用技术手段秘密获取与犯罪有关的言词信息的侦查措施之一，是一种典型的技术侦查手段。按照我国学者的界定，监听，又称窃听、侦听，是听取、记录自然对话、有线通讯和无线通讯传递的信息，以发现犯罪嫌疑人和犯罪证据的侦查方法。广义的监听包括经一方当事人同意的监听、当事人自行实施的录音行为和由第三者实施的公开及秘密监听；狭义的监听仅指侦查机关在谈话的双方当事人不知情时秘密实施的听取、记录会话内容的侦查活动。② 作为一种侦查手段，监听具有其他侦查措施不可比拟的优越性，但在另一方面，监听也使得广大公民依法享有的隐私权面临被公之于众的风险。因此，各国立法均对此进行了较为严密的规定。在2012年刑事诉讼法颁布前，监听这一侦查手段的法律依据主要是《国家安全法》与《人民警察法》的相关规定。根据《国家安全法》的规定，国家安全机关因侦察危害国家安全行为的需要，根据国家有关规定，经过严格的批准手续，可以采用技术侦察措施。《人民警察法》也规定："公安机关因侦查犯罪的需要，根据国家有关规定，经过严格的批准手续，可以采取技术侦察措施。技术侦查是采取一定的科学技术手段获取案件信息、证据和缉拿犯罪嫌疑人等侦查行为的总称。监听是一种典型的技术侦查手段。"③ 通常，监听被认为属于上述法条中"技术侦察措施"

---

① 参见左卫民《规避与替代——搜查运行机制的实证考察》，《中国法学》2007年第3期。

② 参见彭勃《论监听作为侦查手段的法律问题》，《法商研究》2002年第6期。

③ 参见陈光中主编《〈中华人民共和国刑事诉讼法〉修改条文释义与点评》，人民法院出版社2012年版，第212页。

之列。上述规定无疑是极为粗疏的，实践中的做法也较为混乱。特别是在刑事诉讼中，由于原刑事诉讼法规定的缺失，技术侦查一直缺乏立法明确授权和规制，导致公安司法机关对技术侦查的认识不到位，适用程序也十分混乱，通过技术侦查手段所取得证据的证据效力也不明确，这就造成技术侦查活动的合法性困境和人权保障上的漏洞，也导致技术侦查手段的滥用。为此，近年来我国学者对监听进行了多方面研究，涉及监听立法的必要性以及如何立法的问题，其中不乏一定的合理之处。新刑事诉讼法也增加了有关技术侦查①的一系列规定，以下对以上问题及新刑事诉讼法中的相关规定加以介绍和评析。

1. 监听的法律性质

对监听的法律性质，我国法学界目前尚无定论。"搜查、扣押说"认为，监听（特别是电话监听）作为一种特殊的侦查手段，是对人们的电话通话的搜查和扣押。侦听、截获通讯和电子监控等侦查手段与扣押嫌疑人的邮件、电报的行为具有同质性。反对者则认为监听是对无形物所实施的强制性处分，所形成的证据主要是视听证据，加上监听方法具有很强的秘密性，实施对象范围较小，应属特殊的侦查措施。②

我们认为，对于监听的法律性质不能依照其与其他侦查措施形式特征的相同或差异加以确定，关键在于该措施可能侵害的公民权利的性质以及侵害的后果和程度，因为这是决定该措施适用条件和适用程序的关键点。从这一点来看，在我国监听不宜被视为搜查、扣押。从可能侵害的公民权利的性质来看，监听主要涉及公民的隐私权，而搜查、扣押在我国主要涉及公民的人身、住宅和财产。需要指出的是，在此方面，我国与美国等国家存在不同。在美国，判断一项侦查行为是否构成搜查，并不以该行为是否涉及公民的财产为标准，而是看该行为是否侵犯公民的隐私权。对公民享有合理隐私权期待的物品、场所进行探知才构成搜查。而目前我国理论与立法对搜查的界定显然还是财产标准。而从侵害的程度与后果来看，监听较之搜查更为严重。表现在与搜查相比：监听

---

① 2012 年刑事诉讼法中采用"技术侦查"的表述替代了"技术侦察"，二者本质相同，为研究方便，笔者采用"技术侦查"之表述。

② 转引自彭勃《论监听作为侦查手段的法律问题》，《法商研究》2002 年第 6 期。

实施的手段是秘密的，被监听人往往处于不知情的状态；实施的期间为相对较长的时间段；监听的内容可能涉及与本案无关的其他公民；通话、通讯可能包含商业秘密、个人隐私等信息，除隐私权本身以外，还与公民的财产利益、人格、声誉等相联系。在此情形下，如将监听归入搜查、扣押之中，适用相同或类似的条件与程序，显然不利于保障公民的合法权益。因此，监听应属于一种特殊的侦查措施，具体来讲是一种技术侦查措施。

2. 监听立法的必要性

对监听进行立法，是近年来学界比较普遍的呼声。有学者对监听立法的必要性进行了分析。他指出，把监听纳入立法范围主要基于以下几个方面的考虑：第一，司法实践的需要。第二，人权保障的必然要求。第三，侦查程序法治化的要求。第四，完善刑事程序法制的需要。①

新刑事诉讼法在侦查章增加了对技术侦查措施的规定。虽未明确规定技术侦查措施的种类，但从上述分析来看，监听显然属于技术侦查措施的一种。因此，应当认为立法已经对监听的相关内容进行了规定。如此规定，不仅使监听行为有了明确的法律依据，更能够通过法律来规制监听这一侦查措施，将其限制在合理的界限之内，以免适用的随意性而侵犯公民的合法权益。

3. 监听的立法体例

在监听立法的体例方面，各国做法不一，主要有三种：一是单独制定专门的法典，如美国、日本、我国台湾地区等；二是在刑事诉讼法中设立专门章节，如法国、德国、意大利以及我国澳门地区等；三是在刑事法典中设立专门章节加以规定，如加拿大。有观点提出，将监听作为侦查手段的一种，放在我国刑事诉讼法的“侦查”一章中加以规定较好，一是可以避免单独立法所造成的程序性质的法律分散、繁杂的缺点；二是可以保持整个刑事诉讼法体系的统一和协调，也便于掌握和适用。② 我们认为，这也是比较适于我国现行立法体例，同时也更加简便宜行的一种选择。我国立法机关也采用了此种方式，在新刑事诉讼法的侦查一章增加了技术侦查的规定。

---

① 参见李明《监听问题立法研究》，《法学》2004 年第 7 期。

② 同上。

4. 监听的适用原则

为了确保惩罚犯罪与保障人权的平衡，在适用监听时必须坚持一系列原则。有观点指出，监听中应坚持下列原则：第一，合法性。对监听的适用必须在法律上作出明确具体的规定。第二，必要性。只有在不得已的情况下，由于更轻程度的其他干预手段已经试过并且失败，或者是不适当的，才可以适用监听。第三，比例性。监听的程度必须与罪行的严重程度成比例。第四，责任性。必须有适当的控制和重复、有效的救济手段，防止监听被滥用。①

我们认为，监听的使用会严重侵犯公民的基本权利，尤其是隐私权。如果适用不当，不仅无益于人权的保障，而且也易引起社会大众对国家公权力的反感和抵制，不利于维护司法权威和社会稳定。因此，对监听的条件、程序和范围都必须有明确且严格的法律规定，没有明确的法律授权不得监听。由于监听侵犯法益的严重性，仅能在其他侦查手段无效或不适当且监听有可能侦破案件时，才可以实施监听；监听的时间和范围应当严格控制在合理的界限之内，不得随意超出监听的界限，且监听的程度应该与罪行的严重程度成比例。

5. 监听的适用范围

对于监听应适用于哪些案件，我国学者普遍认为应限于严重的案件。如有观点认为，监听只能适用于重大复杂的刑事案件。② 有观点则对严重罪行进行了列举，认为包括危害国家安全罪、毒品罪、恐怖主义犯罪、贪污贿赂罪、有组织犯罪。③ 有观点从犯罪性质的角度对严重案件进行了限定，认为监听适用于危害国家、社会及公民重大利益的犯罪，如危害国家安全和社会公共安全的重大案件、重大经济犯罪案件、危害公民人身和财产的重大犯罪案件，或者通过网络进行的各种犯罪及利用电话等电讯设备

---

① 参见陈卫东主编《刑事审前程序研究》，中国人民大学出版社 2004 年版，第 183 页。

② 参见樊崇义主编《刑事诉讼法实施问题与对策研究》，中国人民公安大学出版社 2001 年版，第 372 页。

③ 参见陈卫东主编《刑事审前程序研究》，中国人民大学出版社 2004 年版，第 183 页。

实施的敲诈、恐吓、骚扰等其手段本身即表明需要此技术侦查的案件。①还有观点从法定刑的角度和罪过形式对严重罪行进行了限定，认为我国的监听只能适用于严重的非过失犯罪，即所犯之罪有可能被判处 3 年有期徒刑以上之罪以及涉及严重暴力犯罪、黑社会犯罪、恐怖组织犯罪、毒品犯罪、贪污贿赂犯罪和危害国家安全罪等故意犯罪。② 我们认为，将监听适用的对象限定为严重罪行是比较合理的，符合监听适用的比例性原则。在此基础上，从犯罪性质和法定刑的角度对严重罪行加以限定也是必要的，以便更加明确，易于操作。

新刑事诉讼法第 148 条规定："公安机关在立案后，对于危害国家安全犯罪、恐怖活动犯罪、黑社会性质的组织犯罪、重大毒品犯罪或者其他严重危害社会的犯罪案件，根据侦查犯罪的需要，经过严格的批准手续，可以采用技术侦查措施。人民检察院在立案后，对于重大的贪污、贿赂犯罪案件以及利用职权实施的严重侵犯公民人身权利的重大犯罪案件，根据侦查犯罪的需要，经过严格的批准手续，可以采取技术侦查措施，按照规定交有关机关执行。追捕被通缉或者批准、决定逮捕的在逃的犯罪嫌疑人、被告人，经过批准，可以采取追捕所必需的技术侦查措施。"这一条规定了技术侦查的适用范围：包括公安机关侦查的危害国家安全犯罪、恐怖活动犯罪、黑社会性质的组织犯罪、重大毒品犯罪或者其他严重危害社会的犯罪案件。这几类案件共同的特点是社会危害性很大，罪行严重，允许采用监听手段符合比例性原则。还包括检察机关自侦的重大的贪污、贿赂犯罪案件以及利用职权实施的严重侵犯公民人身权利的重大犯罪案件。这几类案件往往案情较为重大，犯罪情节严重，且犯罪手段十分隐蔽，通过普通侦查手段难以侦查，采用监听手段有必要性。另外被通缉或者在逃的犯罪嫌疑人、被告人有一定的人身危险性，可能继续危害社会，缉拿他们有一定的急迫性，因此采用监听可以尽快地将危险的犯罪嫌疑人、被告人缉拿并羁押，以确保刑事诉讼的顺利进行和社会的安全。

6. 监听的适用条件

对于监听在何种条件下方可实施，学界普遍认为应满足必要性的原

---

① 参见宋英辉、吴宏耀《刑事审判前程序研究》，中国政法大学出版社 2002 年版，第 255 页。

② 参见李明《监听问题立法研究》，《法学》2004 年第 7 期。

则。如有观点认为，只限于难以收集充分的其他证据或者采用其他侦查方法未能取得效果，必须采用此种手段的案件，即对于查明涉嫌的犯罪，有此特别必要性。① 有观点指出，监听必须是在采用常规侦查手段无法查清案件事实时才能采用。②

我们认为，由于监听对公民权利的侵犯性，其适用条件理应更为严格。新刑诉法中规定的可以采取技术侦查的案件，均属社会危害性较大、采用普通侦查手段难以奏效的案件。在此类案件中，“根据侦查的需要”可以采用监听手段。需要注意的是，“根据侦查犯罪的需要”应当以其他常规侦查手段穷尽且无效或不适当为前置要件，不得将“侦查犯罪的需要”作扩大化解释。另外，在满足必要性的前提下，还需要满足合法性和成比例性，只有法律明确规定的案件中，才可以实施监听；只有罪行严重、案情复杂的重大案件，才可以实施监听。

7. 监听的适用程序

为了确保监听的权力不被滥用，防止侵害公民的隐私权，立法对监听的适用程序应进行全面的规定，包括批准、执行、救济等方面内容。第一，监听必须由有权的主体批准。至于谁是有权的主体？有观点提出，建议由法院对侦查人员的监听申请进行审查。③ 而有观点则认为，在我国，人民检察院被定位为法律监督机关，在宪法对此作出修改之前，监听的决定由人民检察院作出似比较合适。④ 第二，监听的执行。一是执行的依据。学界基本上一致认为，监听的执行必须以有权力机关批准签发的执行文书为依据，该文书应记载下列事项：决定机关名称；执行机关名称；执行人员姓名、身份事项；被监听人的姓名、身份事项；监听的场所、方式、期限等。二是信息的使用。为了防止被监听人的隐私过分扩散，采用监听所获得的证据通常只能限于在本案中使用。特殊情况下需要在其他案

---

① 参见宋英辉、吴宏耀《刑事审判前程序研究》，中国政法大学出版社 2002 年版，第 255 页。

② 参见樊崇义主编《刑事诉讼法实施问题与对策研究》，中国人民公安大学出版社 2001 年版，第 373 页。

③ 参见陈卫东主编《刑事审前程序研究》，中国人民大学出版社 2004 年版，第 183 页。

④ 参见樊崇义主编《刑事诉讼法实施问题与对策研究》，中国人民公安大学出版社 2001 年版，第 374 页。

件中使用的，也应符合采用监听的案件范围或其他各项限制条件。① 当信息使用完毕，追诉不需要时应及时销毁。三是信息的保密。对被监听到的内容，执行人员除经法定程序外不得泄露，即使离职后也负有保密义务。同时，电讯部门及有关人员除经法定程序外，也不得泄露监听事实及监听内容。② 第三，监听的救济。为了保障被监听人的合法权益，有必要为其设立相应的救济途径。有学者建议规定：被监听者对监听所获得的信息有审查和提出异议权；被监听者对非法监听所得证据享有请求排除权；非法监听的受害者有权对实施非法监听者提起民事赔偿诉讼。③ 上述设想无疑是必要的，新刑事诉讼法也在一定程度上予以采纳吸收，从技术侦查的批准和执行及其他方面对技术侦查进行了规定。

8. 技术侦查措施的批准

新刑事诉讼法侦查章第八节规定了技术侦查措施，但哪个机关享有批准权并不明确。第 148 条规定采取技术侦查措施需要经过“严格的批准手续”，表明立法者对于使用技术侦查措施的慎重态度，但“经过严格的批准手续”的表述过于模糊，无法确定批准权限的归属及审查批准的程序。过于原则性的规定在司法实践中不具有可操作性，仍然需要对该条文进行进一步的细化和明确。当代许多国家为了防止侦查权的滥用，均设置了司法审查制度，以司法官员签发令状的形式实现对侦查权的制约。即行政机关采取某些特定的侦查措施，应当向法官提出申请，由法官审核后批准并发布司法令状，司法令状的内容包括授权采取这一措施并对适用对象、范围和期限作出限制，执行者对于这一令状必须严格执行并遵守相关要求。④ 根据新刑事诉讼法的规定，技术侦查措施是由公安机关自己批准，自行适用的。在技术侦查措施需要严格保密的政策规制下，公安机关决定并适用技术侦查措施是完全排除外部监督的，更断绝了当事人申请权利救济的途径。历史经验已经充分地证明仅仅依靠自身监督的制度是多么

① 参见樊崇义主编《刑事诉讼法实施问题与对策研究》，中国人民公安大学出版社 2001 年版，第 376 页。

② 参见李明《监听问题立法研究》，《法学》2004 年第 7 期。

③ 参见樊崇义主编《刑事诉讼法实施问题与对策研究》，中国人民公安大学出版社 2001 年版，第 372 页。

④ 参见陈光中主编《〈中华人民共和国刑事诉讼法〉修改条文释义与点评》，人民法院出版社 2012 年版，第 220 页。

的危险，技术侦查措施也概莫能外。

我们认为，在技术侦查的批准问题上，引入司法审查或者令状机制是我国刑事诉讼法发展的必然趋势。域外法治发达国家的立法与实践将技术侦查的审查决定权赋予了法官，由法官根据令状原则进行司法审查。然而根据我国目前司法机关的机构设置与功能配备及司法实践，将技术侦查的审查批准权赋予法官的各项条件还不成熟，贸然引入法官司法审查制度，会对我国目前的刑事司法机制运行造成过大的冲击。根据我国现行的司法体制和实际国情，我们认为，技术侦察措施如果由公安机关实施，则应当由检察机关审查批准；如果由检察机关实施，则应由上级检察机关决定。

9. 技术侦查措施的执行

首先，关于技术侦查措施的执行机关问题。新刑事诉讼法第148条规定公安机关可以采取技术侦查措施；人民检察院也可以采取技术侦查措施，但应按照规定交有关机关执行。公安机关自己侦查的案件在获得批准后便可以执行技术侦查措施，而检察机关决定采取技术侦查措施后应当按照规定交有关机关执行。这一规定考虑到了司法实践中技术侦查手段只有公安机关才具备实施条件，也为了集中管理，避免多个机关都具备实施技术侦查的能力和条件，以免造成技术侦查手段的滥用。① 但需要提出的是，法条中规定的“有关机关”仍然需要进一步明确，以便司法实践中有法可依。

其次，关于技术侦查措施的执行范围和期限问题。新刑事诉讼法规定了批准决定应当确定采取技术侦查措施的种类和适用对象，同时规定了技术侦查的批准决定有效期为三个月，对于复杂疑难的案件，三个月届满仍然有必要继续采取技术侦查措施的，经过批准可以延长，每次延长的期限不得超过三个月。第150条再次强调采取技术侦查措施必须严格按照批准的措施种类、适用对象和期限执行。这就要求技术侦查必须限定在批准的范围之内，同时也要求批准决定尽可能详尽地表明技术侦查的方式、适用对象、期限。

再次，关于所得信息的使用和保密问题。新刑事诉讼法第158条规定：“侦查人员对于采取技术侦查措施中知悉的国家秘密、商业秘密和个

---

① 参见陈光中主编《〈中华人民共和国刑事诉讼法〉修改条文释义与点评》，人民法院出版社2012年版，第216页。

人隐私，应当保密。对于采取技术侦查措施获取的与案件无关的材料，必须及时销毁。采取技术侦查措施获取的材料，只能用于对犯罪的侦查、起诉和审判，不得用于其他用途，公安机关依法采取技术侦查措施，有关单位和个人应当配合，并对有关情况予以保密。”法律要求侦查人员和其他人员对侦查措施了解的相关情况保密，技术侦查所取得的材料与案件有关的只能用于刑事诉讼，不得用于其他事项，与案件无关的应当及时销毁。

10. 技术侦查措施的救济制度

新刑事诉讼法并未赋予利益相关人申请救济、参与程序的权利，也未明确规定侦查机关的不当侦查行为的程序性制裁机制，是为遗憾。相关的司法解释中应当建立配套的救济制度。在技术侦查制度实施结束后，侦查监督部门应当将适用技术侦查措施的情况通知侦查对象，告知其有提出异议的权利，并将所获得的材料提供给他进行核对和发表意见。在此基础上，在宪法基本权利受到侵害时，被告人乃至社会公众有提起民事诉讼、刑事诉讼的权利，要求个别侦查人员或侦查机关对其违法行为造成的损害进行民事赔偿甚至承担刑事责任。

第四节　侦查监督与控制

近年以来，虽然无论在观念中还是在立法上，法治理念与人权保障的精神均得以贯彻和加强，但司法实践中违法侦查、侵害公民合法权益的现象仍时有发生，甚至造成恶劣的后果和影响。如何加强对侦查权的监督和控制，确保侦查机关依法行使侦查权，防止其侵害公民合法权益，成为困扰学界与司法实务部门的重大难题之一。对此，学界与司法实务部门的工作者进行了广泛的探讨，并提出了多种不同的观点和看法。这不仅有利于我们在理论层面加深对此问题的认识，而且有助于我们在制度层面解决这一问题。然而，如何强化侦查监督与控制是一个复杂的系统工程，如何切实、有效地解决这一问题，还有待于进一步的研究和探索。

根据我国宪法与相关立法的规定，目前在公安机关侦查的案件中，主要通过检察监督和法院控制等途径来确保侦查的合法性。其中，前者主要表现为，人民检察院在审查批捕与审查起诉过程中，对相关侦查活动是否合法进行的监督；而后者则主要表现为，庭审中法院对非法言词证据和书证、物证的认定和排除。然而，就前者而言，由于事先审查仅限于审查批捕、审查起诉时间滞后、审查方式限于书面审、检察院与公安机关同属于控诉方等原因，检察监督的效果十分有限；而从后者来看，由于原刑事诉讼法规定的非法言词证据的范围有限，且未设立相应的配套制度，法院控制所能起到的作用甚微。在此情形下，我国学者纷纷主张强化侦查监督、加强司法控制，以防止侦查违法，侵害公民的合法权益。

从现有的研究来看，主张由中立的法官对侦查活动进行审查，也即实行司法审查和控制是较为普遍的一种观点。对这一做法的理论基础，有观点认为，主要包括：第一，法治理论；第二，权力分工与制衡理论；第三，人权保障理论；第四，程序正义理论。① 有观点则指出，对侦查权进行司法控制的理论基础包括：第一，由侦查权本质属性所决定；第二，有限政府理论；第三，分权制衡理论；第四，人权保障理论；第五，正当程序原理；第六，程序——效率原理。② 上述观点揭示了在我国确立司法审查和控制的理论依据。

对于如何在我国立法中确立司法审查和控制制度，有观点主张，在公正与效率目标的指引下，加强侦查程序的司法控制。具体措施包括：第一，将法官引入侦查程序。对涉及公民合法权利的强制侦查行为，事先由法官发布令状；在紧急情况下，由法官事后作出裁定；对犯罪嫌疑人及其律师不服裁定的申诉作出裁决。第二，对现行刑事司法体制予以调整，确立审判权的中心地位和中立形象，废止“分工负责、互相配合、互相制约原则”与“检察监督原则”。第三，实行检、警一体化，由检察机关领导、指挥公安机关进行侦查工作。第四，改革现行法官的选任制度，实现法官的社会精英化。第五，确立非法证据排除规则，使司法权能在审判阶段对侦查权进行事后控制。第六，实行拘留、逮捕与羁押相分离，并且拘留、逮捕后是否羁押以及羁押期间的长短均应由法院决定。第七，应当赋予侦查阶段的犯罪嫌疑人及其辩护人更多的诉讼权利，包括沉默权、获得律师帮助权、讯问时律师在场权、犯罪嫌疑人与辩护律师通信权等。③

---

① 参见陈永生《侦查程序原理论》，中国人民公安大学出版社 2003 年版，第 234—246 页。

② 参见刘根菊、王向阳《侦查权司法控制的理论基础》，载刘根菊等《刑事诉讼程序改革之多维视角》，中国人民公安大学出版社 2006 年版，第 92—103 页。

③ 参见陈卫东、李奋飞《论侦查权的司法控制》，《政法论坛》2000 年第 6 期。

有观点则明确提出，应建立侦查行为司法审查制度对侦查权力进行制约，并从司法审查的主体、范围、内容等方面，就如何构建该制度提出了全面的设想。具体包括以下几个方面：第一，司法审查的权力主体不应为人民检察院，而应为人民法院。这是因为：根据国际刑事司法准则和法治国家的经验，我国检察机关不具有司法审查所必要的中立性；我国检察机关崇高的宪法地位以及享有批捕权的现实，不足以支撑其享有司法审查权。第二，司法审查的范围应包括所有侦查行为，而不应局限于强制侦查。这是因为，将司法审查限定在强制侦查上缺乏足够的法理依据和现实可操作性；侦查行为的司法审查有多种不同的方式，不同方式的司法审查可以针对不同的侦查行为，并不一定要局限于强制侦查；从司法审查制度的价值上看，也不应当以强制侦查为限。第三，司法审查的内容原则上是侦查行为的合法性，而不涉及侦查行为的必要性；法院审查的依据为宪法、刑事诉讼法、其他“法律”以及最高人民法院司法解释，其他规范性文件只能作为参考；涉及立法的合宪性审查问题，应建立合宪性审查制度解决。①

还有观点赞同设立侦查行为司法审查制度，但具体构想又有所不同。包括：第一，实行司法令状制度；第二，建立严格的非法证据排除规则；第三，明确规定某些侦查行为的可诉性。此外，该学者还提出设立相关配套制度，包括建立系统的现代刑事司法审查制度；妥善处理司法审查与检察监督的关系。②

与上述观点主张直接设立由法官主持下的司法审查制度的观点不同，有学者提出应分两步走。其认为，虽然建立司法审查制度是未来的发展趋势，但目前的司法实践并未体现出建立司法审查制度的迫切需要，而且法院目前的司法环境、法院系统内部自身的法治化进程尚未完成，法官的法律素养与人格操守，以及对此的调控机制均无法与法治国家的现存状况进行简单的对接，因此在短期之内，进行这种全局性改革的条件有欠成熟。因此，该学者主张实行两步走，即由目前刑事司法体制中缺乏法院对侦查

① 参见孙长永《通过中立的司法权力制约侦查权力——建立侦查行为司法审查制度之管见》，《环球法律评论》2006 年第 5 期。

② 参见蒋石平《浅论对侦查行为的司法审查制度》，《现代法学》2004 年第 2 期。

活动施加控制的现状，经由检察机关对侦查活动发挥主要的监督职能的中间阶段，渐次发展到将来的完善的司法控制体系。①

此外，还有观点在实现司法控制的路径上也主张渐进式，但不仅限于主体方面，而是从司法介入的主体、范围、层次、方式等几个方面进行了全面的具体设计。该学者指出：第一，有权提请司法介入的主体，应当包括：警察机关（限于申请实施强制性侦查措施、依职权提请复查）；检察机关；犯罪嫌疑人及其代理人和近亲属；辩护人（经犯罪嫌疑人及其代理人和近亲属同意）；其他诉讼参与人（限于与其有利害关系的裁判）。第二，有权进行司法介入的主体，改革初期由检察官进行，条件成熟时由法官进行。第三，司法介入的范围，初级阶段为对公民权利进行最严厉剥夺得拘留、逮捕以及证据保全；中级阶段为所有强制性手段；高级阶段为所有设计公民权利和自由的侦查行为。第四，司法审查的层次，包括事先审查、职权复查、上诉复查、审判复查、申诉复查。第五，司法介入的方式，事先审查一般为书面形式；职权复查依情形而定；上诉复查与申诉复查采用言词审理。②

需要指出的是，在司法实践中，实务部门为了强化侦查监督，进行了一些新制度的尝试，如“检察引导侦查”制度、“侦捕诉联动”机制等，这些创新性实践也引起了广泛关注，学者与实务部门对此也进行了探讨和研究。有学者对司法实践中出现的“检察引导侦查”进行了分析。该学者指出，首先，检察引导侦查的法律依据主要是人民检察院法律监督者的地位以及“分工负责、互相配合、互相制约”原则，但二者皆有弊端，需要改革。其次，检察引导侦查的理论基点在于监督理论。最后，为了完善检察引导侦查，应当采取下列措施：第一，赋予引导侦查以法律渊源，将相关做法上升到法律，强制侦查机关遵守。第二，检察机关在引导侦查中的角色应当定位为“客观的监督者”，为此应强化检察机关客观义务和中立的地位，不应实行警检一体化模式。第三，引导侦查的内容主要是引导、制约或者说为了公民权利的保障充当

① 参见但伟、姜涛《侦查监督制度研究——兼论检察引导侦查的基本理论问题》，《中国法学》2003 年第 2 期。

② 参见陈永生《侦查程序原理论》，中国人民公安大学出版社 2003 年版，第 403—412 页。

客观的法律监督主体；规范取证行为，促使侦查行为合法进行。第四，在引导的途径上，可以为：当事人（犯罪嫌疑人）的告发程序以及侦查机关主动在重大、疑难案件或其他自己认为有必要的案件之中主动提请检察机关介入。在引导的效力上，对于强制措施的审批、违法侦查行为的审查稽核，检察机关所作的决定和处分应具有强制性，对于涉及侦查策略、取证方案的设定等问题的引导，检察机关可以提出建议，供侦查机关参考，不具有强制性。第五，引导侦查的具体形式，在组织上可以在公安机关设置引导侦查室，人员选派实行轮换制；引导方式为一般指导与个案监督相结合。此外，还应完善配套制度，具体包括庭审的实质化以及侦查机关内部业绩衡量标准的改革等。①

而对于侦、捕、诉联动机制也不乏分析和评价。有观点指出，其实践价值主要包括：第一，侦、捕、诉联动机制有利于两机关形成合力共同追诉犯罪；第二，侦、捕、诉联动机制可以有效地保障犯罪嫌疑人的人权；第三，侦、捕、诉联动机制适应新的庭审方式的要求；第四，侦、捕、诉联动机制代表了我国检警关系的发展方向。② 而有观点则对侦、捕、诉联动机制的法理基础进行了分析，指出组成侦控主体系统的最基本的要素就是侦、捕、诉。要优化侦控主体系统，就要加强侦、捕、诉三方的合力，建立“侦捕诉联动”机制。这是在我国现行法律框架下改革我国检察制度的一项有益尝试。具体而言，从侦控主体结构来看，结合型侦控主体结构符合由检察官最终代表国家行使控诉权的内在要求，体现了侦查和起诉均为追诉活动主体的连续性和整体性，且能够有效实现检察机关对侦查机关的监督和制约以及诉讼进程上的快速与高效。而改造我国侦控主体结构，建立侦、捕、诉联动机制，使侦查监督部门、审查起诉部门的检察官积极介入到侦查活动中，符合侦控主体结构优化的要求。而从侦控主体系统效能的发挥来看，由于检察机关的法律监督职能应包括侦查监督职能和公诉职能，因此，侦、捕、诉联动的目的并不完全等同于公诉权的实现，还具有监督侦查机关合法收集证据、保障程序公正、保障人权的作用。在

① 参见但伟、姜涛《侦查监督制度研究——兼论检察引导侦查的基本理论问题》，《中国法学》2003 年第 2 期。

② 参见陈乃保、杨正鸣、徐庆天《侦捕诉联动机制的实践价值》，《法学》2006 年第 5 期。

此基础上建立侦、捕、诉联动机制是发挥侦控主体系统效能的捷径。[①] 还有学者从实际运作的角度对侦、捕、诉联动机制进行了研究。他提出以下制度，第一，构建侦、捕、诉联席会议制度，形成联动工作的经常化、规范化、制度化。第二，构建引导取证制度。具体包括：构建侦、捕、诉业务对口制度，即在控、审诉讼结构上，侦、捕、诉作为横向结构上的一个整体，而在侦、捕、诉内部的纵向结构构造上，为保证作为控方主体的证据主导优势，则必须在其纵向结构上保证相应的人员对应关系；构建规定案件的通报制度，即侦查机关就规定案件向公诉部门、侦查监督部门通报的制度；构建侦查部门申请介入制度，允许侦查部门的办案人员就一些定罪有争议或证据把握不准的案件及时向公诉或侦监部门咨询。第三，构建侦查监督制度。具体包括：构建侦查启动、终结程序通报制度，由侦查机关在作出上述决定 3 日内向检察机关侦查监督部门通报；构建强制处分权通报制度，由侦查机关将重大案件和经济案件的搜查、扣押等强制处分权在实施前向侦查监督部门通报，侦查机关先行拘留犯罪嫌疑人的，应在一定期限内将拘留的情况向检察机关通报；构建检察机关对侦查人员的惩戒建议权制度。第四，构建检察机关内部捕、诉联动制度。具体包括：构建捕、诉互相参与案件讨论的工作机制；构建规定案件的跟踪督促制度；构建侦查监督通报衔接制度。第五，构建侦、捕、诉联动监督制约机制。具体包括：对侦、捕、诉联动工作质量的评估；对侦、捕、诉联动工作的及时跟踪和反馈；利用现代科技手段强化对侦、捕、诉活动的监督。[②]

上述可见，我国近年来在对侦查的监督与控制方面所作的研究是富有成效的。众多的理论和实务工作者参与了对此问题的探讨，同时，较之于对其他诉讼制度和程序的研究而言，成果也是比较丰硕的。这表明我国学界和司法实务部门对于侦查监督和控制的必要性，特别是当前我国在此方面存在的问题以及改革的迫切性，已经有了较为清醒的认识。

我们认为，如何对侦查进行监督和控制，防止侦查违法、损害人权，从制度的层面来看，主要的途径无外乎三种：一是法院对侦查的控制，即司法审查；二是检察机关对侦查的控制，即检察监督或准司法审查（有

---

① 参见缪万里、余岚、逄政《系统论视角下“侦捕诉联动”机制的法理评析》，《法学》2006 年第 5 期。

② 参见徐燕平《侦捕诉联动机制的实际运作》，《法学》2006 年第 5 期。

些学者亦称司法审查）；三是来自于当事人与其他诉讼参与人的限制，即公民权利救济机制。而在此三者中，第三条途径往往需借助于第一、第二条途径来实现。就此而言，对侦查进行监督和控制的关键在于如何发挥检察机关与法院的作用，也即检察监督和法院主持下的司法审查。

目前，我国学界普遍将法官主持下的司法审查作为制度改革的最终目标，这是较为合理的。虽然多数的学者们对自己所主张设立的制度使用的称谓有所不同，如司法审查、司法控制或司法介入侦查等，但从其实质来看，均为由法官对侦查活动的合法性进行审查。由此可见，学界对于通过法官主持下的司法审查实现对侦查合法性的监督，已经基本达成共识。这不仅符合诉讼自身的规律，也是相关国际法律性文件的要求。其他国家相关立法与实践在此方面的类似做法，也给了我们以有益的启示。对此，我们持赞同的态度。

那么，对于实现制度改革的路径，究竟是应当一步到位，直接建立法官主持下的司法审查制度，还是应当分步实施呢？对此，我们认为，一步到位固然比较理想，但从我国的现实国情来看，还存在重重障碍，尤其是体制方面的困难，短期内很难克服。在此情形下，分步实施更具有可行性。在现阶段加强检察机关对侦查的监督，不仅具有宪法、法律依据，而且具有长期的理论研究和制度实践为基础，同时，也可及时地在一定程度上遏制当前存在的比较突出的侦查违法现象，避免因长时间等待司法审查制度的建立而带来更大危害。

此外，需要指出的是，在加强和完善检察监督方面，作为司法实务部门对现实问题的应对，“检察引导侦查”以及“侦捕诉联动”机制均有一定的合理性，对于强化监督、防止违法，具有积极意义。目前，对于上述实践中的创新做法，还应从理论上进行分析、总结，取其合理之处，摒弃其弊端，使之进一步科学化、规范化、制度化。

第五章

审查起诉程序研究

第一节　公诉方式和公诉审查

一　公诉方式

1. 我国现有公诉方式之缺陷

1996 年我国刑诉法修改曾对公诉方式进行了重大改革，为了避免法官先入为主，强化法庭审判的功能，同时为了使法官能够组织和驾驭庭审活动，适应具有控辩制特征的庭审方式改革的需要，刑诉法修改时规定检察机关在提起公诉时不再移送全案卷宗材料，而改采移送主要证据复印件，学者们将这种新的起诉方式称作“复印件主义”的移送方式。从修改后的刑事诉讼法的实施情况看，立法者修法的初衷在实践中并没有得到体现。这种公诉方式不仅不能有效防止法官的审前预断，而且限制了辩护律师的阅卷权。有学者指出，在司法实践中，法官在审查“主要证据复印件或者照片”的时候，由于刑事诉讼法及相应的司法解释并未对上述所谓“主要证据”的范围作出严格的、协调统一的限定，往往与检察机关在主观认识上产生较大分歧。在具体案件中，检察机关移送的主要证据复印件或照片，经常与法院的要求和理解大相径庭，所谓检法冲突接连不断；同时检察机关也时常把一些关键证据并不完全移送到法院，而是在法庭审理过程中突然出示，令法官和辩护一方措手不及。正是由于复印件主义使得辩护律师的阅卷权明显被缩小，先悉权更无法得到保障，辩护律师只能事先掌握检察机关全部材料中的一小部分，在庭审过程中普遍感觉十分被动，办案的难度比先前似乎更大，抗辩的能力显然被严重削弱了；另一方面，由于与抗辩制庭审形式相辅相成的起诉方式存在结构性缺陷，相应的保障机制远未建立起来，法官在复印件主义之下依然没有彻底摆脱控诉一方的影响力，虽然不至于如同先前那样“先判后审”，但法官内心的审前预断和偏见是在所难免的，致使1996年刑事诉讼法所确立的抗辩式庭审形式依然没有能够彻底摆脱旧庭审模式的消极影响。①

还有学者从程序正义和诉讼经济的角度，对主要证据“复印件主义”公诉方式之弊端进行了分析，认为主要证据移送方式，不仅不能克服旧方式的弊端，实现程序公正，甚至可能造成更严重的程序不公。这是因为：首先，它不利于法官保持中立。在刑事诉讼结构中，法官应与控辩双方保持同等的司法距离，对案件保持超然的地位和客观的态度。案件的真相应从控辩双方的攻击防御中自然而然地显现出来，法官不能在法庭之外根据一方当事人所提供的证据预先形成预断，否则，就破坏了法官的中立性。主要证据移送方式只允许控诉方向法院移送证据，而辩护方则无权移送自己所掌握的辩护证据，因而法官在开庭前接触的只有控诉方证据，难以避免法官在审查中形成预断，不利于在庭审中保持中立。其次，它更容易使法官产生被告人有罪的预断。这种案件移送方式与全案证据移送方式相比，全案证据移送方式虽然容易使法官产生预断，但由于其所移送的全案证据中包含着有利于和不利于被告人的两方面证据，法官在审查案件时，能够全面客观地把握案情，因而法官所形成的预断也较为全面。而在主要证据移送方式下，主要证据的范围仍需要依赖检察人员的主观认识，主要证据范围的确定具有一定的随意性。在司法实践中，检察官基于其控诉职能和求胜心理，往往在对案件证据精心挑选和组织后，只向法院移送那些支持控诉的证据，而不移送有利于被告人的证据，这样相对于全案证据而言，法官在庭前接触的只有控诉一方的控诉证据，因而更容易产生被告人有罪的预断。再次，它不利于辩护权的充分行使，导致旨在增强控辩双方对抗性的庭审改革无法实现，主要证据移送方式使辩护律师在开庭前无法了解控诉方所掌握的全部证据，特别是有利于被告人的证据。最后，这种案件移送方式还会造成巨大的司法资源浪费，不符合现代诉讼的经济原则。检察机关向法院移送主要证据复印件，因而需要复印大量的证据材

① 参见陈卫东、郝银钟《我国公诉方式的结构性缺陷及其矫正》，《法学研究》2000年第4期。

料，消耗大量的司法资源。①

2. 我国公诉方式的改革与完善

基于我国现存的问题，2012 年刑诉法再次对公诉方式进行了改革，重新回归“全案卷宗移送主义”的老路。全卷移送的传统做法得到了一些学者的支持，并给出了各自的理由。有人认为，我国在诉讼上无论是过去，还是将来都不可能真正实现判例制度、陪审制度，当事人主义和判例制度、陪审制度是密不可分的，因而以判例制度、陪审制度为特色的英美当事人主义不是我们未来改革的方向，作为当事人主义特色的“起诉状一本主义”，自然也不是我们未来的选择，而以成文法为主的大陆法系职权主义模式，才是我们应当坚持的方向，因此在起诉方式上，应坚持职权主义下的全案移送方式。② 有人建议恢复检察机关起诉时向法院移送全案卷宗模式，其理由包括：一是法院对单纯依靠法庭审理查明的事实和证据定案缺乏自信，仍习惯于庭前多看案卷或者要求检察机关庭审后移送案卷；二是对于严格按照法律规定只移送主要证据复印件的地方，由于法官在庭前只看到一些片面的证据，不但未能防止法官在庭审前产生“预断”，反而造成法官对被告人的“不正确的预断”；三是辩护人无法在法院查阅到全部案卷材料，也就无法充分运用案卷的事实、证据以及其他信息准备辩护，影响了辩护效果，不利于发挥辩护制度的作用和保障被告人的合法权益。③

其实，修改后的刑诉法最终选定的公诉方式，并不是近年来学界的主流观点，大多数学者主张，我国应借鉴当事人主义国家和日本的公诉方式，废除“复印件主义”而改采“起诉书一本主义”。有论者认为，确立起诉状一本主义具有重要价值：一是能够有效地防止法官单方面受到侦查、公诉机关的影响而形成不利于被告人一方的预断与偏见，有利于促进我国刑事司法更加公正；二是能够使法官彻底断绝接触根本就不具有证明力的无效证据，防止法官事先被误导的可能。起诉书一本主义充分体现了

---

① 参见邓思清《对我国案件移送方式的反思》，《法学家》2002 年第 4 期；陈卫东、张月满：《对抗式诉讼模式研究》，《中国法学》2009 年第 5 期。

② 参见刘志华《对抗诉讼下的“卷宗移送主义”——刑事公诉方式的现实选择》，载于中国诉讼法网，http：//www. procedurallaw. cn；汪建成：《刑事诉讼法再修订过程中面临的几个选择》，《中国法学》2006 年第 6 期。

③ 参见陈国庆《论构建客观公正的公诉制度》，《人民检察》2007 年第 8 期。

抗辩制庭审形式的理念，能够彻底根除由复印件主义所带来的各种弊端，有效地保障整个诉讼结构的运作具有合法性、正当性及合理性。①

还有论者结合我国刑事诉讼的现状和世界刑事诉讼发展趋势进行分析论证，认为起诉状一本主义理应成为我们选择的方向。其理由如下：一是有利于贯彻我国修法理念的一致性。我国 1996 年刑事诉讼法修改的一个基本理念，就是适当引入当事人主义，实现庭审的对抗性，正是基于此对起诉方式进行了改革，其修法理念无疑是正确的，也是符合刑事诉讼国际化潮流的。但当时由于对起诉方式的作用认识得不充分，欠缺从刑事诉讼整体性和系统性角度考虑，目前我国起诉方式所带来的问题并非 1996 年修法理念的错误，更非起诉状一本主义的缺陷，而是折中主义的缺陷和陷入起诉状主义的陷阱之故。二是有利于贯彻审判中心主义的价值理念。起诉状一本主义能够阻挡侦查结果畅通无阻进入审判程序，避免了侦查结果对审判的预决效力，保障了庭审走向实质化，有利于促使审判中心主义的实现。因此，起诉状一本主义理应成为我国未来修法的合理选择。② 针对实行起诉书一本主义后，有人可能会担心我国的法官素质不能适应庭前不阅卷的制度设置以及庭前审查程序缺失的问题，有学者从理论上作了澄清和回应。针对前一个问题，该学者指出，在我国司法实践中，法官希望庭前能够查阅案卷，其真实的动机并非因为自认能力低下，而在于不愿意在法庭上调查证据。因此，法官素质能否适应这一变化，其实质在于法官对案件的认识能否来自庭审之外，而这恰是我国学者改革庭前审查程序所要解决的问题。针对后一问题，该学者认为，起诉书一本主义的起诉方式并非“一步到庭”，并非否认法庭为了审判而进行必要的庭前准备活动。③一些学者认为如果我国采行起诉书一本主义，还必须建立相应的配套制度。有学者主张实行起诉书一本主义，必须配套采行诉因制度，其理由是诉因制度与起诉书一本主义之间是相辅相成的：诉因的目的之一旨在划定法官的审判范围，使其处于不偏不倚的中立地位，如果继续沿用现在的复

---

① 参见陈卫东、郝银钟《我国公诉方式的结构性缺陷及其矫正》，《法学研究》2000 年第 4 期。

② 参见陈卫东、韩红兴《慎防起诉状一本主义下的陷阱——以日本法为例的考察》，《河北法学》2007 年第 9 期。

③ 参见吴宏耀《我国刑事公诉制度的定位与改革——以公诉权与审判权的关系为切入点》，《法商研究》2004 年第 5 期。

印件主义，而不采行起诉书一本主义，法官的中立地位也就难以实现，而且在公诉人能够实施庭审突袭的前提下，设置诉因制度也就无任何实质意义；同时，如果不实行诉因制度，仍采用目前的起诉书制作方式，所有与案件有关系的事实都必须详细列明的话，那么，希望通过实行起诉书一本主义来排除法官的审前预断也就无法实现。① 有学者基于保障辩方先悉权及防止伏击审判的考虑，提出应当在确立证据开示制度的前提下，实行起诉书一本主义的案件移送方式。②

尽管多数学者对我国引进起诉书一本主义持肯定和赞成态度，然而在我国学界仍有反对的声音，反对者在对美国、日本和德国的公诉方式进行比较法考察的基础上，对起诉书一本主义进行了反思和批判，认为目前我国刑事法学人对于美日等国起诉书一本主义存在着某些误读，起诉书一本主义与防止法官预断之间并无必然关联。起诉书一本主义只有与证据开示、证据裁判主义、严格证明规则、起诉审查制度等周边制度相配套，才能发挥最大功效。盲目地进行法律移植不但无助于防止法官预断，而且会使被告在庭前审查程序中处于更不利的地位。我国未来的起诉方式不应当以建立起诉书一本主义为目标，而是应当通过强化检察官证明义务、贯彻庭审中心主义、严格证明法则、建立起诉审查制度等措施来构建庭前程序。该学者进而提出，如果未来的刑事司法改革试图建立权力制衡制度，避免检察官违反起诉法定原则而滥行公诉，则不能实行起诉书一本主义，而是应当实行卷证并送主义。③

二　公诉审查

1. 公诉审查程序之特点

1996 年修改的刑诉法第 150 条规定：“人民法院对提起公诉的案件进行审查后，对于起诉书中有明确的指控犯罪事并且附有证据目录、证人名单和主要证据复印件或者照片的，应当开庭审判。”这被认为是我国法院

---

① 参见张泽涛《诉因与公诉方式改革》，《中外法学》2007 年第 2 期。

② 参见邓思清《对我国案件移送方式的反思》，《法学家》2002 年第 4 期；另参见袁志《对现行案件移送方式评价与改革》，《西南民族大学学报》（人文社科版）2004 年第 7 期。

③ 参见刘磊《“起诉书一本主义”之省思》，《环球法律评论》2007 年第 2 期。

对公诉进行审查的制度设置。此外，最高人民法院、最高人民检察院、公安部、国家安全部、司法部和全国人大常委会法制工作委员会 1998 年联合发布的《关于刑事诉讼法实施中若干问题的规定》（以下简称六机关《规定》）第 37 条的规定："对于人民检察院提起公诉的案件，人民法院都应当受理。人民法院对提起公诉的案件进行审查后，对于起诉书中有明确的指控犯罪事实并且附有证据目录、证人名单和主要证据复印件或者照片的应当决定开庭审判，不得以上述材料不充足为由而不开庭审判。"

针对上述规定，结合司法实践中"凡诉必审"的现实，有学者认为，我国的公诉审查制度具有如下特点：第一，我国起诉制度中司法权对公诉的庭前审查，自始就不构成一项独立的程序，而是作为法庭审判程序的先头程序建构的；第二，庭前审查根本不具有制约公诉的能力；第三，从立法目的看，现行法保留庭前审查的目的不是为了制约公诉权，而是为了避免法官在对案件一无所知的状态下进入法庭审判。这表明，我国的庭前审查制度尽管具有司法控权的制度外观，但在实质意义上却承担着与司法控权模式截然不同的功能。首先，从审查起诉的内容看，防止漏诉是审查起诉的重要任务之一；其次，在审查程序上，更加强调检察机关追诉犯罪的职能；最后，在审查后的处理上，更强调起诉制度的案件输入功能。①

有学者提出，我国法院的庭前审查程序并非严格意义上的公诉审查制度，该制度在现行法上呈现为"结构性缺失"的状态。其理由如下：第一，庭前审查程序并未起到公诉审查功能；第二，我国不存在独立于起诉与审判程序之间的司法审查机制；第三，我国不存在专事公诉审查的权力主体。由于公诉审查制度的缺失，给我国刑事诉讼活动带来了一系列负面效应：一是丧失了防止不当公诉的屏障，损害了被告人的合法权益；二是缺乏对公诉权的必要制约，导致了公诉权的不当扩张；三是致使审判准备不足，降低了诉讼效率，浪费了诉讼资源。②

2. 公诉审查程序之重构

有学者将 1996 年刑诉法规定的庭前审查机制，称之为"公诉强制启

---

① 参见吴宏耀《我国刑事公诉制度的定位与改革——以公诉权与审判权的关系为切入点》，《法商研究》2004 年第 5 期。

② 参见潘金贵《公诉制度改革研究：理念重塑与制度重构》，中国检察出版社 2008 年版，第 363—368 页。

动审判”制度。2012年修改后的刑事诉讼法尽管恢复了全案卷宗移送制度，但根据该法第181条的规定：“人民法院对提起公诉的案件进行审查后，对于起诉书中有明确的指控犯罪事实的，应当决定开庭审判。”可见，从立法层面上看，“公诉强制启动审判”的情况在一定时期内仍将继续维持。有学者对这种制度设计的正当性，提出如下质疑：公诉权是一种请求权而不是决定权，检察机关提起公诉只是提出了审判的请求，是否启动审判程序应当由审判机关来审查决定。审判权的内涵不应当只是实体性裁判，也应当包含程序性裁判，应当通过必要的程序性裁判机制来遏制不当公诉，避免无谓地启动实体审判程序。主张我国在刑诉法再修改时，应当建立对公诉进行审查的独立的预审程序，将其作为一个居于起诉与审判之间的独立的诉讼阶段，而不应将其作为审判程序的一个附属程序。我国预审程序的审查内容应当实行以程序性审查为主、实体性审查为辅的制度。一方面，这样可以更好地发挥预审作为一种审查过滤机制的效用；另一方面，由于严格实行预审法官与庭审法官相分离的制度，即使预审法官进行实体性审查并不必然会导改审判法官产生庭前预断。① 徐静村曾在拟制稿中第289条规定：人民检察院提起公诉的案件，应当进行预审，使用简易程序审判的除外。② 有学者将预审程序作为其博士论文进行了专门的研究，并提出在我国建立预审程序的具体构想。③ 有学者虽然主张在我国建立预审制度，但提出法官对公诉权进行司法审查应仅限于在审前对起诉进行审查，不主张对不起诉进行司法审查。④ 还有学者建议在借鉴国外预审制度的同时，不应当实行预审法官与庭审法官相分离的制度，认为这种制度在我国没有现实可行性，主张直接由庭审法官对案件进行开庭前的实体审查，才是符合现实需要的正确选择。⑤

尽管众多学者纷纷主张建立预审程序、设立预审法官以实现对公诉的

---

① 参见潘金贵《公诉制度改革研究：理念重塑与制度重构》，中国检察出版社2008年版，第375、383页。

② 参见徐静村《中国刑事诉讼法（第二修正案）学者拟制稿及立法理由》，法律出版社2005年版，第213页。

③ 参见潘金贵《刑事预审程序研究》，法律出版社2008年版。

④ 参见谢小剑《公诉权制约制度研究》，法律出版社2009年版，第381页。

⑤ 参见李昌林《论对公诉的司法审查》，《西南民族大学学报》（人文社科版）2007年第1期。

司法审查，即所谓的“司法控权”模式。但是，在庭前审查程序的模式选择上，一些学者更倾向于采行“检察控权”模式，而非预审法官制度。主张在现行起诉制度的基础上，进一步弱化法官对起诉活动的参与。该学者虽然意识到检察控权模式下公诉权滥用的风险，但仍认为，公诉权可能被滥用的风险并不妨碍我们对检察控权模式的选择；相反，这种选择会让我们从司法控权模式的假象中解脱出来，更认真地直面并思考如何控制公诉权的滥用问题。① 这种主张直接反映在陈光中主持的《中华人民共和国刑事诉讼法再修改专家建议稿与论证》中，该建议稿保持现有检察控权模式，没有建立预审程序，检察官被定位为“法官之前的法官”，通过审查起诉程序实现对公诉权的制约。②

三 简要评析

对我国现行公诉方式的改革，目前学界主要有两种意见：一种是实行起诉书一本主义，另一种是恢复1979年刑诉法规定的全案卷宗移送制度，而新刑诉法最终采取了全案移送的方式。

立法既定，司法实践应当予以尊重，但学术反思不应当停滞不前，而是以新的制度背景为依托，继续向前推进。我们认为，1996年刑诉法关于移送起诉方式的确不能杜绝法官对案件的预断和对案卷的依赖，同时带来了律师阅卷难的问题，但总的来说，这种改革方向符合刑事诉讼结构尤其是庭审方式向对抗制迈进的需要，是值得肯定的。正如龙宗智所言：从世界各国刑事诉讼变革方向来看，都是由职权主义向当事人主义变革，而无一例从当事人主义走向职权主义。③ 因此，我们的制度变革不能逆世界潮流而动。刑事诉讼作为一个具有自身运行规律的系统，应当实现程序的协调统一和对接，在我国审判方式已经进行对抗制改造的情况下，审前程序包括提起公诉的方式都应与审判方式的改革向适应。公诉方式上的起诉书一本主义与对抗制审判模式所蕴含审判中立、控审分离、控辩平等等一

① 参见吴宏耀《我国刑事公诉制度的定位与改革——以公诉权与审判权的关系为切入点》，《法商研究》2004年第5期。

② 参见陈光中主编《中华人民共和国刑事诉讼法再修改专家建议稿与论证》，中国法制出版社2006年版。

③ 参见龙宗智《徘徊于传统与现代之间——论中国刑事诉讼法的再修改》，《政法论坛》2004年第5期。

系列现代诉讼理念想契合。因此，我们应该意识到，目前回归全卷移送主义，是现阶段的一种权宜之计。从长远看我国应当确立起诉书一本主义的公诉方式。但是，如果实行起诉书一本主义便意味着律师将不可能在法院查看到控方的案卷材料和相关证据，虽然排除了法官的审前预断，但却剥夺了辩护方的证据先悉权，有顾此失彼之嫌。因此，未来在借鉴起诉书一本主义时，必须进行配套制度的建设，其中尤为迫切的便是证据开示制度的构建。修改后的刑诉法第 182 条第 2 款规定了“庭前会议制度”，在开庭以前，审判人员可以召集公诉人、当事人和辩护人、诉讼代理人，对回避、出庭证人名单、非法证据排除等与审判相关的问题，了解情况，听取意见。未来的理论和实践应当关注这一制度的具体设计和运行情况，可以考虑将证据开示、争点整理乃至公诉审查等事项纳入其中，赋予其预审程序的功能，以逐步实现控辩制庭审模式改革的目标。

公诉方式与公诉审查程序密切相关。在实行起诉书一本主义的公诉方式下，如果没有相对独立的预审程序设置，那么法官对公诉的司法审查几乎不能，因为法官不可能仅仅根据一纸起诉书就能够做出是否符合公诉证据条件和其他条件的准确判断，也就是说对公诉的审查必然会接触到指控证据。一方面，我们既要达到排除法官预断的目的；另一方面，又要实现对滥行公诉的司法制约。比较理想的选择是设立预审程序，实现预审法官与庭审法官的分离。建立预审程序，既可以实现对公诉的司法审查和制约，又能解决证据开示和非法证据排除问题。尽管 2012 年修改后的刑诉法给预审程序的设置预留了一定空间，但制度设置并非一朝一夕即可完成。因此，在近期，对公诉的审查还不能不依赖于“检察控权”模式来实现，通过强化检察官客观义务和完善内部监督制约机制，来保证公诉权的正确合理行使。

第二节　不起诉制度

学界的主流观点认为，根据刑诉法的有关规定，我国不起诉种类包括三类：法定不起诉（有学者称为绝对不起诉）、酌定不起诉（有学者称为相对不起诉）和证据不足不起诉（有学者称为存疑不起诉）。但也有学者认为，我国的不起诉制度，依据检察机关在起诉问题上是否享有裁量权，在理论上应当分为法定不起诉和酌定不起诉，证据不足不起诉应当纳入法定不起诉的范畴。[①] 近年来，学界和实务部门关于不起诉制度的讨论主要集中在酌定不起诉、附条件不起诉的改革实践和制度构建以及对不起诉权的制约方面。尽管如此，作为近10年来公诉制度理论研究状况的综述，我们也不应忽视其他不起诉制度的研究成果。

一 法定不起诉

根据1996年刑事诉讼法第142条的规定，在具备刑事诉讼法第15条规定的以下情形时，检察机关应当不起诉：（1）情节显著轻微、危害不大，不认为是犯罪的；（2）犯罪已过追诉时效期限的；（3）经特赦令免除刑罚的；（4）依照刑法告诉才处理的犯罪，没有告诉或者撤回告诉的；（5）犯罪嫌疑人、被告人死亡的；（6）其他法律规定免予追究刑事责任的。这是我国关于法定不起诉的适用情形。

有学者认为，对照上述立法例，我国1996年刑事诉讼法关于法定不起诉的适用范围的规定显然是有所缺漏的。主要遗漏了以下几种情况：一是无辜的犯罪嫌疑人；二是该案已经判决生效的；三是我国法院对案件无管辖权的；四是证据不足的。因此，建议我国应引入“公诉条件”理论，完善法定不起诉的范围。[②] 2012年刑诉法针对1996年刑诉法存在的漏洞，对法定不起诉的适用条件进行了完善，新法第173条增加规定“犯罪嫌疑人没有犯罪事实”，人民检察院应当作出不起诉决定。尽管修改后的刑诉法一定程度上弥补了制度漏洞，但仍存在不足之处，例如人民检察院发现我国法院对案件没有管辖权的，或者发现案件曾经生效判决确定的，人民检察院也应当作出不起诉决定。目前法律对这些情形都没有作出规定，人民法院在审查起诉时发现案件具有上述情形的，若要作出不起诉决定同样面临没有法律依据的问题，只能通过“程序回流”的方式，要求侦查机关作出撤案处理。[③]

---

① 参见李哲《不起诉若干问题研究》，《国家检察官学院学报》2002年第3期；万毅：《一个尚未完成的机关——底线正义视野下的检察制度》，中国检察出版社2008年版，第126页。

② 参见万毅《一个尚未完成的机关——底线正义视野下的检察制度》，中国检察出版社2008年版，第126页

③ 参见陈光中主编《〈中华人民共和国刑事诉讼法〉修改条文释义与点评》，人民法院出版社2012年版，第253页。

二　酌定不起诉

酌定不起诉是检察机关行使起诉裁量权的表现，其理论基础是起诉便宜主义。

1. 酌定不起诉存在问题之分析

（1）立法上存在的问题

1996 年刑事诉讼法第 142 条第 2 款规定："对于犯罪情节轻微，依照刑法规定不需要判刑罚或者免除刑罚的，人民检察院可以作出不起诉决定。" 2012 年刑诉法第 173 条延续了这一规定。其中包括刑法明确规定可免予刑事处罚的，以及根据案件的具体情况认定犯罪情节轻微不需要判处刑罚或者应当免除刑罚的。学界普遍认为，适用酌定不起诉必须同时满足以上三个条件：一是符合法定的起诉条件；二是犯罪情节轻微；三是依照刑法规定不需要判处刑罚或者免除刑罚。有学者认为，"犯罪节轻微"与"不需要判处刑罚或者免除刑罚"虽然指明了一定的方向，却并不能给检察人员提供一个相对确定的客观标准。① 立法上的限制性和模糊性规定决定了我国检察机关行使酌定不起诉的权力非常有限且容易被滥用。有学者即认为，我国检察官在刑事追诉中享有的自由裁量权，属于"微罪不检举"类型，是一种裁量空间不大的自由裁量权制度。② 正如陈光中所言：从目前的情况来看，相对不起诉的范围过窄，不能充分发挥不起诉的作用。③ 还有学者认为，将酌定不起诉的适用范围仅仅局限于轻微犯罪的案件，无法充分实现检察机关维护公共利益的职能，因为公共利益的维护是多层级、多维度的，其间可能涉及复杂的利益权衡和价值冲突。④

（2）实践中的适用情况

实践中各地检察机关对不起诉的比例严加控制和限制，致使不起诉率极低，适用范围比较窄。据有关资料显示，不起诉案件占审查起诉案件的 1% 到 3% 左右。在处理轻罪、化解社会矛盾方面，以及贯彻宽严相济刑

---

① 参见宋英辉、吴宏耀《不起诉裁量权研究》，《政法论坛》2000 年第 5 期。

② 参见龙宗智《检察官自由裁量权论纲》，《人民检察》2005 年第 8 期。

③ 参见陈光中《刑事诉讼中检察权的合理配置》，《人民检察》2005 年第 7 期。

④ 参见万毅《刑事不起诉制度若干问题研究》，《政法论坛》2004 年第 6 期。

事政策方面，适用的量还达不到应有的社会效果。① 还有学者将我国与国外的不起诉率进行了统计对比，通过数据指出了我国不起诉适用率低的现实。据统计，在英国，检察官决定不起诉的比率一般为12%；在美国，将近90%的刑事案件通过辩交易来处理；在日本，1996年全国检察厅处理的犯罪嫌疑人被起诉的占44.6%，不起诉的为26.9%；在德国，从1981年至1997年，提起公诉的案件所占比率一直较低，最高的起诉率为19%，最低时仅为12.3%，绝大多数案件由检察机关通过包括不起诉、撤销案件等方式处理。相比之下，我国酌定不起诉的案件，在许多省市被控制在4%至5%左右，不起诉适用率极低。② 一些学者指出，对不起诉加以比例控制的目的是好的，其目的是试图将不起诉控制在“合理的”范围以内，以减少不起诉决定不当的现象。但比例控制存在明显的弊端，容易造成束缚办案人员的手脚而使法律规定得不到充分贯彻，从而产生一系列负面效应。如对于符合不起诉条件且条件等同者来说，仅仅由于指标有限而得不到同等处理，与法律适用上的平等原则相矛盾，是不公平的。从这一角度看，比例控制的做法可能会造成公正偏失。③ 除此之外，有学者还注意到实践中酌定不起诉的滥用问题。指出，相对不起诉的标准和条件难以把握，以致有人运用不起诉搞人情案、金钱案、关系案、“台阶”案。④

被害人一方的要求是否得到满足，也是影响酌定不起诉适用的一个重要因素。从法律规定来说，检察机关审查起诉应当听取被害人的意见，但作出不起诉决定并不受被害人意见所左右。在实践中，由于被害人的要求得不到满足往往引起申诉甚至上访，因此，犯罪嫌疑人是否赔偿被害人损失，往往成为不起诉决定适用时需要考虑的一个重要因素。有些案件，如果赔偿问题得以妥善解决，完全可以作不起诉处理，但由于犯罪嫌疑人当

---

① 参见戴玉忠《对现行不起诉制度的几点看法》，《人民检察》2007年第24期。

② 参见樊崇义、李岚《“刑事起诉与不起诉”制度研究观点综述》，《法学杂志》2006年第3期。

③ 参见樊崇义、张建伟《自由裁量与不起诉制度的完善》，《人民检察》2000年第6期。

④ 参见樊崇义、李岚《“刑事起诉与不起诉”制度研究观点综述》，《法学杂志》2006年第3期。

时没有能力一次性赔偿被害人，检察机关因无法约束被不起诉人而担心分期支付赔偿款难以执行，不得已便作出起诉决定。①

在实践中酌定不起诉适用率较低，还与检察人员的执法观念以及检察机关的内部工作机制有关。这从检察实务部门同志的论述中得到印证：由于酌定不起诉不仅具有终止诉讼的效力，而且从实体上讲，它是一种无罪的处理决定，检察机关的办案人员往往担心适用酌定不起诉可能会放纵罪犯，出于自身利益或者照顾公安机关“情面”的考虑，在适用不起诉时“瞻前顾后”，形成“可诉可不诉的就诉”的偏好和心理，宁愿将案件起诉到法院，甚至宁可将案件退回公安机关补充侦查，也不愿作酌定不起诉的处理决定，以确保对犯罪分子的惩罚“万无一失”。这种做法实际上传统的强烈追诉惩罚犯罪，而无视人权保障的指导思想的遗留。此外，在检察机关的具体办案工作中，由于酌定不起诉案件在程序上要求“一案一报”，并须经检察委员会讨论决定，内部制约程序比较复杂，有些办案人员怕麻烦、图省事，对某些应当适用酌定不起诉的案件，往往也不适用酌定不起诉。②

2. 酌定不起诉制度的改革出路

针对酌定不起诉制度及其适用存在的问题，学界和实务部门一致的意见是，适当扩大酌定不起诉的适用范围，提高其适用比例，充分发挥该项制度设置的积极功效。有学者将酌定不起诉的法律功能概括为两个方面：一方面，酌定不起诉仅是在审查起诉阶段对符合条件的犯罪嫌疑人通过结束诉讼程序的方式恢复其受到追诉之前的身份，从而终结案件的一种处理方式，它避免了免予起诉给犯罪嫌疑人带来的有罪认定；另一方面，酌定不起诉更多地承载着贯彻宽严相济刑事政策、程序分流、提高诉讼效率和合理配置司法资源等方面的功能。为了检验酌定不起诉的适用效果，有学者在对未成年人案件进行改革实验的基础上，得出了实证研究结论：首先，被严格限制的酌定不起诉实际上可以适当扩大其数量和适用对象；其

① 参见宋英辉《酌定不起诉适用中面临的问题与对策——基于未成年人案件的实证研究》，《现代法学》2007 年第 1 期。

② 参见唐若愚《酌定不起诉若干问题研究》，《人民检察》2003 年第 1 期；宋英辉：《酌定不起诉适用中面临的问题与对策——基于未成年人案件的实证研究》，《现代法学》2007 年第 1 期。

次，扩大酌定不起诉适用的数量，总体效果较好；再次，酌定不起诉的适用，还有相当大的空间。在此基础上，提出了扩大酌定不起诉适用的具体对策。第一，放宽酌定不起诉的一般条件。关于酌定不起诉的一般条件，法律应当规定，具有以下形式之一，综合案件情况，没有起诉价值或者没有起诉必要的，可以不起诉：（1）依照《刑法》规定不需要判处罚或者免除刑罚的；（2）涉嫌犯罪的情节较轻，可能判处缓刑、管制或者独立适用附加刑的。（3）所犯罪行可能判处 3 年以下有期徒刑、拘役，但犯罪后悔过，主动赔偿被害人或者积极采取补救措施，被害人谅解的。第二，应当明确酌定不起诉的裁量因素。在司法实践中，决定不起诉时应当考虑哪些因素，办案人员掌握标准不一，也在一定程度上影响不起诉适用的效果。为此，立法应当明确，人民检察院作出不起诉决定时，应当综合考量下列因素：初犯，偶犯，从犯，胁从犯，犯罪预备、中止、未遂，防卫过当或者紧急避险过当，自首或者立功表现，积极赔偿被害人或退回赃物，积极避免、减少犯罪所造成的损失，积极履行法定义务，没有实施妨碍诉讼进行的行为，公安机关、被害人无异议，已经取得被害人的谅解，被酌定不起诉后可继续工作或上学等。第三，增加因和解、调解而不起诉的规定。第四，增设调查和听证程序。在审查起诉阶段，增加对犯罪嫌疑人有关情况的调查程序。调查范围包括成长经历、家庭环境及生活状况、性格特征、心理状况、学习或者工作情况、人际关系与行为特征等。为了增大不起诉的透明性，对于当事人有争议的案件，可以进行听证，充分听取双方当事人及其法定代理人、当事人及其法定代理人委托的人、社区、学校及相关机构或者相关人员的意见。第五，增加对未成年人的特别规定。对符合一定条件的未成年人，应当优先考虑非刑罚制裁的处理方式。第六，改革考核考评机制。有关机关应当以是否有过错为标准设立考评指标，建立科学、合理的考评机制，而不应以起诉数量来评定工作效绩；应当废止“规定不起诉率上限”的做法。①

尽管学者们均同意扩大酌定不起诉的适用范围，但就具体范围的设置，学者们的意见不尽一致。有的学者主张，将酌定不起诉的适用范围限

---

① 参见宋英辉《酌定不起诉适用中面临的问题与对策——基于未成年人案件的实证研究》，《现代法学》2007 年第 1 期。

定在可能判处5年以下有期徒刑的案件。[①] 有的学者则主张对可能判处3年以下有期徒刑的案件、情节较轻的过失犯罪、未成年人、65岁以上老龄人、又聋又哑的人、盲人、有其他残疾的人，以及出于政治原因的考虑，检察机关均可在自由裁量的基础上作出酌定不起诉决定。[②] 有的学者认为，将酌定不起诉限定在“犯罪情节轻微”的范围已不符合诉讼经济原则和预防犯罪的客观需要。[③] 还有学者认为，我国有必要以“公共利益”原则为核心来重构我国的酌定不起诉制度。第一，应当规定在危害国家安全的犯罪中，如果基于国家利益的需要，应当允许检察机关根据案件具体情况对犯罪人酌定是否提起公诉。第二，应当建立我国的污点证人制度。在特定案件中，当一犯罪人的证言对于追究其他重大犯罪有必不可少的重要价值的，那么对其他重大犯罪的追诉优于对该犯罪的追诉，应允许检察机关对该犯罪人酌定不起诉。[④] 也有学者对扩大检察机关起诉裁量权持较为谨慎的态度，鉴于目前法制不够完善以及检察官素质不足，加之社会各种因素干扰司法的情况较普遍，这种“扩权”应当谨慎而行，可以实行“微罪不检举”加上若干例外的相对不起诉制度模式。即在法律原则上，适用相对不起诉的条件仍然是“犯罪情节轻微不需要判处刑罚或者应当免除刑罚”，但同时规定在若干例外情况下，检察机关适用不起诉不以“犯罪情节轻微”为前提，例如在共同犯罪以及关联犯罪（如行贿受贿）案件中，因证实案件事实从而所必须惩治主要犯罪人，允许对某些次要犯罪人不起诉。[⑤]

三　附条件不起诉

1. 附条件不起诉与暂缓起诉辨析

附条件不起诉和暂缓起诉是近年来我国一些基层检察机关在公诉制度改革试验中出现的新的不起诉方式，也是我国不起诉制度理论研究的新发

---

① 参见吴宏耀《起诉裁量权的制度化建构》，《人民检察》2006年第4期。

② 参见樊崇义、张建伟《自由裁量与不起诉制度的完善》，《人民检察》2000年第6期。

③ 参见陈光中《刑事诉讼中检察权的合理配置》，《人民检察》2005年第7期。

④ 参见万毅《一个尚未完成的机关——底线正义视野下的检察制度》，中国检察出版社2008年版，第130页。

⑤ 参见龙宗智《检察官自由裁量权论纲》，《人民检察》2005年第8期。

展。修改后的刑诉法在一定程度上吸收了近年来附条件不起诉的改革经验及其理论成果，新法第271条规定，对于未成年人涉嫌刑法分则第四章、第五章、第六章规定的犯罪，可能判处1年有期徒刑以下刑罚，符合起诉条件，但有悔罪表现的，人民检察院可以作出附条件不起诉的决定。人民检察院在作出附条件不起诉的决定以前，应当听取公安机关、被害人的意见。

但是，附条件不起诉在性质上仍有待进一步研究。附条件不起诉与暂缓起诉（或者暂缓不起诉）二者究竟是什么关系，学界仍存在着认识上的分歧。多数论者认为，附条件不起诉就是暂缓起诉，二者具有同一性，只是称谓不同。① 例如，有学者指出，所谓暂缓起诉，也称为附条件不起诉，它指的是检察机关从刑罚特别预防的角度，综合案件情况尤其是犯罪人的情况、犯罪人犯罪后的表现，认为以暂不提起公诉为宜的，可以暂缓提起公诉，并为被暂缓起诉人设定相应的义务，如果被暂缓起诉人在法定的考验期间内，没有违背法定义务，那么考验期限届满，检察机关就作出不起诉决定；如果违背义务，检察机关则立即提起公诉。② 也有论者认为，无论暂缓起诉还是暂缓不起诉，其文意与实际制度都不甚贴切，若望文生义会产生误解。暂缓起诉或者暂缓不起诉的表面意思显然是本来要起诉或者不起诉，或者最终目标是起诉或者不起诉，但由于某种特定事由而暂时搁置，到条件成熟时再起诉或者不起诉。但被称为暂缓起诉或者暂缓不起诉者乃是不起诉的一种，是附加一定条件而后终止刑事诉讼进程的不起诉形式。附加特定条件是此种不起诉区别于其他不起诉种类的关键，其贴切的名称应当是附条件不起诉。③

有学者具体分析了二者之间的差别：暂缓起诉与附条件不起诉的区别在于实际的落脚点不同：暂缓起诉落脚在“诉”，给人一种最终是要诉的只是暂时缓一缓的感觉；附条件不起诉落脚在“不起诉”，只要满足一定的条件，经过一定的考验期，就不会起诉。所以我们的落脚点应在不起诉

---

① 参见刘广三《犯罪控制视野下的暂缓起诉裁量权》，《当代法学》2007年第6期；毛建平、段明学：《暂缓起诉若干问题研究》，《人民检察》2004年第6期。

② 参见万毅《一个尚未完成的机关——底线正义视野下的检察制度》，中国检察出版社2008年版，第132页。

③ 参见陈光中、张建伟《附条件不起诉：检察裁量权的新发展》，《人民检察》2006年第4期。

上，德国等国的实践大多反映了这个观点。[①] 附条件不起诉的核心则在于“条件”。具体而言，在附条件不起诉制度下，检察机关作出不起诉决定前，往往会同时要求犯罪嫌疑人履行一定的附带义务；附条件不起诉能否生效，完全取决于被不起诉人对所附法律义务的实际履行。暂缓起诉决定也可能附有一定条件。但是，暂缓起诉即使附加一定的条件，仍然与附条件不起诉有着本质区别：对于附条件不起诉，所附条件兑现后，不起诉决定随即确定。对于暂缓起诉，所附条件的兑现仅仅是必要的前提；暂缓起诉能否最终确定，还将取决于考验期期满以及在此期间犯罪嫌疑人的表现。[②]

2. 学界关于附条件不起诉的争论

在2012年刑诉法修改之前，学界对是否应当实行附条件不起诉制度，持有肯定与否定两种不同意见。持肯定意见者在讨论中，更多地是关注附条件不起诉的价值，而持否定意见者则重在揭示我国实行附条件不起诉所存在的问题。

持反对意见的学者的理由如下：第一，暂缓起诉“实验”缺乏法律依据。暂缓起诉既缺乏刑事实体法的依据，也缺乏程序法的依据。我国刑事诉讼法虽然规定了检察机关拥有酌定不起诉的权力，但该项权力并不是其可以实行暂缓起诉的法律根据。第二，暂缓起诉于我国的司法无益且有害。由于暂缓起诉是对法定的酌定不起诉的超越，因而是十分有害的。一是它表现出的是对检察机关裁量权的滥用，会出现如同免予起诉一样的司法权滥用，不利于检察机关公正执法；二是它违反了公诉权的实质内涵，造成对审判权的侵犯；三是暂缓起诉造成与缓刑适用的冲突。第三，暂缓起诉所欲实现的价值可以用其他方式替代。暂缓起诉制度在教育、挽救未成年罪犯、减少未成年人犯罪污点等方面的价值，可以通过其他途径来完善。例如，进一步完善未成年人刑事司法制度，放宽未成年人犯罪适用缓刑、假释的条件，建立取消刑事污点的制度，等等。[③]

---

① 参见陈光中《关于附条件不起诉问题的思考》，《人民检察》2007年第24期。

② 参见吴宏耀《起诉裁量权的制度化建构》，《人民检察》2006年第4期。

③ 参见刘桃荣《对暂缓起诉制度的质疑》，《中国刑事法杂志》2001年第3期；沈春梅：《暂缓不起诉不宜推行》，《人民检察》2003年第4期。

除此之外，部分审判人员不赞成附条件不起诉的主要理由是：一是附条件不起诉实际上是有罪不起诉，侵犯了法院的定罪权。二是我国刑事司法制度与西方国家有巨大差别。国外实行犯罪与违法的一元化体制，而我国则实行犯罪与违法的二元化体制，轻微的违法行为都已经进行行政处罚或治安处罚了，而构成犯罪的都是性质严重的，如果犯罪了不予起诉的话，会带来很多问题。三是西方国家不论案件大小，从立案到拘留、侦查措施、保释等程序都是经过法院批准的，而我们国家的强制性侦查措施都没有受到法院制约，所以赋予检察机关不起诉裁量权太大的话，很难保证这些权力不被滥用，也无法对其进行有效监督。①

针对上述反对意见，持肯定意见的学者主要从我国建立附条件不起诉制度的根据、必要性以及可行性方面，进行了分析论证。②

构建我国附条件不起诉制度的理论和政策根据在于：一是宽严相济的刑事政策；二是办理未成年人案件的方针政策。虽然附条件不起诉不限于未成年人，但未成年人是附条件不起诉的重点对象。办理未成年人案件的方针是教育、感化和挽救，教育为主，惩罚为辅，实体法和程序法都要体现该方针；三是轻刑化和非刑罚化的国际趋势；四是诉讼和解的精神和原则，附条件不起诉符合构建和谐社会和司法和谐的精神；五是诉讼经济原则。

建立附条件不起诉制度的必要性体现在如下方面：第一，增设附条件不起诉是适应刑罚目的观转变的需要。我国刑事诉讼法再修改增设附条件不起诉，对轻罪案件尽量采行非犯罪化方式处理，既是适应刑罚目的观向“目的刑”、“教育刑”转变的需要，也符合世界刑事司法的发展趋势。第二，增设附条件不起诉是完善我国刑事公诉制度的需要。增设附条件不起诉既可以填补起诉与不起诉之间的空间，又可以充分体现检察机关对刑事政策的运用和操控，有效实现审前程序分流功能，从而完善我国刑事公诉制度。第三，增设附条件不起诉是缓解我国羁押场所人满为患的司法现状

① 参见陈国庆《不起诉制度的观点争议回应》，《人民检察》2007 年第 24 期。

② 参见王敏远《暂缓起诉制度——争议及前景》，《人民检察》2006 年第 4 期；兰耀军：《论附条件不起诉》，《法律科学》2006 年第 5 期；参见陈光中《关于附条件不起诉问题的思考》，《人民检察》2007 年第 24 期；刘炽、王建荣：《比较与借鉴：暂缓起诉制度研究》，《人民检察》2005 年第 3 期。

的需要。改革开放以来，随着我国政治形势、经济变革和社会治安情况等变化，我国犯罪总态势发生了深刻变化，主要表现就是：在严重刑事犯罪呈上升态势的同时，轻罪的大量发生也成为一长期的社会现象。这些轻罪在社会危害性、发生领域、表现形式等方面与严重刑事犯罪相比都有着不同的特点。正是它们的大量存在，再加我国审前程序分流机制不完善、审理期限的规定不合理、审判程序设置不科学、诉讼效率不高等才导致监狱、看守所等羁押场所人满为患。这一方面致使国家财政不堪重负，被羁押人人权受到不同程度侵犯，危及司法的公信力；另一方面，它又引发严重的“交叉感染”，致使再犯罪率上升，危及社会安全。为了有效缓解我国监狱、看守所等羁押场所人满为患的现状，就有必要顺应世界范围内刑事政策的发展趋势，增设附条件不起诉制度，对部分轻罪案件附条件和附期限地不予起诉，允许他们在享受社会待遇的同时，进行教育改造，促进社会治安综合治理。第四，附条件不起诉是诉讼经济原则的体现。刑事诉讼是一项高成本的国家追诉犯罪的活动，而我国目前司法资源又很紧张，这一矛盾促使我们不得不重视诉讼效率的重要性。如果实行附条件不起诉制度，则可以降低司法成本，提高诉讼效率，使有限的司法资源用于重大案件中去。

建立附条件不起诉制度的可行性在于：第一，我国现行刑事立法的规定为暂缓诉制度的施行提供了法律依据。从程序上看，我国 1996 年刑事诉讼法第 142 条第 2 款的规定，赋予检察机关相当程度的自由裁量权，为暂缓起诉制度的施行留下了“法律空间”。从某种意义上说，暂缓起诉是对体现起诉便宜主义精神的酌定不起诉的灵活运用和适度调整。从实体上看，我国现行刑法第 72 条规定：“对于被判处拘役、三年以下有期徒刑的犯罪分子，根据犯罪分子的犯罪情节和悔罪表现，适用缓刑确实不致再危害社会的，可以宣告缓刑。”其所体现的“将罪行较轻罪犯放在社会上教育改造”的思想同样可以作为暂缓起诉制度的立论依据。另一方面，固然任何一项改革都应当在合法的限度内进行，不能突破法律，搞“制度创新”。问题在于，如何认识制度创新与突破法律的关系。在法律没有禁止的情况下，对某项制度作适当的调整，使其与时俱进，适合现实需要，是否就是对法律规定的违反。如果这种观点能够成立的话，那么当前正在或者已经付诸实施的诸多改革措施如证据开示、主诉检察官办案责任制、被告人认罪案件化审等，从一开始就是没有依据的“违法试验。”①

第二，在我国建立暂缓起诉制度牵涉面不会很大。有目前的起诉和不起诉制度作为基础，建立暂缓起诉制度无须复杂的配套制度，只需建立暂缓起诉的考察机制并与现有起诉和不起诉制度进行适当的衔接即可，因此改革牵涉面不会很大，易于操作。

第三，实行暂缓起诉制度可能出现的弊端是可以克服的。建立暂缓起诉制度可能出现的最大问题是检察机关滥用起诉裁量权，但不能以此作为否定建立暂缓起诉制度的理由。要克服起诉自由裁量权滥用问题，必须建立有效的监督、制约机制，这在我国现有的不起诉制度中都已相应建立起来，下一步只是进行完善和与暂缓起诉制度相衔接的问题。

第四，建立暂缓起诉制度有可供借鉴的经验。德国、日本等国以及我国台湾地区、澳门地区等都有比较完善的暂缓起诉制度以及相关的立法和实践经验，这些都可以为我们所借鉴。此外，近年来我国很多地方的基层检察院对暂缓起诉制度进行了试点，这为我们吸取成功的做法，总结经验教训，从而设计统一、实用的暂缓起诉方案奠定了基础。

第五，实行暂缓起诉在实践中能取得良好的效果。从我国许多地方的试点情况来看，暂缓起诉在化消极因素为积极因素，促进社会和谐、稳定方面，尤其是在教育、感化、挽救失足青少年方面，效果也是非常好的，社会舆论对此基本上是持赞成和肯定的态度。

最后，在我国建立暂缓起诉制度已经具备了时代条件。一是我国修改了宪法，强调人权保障，突出以人为本；二是我国犯罪总量激增，诉讼负担过重，提高诉讼效率、实现诉讼经济的呼声渐高；三是党和国家一贯强调“惩办与宽大相结合”以及“预防、教育、改造为主，惩罚为辅”和“宽严相济”的刑事政策；四是非刑罚化已经成为世界刑罚趋势；五是由起诉法主义发展到起诉便宜主义，扩大检察官的自由裁权也已是刑事诉讼法治发展的趋势。②

3. 附条件不起诉制度在我国的建立和完善

我国2012年刑诉法虽然设立了附条件不起诉制度，但必须同时满足

---

① 参见黄京平、刘中发、张枚《暂缓起诉的法理基础与制度构建——兼论对犯罪的未成年人适用暂缓起诉的必要性与可行性》，转引自刘广三《犯罪控制视野下的暂缓起诉裁量权》，《当代法学》2007年第6期。

② 参见张寒玉《构建我国暂缓起诉制度的思考》，《人民检察》2006年第4期。

未成年人、特定种类犯罪（刑法分则四、五、六章罪名）、可能判处1年以下有期徒刑、悔罪表现等四个方面的条件。其中，未成年人的适用对象要求，以及刑法分则第四、五、六章中可能判处1年以下有期徒刑的刑罚条件的限制，大大限缩了附条件不起诉的适用范围。有学者指出，《刑法》分则第四、五、六章可能判处刑罚在1年以下的罪名比较少，未成年人犯罪又大多属于暴力型犯罪，法定刑期一般都比较高，该制度很可能会流于形式。① 对于应当附加的“条件”，新法则没有做出明确的规定。

考虑到附条件不起诉制度可能带来的“打击不力”问题，新刑诉法采取了较为审慎的态度，将该制度的适用范围限缩在一个较小范围内。随着“惩罚刑”向“目的刑”、“教育刑”的转变、恢复性司法理念的不断强化以及宽严相济刑事政策的贯彻，附条件不起诉制度的适用范围有必要逐步拓宽。近年来，学者们在借鉴域外立法例和实践经验的基础上，对该制度所提出的设想，可以为未来进一步改进和完善该制度提供一些进路。

第一，关于附条件不起诉的适用对象和条件。

有学者主张，对于犯罪嫌疑人可能判处3年以下有期徒刑、管制、拘役的案件，人民检察院应当根据“犯罪嫌疑人的年龄、性格、境况、犯罪性质和情节、犯罪原因以及犯罪后的悔过表现、赔偿情况等”进行权衡，在认为不起诉符合公共利益时，可附具一定条件作出不起诉决定。② 有人提出，附条件不起诉适用于未成年人犯罪、偶犯、初犯、过失犯罪以及特殊身份者犯罪等可能判处5年以下有期徒刑的犯罪案件。③ 有的则主张，附条件不起诉除了适用于可能判处3年以下有期徒刑、管制、拘役的案件外，还适用于下列案件：故意犯罪具有法定从轻、减轻或免除处罚情节，且无法定从重情节；过失犯罪具有酌定从轻情节的；犯罪嫌疑人对犯罪行为有较深刻的认识，真诚认罪、悔罪，确有悔改表现的；有良好的帮教条件和帮教措施，家庭帮教管束能力较强，犯罪嫌疑人所在单位、学校、社区等有关部门愿意帮教并组成帮教小组，具体落实帮教措施的；犯

---

① 参见陈卫东《构建中国特色刑事特别程序》，《中国法学》2011年第6期。

② 参见陈光中、张建伟《附条件不起诉：检察裁量权的新发展》，《人民检察》2006年第4期。

③ 参见樊崇义、李岚《“刑事起诉与不起诉”制度研究观点综述》，《法学杂志》2006年第3期。

罪嫌疑人及被害方均对适用附条件不起诉无异议的。①

有学者认为，域外附条件不起诉都是根据法定刑的轻重来确定适用对象的，没有犯罪主体或刑种的限制。而且，它们都将适用对象界定为轻罪，含短期自由刑和罚金刑，与本地缓刑制度的适用对象基本一致，值得借鉴。我国立法在规定附条件不起诉的适用对象时，应当区分“可以适用”、“应当适用”和“不得适用”三种情形，分别作出规定，既有原则性，又有灵活性，以便于实践操作。其适用条件包括以下几个方面：一是犯罪情节较轻；二是犯罪嫌疑人主动认罪，自愿与检察机关达成附条件不起诉协议，并同意履行协议所规定的义务；三是经有管辖权的法院同意。虽然附条件不起诉生效后，被不起诉人在法律上等同于无罪。但是，附条件不起诉是以犯罪嫌疑人行为已经构成犯罪，罪行较轻，且犯罪嫌疑人自愿认罪为前提的。要求被不起诉人所履行的负担也具有刑事制裁的属性，这些都属于审判权的范畴。无论程序上还是实体上认定有罪的权力都属于人民法院。因此，检察机关作出附条件不起诉决定前，应当征得有管辖权的法院同意，这是维护法律统一正确实施和保障人权的需要；四是经被害人同意；五是必须基于公共利益考量；六是人民检察院有理由相信被不起诉人将履行规定的义务，放弃追诉能够达到预防犯罪的目的。②

第二，关于附条件不起诉应当附加的“条件”。

犯罪嫌疑人最终能否获得不起诉处理，以所附条件能否得到履行为前提。因此，条件的设定必须科学合理，能够实现不起诉的目的。有学者提出，我们应当借鉴我国澳门和台湾地区的做法，将义务分为负担和指示两个方面，并且必须遵循比例性原则，在任何情况下，不得要求被不起诉人履行不合理的义务。③ 有的认为，附条件不起诉应当附加的条件包括两个方面：设定考验期和命令被不起诉人具结并履行特定义务。人民检察院作出附条件不起诉决定，可以命令被不起诉人具结并履行如下义务：书面悔过；向被害人道歉；对被害人的损失作出赔偿或者给予被害人补偿；向指定的公益团体支付一定数额的财物；提供一定时间的公益劳动；治愈精神

---

① 参见刘炽、王建荣《比较与借鉴：暂缓起诉制度研究》，《人民检察》2005年第3期。

② 参见兰耀军《论附条件不起诉》，《法律科学》2006年第5期。

③ 同上。

疾患，戒除毒瘾；不得侵扰被害人、证人；禁止出入特定场所。犯罪嫌疑人违背命令的，人民检察院可以视情节轻重给予警告、撤销不起诉决定提起公诉。①

第三，关于考察期间的规定。

对此问题，学者各有主张。有学者认为，考察期限若规定过，不利于对被不起诉人施加约束，以促使其悔过自新；过长则被不起诉人心理负担可能加重，社会关系难以恢复稳定，建议参考我国缓刑考验期限，以“1年以上、3年以下”较为适宜。② 有的则主张，由检察机关综合案件具体情况在2个月至2年的幅度内确定。③ 也有的建议，应规定3个月到6个月不等的考验期。④ 还有的学者提出，域外立法都是根据被不起诉人履行义务的内容来确定考验期的长短，都规定考验期的最长期限，与本地缓刑考验期相当。我国应当区分不同情况作出规定：（1）对于立悔过书、亲自向被害人道歉、或者尽力补偿由于犯罪行为而给被害人造成的物质和精神损害，考验期最长为3个月，以便于被害人迅速获得补偿；（2）对于可能单处罚金、管制、拘役，考验期最长为1年；（3）对于可能判处3年以下有期徒刑的，最短为1年，最长为3年。同时，根据被不起诉人的表现和要求，考验期可以撤销或延长一次，为期3个月。⑤

四　对不起诉裁量权的制约

我国目前对不起诉的制约除了检察机关的内部监督外，主要是来自被害人、被不起诉人、人民法院和人民监督员的制约，虽然监督主体较多，但是由于制度设计不够科学合理，当事人的实际参与能力和制约程度较低，导致监督制约难以到位，未能实现立法设计的初衷。正如有学者所指出的那样：我国现行立法没有注意到对不起诉决定的审查和对错误不起诉决定的纠正是两个独立的、性质各异的诉讼活动，应当分别适用不同的程

---

① 参见陈光中、张建伟《附条件不起诉：检察裁量权的新发展》，《人民检察》2006年第4期。

② 同上。

③ 参见张寒玉《构建我国暂缓起诉制度的思考》，《人民检察》2006年第4期。

④ 参见李巧芬、刘中发《暂缓起诉的实践与探索》，《人民检察》2006年第4期。

⑤ 参见兰耀军《论附条件不起诉》，《法律科学》2006年第5期。

序；没有注意到救济程序应当具有纠正（错误）和维护（正确）的双重功能；没有注意到被不起诉人利益与被害人利益之间的均衡。如果说被害人享有追诉犯罪的“自然权利”，被不起诉人却不应当负有“奉陪到底”的义务。尤其是对于检察机关依法、合理作出酌定不起诉决定，不起诉人理所当然应当享有一种可预见的利益，即不会再受诉追之苦。① 鉴于此，学界在主张扩大检察机关公诉裁量权的同时，对公诉裁量权的滥用也给予了充分关注，希望通过建立和完善各项监督制约机制来控制裁量权的滥用，保证不起诉裁量权的正确适用。在具体的制度选择上，主要有以下几种观点：

第一种观点是，主张借鉴德国的强制起诉制度或日本的准起诉制度，取消“公诉转自诉”制度。

我国现行刑事诉讼法的基本思路是在检察机关不起诉的情况下，将案件由公诉转为自诉。这一制度设计对于追诉犯罪、保障被害人权益来说，是非常不利的。因此，应当取消公诉转自诉案件，对这些案件应坚持公诉的原则。② 但是，对取消“公诉转自诉”制度后如何借鉴和改造，学者们的意见产生分歧。有的主张借鉴德国的强制起诉制度，认为该制度既能很好地保护被害人的合法利益，给被害人充分表达不服检察官不起诉决定的权利，对检察官行使不起诉权进行制约，而且法律提供了制度上的保障。更重要的是，法院一旦接受了被害人的申请，案件并不改变公诉的性质，且公诉人和被害人都应当和可以参与诉讼，充分发表自己的意见，不会因公诉案件转化为自诉案件而引程序上的混乱和麻烦。③

有的学者在比较了强制起诉制度与准起诉制度的差异后，提出日本的准起诉制度更符合我国的实际。强制起诉程序与准起诉程序的重要区别在于：强制起诉程序的法律后果是法院裁定准予起诉后，由检察院执行提起公诉；而准起诉程序的法律后果则是由法院指定律师担当。考虑到我国的权力结构和程序模式，法院并不具有超越于检察机关的权威，由法院命令

---

① 参见宋英辉、吴宏耀《不起诉裁量权研究》，《政法论坛》2000 年第 5 期。

② 参见万毅《一个尚未完成的机关——底线正义视野下的检察制度》，中国检察出版社 2008 年版，第 141 页。

③ 参见陈光中主编《刑事诉讼法实施问题研究》，中国法制出版社 2000 年版，第 180 页。

检察官提起公诉，实难以为检察机关所接受、难以实施，即便硬性规定，检察官在起诉时，也会带有强烈的抵触情绪，在违背自己确信的情况下即使提起公诉也难以完满实现追诉任务。因此，在方案选择上，准起诉程序制度更符合我国实际情况，具体可以考虑将1996年刑事诉讼法第145条修改为："对于有被害人的案件，人民检察院决定不起诉的，应当将不起诉决定书送达被害人。被害人如果不服，可以自收到决定书后7日以内向上一级人民检察院申诉，请求提起公诉。人民检院应当将复查决定告知被害人。对人民检察院维持不起诉决定的，被害可以向人民法院申请裁判是否将该案件交付法院审判。依照人民法院的要求，人民检察院应当将有关案件材料和证据移送人民法院。人民法院经审查，认为被害人的申请理由成立、决定交付审判的，应指定律师担认公诉。"①

第二种观点是，主张引入司法审查制度，但不实行准起诉或强制起诉制度。

反对实行准起诉或强制起诉制度的学者的理由是，德国的强制起诉制度"不符合法官中立的要求"，而日本的准起诉制度"将公诉权交由律师来行使，违背了公诉权的职权原则，即违背了追究犯罪的公诉权只能由代表国家和公共利益的专门机关行使的原则"，并且"由于律师缺乏独立性，将公诉权交由律师行使，难免出现法官将其意见强加于律师或者律师为了获得案源而迎合法官的现象，从而导致庭审流于形式，不利于司法公正的实现"②，因此，我国不宜照搬德国的强制起诉制度和日本的准起诉制度，而应根据我国实际情况，将"公诉转自诉"制度改造为法院对检察机关的不起诉决定进行审查制约的机制。即当被害人对检察机关的不起诉决定不服时，有权申请法院予以审查，法院应当对检察机关的不起诉决定是否正确进行审查，通过对案卷和有关材料的审查，如果法院认为被不起诉人的行为构成犯罪，需要追究刑事责任的，应当建议检察机关提起公诉；如果建议不被检察机关所接受，可以要求其上级检察机关督促

① 万毅：《一个尚未完成的机关——底线正义视野下的检察制度》，中国检察出版社2008年版，第141页。

② 邓思清：《完善我国检察官自由裁量权制约机制之构想》，《法商研究》2003年第5期。

执行。①

第三种观点是，主张完善人民监督员制度和被害人自诉制度，反对建立司法审查制度。

持该种观点的学者着眼于我国的司法体制和现实国情，认为采纳“司法监督”模式并不可行，这必然会遭到检察机关的强烈反对，因此，把着眼点放在完善外部监督制约机制上。

首先，充分发挥人民监督员的作用。为此需从以下方面加以完善：扩大人民监督员制度的适用范围，将目前只适用于自侦案件的不起诉监督扩大到所有不起诉案件，将其纳入人民监督员范围之内；规范人民监督员的产生、公示、异议程序；保障人民监督员职务活动经费，加强其独立性；确立人民监督员的回避制度；等等。

其次，完善被害人自诉制度。对于被害人的自诉，应当规定：在被害人提出申请后立案之前，由人民法院通知人民检察院在10日之内将案卷材料和证据移送人民法院进行审查，以决定是否立案。检察机关在收到通知后7日内将不起诉的理由、涉嫌犯罪事实和证据的相关案卷材料一并送交法院。同时，设立过滤机制，预防被害人滥用自诉权。具体而言，取消1996年刑事诉讼法第145条允许被害人可以不经申诉直接向人民法院起诉的规定，规定被害人必须经过申诉程序，上级检察院维持后才能提起自诉，这也是大陆法系国家和地区如德国、日本和我国台湾地区的普遍做法；同时，借鉴德国、日本的做法，要求被害人在提起自诉时提供担保，并规定提供担保的期限。②

第四种观点是，主张完善不起诉听证制度。③

有学者以日本的检察审查会制度和我国不起诉听证程序进行对比，认

① 参见胡志坚《论公诉裁量权的理性规制》，《人民检察》2004年第10期。

② 参见成凯《论我国裁量不起诉监督机制的完善》，《社会科学研究》2005年第6期。

③ 最高人民检察院于2001年下发了《人民检察院办理不起诉案件公开审查规则（试行）》，规定对于“存在较大争议并且在当地有较大社会影响的，经人民检察院审查后准备作不起诉的案件”，根据侦查机关（部门）的要求或者犯罪嫌疑人、被害人及其法定代理人、辩护人、诉讼代理人的申请，经检察长决定，可以进行公开审查。实行公开审查，应当听取侦查机关（部门）、犯罪嫌疑人及其法定代理人、辩护人、被害人及其法定代理人、诉讼代理人的意见，以决定是否作出不起诉决定。

为日本的检察审查会制度和我国的不起诉听证程序更符合正当法律程序的要求。其方式均是公开对有争议的拟作出的不起诉决定进行公开审查，公正地给予当事人主张权益的机会，以有效地限制政府公权力行使，以保障人民的权益，避免受政府滥用职权的侵害，充分体现正当法律程序原则的平衡、公平呈现、预测可能性及透明与理性、参与、告知、隐私与尊严等精神，达到确保最大限度人权保障的目的。因此，作为制约不起诉方式之一的不起诉听证制度较之其他方式具有更为重要的现实意义和理论价值。根据正当法律程序原则，建立不起诉听证程序，可以有效防止不起诉权的不当使用，提高不起诉的质量和效率，增强决策的民主与科学。为了更好地发挥不起诉听证制度的功能，学者们从不起诉听证程序的范围、程序启动、人员组成、听证程序中的附带民事赔偿以及参加人员等方面，提出了自己的意见和建议。①

第五种观点是，主张借鉴日本的检查审查会制度，改造我国的人民监督员制度。

具体方案是，在目前检察机关试行的人民监督员制度的基础上，将目前由检察机关组织和主持下的人民监督员的监督转化为由检察机关联系、同级人大常委会或者司法行政机关组织和主持下的人民监督员。对检察机关拟作不起诉决定的案件，应当在作出不起诉决定前，通告公安机关和被害人，公安机关或者被害人不同意不起诉的，由公安机关或者被害人直接向人民监督员办公室提出，并由人民监督员会议进行审查。人民监督员会议认为应当起诉的，检察机关要执行人民监督员会议的决议，依法提起公诉。②

五　简要评析

近年来，学界和实务部门对不起诉制度的研究，主要集中在酌定不起诉、附条件不起诉（暂缓起诉）和不起诉制约这三个重要领域。通过研究，学者们准确揭示了我国不起诉制度的立法缺陷和实践中存在的问题，运用比较研究、实证研究以及法条解释等多种研究方法，深刻分析了问题

---

① 参见黄维智《不起诉听证程序研究》，《社会科学研究》2004 年第 1 期；邓晓霞:《不起诉听证制度探究》，《政治与法律》2004 年第 5 期。

② 参见张智辉《检察权研究》，中国检察出版社 2007 年版，第 194 页。

背后的原因，并在总结改革试点经验和借鉴国外立法例的基础上，对不起诉制度的完善和新制度的构建，提出了许多有价值的意见和建议。这对繁荣、发展我国的公诉理论研究以及完善我国的公诉制度，无疑具有重要的推动力。

关于酌定不起诉，其在实践中适用率低是一个不争的事实，学界多从立法层面寻找原因。从有关实证研究的结论看，即使在目前的法律框架内，酌定不起诉的适用仍有相当大的空间。① 我们认为，酌定不起诉适用率低与其说是立法上的原因，毋宁说是一个执法上的问题，从更深层面讲，是检察官对刑事诉讼目的和刑事诉讼理念的认识问题。如果检察官仍然把自己定位为“狂热的打击者”或者“打击犯罪的急先锋”，信奉刑事诉讼法是惩罚犯罪的工具，那么我们怎么能指望其放手大胆地适用酌定不起诉呢？我国的检察机关和检察官承载着更多的政治使命，在检察机关将不起诉率纳入内部绩效考核体系的情况下，追诉犯罪的效果直接与个人利益挂钩，他们除了生怕落下“打击不力”的指责，还担心影响个人的声誉和政治前程，在这样的体制下，又怎能期待检察官有动力和热情去大力推行酌定不起诉制度的贯彻落实？这从各地严格控制不起诉率的现实中即可得到印证。要改变目前酌定不起诉适用率低的现状，立法的修改并非当务之急，关键的问题是转变检察人员的执法理念和改变检察机关内部不合理的考评指标。检察机关贯彻“宽严相济”的刑事政策，在起诉工作中就是要敢于和善于适用酌定不起诉，酌定不起诉本身就体现了“宽”的一面，其正确适用无疑体现了“宽严相济”的精神。由此观之，一些学者对酌定不起诉的探讨似乎未切中要害。

关于附条件不起诉或者暂缓起诉，在称谓上，我们赞成新刑诉法“附条件不起诉”的表述。暂缓起诉除了如有些学者所说给人一种“起诉”的感觉外，还在于其强调的是“暂缓考验期”，而附条件不起诉除了落脚点在于“不起诉”外，还在于其强调的是“所附条件”，而这种“条件”既可以是附一定的时间条件，即“暂缓考验期”，也可以根据案情和被不起诉人的具体情况，附其他一些作为或不作为“义务”条件。如果适用暂缓起诉，除了设定考察期这一条件外的其他义务条件很难被这一概

---

① 参见宋英辉《酌定不起诉适用中面临的问题与对策——基于未成年人案件的实证研究》，《现代法学》2007 年第 1 期。

念所包含。显然，附条件不起诉与暂缓起诉相比，具有更大的包容性和适应性，其内涵和外延也比暂缓起诉大得多。

在刑诉法修改之前，附条件不起诉面临的最大问题是法律依据不足的问题，但是随着附条件不起诉制度被新刑诉法所确认，下一步学界研究的重点应转移到该制度的实施效果及其完善方面。从过去附条件不起诉的实践情况看，其体现了“非刑罚化”的精神，也达到了特殊预防的目的，避免了短期自由刑所带来的“交叉感染”的弊端。从各地附条件不起诉的试点情况看，其实施效果也是良好的。未来应重点关注两方面的问题：一是附条件不起诉的范围是否应当扩大和如何扩大的问题，我们认为，附条件不起诉有利于贯彻“宽严相济”的刑事政策，适应不同类型案件多元化纠纷解决的需要，可以考虑适当扩大其适用范围，将可能判处 3 年有期徒刑以下刑罚的成年人犯罪案件，也列入附条件不起诉的范围；二是附加条件如何设置的问题，包括考验期限的设置和特定义务的履行。附条件不起诉的作出以“犯罪情节轻微”，即承认“有罪”为前提。既然“有罪”而享有“被不起诉”的利益，那么被不起诉人理应承担因“有罪”这一过错行为而产生的相应义务，这也符合“权利义务相统一”的原则。在特定义务的设置方面，应适当考虑被害人利益，将目前在审查起诉阶段的刑事和解纳入附条件不起诉当中，将是否能够达成或履行和解协议作为一项条件，以实现加害人利益与被害人利益、社会公共利益的平衡。

关于不起诉裁量权的制约问题，综观我国现行立法和司法解释中的规定，我国对公诉裁量权的制约机制，主要是围绕不起诉决定而设置的，而对提起公诉的决定（即便是错误的公诉决定），却缺乏法律上的制约。这种制约机制的设置便暗含了这样一种假设：要么是检察机关提起公诉的决定都是正确的，因此无须审查；要么是即便公诉决定有错误，起诉到法院后，法院最后通过审判“把关”也可予以纠正。而对不起诉决定，立法者之所以规定众多的制约措施（姑且不论其实践效果如何），除了不起诉决定因不起诉到法院而无法接受法院审查且具有终止诉讼的效力外，担心不起诉决定的错误导致“放纵犯罪”可能是一个重要的原因。在这一问题上，大陆法系国家与英美法系国家形成了鲜明的对比：传统的大陆法系国家更加注重对不起诉决定的制约，无论是德国的强制起诉制度、法国的原告人制度还是日本的检察审查会制度、准起诉制度，无不体现了这一点；而英美法系国家无论是预审制度还是大陪审团制度的设置，其目的则在于对提起公诉的制约，对不起诉决定却较少规制。这种差别的背后反映了两种不同的诉讼理念：前者体现的是“有罪必罚”、惩罚犯罪的诉讼目的观；后者强调的是“公民不受无理追诉”、保障人权的诉讼目的论。我国刑事司法制度具有大陆法系的传统，因此对公诉裁量权的制约也是偏重于对不起诉权的制约。面对我国实践中检察机关人为控制不起诉数量，致使不起诉率极低的现状，如果立法上对不起诉适用再予以严格制约，那么将会使实践中的不起诉率比现在更低。因此，学者们的研究兴趣似乎应该从关注不起诉制约机制的完善转向对提起公诉尤其是滥行公诉的制约，因为后者对目前的中国法治建设和人权保障更为迫切。①

第三节　公诉变更制度

我国 1996 年刑诉法和 2012 年刑诉法均未对公诉变更问题作出规定，最高人民检察院在《人民检察院刑事诉讼规则》（以下简称 1998 年《规则》）、最高人民法院在《关于执行〈刑事诉讼法〉若干问题的解释》（以下简称 1998 年《解释》）对公诉变更问题作出了相应的规定。可以说“两高”司法解释的规定构成了我国公诉变更制度的内容。我国学界由于对公诉变更制度认识不深，关于这方面的研究还很薄弱，直到最近几年，这一问题才逐渐引起学界的重视。归纳、梳理近些年的研究成果，发现学界关注的焦点主要集中在公诉变更制度的内容、对域外公诉变更制度的介绍、我国公诉变更制度的确立以及撤回公诉制度等问题上。

一　公诉变更制度的内容

关于公诉变更制度的内涵，学界认识比较一致，均认为公诉变更包括公诉内容的改变、公诉的追加以及公诉的撤回三种情形。有学者认为，公诉变更制度实际上是各国基于发现真实的诉讼目标而为弥补控审分离原则作出的一项配套制度安排，它使人们在一个控审职能分离的诉讼格局下，仍然能够及时矫正起诉指控中存在的错漏，最终发现实体真实。具体而言，

---

① 近年，有学者开始关注这一问题，对诸如选择性起诉、报复性起诉等公诉权滥用问题及其制约机制的完善进行了系统研究。参见谢小剑《公诉权制约制度研究》，法律出版社 2009 年版。

公诉变更权又涵括了三项权能：一是撤回公诉。即检察院在提起公诉后，发现本不应起诉或不必起诉时，可以撤回已经提起的控诉。撤回公诉可以是部分（被告人或罪行）撤回，也可以是全案撤回。其结果将导致对起诉范围的压缩。二是追加起诉。即检察院在提起公诉后，发现遗漏了被告人或者罪行的，可以在原先起诉的基础上就遗漏的被告人或罪行追加提起一个公诉，追加起诉将导致对原先起诉范围的扩张。三是变更起诉。即检察院在提起公诉后，发现起诉指控的被告人或罪行与真实情况不符时，可以对起诉指控的被告人或罪行予以更换，变更起诉将导致对起诉对象的变更。①

有的学者还对公诉变更内容作了进一步具体分析：根据所涉及的内容，可以区分为三种情况：其一，对事实的变更。包括对起诉书所认定的犯罪事实、情节及对定罪量刑有意义的其他案件事实的改变。这种事实变更，又包括修正和追加（补充）两种。修正，如对犯罪的时间、地点、手段和后果的认定作出修改；追加（补充），是增加某些犯罪的事实和情节。如对盗窃罪事实起诉，增加贪污罪事实：又如起诉定盗窃一次，发现新的事实后增加为盗窃作案两次。其二，对法律评断的变更。包括指控的罪名和适用法律的改变。如改贪污罪为受贿罪、改盗窃罪为销赃。其三，对被告人的变更。包括对被告人身份事项的改变，如姓名、年龄；因追捕到案或因新的证据或因新的事实认定等原因追加被告人；或者审理过程中发现共同被告人中有的不应追究刑事责任而撤销对他指控。

根据公诉变更对被告人利益的影响，可以将其分为三种类型：其一，有利于被告人的公诉改变。包括重罪事实和罪名改变为轻罪事实和罪名，某些严重的情节（如主犯、手段恶劣等）被取消，某些从轻的情节（如自首、正当防卫等）被认定等。其二，不利于被告人的公诉改变。如轻罪名改重罪名，被追加犯罪事实，补充从重情节等。其三，对被告人没有明显实质不利影响的变更。如同一刑度的罪名改换。例如，贪污罪改为受贿罪，伪造公文罪改为伪造证件罪等。②

---

① 参见谢佑平、万毅《刑事公诉变更制度论纲》，《国家检察官学院学报》2002年第1期。

② 参见龙宗智《论公诉变更》，《现代法学》2004年第6期。

二　域外公诉变更制度简述

由于我国对此问题的研究资源匮乏，因此，学界在研究中大多以域外的公诉变更制度作为样本或者素材，对公诉变更模式和程序进行了比较法考察。

1. 关于公诉变更模式

从各国刑事诉讼法对公诉变更制度的规定来看，公诉机关在提起公诉后都允许在一定条件下对公诉进行改变，追加或撤回，但法律同时也对其变更公诉的权力作了限制。受诉讼制度的类型以及不审判意识的影响，各国的公诉变更制度体现出不同的模式。

一是法官控制模式。以德国、法国为代表的大陆法系国家由于实行职权主义审判方式，因此法官不论是审判前还是在审判过程中，都对诉讼起着主导和决定作用。公诉机关提起公诉后，若要变更起诉，须经过法官的批准，并且法官还享有强制变更控诉的权力。在德国刑事诉讼中，传统上实行检察官起诉法定原则，即在有足够的事实根据时，检察院负有对所有可予以追究的犯罪行为做出行动的义务。在提起公诉后，法院经实体性审查，认为被告人有足够的犯罪行为嫌疑时，则裁定开始审判程序。法院在裁定时可以不受检察院申请的约束。即在开始审判的裁定书中，法院可以对控诉作出变更，包括：对数个行为提起了公诉，可对其中个别行为拒绝审判；依法将追诉范围限制在可分割的行为部分上；对行为作不同于公诉书的法律认定；依法将追诉限制在同一犯罪行为触犯的数个罪名中的某一罪名上。在前两种情况下，检察院要根据法院的裁定提交与裁定相应的新起诉书。审判程序开始后，公诉则不能撤回。在审判过程中，检察官宣读被告罪状应以新的起诉书为基础，但同时法律也允许检察官提出与法院的法律评断有歧义的法律见解。对于检察官在审判中能否追加起诉，法律规定应得到法院的批准，即“检察官在审判中将公诉延伸到被告人的其他犯罪行为之上时，法院如果对案件有权管辖并且准予起诉的，可以裁定将这些其他行为纳入程序”。

法国检察官的起诉需交法院预审。对重罪案件，上诉法院预审审查庭的起诉裁定是起诉的决定性文件。这种起诉裁定本身就包含对检察官起诉申请书的认否和变更。因此，法院实际上对起诉变更起着决定作用。

二是检察官决定模式。这种模式以日本为代表，公诉机关享有变更诉因和适用的法律的权力，虽然也要接受法院的审查，但法官不具有强行变更公诉的权力。日本刑事诉讼中，由于没有设置预审程序，因此不存在起诉后由预审法官对起诉进行变更的问题，但在审判过程中，可以依法进行起诉变更即"诉因变更"。法院在检察官提出请求时，以不妨害公诉事实的同一性为限，应当准许检察官对起诉书中所记载的诉因或罚条进行追加、撤回或变更。是否保持公诉事实的同一性，由法院进行审查。同时，法院在审理过程中认为适当时，可以命令检察官追加或变更诉因或罚条。然而，对于法院的变更诉因命令，检察官并无必须的义务。日本的判例和学说通说均认为，诉因变更被认为是检察官的权限，因此，检察官可以不服从法院的变更诉因命令。这是因为，如根据法院的变更诉因命令而变更诉因，等于是承认法院具有变更直接诉因的权限。最高法院认为，法院认为有必要追加或变更诉因时，原则上不能自行促使检察官变更诉因，也无此种义务。只是当起诉书记载的诉因为无罪，而法院则有明显的证据认定有罪，并且罪行重大时，作为例外，法院有义务促使和命令检察官变更诉因，否则将被认为是审理不尽职责的违法行为。由于法院没有变更直接诉因的权限，检察官可以不服从法院的诉因变更命令，在这种情况下，法院只能对检察官坚持的诉因进行判决、检察官则承担无罪判决的责任。

上述德国、法国与日本两种类型公诉变更制度的区别，基本体现了法官职权主义与当事人主义不同法理的区别。①

2. 关于公诉变更的程序规制

由于公诉变更可能影响裁判的公正、影响诉讼的效率以及影响被告人合法权益的实现，为避免公诉变更权滥用可能造成的负面影响，域外刑事诉讼立法都从多个方面，对公诉变更程序进行必要的规制。

一是变更的必要性。对于公诉变更程序是否有启动的必要，各国一般都以是否对被告人的权利造成侵害进行考虑，即是否对被告人的辩护权造成损害，是考虑启动变更程序的重要因素。

二是变更的时限。各国刑事诉讼法的规定不一致。有的国家对变更的时限没有严格限制，如俄罗斯；有的规定检察官只能在法院作出一审判决

---

① 参见龙宗智《论公诉变更》，《现代法学》2004 年第 6 期；杨虹：《比较法视野中的公诉变更制度之完善》，《国家检察官学院学报》2003 年第 5 期；赖正直：《论刑事审判权的界限——以日本的诉因变更制度为借镜》，《中国刑事法杂志》2008 年第 5 期。

前撤回公诉，如日本；有的规定只能在第一审辩论终结前提请追加起诉或撤回起诉，如我国台湾地区；有的则规定“审判程序开始后，公诉则不能撤回”，如德国。总之，各国对公诉变更一般限定在第一审判决作出前，并且对撤回起诉的时间要求相对严格。

三是变更的方式。即变更控诉的要式性——变更控诉是否必须采用书面提出的方式。变更控诉比较普遍的实践是允许非要式方式。如我国台湾地区对追加起诉的规定，以及德国、法国、意大利等大陆法系国家，检察官直接决定改变控诉尤其是在法庭上以言辞方式改变控诉，也都是合法有效的行为。但是，域外对撤回公诉，一般要求比较严格，大多规定须以书面形式提出，并要求说明理由。变更控诉之所以可以采取非要式方式，是因为从法理上讲，起诉权是检察官的权力，而检察官在职务活动中具有一定的独立性。因此检察官在公诉活动中直接变更控诉，在法律上具有效力。

四是变更的限度。对公诉变更限度之限制主要有以下两点：一是公诉变更是否会实质性地影响法院的审判范围；二是公诉变更是否会恶化被告人的辩护权。例如，日本规定检察官变更诉因，必须以不妨碍公诉事实的同一性为限。超越公诉事实同一性的，则不能进行公诉变更。德国刑诉法典规定检察院在起诉时遗漏了同案被告人，则不能追加起诉，只能另案起诉。俄罗斯刑诉法典规定，在法庭上可以变更控诉，但不得因此而恶化受审人的状况和侵害他的辩护权利。

五是变更公诉后对辩护权的保障。实现公诉变更程序正当性的关键是对辩护权的保障。即无论在哪一环节变更控诉，均要求保证辩护方能够对变更了的控诉进行有效辩护，要求能够展开攻击与防御及其互动。为此，公诉和审判机关需承担两项义务：其一，及时告知义务。公诉变更情况应及时向辩护方告知，以利其辩护准备。其二，提供辩护准备和辩护条件的义务。为了使被告方能够有效地实施防御，应当就新的指控给被告方以必要的准备时间，以便被告和辩护人进行证据、法律和论辩的准备。被告人有权向法院申请给予必要时间以准备辩护，必要时得中断审判。①

---

① 参见龙宗智《论公诉变更》，《现代法学》2004 年第 6 期；杨虹：《比较法视野中的公诉变更制度之完善》，《国家检察官学院学报》2003 年第 5 期；陈学权：《我国公诉变更制约机制的完善》，《山西省政法管理干部学院学报》2005 年第 1 期。

三　我国公诉变更制度的现状及其完善

1. 我国公诉变更制度的现状

一是在规范上，存在越权解释的现象。根据程序法定原则，基于保障人权的需要，凡是涉及国家司法机关的职权配置和犯罪嫌疑人、被告人重大权益保障的事项，都应当由立法机关通过法律的形式加以明确规定，而不能由其他机关、团体或个人以其他任何形式作出规定。刑事公诉变更权涉及作为国家控诉机关的检察院的权力配置，根据程序法定原则的要求，应当由作为基本法的刑事诉讼法来加以规定。最高人民检察院竟然在法无明文规定的情况下，以司法解释的形式，对刑事公诉变更制度作了系统的规定，这无疑是由检察院自己授予自己以公诉变更权，是司法权对立法权的僭越，这种司法立法的现象是违背程序法定原则的要求的。

二是在时限上，规定不合理。根据最高人民法院 1998 年《解释》的规定，在人民法院宣告判决以前，人民检察院均可以撤回起诉、追加起诉、变更起诉。这就将公诉变更权行使的时间限制在第一审判决宣告之前。“作出判决”与“宣告判决”是两个不同的时间段，法庭在评议后将作出判决，但是并不一定立即宣判。如果在法院作出判决后仍然允许撤回、追加、变更起诉，无疑使此前进行的程序归于无效，这就导致诉讼资源的无谓浪费；并且一经变更，法庭可能被迫重新开庭审理，造成程序的重复运作，导致诉讼资源的进一步耗费。因此，我国关于公诉变更的时间限制显得不尽合理。

三是在事由上，规定不周延。首先，在《规则》规定的三种撤诉理由中，不包括“事实不清、证据不足的案件”，对于此类案件，检察院本来就不该提起公诉，提起公诉后，经过补侦仍然不能达到起诉所需条件的，当然就该撤回起诉。从国外的立法例来看，犯罪嫌疑不足“被认为是欠缺处罚的可能性”，应作不起诉处分，业经起诉的，也应撤回起诉。其次，对于追加起诉，对于与本案相牵连的犯罪以及犯与本罪有关系的窝藏、包庇、窝赃、销赃罪的，应当允许检察院追加起诉。再次，公诉案件开庭审理后，有时会出现新的情况，需要改变审判管辖或提高审级，而该事由在公诉变更制度中缺乏规定。最后，起诉后改变指控罪名的问题。随着庭审调查的深入，检察机关可能会认识到原先指控的罪名不当需要改变。但目前只规定发现犯罪事实与指控事实不符的可以变更，没有明确规定指控的罪名可以改变。

四是在辩护权保障上，规定欠妥当。鉴于公诉变更权的行使对被告人辩护权影响极大，因此，《规则》规定如果变更、追加起诉需要给予被告人、辩护人必要时间进行辩护准备的，公诉人可以建议合议庭延期审理。这对于保护被告人的辩护权利是完全必要的。但是，根据这一规定，延期审理只能由公诉人认为需要时向法院建议才能适用，作为当事人的被告人并无主动申请延期审理的权利，最高人民检察院的规定显然是有悖法理的。

五是在变更次数上，未作限制性规定。由于公诉变更的次数没有限制性规定，导致在某些地方，变更公诉被作为变相增加办案时间，拖延诉讼的一种办法，反复使用。①

2. 我国公诉变更制度的完善

学者们结合我国司法解释的规定以及司法实践中存在的问题，在借鉴域外立法经验的基础上，提出了建立和完善我国公诉变更制度的建议。第一，在修改刑事诉讼法时，就公诉变更制度作出明确规定。为适应情势变化，应当肯定检察机关在改变指控方面有较为广泛的权力，从而适应有效追诉犯罪和有错必究以及有利于诉讼经济的需要。因此无论是对事、对人、对罪名，无论是有利被告、不利被告以及中性变更，在一定限制范围内都应允许。第二，对变更公诉给予一定的限制。由于我国并不实行日本式的诉因制度，即严格限制公诉事实和罪名，具有某种形式主义特征的制度，因此不宜采用公诉事实同一性原则调整公诉变更，而应当允许检察机关有较为宽泛的公诉变更权，仅以妨碍诉讼的正常进行与诉讼的效率作为审查原则。第三，加强对被告人辩护权的保障。我国刑事诉讼法再修改，应当借鉴国外立法，规定变更控诉后及时通知辩护方，同时为辩护方提供准备时间和其他辩护条件。被告人有权向法院声请给予必要时间以准备辩护，必要时得中断审判。法院有义务向被告人告之其享有该项权利。第四，变更公诉原则上应当采用书面方式。我国检察制度仅确认检察机关依法独立行使职权，目前检察官尚未取得法律上的独立地位，因此其职务行

① 参见杨建民《公诉变更的制度构建与法律效力探讨》，《人民检察》2007 年第 18 期；谢佑平、万毅：《刑事公诉变更制度论纲》，《国家检察官学院学报》2002 年第 1 期。

为只有作为检察院的行为时才具有法律效力（其标志是检察机关在法律文书上加盖公章)。因此，变更控诉原则上应当采取必要式行为方式，即应当采取文书形式并在文书上加盖检察院印章。但考虑到法庭审判的要求以及检察官的相对独立性，为了保证诉讼的效率，在法庭上，如果检察官表示代表检察机关变更控诉，合议庭可以进行审查认可，并记入庭审笔录，然后根据变更的控诉进行审理，但事后检察机关应当补送控诉变更法律文书，以作为变更控诉行为的法定依据。第五，限制公诉变更的次数。为防止公诉变更的滥用，提高诉讼效率，保障诉讼参与人的合法权利，对检察机关提出变更公诉的，应以一次为限；且规定撤销公诉后不得重新起诉。第六，明确公诉变更仅适用于第一审程序。对于经过第二审程序或者审判监督程序后，上级法院裁定撤销原判，发回原审法院重审的件，检察机关不应再进行公诉变更。第七，明确法院对公诉机关滥用公诉变更权的，有权予以制止。法院作为中立的裁判，对公诉机关的追加、变更、撤回起诉都应进行审查。从保护被告人的辩护权和维护程序安定的角度出发，对于不合法、不合理的变更，可以认定检察机关滥用公诉变更权，法院有权予以取消变更。①

四　撤回公诉制度

撤回公诉是公诉变更制度的一项重要内容，也是刑事司法实践中检察机关长期使用的一种处理案件的特殊方式。由于1996年刑诉法对撤回公诉制度没有做出规定，目前检察机关行使撤回公诉权的依据，是最高人民检察院制定的《规则》和最高人民法院颁布的《解释》。虽然以司法解释的形式作出规定，在一定程度上缓解了撤回公诉无“法”可依的问题，但是有学者仍然对此提出质疑，认为司法解释创设撤回公诉制度，是司法权对立法权的僭越，“两高”作为司法机关通过发布司法解释对此作出规定，显然违反了程序法定原则。② 由于立法缺失和司法解释规定的不合

① 参见龙宗智《论公诉变更》，《现代法学》2004年第6期；杨建民：《公诉变更的制度构建与法律效力探讨》，《人民检察》2007年第18期；杨虹：《比较法视野中的公诉变更制度之完善》，《国家检察官学院学报》2003年第5期。

② 参见顾永忠、刘莹《论撤回公诉的司法误区与立法重构》，《法律科学》2007年第2期；张兆松：《完善我国刑事公诉撤回制度的思考》，《人民检察》2007年第2期。

理、不健全，加之实践中的适用比较混乱，引发了理论和实务界对该问题的讨论。

学界普遍认为，我国在立法上有必要确立撤回公诉制度。由于犯罪现象本身的复杂性以及司法活动中主客观因素的影响，司法人员的认识难免会发生偏差、失误。由此不可避免地会发生刑事案件提起公诉后，检察机关才发现起诉不当，将不应起诉的案件或不必起诉的案件提起了公诉。赋予公诉机关撤回公诉权，不仅在刑事诉讼中增设了一种错误矫正机制，为检察机关及时纠正起诉错误，维护公信力提供了机会，而且对于减少或防止因不当起诉对司法资源造成的浪费，提高司法效率，最大限度地维护司法公正，维护被告人的合法权益具有重要的意义。① 尽管学界对确立该项制度持肯定态度，但也指出了我国目前的撤回公诉制度中的不合理性因素及其运作中存在的问题。在规范层面上，最显著的问题就是撤诉的时间规定不合理，在河南平顶山“天价过路费案”中，法院刚立案再审，生效判决尚未撤销，检察院即撤回公诉，有学者指出，这一做法违反程序规范，违背诉讼法理，同时带来已启动的再审程序难以推进并难以作出裁判的实践难题。② 此外，撤回公诉制度在规范层面存在的问题还有：撤诉的法律效力不明确；撤诉的事由不明确，实证研究表明，当前撤诉案件绝大部分是证据不足的案件；撤诉后如何处理、处理的条件及处理的期限不明确；对撤诉的制约不力；被告人、被害人的诉讼权利得不到有效保护，撤诉成了检察机关单方的诉讼行为，在撤诉过程中被告人、被害人没有任何“话语权”；撤诉后重新起诉条件不严格，导致再行起诉普遍。③

除了制度本身的缺陷外，撤回公诉制度在实际运行中也存在一些不容忽视的问题，其表现为：撤回公诉的理由在表述的准确性和正当性上存在一定问题；撤回公诉的适用范围过宽，将应当变更、追加起诉或通过延期审理补充侦查的，也以撤诉方式处理；撤回公诉后重新起诉的案件在起诉书制作上存在一定问题；撤回公诉不及时，有的有规避无罪判决之嫌，社

---

① 参见顾永忠、刘莹《论撤回公诉的司法误区与立法重构》，《法律科学》2007年第2期。

② 参见龙宗智《生效判决犹在，公诉焉能撤回——评“天价过路费案”之公诉撤回》，《法学》2011年第3期。

③ 参见张兆松《完善我国刑事公诉撤回制度的思考》，《人民检察》2007年第2期；刘继国：《刑事诉讼中撤回公诉问题研究》，《人民检察》2004年第1期。

会效果不好；撤回公诉后处理不及时，包括变更或解除强制措施不及时，侵害了犯罪嫌疑人的合法权益；个别案件多次起诉、多次撤诉，有失严肃性；撤回公诉不适当，产生从存疑无罪判决到存疑不起诉等诉讼程序逆转的非正常现象；未能依法适用不起诉，造成一些不符合起诉条件的案件起诉到法院，并最终撤回公诉；法院对撤回公诉的审查工作不够规范；等等。

针对撤回公诉制度及其实践中存在的问题，学者们从撤回公诉的理论基础、范围或事由、撤回公诉的时间、当事人的异议和救济、撤回公诉的效力等方面，提出了改革和完善我国撤回公诉制度的构想。

第一，撤回公诉的理论基础。理论基础是制度建构的前提，不同理论指导下所构建出的制度将会有很大的差异。对此，学者之间存在着认识上的分歧：一种意见认为，我国公诉撤回制度事实上是以起诉法定主义，而非起诉便宜主义为基础，理论基础上的偏差是整个制度体系的根本性缺陷。我国公诉撤回制度进行改革，首先要实现理论基础的回归，其次才是具体程序的完善。我国撤回公诉的理论基础，应从起诉法定主义回归到起诉便宜主义。① 另一种意见认为，我国“两高”司法解释规定的可以撤回公诉的案件，属于根本不应起诉的案件，其与起诉法定主义和起诉便宜主义无内在的必然联系。因此，可以说起诉法定主义并不排斥撤回公诉，起诉便宜主义也并非撤回公诉的法理依据。进而主张公正和效率原则才是确立撤回公诉制度的法理根据。②

第二，撤回公诉的事由或者范围。有学者建议，按照起诉便宜主义的要求，对我国公诉撤回的适用范围进行调整。将“没有犯罪事实、犯罪事实并非被告人所为以及不应当追究刑事责任的”或“事实不清、证据不足，需要补充侦查或者补充提供证据的”情形，从公诉撤回的适用范围中予以排除。规定在审判阶段，发生或发现上述情形的，检察机关不享有撤回起诉的权力，而应由法院根据具体情形作无罪判决或终止审理的裁定。将“犯罪情节轻微，依照刑法规定不需要判处刑罚或者免除刑罚的”

---

① 参见张小玲《试论公诉撤回制度》，《中国人民公安大学学报》（社会科学版）2006 年第 2 期。

② 参见顾永忠、刘莹《论撤回公诉的司法误区与立法重构》，《法律科学》2007 年第 2 期。

情形，纳入撤回公诉的适用范围。① 即撤回公诉的事由与酌定不起诉的事由相当。另有学者主张，撤回公诉的理由包括：不存在犯罪事实；犯罪事实并非被告人所为；依法不应当追究被告人刑事责任：证据不足，不符合起诉条件的；犯罪情节轻微，依照刑法规定不需要判处刑罚或者免除刑罚的。② 还有学者认为，撤回起诉主要适用于起诉后发现应当不起诉的情况，即法定不起诉和证据不足的不起诉；对于酌定不起诉的案件，鉴于公诉已经提起，为维护起诉决定的严肃性，同时考虑法院是最终的裁决者，除非情况比较特殊，以维持起诉决定交由法院判定为宜。③

第三，撤回公诉的时间。检察机关何时可以撤回公诉，是实践中和理论上争议较大的一个问题，需要权衡利弊予以统一。第一种意见认为，撤回公诉应该在第一审辩论终结前以书面形式提出。审理基本完结或已进入第二审程序则不允许撤回公诉。④ 第二种意见认为，撤回公诉的时间宜限定在一审判决作出之前。⑤ 第三种意见认为，撤回公诉的时间应当确定在提起公诉后审判程序开始前，审判程序开始后不得撤回公诉。⑥ 第四种意见认为，检察机关在法院判决宣告之前均可撤诉。⑦

第四，当事人的异议和救济。首先，设立被害人对公诉撤回提出异议的制度，规定人民检察院向人民法院要求撤回起诉，应向被害人说明撤回起诉的理由，被害人认为理由不能成立的，有权向人民法院提出异议，人民法院应认真听取被害人的意见；人民检察院撤回起诉，应将撤

---

① 参见张小玲《试论公诉撤回制度》，《中国人民公安大学学报》（社会科学版）2006 年第 2 期。

② 参见顾永忠、刘莹《论撤回公诉的司法误区与立法重构》，《法律科学》2007 年第 2 期。

③ 参见龙宗智《论公诉变更》，《现代法学》2004 年第 6 期。

④ 参见陈岚《论检察官的自由裁量权——兼析起诉便宜原则的确立及其适用》，《中国法学》2000 年第 1 期；余经林：《论撤回公诉》，《法学评论》2007 年第 1 期。

⑤ 参见张兆松《完善我国刑事公诉撤回制度的思考》，《人民检察》2007 年第 2 期。

⑥ 参见顾永忠、刘莹《论撤回公诉的司法误区与立法重构》，《法律科学》2007 年第 2 期。

⑦ 参见徐静村《中国刑事诉讼法（第二修正案）学者拟制稿及立法理由》，法律出版社 2005 年版，第 208—209 页；常艳：《试析公诉案件的撤回起诉》，《人民检察》1999 年第 4 期。

回起诉的决定书送达被害人；被害人不服撤回起诉的决定而向人民法院提起自诉的，人民检察院应当将全部的案件材料移送人民法院，以便于被害人通过其诉讼代理人或本人到法院获取相应案卷材料。其次，增设被告人对公诉撤回提出异议的制度和选择审判的制度，规定人民检察院向人民法院要求撤回起诉的，应向被告人说明撤回起诉的理由，被告人认为理由不能成立的，有权向人民法院提出异议，人民法院应认真听取被告人的意见；对于人民检察院以“犯罪情节轻微，依照刑法规定不需要判处刑罚或免除刑罚”撤回起诉的，被告人如果不服，可以要求法院审判。①

第五，撤回公诉的效力。对撤诉的效力即撤诉的法律后果，大多数学者认为其具有终止诉讼或终结诉讼的效力。但是，对于撤诉的案件检察机关是否需要再制作不起诉决定书，人们的认识并不一致。一种观点认为，检察机关撤回公诉后就应该对被告人作出不起诉的决定。② 另一种观点认为，撤诉与不起诉的法律效力基本相同。撤诉后，检察机关不需再制作不起诉决定书。被告人在押的，应当立即释放；对于扣押、冻结的被告人财物，应当解除扣押、冻结。③ 龙宗智亦认为，我国台湾地区现行“刑事诉讼法”第 270 条规定：“撤回起诉与不起诉处分有同一之效力，以其撤回书视为不起诉处分书……”对于这一规定，可以借鉴。④

五　简要评析

公诉变更权作为公诉权的重要组成部分，事关检察机关的权力配置和当事人的重大利益，且直接影响法院审判权和被告人辩护权的行使，对于如此重要的一项制度，我国 1996 年刑事诉讼法未予规定不能不说是立法上的一大缺憾。无论是从我国长期以来奉行的“实事求是、有错必纠”

---

① 参见张小玲《试论公诉撤回制度》，《中国人民公安大学学报》（社会科学版）2006 年第 2 期。

② 参见顾永忠、刘莹《论撤回公诉的司法误区与立法重构》，《法律科学》2007 年第 2 期；杨虹：《比较法视野中的公诉变更制度之完善》，《国家检察官学院学报》2003 年第 5 期。

③ 参见张兆松《完善我国刑事公诉撤回制度的思考》，《人民检察》2007 年第 2 期；杨建民：《公诉变更的制度构建与法律效力探讨》，《人民检察》2007 年第 18 期。

④ 参见龙宗智《论公诉变更》，《现代法学》2004 年第 6 期。

的诉讼理念出发，还是从我国司法实践的客观需要考量，我国立法上确有必要建立公诉变更制度。因此，我们建议在刑诉法再修改时应当把司法解释中的现有合理规定纳入立法当中，构建具有中国特色的公诉变更制度。

在公诉变更模式的选择上，我们倾向于采纳日本的检察官决定模式，由检察机关决定控诉内容的变更。这一模式与我国分工负责下的“公诉独占”原则以及控审分离的诉讼结构相适应。根据职权原则和职能分工理论，公诉变更乃检察机关的权力，其可以自由行使，但是，案件一经提起公诉便系属于法院，审判权开启并发生作用，公诉变更权应当受到审判权的制约，否则便会被滥用。从目前司法解释的规定看，除了撤回公诉要接受法院的审查外，改变公诉、追加公诉都无须法院的司法审查；即便是规定了撤诉审查制度，实践中也是“凡撤必准”。由此我们可以发现，法院对公诉变更的审查制约机制几乎失灵。基于公诉权是一种请求权的属性，这种请求权能否实现需要法院的裁判，法院的审判权不仅包括实体裁判也包括程序裁判，而对公诉变更权的审查判断正是程序裁判的题中应有之意。根据有权者都容易滥用权力这一为人类经验所反复证实的真理，必须对公诉变更权予以必要的限制，通过法院审判权的行使对滥用公诉变更权的行为加强监督制约，而这恰恰是我国目前制度中所缺失的。为此，刑诉法再修改时应当增设一下内容：一是赋予检察机关变更公诉的权力；二是法院有权建议检察机关变更公诉；三是允许法院根据公正和效率的原则对公诉变更进行审查并决定是否准予变更。

在公诉变更权的配置中，还必须考虑其设计不当对审判权、辩护权及诉讼公正和效率的损伤。目前的制度设置允许检察机关在法院判决宣告前均可以变更公诉，甚至是在法院审理完毕、作出判决之后。我们认为这一规定是有问题的，法院一旦作出判决便意味着审判已基本结束，如果法院作出的是无罪判决，而检察机关此时要求撤回公诉，那么对被告人而言是极不公正的，因为其失去了获得公正审判结果的机会；对法院而言，此前所进行的一切审判活动都将归于无效，不仅浪费了诉讼资源，降低了诉讼效率，而且导致公诉权凌驾于审判权之上，严重侵蚀了审判的权威。因此，我们建议应当将公诉变更的时间适度提前，并且对撤回公诉给予更严格的限制。可考虑将改变、追加公诉的时间限制在一审判决作出前，将撤回公诉限制在一审法庭辩论终结前。因为通过法庭调查和法庭辩论，控方已经了解了辩方的证据和辩护观点，在“知己知彼”的基础上，检察机关才能作出是否变更公诉的准确判断。为了防止因检察机关变更公诉而对被告人辩护防御的不利影响，需要从两个方面进行改革和完善：一是改变目前“需要给予被告人、辩护人必要时间进行辩护准备的，公诉人可以建议合议庭延期审理”这一“越俎代庖”的权利行使方式，将延期审理的申请权交还于被告方，因为只有被告方最清楚本案是否需要进行辩护准备。二是明确改变公诉、追加公诉后，应当将用以支持公诉变更的新证据及时移交法院，以方便被告方阅览，从而为新的辩护防御做必要的准备。

第四节　提起公诉的证据标准

提起公诉的证据标准，是指控诉机关决定提起公诉或者维持已经提起的公诉时，控诉证据必须达到的法定标准。我国 1996 年刑事诉讼法第 141 条规定：“人民检察院认为犯罪嫌疑人的犯罪事实已经查清，证据确实、充分，依法应当追究刑事责任的，应当作出起诉决定，按照审判管辖的规定，向人民法院提起公诉。”第 162 条第 1 项规定：“案件事实清楚，证据确实、充分，依据法律认定被告人有罪的，应当作出有罪判决。”以上规定分别被看作是我国提起公诉的证据标准和有罪判决的证据标准。近年来，学界围绕上述立法规定及其实际操作状况，通过对国外提起公诉证据标准的比较，就如何确立我国提起公诉证据标准问题，进行了热烈讨论。

一　国外提起公诉证据标准之比较

学者们通过对英国、美国、德国、法国、日本等国家提起公诉证据标准的考察，总结出了一些共性特征，并分析了制度背后的成因。①

第一，在提起公诉证据标准方面，大陆法系国家一般略高于英美法系国家。两大法系国家对提起公诉证明标准均有明确的表述。美国是“有合理的根据”，英国是“预期可予定罪”，德国是“有足够的事实根据”，法国是“有明显的公诉理由”或“控告是否有足够的事实证据”。相对来

① 参见孙长永《提起公诉的证据标准及其司法审查比较研究》，《中国法学》2001 年第 4 期；巩富文、陈学权：《现代西方国家提起公诉证明标准之考察与比较——兼及我国提起公诉证明标准之现状与改革》，《西北大学学报》（哲学社会科学版）2005 年第 1 期。

说，大陆法系国家的提起公诉证明标准较英美法系国家略高一些。之所以如此，大概是因为检察官在两大法系国家刑事诉讼中所处的地位不同。在英美法系国家，检察官在诉讼中只是代表国家对犯罪进行追诉的一方当事人，与被告人处于同等的诉讼地位，控辩双方在诉讼中实际上处于平等对抗的格局。正是由于检察官的当事人地位，其追诉犯罪的倾向就显得比较强烈，因而提起公诉的证明标准就显得比较低。而在大陆系国家，检察官是“站着的法官”，有的国家甚至将检察官视为“准司法官”，检察官一般担负着客观追诉的义务，在进行公诉审查时，既要考虑不利于被告人的证据，还要考虑有利于被告人的证据。

第二，现代西方国家的提起公诉证明标准，从其立法规定来看，均普遍低于法院的定罪标准。但实践操作当中，检察官对提起公诉证明标准的掌握上则趋于从严。

在英美法系国家，法院的定罪标准是排除合理怀疑，而对于提起公诉的证明标准，美国是“有理的根据”，较定罪标准低了三等；英国则是“预期定罪的可能性”，亦即人们常说的“51%规则”，是指当有罪判决的可能性大于无罪开释的可能性时，此案应该起诉。在大陆法系国家，法院的定罪标准是“内心确信”，而提起公诉证明标准则是“有足够的事实根据”或“有明显的公诉理由”等。究其原因，主要有以下几个方面：一是审查起诉时所依据的证据不完全等同于法庭审理时所可能提出的证据，检察官在决定起诉时对于证据证明力的判断具有一定程度的不确定性。二是在西方国家，起诉并不意味着侦查的终结，控方在决定起诉后仍然可以继续收集有关的证据。三是现代西方国家都奉行严格的证据规则，致使提起公诉时的证据与定罪时的证据往往存在较大的差异。四是现代刑事诉讼理论一般认为，启动刑事审判程序的条件并不等于定罪的条件。五是现代西方国家检察官提起公诉的证明标准往往要接受司法的审查。在提起公诉证明标准要接受司法审查的情况下，其显然无法必须与定罪标准同一。

第三，法院最终定罪的可能性越来越成为现代西方学家提起公诉证明标准重要依据之一。

英美法系国家不仅纷纷将定罪的可能性作为提起公诉证明标准的重要内涵，而且检察官在判断其定罪的可能性时，也往往采取一种客观的标准，即检察官一般要站在法官或者陪审团的立场上，充分考虑辩护方的意见和庭审的情况，以判断其手中所掌握的证据能否对被告人作出有罪判决。大陆法系国家传统上采取的是一种检察官靠自己内心确信指控充分的主观标准，即检察官站在自己的立场上，很少去考虑辩护方的意见和证据，主要是就自己手中所掌握的证据进行判断。不过，这种传统的观点目前也正在发生变化。

二　国内学界关于提起公诉证据标准的争论

目前，国内学界关于提起公诉证据标准的争论主要有三种观点：第一种观点是“降低说”；第二种观点是“接近说”；第三种观点是“同一说”。以下分述之：

（一）“降低说”

持“降低说”的学者认为，我国目前提起公诉的证据标准规定得过高，等同于定罪标准，应当通过改革确立阶段性的证据标准，使提起公诉的证据标准适当低于有罪判决的证明标准。这种观点在我国学界占据主导地位。

持“降低说”的理由是：如果将公诉的证据标准规定得等同于定罪标准，一是不符合刑事诉讼认识的基本规律；二是导致公诉人员在办案过程中过于谨慎，对惩罚犯罪和打击犯罪带来一定消极影响；三是容易导致诉讼拖延，浪费司法资源；四是可能导致法庭审判流于形式。持“降低说”的学者还认为，刑事证明标准在不同诉讼阶段中应有层次差别，即所谓的“分层论”。我国1996年修改后的刑事诉讼法确立了“控辩式”的庭审方式，控辩双方的对抗对诉讼结果的影响得以加强，也使得起诉中的不确定因素大大增加。虽然这些学者均主张适当降低公诉证据标准，但对究竟降低到什么程度以及如何表述，观点并不一致。有主张“高度可能性”，也有主张“较大的定罪可能性”，还有的主张“高度盖然性”、“定罪的合理可能性”等标准。①

---

① 参见王超、姚晓东《我国刑事起诉标准的模式选择》，《时代法学》2009年第5期；刘根菊、唐海娟：《提起公诉的证据标准探讨》，《现代法学》2003年第2期；李培龙等：《证明层次理论下的公诉证明标准》，《华东政法大学学报》2008年第1期；黄国盛：《反思提起公诉证据之标准》，《中国检察官》2007年第3期；李玉华：《刑事证明标准研究》，中国人民公安大学出版社2008年版，第197页；汪海燕、胡常龙：《刑事证据基本问题研究》，法律出版社2002年版，第123页；陈卫东：《程序正义之路》第2卷，法律出版社2005年版，第148—149页。

（二）“接近说”

持“接近说”的学者均主张，我国目前应该维持较高的公诉证据标准。有的认为，不应当将提起公诉的证明标准完全等同于有罪判决的证明标准，但也不应当采纳西方国家“更大的可能性”等较低的起诉标准，而应采取“检察机关认为根据现有证据足以证明被告人实施了犯罪”这种较高的起诉标准。在很大程度上，该标准与有罪判决的“案件事实清楚，证据确实充分”标准已经非常贴近。①

还有的观点认为，提起公诉的证明标准，应当为“人民检察院认为指控犯罪嫌疑人犯罪事实的证据确实、充分，足以作出有罪判决”。该标准可以说基本上接近于法院的定罪标准，但并不等同于法院的定罪标准。它所强调的是犯罪嫌疑人是否构成犯罪的证据必须确实充分，从这个角度来讲，提起公证的证明标准等同于法院的定罪标准，但是，对于影响犯罪嫌疑人量刑的有关情节，在提起公诉时并没有必要达到证据确实充分的程度。主要考虑到以下两点理由：其一，维持较高的提起公诉证明标准，则更加有利于保护广大公民的合法权益；其二，强调提起公诉证明标准的“足以作出有罪判决”因素，这样使得提起公诉的目标更为明确，提起公诉的证明标准也更加具有可操作性。②

（三）“同一说”

持“同一说”的学者认为，我国提起公诉的证据标准应当同于法院判决的证据标准，应当坚持我国现有的公诉证据标准不变。我国的龙宗智、孙长永等学者均持该种观点。孙长永通过对各国司法审查制度的比较进行论证，认为其他法治国家对公诉有司法审查制度，可以抑制检察机关滥用公诉权，对公民进行不当指控。但中国的公诉权独占，不能付诸司法审查，因此必须设定较高的公诉证据标准，以防止公诉权的不当发动。③

龙宗智则给出了更广泛的理由：其一，能够保证起诉的有效性，否则

① 参见奚玮、孙康《论提起公诉的证明标准》，《中国刑事法杂志》2008年第1期。

② 参见巩富文、陈学权《现代西方国家提起公诉证明标准之考察与比较——兼及我国提起公诉证明标准之现状与改革》，《西北大学学报》（哲学社会科学版）2005年第1期。

③ 参见孙长永《提起公诉的证据标准及其司法审查比较研究》，《中国法学》2001年第4期。

就有相当一部分案件不能获得有罪判决，无罪判决率越高，意味着公诉的效率和效益越低。因此要求公诉机关与审判机关掌握的标准趋于一致。其二，从我国公诉特点看，提起公诉，检察机关通常不再收集新的证据，因此很难通过公诉后的活动进一步支撑公诉，如果公诉时证明标准比较低，在辩护证据出示而控诉证据难有实质性增加的情况下，起诉失败的可能性增大。其三，从我国公诉权行使的特点看，检察机关垄断公诉权，不实行对公诉的司法审查，法院无权以检察机关起诉不当为由驳回起诉，为防止滥用公诉权，保护公民权利，有必要设定比较严格的提起公诉的证明标准。其四，从我国公检法关系看，由于公检法在刑事诉讼中互相配合、互相制约这种“线形关系”的存在，以及由此带来的“司法一体化”倾向，而且由于检察机关作为法律监督机关的特殊地位，审判机关对检察机关起诉的认同感比较强。因此，如果起诉标准较低，将会降低案件的判决质量，增加不当判决的比例。其五，从各国的司法实际状况看，虽然法律要求不同，但检察机关在公诉实践中实际掌握的标准不能不以获得有罪判决为基本标准，否则就很可能起诉失败。此外，考虑到检察机关是控诉机关而非判决机关，它应当积极发挥其保卫社会的作用，过分地抑制公诉发动也是不适当的。因此，在确认起诉与判决标准同一的情况下，可以在起诉方针和起诉政策上对证明标准予以解释和补充。①

谢小剑博士认为，公诉证据标准的形成绝非偶然，其具有内在的制约因素。这些因素包括：社会公众对公诉及无罪判决的文化观念、对公诉权的制约程度、刑事证据收集制度、审判中心主义理念、判决的可预测性、公诉主体的特征等方面。正是这些因素的共同作用决定了我国不应降低公诉证据标准。在不改变上述制约因素的前提下，降低我国的公诉证据标准可能会弱化国家公诉权的保障功能，损害犯罪嫌疑人权利，从而给我国刑事诉讼带来巨大的破坏。② 还有的学者指出，我国当前承担公诉权合法性功能的配套制度尚不健全，导致公诉权的合法性只能依赖于较高程度的公诉证据标准和较强程度的犯罪控制能力。在此意义上，理论界对我国现行公诉证据标准过高的批评似乎未切中要害，急于降低我国当前的公诉证据

---

① 参见龙宗智《再论提起公诉的证据标准》，《人民检察》2002 年第 3 期。

② 参见谢小剑《提起公诉证据标准之内在机理》，《比较法研究》2007 年第 3 期。

标准，不仅缺乏程序制度基础，而且会挫伤公诉权的有效性，并最终损及公诉权的合法性。①

三　简要评析

对于上述学界关于公诉证据标准的三种学说，我们比较赞成“同一说”。“降低说”的优点在于其看到了刑事诉讼的认识规律是由浅入深、逐步深化的过程，但其缺陷是忽视了中外刑事司法体制和相关制度的差异，缺乏对中国现实国情的精确把握。在诸如对公诉的司法审查制度、证据规则、审判中心主义尚未建立以前，在我国刑事诉讼中人权保障不足的现实背景下，一味要求我国的公诉证据标准与国际“接轨”，其结果只能是适得其反。“接近说”其实是一种折中的学说，其合理性在于主张我国目前应当维持较高的公诉证据标准，尤其是在定罪证据的把握上，要求适用有罪判决的证明标准，反对按照国外的“盖然性”理论来构建我国的公诉证据标准。其不足之处在于采用“检察机关认为”的标准，主观性太强，实践中难以把握，容易造成适用上的随意性，尤其是没有站在法官的角度进行“换位思考”，对未来定罪的可能性进行预测和评估。正如学者龙宗智所言：考虑到公诉权作为诉讼请求权的性质，必须考虑请求的有效性。因此，充分估量在法院审判后的定罪可能性是十分必要的。检察机关在对证据确实、充分进行评价时，应当预测起诉后证据体系可能发生的变化，只有在判定有较大把握导致有罪判决时，才能认为起诉证据确实、充分。② 因此，持“接近说”的学者初衷是好的，但是按照其构建的证据标准去实施，效果未必理想。

主张“同一说”的学者虽然较少，但是给出的理由却很有说服力。这些学者不但注意到了国外公诉证据标准普遍低于有罪判决标准这一“表象”，而且看到了证据标准背后的内在机理和制约因素；不但认识到了国外公诉证据标准的共性，也指出了我国目前适用与定罪标准一致的公诉证据标准的特殊性及其合理性；不但看到了“文本”中的证据标准，也关注到了证据标准的中国“语境”和“实践”运行。公诉证据标准不

---

① 参见郭松、林喜芬《文本、实践、语境：公诉证据标准的现代性诊断》，《法制与社会发展》2007 年第 5 期。

② 参见龙宗智《再论提起公诉的证据标准》，《人民检察》2002 年第 3 期。

是孤立的存在，其确立和适用需要相关条件的支撑及配套机制的完善，需要考量各种制约因素。在目前各项保障措施尚未跟进的情况下，我们在公诉证据标准的确立上“不求最好，只求较好”，其相对合理的选择是维持目前的公诉证据标准不变。

第五节　公诉机关的量刑建议

从20世纪90年代末开始，我国检察机关从规范法官量刑裁量权出发，进行量刑建议改革试点。2005年，最高法院在第二个“五年改革纲要”中明确提出“研究制定关于其他犯罪的量刑指导意见，并健全和完善相对独立的量刑程序。”此后，一些地方法院开展了“相对独立的量刑程序”的改革试验，并获得了普遍的肯定，为检察机关量刑建议制度的确立奠定了良好的实践基础。2010年10月，最高法院、最高检察院会同其他部门联合发布《关于规范量刑程序若干问题的意见》，将量刑建议制度明确规定在司法解释中，从2011年10月1日起在全国范围内推行量刑规范化改革。2012年修改后的刑诉法第193条明确规定：“法庭审理过程中，对与定罪、量刑有关的事实、证据都应当进行调查、辩论。”此款旨在强调“在法庭审理中，不仅要对与定罪相关的事实、证据进行调查、辩论，对与量刑相关的事实、证据也要调查、辩论，旨在为量刑规范化提供法律依据。”① 但从立法条文看，此次修法并没有为量刑设置专门程序。至于在法庭调查和法庭辩论中是否设置相对独立的量刑程序，以及如何定位检察机关量刑建议的性质、效力和基本内容等，法律并没有做出详细规定。可见，公诉机关的量刑建议制度，无论在理论还是实践中都有进一步探讨的空间。

一　量刑程序模式研究

定罪与量刑在程序关系上存在两种模式：一是定罪与量刑程序分离模式，以英美法系国家为代表，刑事诉讼的审判程序划分为“定罪裁判”和“量刑听证”两个彼此分离的阶段，两个阶段的诉讼模式、诉讼参与

---

① 王尚新、李寿伟主编：《〈关于修改该刑事诉讼法的决定〉释解与适用》，人民法院出版社2012年版，第193页。

人、诉讼程序规则、证据规则、证明规则等均有区别。定罪裁判程序结束之后，只有在被告人被确认有罪的情况下，才会启动量刑听证程序，由专门的缓刑监督机构或社区工作人员发表“量刑前调查报告”，再由检察官、被告人、被害方等专门针对量刑发表意见，最终由法官做出量刑裁决；二是定罪与量刑程序一体化模式，以大陆法系国家为代表，由同一审判组织经过统一的审判程序，适用相同的程序规则和证据规则，在同一判决中同时解决定罪和量刑问题。我国长期以来适用与大陆法系国家相同的一体化程序模式，运用相同的程序和证据规范，在同一程序和判决中同时解决定罪和量刑问题。近年来，基于规范法官量刑裁量权之需要，除在实体法方面制定《人民法院量刑指导意见》之外，将量刑程序改革也作为近期我国刑事司法改革的一项重要内容。其中，量刑问题是否应当从传统的定罪程序中剥离出来，设置独立或相对独立的量刑程序是量刑程序改革的基础和核心问题。

定罪和量刑的一体化审判模式与分离模式各有利弊。定罪和量刑一体化审判模式的优势主要有：第一，有利于保障法庭审理的流畅性和集中性；第二，避免了有罪证据和量刑证据同一性的矛盾，避免诉讼的拖延和司法资源的浪费；第三，有效适用于大多数案件，特别是简易程序案件和被告人认罪普通程序简易审理的案件。一体化模式存在的缺陷主要包括：第一，造成辩护困境，使辩护难以有效进行，当辩方拟定无罪辩护方案后，庭前准备均围绕无罪辩护而展开，往往忽略对量刑证据的收集和准备，一旦法庭宣告有罪，辩方的量刑辩护将陷入被动局面；第二，造成重定罪、轻量刑的审判弊端；第三，量刑缺乏有效规范，“同罪不同刑”的现象普遍。①

分离模式可以有效解决一体化模式中辩护不够充分、定罪证据规则与量刑证据规则存在差异、法官量刑裁量权过大等问题。有学者从五个方面总结了分离模式的五大优势，包括刑事辩护的充分性、公诉权的延伸、法官自由裁量权的限制、量刑信息与定罪信息的区分、被害人的诉讼参与以及刑事证据法的定位等。但分离模式最主要的问题是造成“同一个案件要经历两次司法裁判过程，控辩双方也要前后两次出席法庭审理，参与法庭证据调查和辩论。这不仅会给法院带来不同程度的办案压力，导致诉讼

---

① 参见张军、陈卫东主编《刑事诉讼法新制度讲义》，人民法院出版社2012年版，第225—226页。

成本投入的增加，影响诉讼的效率，而且还使控辩双方承受更大的讼累，需要投入更多的旨在应付诉讼活动的精力和财力，也可能长时间地受到不适当的未决羁押。”①

在我国量刑程序的选择问题上，有学者提出，我国的刑事诉讼应当在一体化模式和分离模式之间寻找一条折中路线，建立“相对独立”的量刑程序。在法庭调查和法庭辩论阶段，先由公诉人对被告人的量刑提出建议，再由被告人和辩护人对该量刑建议进行辩论，还可以征求被害人及其代理人的意见。即首先进行是否构成犯罪的法庭调查，紧接着进行量刑情节的调查，然后进行定罪问题的法庭辩论，再紧接着进行量刑问题的法庭辩论；而不是待法庭先期通过法庭调查和法庭辩论确定有罪后，再进行完全独立的量刑程序。② 还有一种意见认为，在是否构成犯罪的法庭调查和法庭辩论结束以后，如果被告人做有罪答辩，则单独进行量刑答辩程序；如果被告人不认罪，则合议庭评议是否构成犯罪，认定有罪的，再启动量刑程序。

针对这种相对独立的量刑程序，有学者则提出反对意见：对于被告人不认罪的案件，应当采取隔离式的审判模式。在这类案件中，量刑程序的相对独立使得“量刑审理”很可能变成检察官的“独角戏”，难以保障主张无罪的被告人及其辩护人对量刑程序的有效参与和量刑辩护权的有效行使；量刑证据与定罪证据同时进行调查，可能使法官产生预断，不利于无罪推定原则的贯彻。③ 但也有学者指出，即使在被告人不认罪的案件中，也不宜适用完全独立的量刑模式，因为被告人不认罪的案件比例并不像学者估计的那么小；完全独立的量刑模式，是对整个刑事诉讼制度的改造。不认罪情形下，即使量刑程序独立后，也难以取得好的辩护效果；与现有审判工作机制不具有契合性。④

---

① 陈瑞华：《定罪与量刑程序分离——中国审判制度改革的另一种思路》，《法学》2008 年第 6 期。

② 参见叶青《再论庭审中设置独立量刑程序的可行性》，《法学杂志》2010 年第 3 期。

③ 参见陈瑞华《论量刑程序的独立性——一种以量刑控制为中心的程序理论》，《中国法学》2009 年第 1 期；万毅：《量刑建议的程序之维》，《华东政法大学学报》2006 年第 5 期。

④ 参见余剑《被告人不认罪案件量刑程序模式选择与展开》，《法学》2010 年第 11 期。

对于适用简易程序审理的案件，有学者提出，这类案件的定罪和量刑的法庭辩论不必分离，因为轻罪案件的定罪事实和量刑事实往往密切相关。① 另有观点认为，简易案件也可以适用相对分离程序，但要注意的是，鉴于简易程序案件自身的要求，该类案件的定性一般不存在疑问，因此应当将主要精力投放在量刑问题上，而定罪程序应当相对简单，以避免与量刑程序不必要的重复。

二　量刑建议的性质、内容和审查标准

1. 量刑建议的性质

如何认识检察机关量刑建议的法律性质，目前学界主要有两种观点：一种观点认为，量刑建议权是公诉权的延伸，效力等同于公诉书。有学者甚至指出，检察机关没有必要向法庭提交独立的量刑意见书，只需要在公诉书中提出具体的量刑建议，并写明量刑的事实与依据，提请法院裁决。因为起诉书作为提起公诉的法律文书载体，理应既包括指控犯罪的内容，也包括请求法院判处何种刑罚并提出具体量刑建议的内容。② 另一种观点认为，由于我国司法界目前适用的是一种相对独立的量刑程序模式，决定了中国刑事审判中并不存在一种单纯的"量刑程序"。法院的量刑调查和量刑辩论也就不可能有一个独立的启动程序，而是检察机关提起公诉的一种后续效应。也就是说，检察机关一经提交公诉书，即使不提交量刑建议，法院不仅可以组织定罪调查和定罪辩论，而且可以继续主持量刑调查和量刑辩论。可见。量刑建议不具有启动法院量刑裁判程序的效力，与公诉书的效力并不等同。有学者进一步指出，公诉机关的量刑建议对于法院量刑审理的对象和范围也不具备约束力。从近年进行量刑程序改革的试点情况来看，在庭审过程中，法院可以在检察官提出的量刑建议之外，对其他量刑事实和情节进行调查，甚至一些地方法院可以在检察官所建议的量刑幅度之下或者之上进行量刑。《量刑程序意见》肯定了实践中的做法，在形式上，赋予检察机关同时提出起诉书和量刑建议书的权力，使得量刑建议书与起诉书被置于并立而非一体化的地位。在实质上，法院主持的量刑裁判活动并不局限于量刑建议所设定的对象和范围，法庭可以调查量刑

---

① 参见谢鹏程《论量刑程序的张力》，《中国法学》2011 年第 1 期。

② 参见陈国庆《检察官参加量刑程序的若干问题》，《法学》2009 年第 10 期。

建议之外的量刑事实和情节，被告方和被害方均有权向法庭提交本方的量刑证据，提出自己的量刑意见，法庭也可以依职权主动对量刑事实和量刑情节进行调查核实。量刑裁判也不受量刑建议所设定的量刑种类和量刑幅度的约束。① 此外，在没有对抗诉标准进行实质性修改的前提下，法院对量刑建议未予采纳的情形不能作为唯一的抗诉理由，当然，符合畸轻畸重或者严重违反法定程序等抗诉标准的除外。②

2. 公诉机关量刑建议的调查范围

量刑建议应当涵盖对被告人及其罪行的全面社会信息调查。不但应包括与量刑有密切关联的犯罪情节，如未遂、中止、自首、立功、惯犯、累犯、在共同犯罪中的地位作用、认罪态度、退赃等重要犯罪情节，也包括对犯罪后果的全面关注，如被害人的身体伤害和精神创伤、对被害人亲属的影响、案件给社会和社区造成的影响等，还包括被告人犯罪的社会原因、成长经历、社会环境、家庭和教育情况等个人情况和环境因素。

有学者考察英美法系相对科学和发达的刑前调查制度后提出，英美法系国家大多设立了专门的缓刑监督机构，负责调查量刑所需的信息，并负责出具量刑调查报告，大量与定罪无关的证据材料和事实信息被系统地收集起来。缓刑监督机构作为一种受法官委托从事社会调查的机构，具有相对的中立性，它所提交的量刑前报告可以涵盖各种有利于和不利于被告人的证据和信息。包括犯罪事实、先前犯罪记录、被告人陈述、被害人陈述、犯罪记录、被告人的社会经历、可适用的法庭规则、缓刑官的结论和量刑建议，等等。③ 我国检察机关既是起诉机关，又是法律监督机关，应当履行客观义务，尽可能全面收集对被告人有利和不利的量刑证据，并在量刑建议中进行客观中立的描述和评价，对于侦查机关侦查不足、检察机关又可以自行补充侦查的量刑事实，要进行补充侦查。④

有学者指出，与英美法系由中立缓刑官出具报告相比，我国量刑程序的改革调动了控辩双方参与量刑程序的积极性，这“固然有助于丰富法

---

① 参见陈瑞华《论量刑建议》，《政法论坛》2011 年第 2 期。

② 参见吴飞飞《量刑建议功能的反思及其实现》，《中国刑事法杂志》2011 年第 12 期。

③ 参见陈瑞华《论量刑信息的调查》，《法学家》2010 年第 2 期。

④ 参见朱孝清《论量刑建议》，《人民检察》2010 年第 16 期。

官的量刑信息，但却带来法官对其准确性、客观性难以判断的问题，其效果自然远逊于由专门的缓刑官制作科刑前报告。我国目前的社会调查报告制度仅在未成年人案件中实施，且制作主体不统一，专业性欠佳，而建立专门的缓刑官制作科刑前报告制度尚不在决策部门的考虑之中。我国的量刑程序改革最明显的功效恐怕就是提高量刑程序的透明度了，这一点也为有关的实证研究所证实。”①

3. 量刑建议中的量刑幅度

根据提出的具体量刑幅度的不同，可以把量刑建议分为绝对确定的量刑建议，相对确定的量刑意见和概括的量刑建议三种模式。我国应当采取何种模式，理论界存在争议。有学者认为，量刑建议应当尽可能具体明确，这是因为如果量刑建议本身不够具体，量刑程序就失去了诉争对象，举证、质证和辩护也将失去明确的对象。所以，要使量刑建议取得制约法院量刑裁量权的预期效果，量刑建议应力求明确、具体。② 另有学者指出，在许多情况下，要提出明确具体的量刑建议存在一定困难，因为受到以下因素的制约：（1）受诉讼阶段的制约；（2）受检察院对案件事实、情节等掌握程度的制约；（3）受认识能力、水平和认识角度的制约；（4）受法院裁判的制约。因此，一味要求检察机关在所有案件中提出具体明确的量刑额度，不符合诉讼的客观规律，不利于量刑本身的客观权威性，可能挫伤检察官提出量刑建议的积极性。因此，应当根据不同案件的具体情况，做出灵活的处理，而不宜做出僵化的安排。量刑建议应以相对确定的量刑建议为原则，以绝对确定的量刑建议和概括的量刑建议为补充。有学者提出如下具体思路：第一，对于建议判处有期徒刑、拘役、罚金等具有幅度的刑罚的，一般可提出相对确定的量刑建议。法定刑幅度在3年以下的，建议幅度一般不超过1年；法定刑幅度大于3年小于5年的，建议幅度一般不超过2年；法定刑幅度大于5年的，建议的幅度一般不超过3年。第二，对检察官全面掌握了量刑的法定、酌定情节，建议适用某一绝对确定的刑罚有绝对把握的少数案件，可以提出绝对确定的量刑建议。第三，对建议判处罚金、没收财产、剥夺政治权利等附加刑的，由于影响罚金和没收财产的数额、剥夺政治权利的年限的因素较多，庭审中

---

① 熊秋红：《中国量刑改革：理论、规范与经验》，《法学家》2011年第5期。

② 参见陈国庆《检察官参加量刑程序的若干问题》，《法学》2009年第10期。

某些因素发生变化的可能性也较大，因而一般可以只提出刑种，待取得经验后再具体化。第四，对数罪并罚的案件，一般可仅对被告人所涉嫌的每一个个罪分别提出量刑建议，而不对应执行的刑罚提出量刑建议。第五，对少数难以或者不便于提出相对确定量刑建议或绝对确定量刑建议的案件，也可提出概括的量刑建议。①

4. 量刑程序中证据规则之适用

基于量刑阶段由严格证明向自由证明的转变，学者对量刑建议的审查主要提出以下意见：首先，在证据能力的判断上，不必设立证据能力规则和与之相适应的程序审查机制。量刑法官应当不受限制地接触所有可能与量刑相关的信息，因此，品格证据规则、传闻证据规则、意见证据规则等在量刑阶段不应当禁止，即使是非法证据也可以酌情使用，特别是可以作为对被告人从轻处罚的理由。其次，在举证责任问题上，不应当设置证明责任规范。最后，在证明标准问题上，在量刑阶段，除死刑案件外，无须设置严格的证明标准。因为在自由证明中，证明标准没有用武之地。② 但也有学者认为，一般来说，量刑事实的证明标准应达到高度盖然性，即足以令法官形成内心确信即可采信。被告人及其辩护人就量刑事实举证后，公诉人提出反对意见的，对反对意见的证明应当达到事实清楚，证据确实、充分的标准。③

三　量刑建议的实施效果及前瞻

根据实务部门的反馈情况，自量刑程序改革试点至今，已经取得了积极和显著的效果，最高人民法院发布的《人民法院工作年度报告（2010年）》中称："最高人民法院通过前期试点，逐步完善15种常见犯罪的量刑标准，将量刑纳入法庭审理程序，规范量刑的自由裁量权。据统计，全国120多家试点法院共审理上述案件4.5万多件，量刑普遍均衡，上诉、抗诉、二审改判和发回重审率普遍下降，当庭认罪、调解撤诉、退赔退

① 参见朱孝清《论量刑建议》，《人民检察》2010年第16期。

② 参见汪建成《量刑程序改革中需要转变的几个观念》，《政法论坛》2010年第2期。

③ 参见量刑程序问题研究课题组《量刑纳入庭审程序的立法完善》，《华东政法大学学报》2011年第6期。

赃、当庭宣判和服判息诉率明显上升，有效维护了诉讼当事人的合法权益。”

但有学者也表达了自己的担忧：一方面，量刑建议的高采纳率，意味着法院“一边倒”地接受了检察机关的量刑建议，这反映出检察机关通过量刑建议操控整个量刑裁决过程的问题，律师的量刑辩护在大多数案件中是无效的，法庭对量刑问题的审理流于形式，当检察机关将精力更多地投放在追诉犯罪的职能上，大量对被告人有利的酌定量刑情节将无法被出示在法庭上；另一方面，在被告人当庭不认罪、律师作无罪辩护的案件中，公诉方将量刑建议书连同起诉书一并提交给法院，法院对被告人是否构成犯罪的问题与量刑问题交叉进行审理，这势必带来法院同时审理定罪和量刑的问题，造成法官的先入为主和偏听偏信，大大冲淡了律师无罪辩护的效果。①

从根本上讲，量刑的规范化和公正化离不开诉讼体制的改革和完善，离不开司法理念的转变和司法系统内部考评机制的合理化，更离不开犯罪嫌疑人、被告人及其律师、被害人的积极有效参与，甚至有必要借鉴中立的缓刑官制度。但从实际出发，在一定时期内，检察机关的量刑建议仍是法官量刑最主要的信息来源和参照依据，因此不断改进和完善量刑建议制度是当务之急。

针对检察机关在量刑程序中职能的进一步发挥，有学者提出以下建议：首先，应当明确依法提起量刑建议是检察机关的应尽职责，检察机关作为刑事诉讼的提起人，除了要求法院依法对被告人追究刑事责任外，有责任就被告具体的刑罚内容提出自己的主张，表明自己的态度，这样的诉才是一个完整的诉。② 其次，在量刑建议问题上，应当特别强调检察机关客观义务的履行。有学者指出，检察机关提出量刑建议需要建立在对整个案件的全部事实与证据的收集与判断基础上，遗漏有利于被告的事实或证据，一味地为了追求被告人有罪或者对其重判而提出的量刑建议，必然无法得到法庭的采信，结果是检察机关要承担量刑建议不当的不利后果。从这一点也可以看出，检察机关有权提起量刑建议也是其客观义务的体现和

---

① 参见陈瑞华《论量刑建议》，《政法论坛》2011 年第 2 期。

② 参见王志刚《量刑建议制度全面推行的障碍及其破解》，《中国刑事法杂志》2009 年第 5 期。

强化。再次，应当加强量刑建议书的说理和论证，通过对被告人诸多量刑情节的充分说明，并对每一个量刑情节进行仔细分析，进而得出建议判处的刑期幅度，做到以理服人，唯此才能得到法庭的充分理解与尊重。最后，检察机关应当及时总结先前案例，把握法院对相似案件的处理规律，不同量刑情节对刑罚幅度发挥作用的大小，并结合具体的法律规定及本案的基本情况适时提出相对确定的量刑建议。同时，由于各地法院在审理案件时可能面临的特殊性和具体情况，各级检察院还应当建立自己的案例库，将本级法院审理的案件进行分门别类地梳理和归纳，有针对性地分析本级法院审理案件的规律和特点，作为提起量刑建议的重要参考因素。①

四　简要评析

对于量刑程序模式的选择，我们主张，在被告人认罪的案件中，采取相对分离模式这一折中路线，分别在法庭调查和法庭辩论中，增设量刑调查和量刑辩论程序。新刑诉法实施后，适用简易程序的案件范围将显著扩大，同时，所有简易程序案件，检察官均需出庭支持公诉，因此应特别注意简易程序中定罪和量刑程序的分工问题，对于被告只进行概括认罪、部分认罪、形式认罪的案件，仍然需要重视针对定罪问题的法庭调查和法庭辩论，但要注意为提高诉讼效率，在定罪程序中已经出示质证、辩论的证据，无须在量刑程序中重复出示。对于案件清楚，被告人进行了具体、全面、实质认罪的案件，则应当简化定罪程序，将主要精力投放到量刑问题中。对于被告人不认罪的案件，应逐渐过渡到分离模式的适用上，以保证不得强迫自证其罪原则的贯彻及有效辩护的落实。

关于量刑建议的性质，我们认为，量刑建议与公诉书性质存在区别，量刑建议并不是启动量刑程序的必要条件，应由法院根据案件情况决定是否启动量刑程序，同时，量刑建议仅具有参考价值，但如果法院判决严重偏离量刑建议且在判决书中无合理说明的，检察院可以依法提起抗诉。对于量刑建议的内容，检察院有责任尽可能全面收集各类与定罪量刑相关的信息，尤其应当发挥社区的力量，协助进行量刑信息的收集。对于量刑建议的幅度，我们主张原则上应提出相对确定的量刑建议，对于少数案情复

① 参见吴飞飞《量刑建议功能的反思及其实现》，《中国刑事法杂志》2011 年第 12 期。

杂、量刑因素较多且不确定的案件，可扩大量刑建议的幅度。在量刑程序证据规则的适用上，我们倾向于采用“自由证明”的方式，不受证据规则的严格制约，但在证明责任和证明标准方面，罪重证明责任由公诉人承担，原则上应当达到高度盖然性的标准；罪轻和无罪的证明责任，则可以适用优势证据标准。

量刑建议的实施效果总体上是好的，但应当注意检察官在量刑证据的收集和量刑建议方面的客观义务仍有待强化。检察机关应当以客观义务为己任，加强对量刑证据的全面收集，强化量刑建议的说理和论证，并根据庭审情况对量刑建议适时进行修正。当然，要充分实现量刑建议的客观公正，还有待于检察机关内部考评机制乃至诉讼构造、司法体制的不断改革和完善。

第六章

审判程序研究

关于刑事审判程序，近年来的研究堪称硕果累累。著作类择其要者有：陈瑞华著《刑事审判原理论》，北京大学出版社2003年版；龙宗智著《刑事庭审制度研究》，中国政法大学出版社2001年版；许兰亭著《刑事一审程序理论与实务》，中国人民公安大学出版社2002年版；谢进杰著《刑事审判对象理论》，中国政法大学出版社2011年版；易延友著《刑事审判制度研究》，中国民主法制出版社2011年版；任蓉著《英美陪审团审判制度机理与实效研究》，中国社会科学出版社2010年版；［美］兰博约（Langbein，John H.）著《对抗式刑事审判的起源》，复旦大学出版社2010年版；岳礼玲著《刑事审判与人权保障》，法律出版社2010年版；康宝奇著《专业化合议庭建设及类型化案件审判研究》，人民法院出版社2010年版；杨杰辉著《刑事审判对象研究》，中国社会科学出版社2010年版；桂万先著《北洋政府时期审判制度研究》，中国政法大学出版社2010年版；牛克乾著《刑事审判视野中的刑法解释与适用》，法律出版社2010年版；刘少军著《刑事审判中的对抗与合意》，中国人民公安大学出版社2009年版；［美］博登海默（Bodenhamer，David J.）著《公正的审判》，商务印书馆2009年版；应星著《村庄审判史中的道德与政治》，知识产权出版社2009年版；张熙照著《传统审判制度近代化研究》，吉林人民出版社2009年版；李昌盛著《论对抗式刑事审判》，中国人民公安大学出版社2009年版；李超著《清末民初的审判独立研究》，法律出版社2009年版；王立民主编《中国传统侦查和审判文化研究》，法律出版社2009年版；那思陆著《中国审判制度史》，上海三联书店2009年版；韩红著《我国死刑案件审判程序研究》，中国社会科学出版社

2009年版；刘树德著《刑事审判的前沿问题思考》，北京大学出版社2008年版；张睿著《公开审判制度研究》，河南人民出版社2008年版；吕清著《审判外刑事案件处理方式研究》，中国检察出版社2007年版；张永泉著《司法审判民主化研究》，中国法制出版社2007年版；李昌林著《民众参与刑事审判比较研究》，人民出版社2007年版；宋世杰著《刑事审判制度研究》，中国法制出版社2005年版；张忠斌等著《刑事审判的价值取向》，武汉大学出版社2005年版；张泽涛著《刑事审判与证明制度研究》，中国检察出版社2005年版；张培田、张华著《近现代中国审判检察制度的演变》，中国政法大学出版社2004年版；那思陆著《明代中央司法审判制度》，北京大学出版社2004年版；那思陆著《清代中央司法审判制度》，北京大学出版社2004年版；冷罗生著《日本现代审判制度》，中国政法大学出版社2003年版；李玉杰著《审判管理学》，法律出版社2003年版；等等。

从2000年至2012年，据不完全统计，有关刑事审判程序的论文有1400余篇，涉及第一审程序、第二审程序、简易程序、审判监督程序、死刑复核程序等。本章对刑事审判程序研究新发展的论述，将从第一审程序、第二审程序、简易程序、审判监督程序、死刑复核程序等方面展开。

第一节　刑事审判原则和制度

近年来对于刑事审判原则和制度的研究涉及了各个方面，本章主要关注我国尚未设立或者未得到充分贯彻的原则和制度：直接言词原则、集中审理原则，以及陪审制度。

一　直接言词原则

直接言词原则的概念在近年来的研究中得到进一步探讨，学者们强调在场和口头，并且裁判必须受在场和口头两个方面的限制。只有在场的裁判者对在场的诉讼参与人、证据等进行口头调查之后，才能做出裁判。①直接审理和言词审理两个方面有着密切的联系，又因侧重点不同而有所区

① 参见陈永生《论直接言词原则与公诉案卷的移送及庭前审查》，《法律科学》2001年第3期。

别。直接审理强调法官亲历审判和采证，言词审理强调口头的举证方式。①

关于直接言词原则的价值，有研究认为该原则有利于实体公正、有利于程序公正、有利于提高效率。② 排除书面审是其各种价值的聚合点。

有学者指出，我国应当借鉴直接言词原则。首先，立法上应当确认和完善证人出庭制度；其次，应当明确规定证人不出庭的情况；再次，应当确立传闻证据排除规则。③

二　集中审理原则

有学者提出集中审理的几个要求：首先，审理时间的集中性；其次，审理主体的集中性；再次，审理方式的集中性，要求法官在当事人等在场的情况下公开审理案件。④

有学者认为，我国司法实践中存在违反集中审理的情况，主要是：一是一个审判庭交叉审理两个以上的案件；二是审理中更换法官的随意性较大，不受约束；三是延期审理的情形比较多，再行开庭的立法规定不明确，更新审判既无立法也缺乏实践；四是证据调查与法庭辩论缺乏集中性，尤其是在重大、复杂、疑难的案件中；五是法庭很少当庭宣判，违反集中审理所体现的速决原则。对此，应当建立法官、陪审员更换与庭审更新制度，实行合议庭审、判合一制度，提高当庭宣判比例，加强相关制度建设如证人出庭等，重视并做好庭审前的准备活动。⑤

集中审理原则在新刑事诉讼法中亦未得到很好的体现，仍是继续研究和修改的重点。将来不仅需要在研究上继续深入，而且立法上要持续推动，并在以该原则的基本精神来指导实践。

---

① 参见宋英辉、李哲《直接、言词原则与传闻证据规则之比较》，《比较法研究》2003 年第 5 期。

② 参见林睦翔《直接言词原则的诉讼价值》，《法学杂志》2005 年第 6 期。

③ 参见宋英辉、李哲《直接、言词原则与传闻证据规则之比较》，《比较法研究》2003 年第 5 期。

④ 参见宋英辉主编《刑事诉讼原理》，法律出版社 2003 年版，第 292 页。

⑤ 参见陈卫东、刘计划《论集中审理原则与合议庭功能的强化》，《中国法学》2003 年第 1 期。

三 陪审制度

长期以来，应如何对待陪审制，在我国学界存在分歧。有学者主张取消陪审制。理由是：我国几十年的实践说明我国的参审制是失败的，我国当前不需要参审制：其价值基础受到质疑；其司法民主只有象征性意义；其司法公正难以保证；其司法监督得不偿失。该制度形同虚设、自欺欺人、有弊无利。① 有学者也认为，应取消我国的参审制，一是作为民主制度的参审制，其价值与功能在很大程度上是象征性的；二是参审制在实现审判组织内部的制约以保障公正上，作用是微弱的；三是在陪审员被长期借调到法院执行审判职务的情况下，已经完全失去了陪审制的意义。②

有学者认为，应当引进陪审制，提出并存说、过渡说、二元制度。“并存说”认为，应当循序渐进，在一段时期内同时存在陪审制和参审制，让实践做出选择；③ “过渡说”认为，参审制只是一种过渡，当具备司法民主的基本条件时，即可实行陪审团制度，从根本上实现陪审制度所体现的民主、公正、自由、人道等价值。④ 有学者提出建立陪审制与参审制的二元制度，保留参审制，同时建立陪审制，分别审理不同的案件。⑤

有学者认为，应当直接废除参审制，由陪审团决定事实问题，法官决定法律问题，立法上确认集中审理、直接言词原则，制定陪审团法，规定陪审员的资格、产生方式、权利义务等。⑥ 也有学者反对引入陪审团制度，认为陪审团制度根植于英美法系国家的历史，脱离英美法环境的陪审团制度没有赖以存在和发展的传统；另外，陪审团制度有严重的不足，缺

---

① 参见肖建国、肖建光《陪审制度的考察及思考》，《河南省政法管理干部学院学报》2003 年第 1 期。

② 参见陈桂明《诉讼公正之程序保障论》，博士学位论文，中国政法大学，1995 年第 38 页。

③ 参见龙宗智《论我国陪审制度模式的选择》，《四川大学学报》2001 年第 5 期。

④ 参见高一飞《中美陪审制度基本价值的比较》，《新疆社会科学》2005 年第 5 期。

⑤ 参见陈少林《完善中国刑事陪审制度之构想》，《甘肃社会科学》2001 年第 4 期。

⑥ 参见黄士元《陪审制及其对我国司法改革的启示》，《山东科技大学学报》2004 年第 2 期。

乏效率，也难以带来所期待的公平，与我国司法体制格格不入。①

大多数学者认为，应当保留并改革参审制，这是由于：我国缺乏陪审制的制度土壤；缺乏宪法和相关法律依据支持；缺乏正确的价值导向；缺乏相应的制度保障。作为一项好的制度并未在我国发挥好的作用，原因在于社会环境和文化条件。因此，是否推行陪审制，应当注重实践。②

第二节　第一审程序

第一审程序是刑事审判程序的核心和基础性程序。对于第一审程序研究新发展的论述，主要从庭前审查程序和法庭审理程序、量刑程序等三个方面展开。

一　庭前审查程序

学者们指出，我国庭前审查程序的特点在于：一是附属性，附属于庭审，独立性不足；二是功能单一，只为庭审做准备；三是预审程序的折中性，未贯彻排除预断原则，程序审查为主，不排除实体审查；③ 四是排除了控辩双方的参与，背离了程序正义的基本要求，缺乏对公诉方的制约，也不利于对被告人诉讼权利的保护；五是对庭审起不到必要的准备作用，既不能过滤证据、分流案件，也不能使法官做好准备驾驭庭审。④

关于庭前审查程序的功能，有学者认为，至少有过滤、分流、庭前准备、司法审查四项。⑤

研究者都认为刑事庭前审查程序应当完善，但具体建议不同。有学者

---

① 参见满洪杰《陪审制度的存废问题研究》，《山东审判》2004 年第 1 期。

② 参见何家弘《中国陪审制的改革方向》，《法学家》2006 年第 1 期；王敏远：《中国陪审制度及其完善》，《法学研究》1999 年第 4 期；熊秋红：《司法公正与公民的参与》，《法学研究》1999 年第 4 期。

③ 参见龙宗智《刑事诉讼庭前审查程序研究》，《法学研究》1999 年第 3 期。

④ 参见陈卫东、李奋飞《刑事庭前审查程序改革》，载樊崇义主编《诉讼法学研究》第 2 卷，中国检察出版社 2002 年版；汪建成、杨雄：《比较法视野下的刑事庭前审查程序之改造》，《中国刑事法杂志》2002 年第 6 期。

⑤ 参见汪建成、杨雄《比较法视野下的刑事庭前审查程序之改造》，《中国刑事法杂志》2002 年第 6 期。

认为刑事庭前审查程序应当以法官独立、简易程序的发展为前提，立足现实分为几个阶段逐步改革。第一个阶段可以实行改良，一是移送卷宗材料要全面，二是可以考虑实行审前讨论会制度；第二个阶段，要减少移送材料的数量，实行程序审查；第三阶段，建立预审法官制度，实现预审法官和庭审法官的分离。①

有学者建议，预审程序的启动权应当赋予控方，检察官应当对此享有裁量权，法律应当限制预审案件的范围；关于预审的内容，应当有审查实体内容的权利；预审的庭审运作，应当以书面方式为主、言词方式为辅，经预审之后，法官应当针对预审的案件做出不同的裁定。②

有学者认为，庭前审查程序应当重构，有两种改革的可能性。一是在现有制度框架内完善之，突出程序审查；发挥监督侦查、起诉程序合法性的功能；完善证据开示制度；发布强制调查命令保障控辩双方取证能力平等；庭前审查应当以书面审查为主、口头辩论为辅；庭前审查程序法官与审判法官不应分开，审查后法官可以根据具体情况做出不同的处理。二是彻底重构庭前审查程序，程序的目的是分流案件，针对不同的案件适用不同的程序，将合乎开庭条件的案件交诸审判。③

几种不同的改革建议虽然有所区别，但都强调通过改革实现庭前审查程序排除预断、分流案件等功能，并认为这一制度的改革，必须放在全局性改革的大背景之下，以其他制度的改革为前提或者条件。

二　法庭审理程序

1. 关于交叉询问

1996 年修改的刑事诉讼法试图在法庭审理中确立控辩式审判。许多学者认为，该法确立了交叉询问制度，但存在不少缺陷。主要有：一是对于双方同申请出庭的证人以及法院依职权传唤的证人，应当如何确定询问顺序，法律并未规定；二是对于询问问题的范围，法律未做出规定，导致司法实践中询问的范围失范，无法区分主询问和反询

---

① 参见龙宗智《刑事诉讼庭前审查程序研究》，《法学研究》1999 年第 3 期。

② 参见汪建成、杨雄《比较法视野下的刑事庭前审查程序之改造》，《中国刑事法杂志》2002 年第 6 期。

③ 参见甄贞《论刑事诉讼庭前审查程序的改革》，《法学家》2001 年第 2 期。

问，难以确保围绕案件争点事实开展有效对质，诉讼效率可能受到影响，被告人权利能否获得保障也有疑问；三是立法缺失询问规则，仅在1998年的司法解释中确立了禁止诱导性询问规则、关联性规则、禁止威胁证人规则、尊重证人人格尊严。① 学者认为，缺失交叉询问的具体规则，会导致交叉询问的混乱，导致书面证据取代口头质证，另外，职权主义之下法官也会在规则不明之时运用裁量权影响有效的询问。②

鉴于交叉询问存在的问题，有学者提出完善建议：一是对于双方同时申请出庭做证的证人、鉴定人，在询问顺序上，由双方协商决定，不能达成一致意见的，由审判长决定。二是对于询问的范围和规则，主询问的范围应当围绕证明对象及其相关事项展开，反询问以主询问发现的事项及其相关的事项为其询问范围，或者针对证人的可信度开展反询问。反询问允许采用诱导性发问。③

此外，交叉询问制度也被认为不是一项孤立的制度，其完善与发展，需要诉讼模式、诉讼规则、证据规则的结构性改革作为支撑。

2. 关于法官庭外调查权

刑事诉讼法保留法官庭外调查权。有学者认为，这与我国的法律传统、诉讼习惯、价值理念等息息相关，法官庭外调查权的形成有深远的职权主义、纠问式诉讼模式、马锡五审判方式等历史背景，又受到重实体、轻程序的观念的影响。④ 法官庭外调查权被认为是混淆了侦查与审判两种不同的职能，法官超越了审判权限，行使了侦查调查取证权；侵害了被告人合法权益；违背了控审分离原则，损害了法官中立的诉讼地位和形象；违反了刑事诉讼的举证责任规则；使法庭审判流于形式；规避了审判监督。⑤

---

① 参见宋英辉主编《刑事诉讼法修改问题研究》，中国人民公安大学出版社2007年版，第401页。

② 参见陈卫东、王静《我国刑事庭审中交叉询问规则之重构》，《人民检察》2007年第2期。

③ 参见宋英辉主编《刑事诉讼法修改问题研究》，中国人民公安大学出版社2007年版，第402页。

④ 参见黄文《法官庭外调查权的合理性质疑》，《当代法学》2004年第2期。

⑤ 同上。

此外，有学者认为，法官庭外调查权的启动任意性、证据的质证与采纳程序的不确定性等，给司法公正带来了严重的问题。① 法官庭外调查权行使过程中的主动性、秘密性、缺失中立性、背离集中审判原则的要求等，不利于对被告人权利的保障，不利于对检察权和警察权的制约，意味着公权力的膨胀。②

由于法官庭外调查权存在着种种弊端，学界有两种不同的观点，一种是废除之，一种认为应当保留并予以改革。

有学者主张，在全面废除法官庭外调查权的同时，应当完善其他的制度，比如扩大法律援助范围，完善证人出庭制度，确立证据开示制度等。③

有学者认为，保留法官庭外调查权的理由在于：一是适合我国诉讼模式，二是由于我国法官地位的独特性，三是有利于保护被告人合法权益，四是有利于查明案件事实，五是由于我国高证明标准，客观上要求法官调查。④

关于如何改革法官庭外调查权，有学者认为，应当对该项权利进行诉讼化改造：一是法官不宜主动行使调查权，而是根据辩护方或者自诉人的申请进行调查；二是应当对申请调查的理由做出明确规定，如由于客观原因无法取得的或者证据可能灭失以后难以取得等；三是法院应当以诉讼方式审查申请；四是法院对于辩护方的申请不予支持时，应当做出裁定并说明理由；五是人民法院做出调查决定后，应当在合理时间内如 7 日内迅速完成庭外调查，调查期间应当计入审判期限，需要延长时间，需经省级人民法院批准；六是法庭的庭外调查应当保持开庭的性质和方式；七是在对证人证言和被害人陈述进行保全时，可以采取询问等方式；八是对于通过法官庭外调查所取得的证据，应当由控辩双方出示并质证后才能做为定案

---

① 参见李奋飞《刑事诉讼中的法官庭外调查权研究》，《国家检察官学院学报》2004 年第 1 期。

② 参见闫朝秀《法官庭外调查权：绝对化倾向及其消解》，《四川师范大学学报》2006 年第 5 期。

③ 参见黄文《法官庭外调查权的合理性质疑》，《当代法学》2004 年第 2 期。

④ 参见杨明、王婷婷《法官庭外调查权的理解与适用》，《当代法学》2007 年第 1 期。

的根据。①

另外有学者认为，应当限制法官庭外调查权：一是取消法官的启动权，赋予控辩双方；二是法官行使庭外调查权时应当通知当事人双方到场，听取检察官或者被告人方的意见，法官未尽通知义务的，该证据不得作为认定案件事实的根据；三是庭外调查所获得的证据必须经双方在法庭上质证后才可以作为认定案件事实的根据。②

法官庭外调查权是职权主义刑事诉讼模式的组成部分，在我国刑事诉讼法淡化诉讼模式、强化被告人权利保护、强调司法公正的背景之下，学界对其存废、改革将有更为激烈的探讨。

三　量刑程序

我国实行大陆法系国家定罪与量刑一体化的审理方式，不明确区分定罪与量刑程序。对此，有学者认为，我国应当学习英美法系建立独立的量刑程序，在法院就定罪问题开庭后，休庭进行评议，在确定被告人有罪以及具体罪名之后，告知控辩双方，给予合理的准备时间后，专门就量刑问题进行第二次开庭。③ 理由在于：一是独立的量刑程序有利于凸显量刑程序的重要地位，提高量刑意识；二是独立的量刑程序有利于量刑的合理化，从而对人权保障起到良好的作用；三是将定罪和量刑分为两个阶段进行，有利于协调定罪和量刑的关系；④ 四是若如此操作，则程序具有自身的合理性；五是有利于实现量刑的实体公正。⑤

有学者认为，量刑程序的主要内容是在解决定罪问题之后，双方陈述量刑意见以及理由。控方首先发言，然后由辩护方发言。当进行量刑的事实和证据调查时，首先由控方提出与量刑有关的资料并对有关犯罪事实举证证明，有关事实已经在定罪程序中查明的无须再次调查。调查程序中控

---

① 参见李奋飞《刑事诉讼中的法官庭外调查权研究》，《国家检察官学院学报》2004 年第 1 期。

② 参见汪建成《论对抗式庭审模式下法官在证据运用中的角色》，《烟台大学学报》2008 年第 1 期。

③ 参见陈卫东《定罪与量刑程序分离之辩》，《法制资讯》2008 年第 6 期。

④ 参见陈增宝《构建量刑程序的理性思考》，《法治研究》2008 年第 1 期。

⑤ 参见蒋惠岭《构建我国相对独立量刑程序的几个难点》，《法律适用》2008 年第 4 期。

方可以传唤证人出庭、辩护方可以对证人交叉询问，之后，辩护方可以举证、传唤证人出庭，交叉询问等。在就量刑有关事实和证据进行调查后，进入量刑辩论阶段，由法官决定具体适用的刑罚。① 但有学者认为，辩护方不负有提供量刑证据的责任，法官不得因辩护方未提供相应的量刑证据而科以较重的刑罚。辩护方有权利提供有利于被告人的量刑材料。如果从重量刑的证据不足，应当做出有利于被告人的解释；辩护方主张从轻、减轻处罚的，提供证据只需要达到优势证据的证明标准即可。针对法官在量刑程序中的调查取证权，有学者认为，法官可以依职权调查与被告人量刑有关的证据材料，尤其是当控辩双方的证据有矛盾或者虽然控辩双方未涉及、但对公正量刑有影响的证据材料，法官依职权调查证据的，应当充分听取控辩双方的意见。②

对此，实务界有人认为，不宜设立独立的量刑程序。其理由在于：一是我国司法实践决定了没有设立独立量刑程序的可能性，我国尚未建立案件分流制度，现有司法资源无法承担量刑程序独立之后新增的工作量；二是没有单独设置量刑程序的必要性，我国法官是职业司法者，集量刑与定罪权于一身，不需要区分定罪程序和量刑程序；三是无视国情移植独立的量刑程序会增加办案难度，降低诉讼效率。因此，应当对现有程序加以完善，完善和健全之后的量刑程序是相对独立的而不是和定罪程序截然分开的，硬要隔断定罪程序和量刑程序，是一种误读。③

有学者提出了被害人参与量刑程序的问题，认为被害人有权参与量刑程序，要重视发挥被害人在量刑程序中的作用，应当解决如下问题：一是保障被害人的程序参与权，二是在审判中应当认真听取被害人陈述量刑事实和量刑意见，三是如果被害人提出不同于人民检察院的量刑意见的，裁判文中应当说明是否采纳其主张，如不采纳，应当说明理由。④ 对此，有学者提出不同意见，认为我国被害人目前整体法律意识和法律水平较低，

---

① 参见王红梅、袁涛《构建我国相对独立量刑程序》，《法制资讯》2008年第6期。

② 参见宋英辉、何挺《构建我国量刑程序的基本思路》，《法制资讯》2008年第6期。

③ 参见黄应生《我国需要什么样的量刑程序》，《法制资讯》2008年第6期。

④ 参见李玉萍《我国相对独立量刑程序的设计与构建》，《法制资讯》2008年第6期。

特别是被害人不可避免地怀有复仇情节，允许其参与量刑程序，对人民法院实现公正量刑以及量刑个别化目标会有什么样的影响尚待进一步研究。因此，目前被害人对量刑应当享有知情权和表达意见的权利，而不应明确规定是否要求被害人参与量刑活动。①

学术界对于人民检察院是否享有量刑建议权、有无必要以及如何开展量刑建议尚待进一步研究。此时，一些基层检察院试行了量刑建议制度，引起了广泛的关注，对于审判程序的发展造成相当大的影响。

第三节　简易程序

简易程序的增设与扩大适用范围，不仅符合当今世界各国刑事诉讼制度改革的趋势，而且是我国刑事司法实践的客观需要，具有重要的意义。一是简易程序有利于合理配置审判资源，提高人民法院审判效率，缓解积案压力；二是简易程序有利于保护当事人合法权益，简易程序带来的迅速审判对于当事人而言意味着摆脱讼累；三是简易程序使案件繁简分流，审判更为科学、合理。②

有学者提出我国1996年刑诉法所规定简易程序的各种问题：一是立法上适用范围过于狭窄，以至于司法解释出台被告人认罪案件审理程序来弥补适用范围的不足；二是简易程序分流方式过于单一；三是简易程序未赋予当事人充分的选择权，而是完全由司法机关决定，被告人丧失了诉讼权利以及获得无罪判决的机会；四是简易程序对被告人权利保护不力。简易程序中被告人权利受到一定程度的限制甚至剥夺，被告人失去了充分有效参与影响裁判制作过程的机会，影响无罪判决的可能性；五是简易程序中辩护律师的作用未得到强化，与普通程序相比较而言，被告人权利在简易程序中更加需要律师的有效帮助；六是简易程序可能导致控审不分，人民检察院可能不派检察官出庭，法官控审角色集于一身，纠问式诉讼呼之欲出，不符合公正审判的基本要求；七是简易程序的规定缺乏可操作性；

---

① 参见胡云腾《构建我国量刑程序的几个争议问题》，《法制资讯》2008年第6期。

② 参见宋英辉主编《刑事诉讼法修改问题研究》，中国人民公安大学出版社2007年版，第394页。

八是对于案件从简易程序向普通程序转化的问题，被告人没有自由选择权；九是在司法实践中，适用简易程序的案件超过审限的情况十分严重。①

2012 年修法之后，简易程序的范围明显扩大。一般认为，对于简易程序适用范围的修改，使得适用简易程序的案件，不仅包括了可能判处较轻刑罚的案件，而且也包括可能判处较重刑罚、较长时间剥夺被告人人身自由的案件，最高刑为 25 年有期徒刑。后者需要组成合议庭以体现公正审判，此外，要求人民检察院对所有的简易程序的公诉案件都要派员出庭，以便发挥支持公诉和法律监督职能，并保障被告人的诉讼权利。而简易程序适用案件范围的扩大，主要是由于：首先，近十几年来，我国的法制建设取得了长足的进步，司法工作人员的法制观念和审判业务水平也在不断提高，基层人民法院的审判人员基本上具备了审理各类案件和处理复杂问题的能力。其次，随着经济社会的不断发展，刑事犯罪的情况也出现了新的变化，不但案件的种类在增多，案件的数量也有增无减，从司法实践的情况看，大部分刑事案件是被告人认罪的案件，其中，对认定的犯罪事实、情节有无争议，如果都按照普通程序进行审判，即使有限的司法资源更为紧张，也没有必要。规定适用简易程序需要被告人对此没有异议，体现了对被告人诉讼权利的重视和保障。在实际审判工作中，适用简易程序审理案件时，要严格掌握法律规定的同时必备的三个条件。尤其应当注意听取被告人的意见。只要被告人提出异议，即使案件事实清楚、证据充分，也不应当继续适用简易程序进行审判。关于不适用简易程序的情况，一是要对于生理上、精神上有缺陷的人，应当充分保障其诉讼权利。二是对于共同犯罪案件中有被告人不认罪或者对适用简易程序有异议的情况，主要是考虑到共同犯罪案件往往案情复杂，证据相互关联，被告人之间的口供需要相互印证、调查核实，为了公正审判案件，只要其中一个被告人不认罪或者不同意适用简易程序，就不符合适用简易程序的条件。三是对于有重大社会影响的，不适用简易程序。所谓重大社会影响，是指社会关注度高、反映强烈的案件。这一规定体现了立法的慎重，对案件的处理既考虑社会效果又考虑法律效果。此外还有一个兜底条款，是指其他不宜适

---

① 参见郭志媛、朱平《刑事简易程序新论》，《法律适用》2002 年第 3 期。

用简易程序审理的案件。主要是考虑到司法实践中各类案件情况复杂，有些确实不宜适用简易程序，如涉及重大国家利益的敏感案件等，难以在法律中一一列举，因此，做原则性的规定，可以由人民法院在司法实践中根据具体情况掌握，也可以根据实际需要做出司法解释。① 有权威解释认为，适用新的简易程序审理的案件，为了确保适用程序的准确性，体现对被告人权利的保障，在开庭宣读起诉书之后，审判人员就应当就适用简易程序的条件再次询问被告人对起诉书指控犯罪事实的意见，确认其是否认罪，有无异议。由于案件是适用简易程序审理，所以审判人员应当根据案件的具体情况，将简易程序的有关规定告知被告人。在告知被告人诉讼权利和简易程序的规定之后，被告人应当明确表示是否同意适用简易程序进行审理。无论是人民检察院建议适用简易程序的案件，还是人民法院经审查认为应当适用简易程序审理的案件，只要在人民法院开庭审查核实阶段，被告人不同意适用简易程序的案件，人民法院应当决定改为适用普通程序进行审理。②

我们认为，简易程序案件的法庭审判中，法官应当确认被告人认罪的自愿、明知、事实基础，并告知其可能的刑罚后果。这是为了充分保障被告人的诉讼权利。首先，在非法证据排除程序逐步完善、刑讯逼供不断受到遏制的当前，可以预期，收集证据的难度会不断增大。被告人认罪的案件，由于被告人配合侦查和起诉，有利于侦查机关收集证据，明显降低了证明的难度，但是法律又没有明确规定被告人一定可以得到宽大的待遇，因此这种单方的妥协是否值得，需要确认被告人自愿、明知，并且为了防止冤假错案，法官需要查明认罪确实有证据充分的事实基础、排除认罪是出于暴力、胁迫、引诱、欺骗等不适当的情况。其次，适用简易程序，简化了审判的过程，被告人的诉讼权利不像普通程序那样有保障，因此法官出于其维护司法公正的职责，有必要严格履行这一确认程序，才能认可被告人的认罪。再次，简易程序不适用于生理上、精神上有缺陷的被告人的这一规定，也是由于对于这些人而言，认罪的自愿性比起没有缺陷的被告人而言，更加难以保障，因此，对他们不适用简易程序。

---

① 参见郎胜主编《中华人民共和国刑事诉讼法修改与适用》，新华出版社 2012 年版，第 368—373 页。

② 同上书，第 371 页。

关于简易程序可以简化的程序，包括了不受送达期限、询问被告人、询问证人、鉴定人、出示证据、法庭辩论程序等规定的限制，不过被告人最后陈述权不受简化的影响。所谓的“不受限制”，是指人民法院可以根据审理案件的实际需要，进行某一程序，也可以不进行某一程序。① 简易程序可以简化某些程序规定，质证、辩论属于可以不受刑事诉讼法限制的范围。我们认为，质证、辩论是法庭审判的核心，质证权、辩论权是法庭审判阶段行使辩护权的核心体现，即使是在简易程序中，如果被告人、辩护人要求质证、辩论的，法院也应当准许，而不是以“不受限制”为由简化掉这一程序，否则就会使被告人的辩护权受到实质性损害。

经2012年刑事诉讼法的修订，简易程序的适用范围、被告人选择权、检察官出庭等问题已经有了明显的改革，但对有些规定仍然未加改善：一是对被告人辩护权利的保障不足，刑事诉讼法仍未规定在被告人没有辩护律师的情况下予以强制指定；二是对于适用简易程序的被告人，法律未规定相关的明确奖励机制，对此应当明确规定，适用简易程序的被告人应当享受什么优惠和宽大条件，从轻、减轻或者免除刑罚的幅度如何也应当明确；三是应当完善简易程序的立案和庭审、庭前模式，消除开庭审理和庭前问题的模糊规定；四是要加强对简易程序的监督，建立多重、有效的监督机制，保障案件质量，防止冤假错案；五是主持简易程序的法官主要靠审查检察官提供的书面卷宗材料进行书面审，如何保证材料的客观全面，法律未做规定；六是法官通过简易程序做出的判决，被告人在一定期间内有异议或者不服的，是否可以要求案件按照普通程序审理未做规定。

我国2012年修正后的刑诉法简易程序蕴含了较大的司法不公的法律风险，需要加强辩护权作为防范措施，应规定对于被告人认罪对案件，应当有辩护人出庭；没有委托辩护人的，由人民法院指定承担法律援助义务的律师或者有法律专业知识的人为其提供法庭辩护。应采取这一措施的理由是：首先，被告人认罪案件实质上是被告人与侦查、起诉的侦诉机关的单方妥协与合作，并不一定有实质上的宽大待遇；其次，被告人认罪案件简化了审判程序，实质上是被告人的辩护权受到削弱。这使被告人认罪案件的简化审理有极大的法律风险，这决定了简易程序是一个需要加强辩护

① 参见郎胜主编《中华人民共和国刑事诉讼法修改与适用》，新华出版社2012年版，第371页。

权的程序，被告人需要专业人士的法律帮助，使其理解自己的选择及其法律后果，以便在客观上维护被告人合法权益，维护司法公正。从另一角度来看，在当前法律援助远远称不上昂贵的现实下，对于检察官一揽子对多个案件提起公诉、人民法院同时审理的情况，由一名法律援助律师或者具有法律专业知识的人对这些案件的被告人提供法律援助具有可行性。

第四节　第二审程序

理论界一般认为，刑事第二审程序有救济、纠错功能，发泄、吸纳不满功能，监督功能，解释与创制法律的功能，统一法律适用功能，司法决策功能等。①

就司法实践而言，尽管主流观点认为我国没有必要增加审级，两审终审制足以保证刑事案件的审判质量。但我国刑事上诉程序并未充分发挥以上功能。有学者认为，书面审的主要审理方式、难以获益的上诉、疑罪从有的发回重审等几个方面说明，我国刑事上诉程序的救济与纠错功能难以实现。②

关于第二审程序的改革，理论界主要有两种思路，一是根据审理内容的不同，将二审程序的结构分为事实审和法律审；二是根据审理方式的不同，将二审程序分为复审制、续审制、事后审查制。

就我国二审程序而言，有学者认为，我国采取了复审制，但有学者认为，我国二审程序不等同于国外的复审制，这是由于，一是国外上级法院对下级法院的审查受到上诉理由的限制，我国则不受限制；二是我国刑事二审程序实际上没有完全遵循复审制的操作方式，而是带有事后审查的特征。二审法院的庭前审查将二审案件进行分流，符合程序要件的案件开庭审理，只有在开庭审理的情况下，才符合复审制的特点，不开庭审理的案

① 参见顾永忠《刑事上诉程序研究》，中国人民公安大学出版社2003年版，第12页；王超：《刑事上诉制度的功能与构造》，中国人民公安大学出版社2008年版，第5页；尹丽华：《刑事上诉制度研究——以三审终审为基础》，中国法制出版社2006年版，第98页。

② 参见王超《虚置的程序——对刑事二审功能的实践分析》，《中外法学》2007年第2期。

件则与事后审查制相似。①

有学者认为，我国刑事二审程序构造的问题在于，一是全面复审的构造模式在司法实践中以事实审为中心，不符合诉讼的基本规律，无法发挥初审法院和上诉法院的各自优势和职能分工；二是书面审的大量适用造成了一系列问题。②

针对全面复审的二审构造，有学者认为，我国全面审查原则应当反思和完善。需要反思的问题如：一是全面审查原则违背了司法的被动性和中立性，二是全面审查原则与上诉程序的功能不一致，三是违反了诉讼的经济和效率原则，四是二审审查范围具有强烈的职权主义色彩，体现了国家本位主义立法理念。③ 许多学者认为，应当取消全面审查原则，只能针对上诉或者抗诉的理由进行审查，对于原审裁判中涉及的事实认定和法律适用问题，凡未经提出上诉或者抗诉的内容，均不再进行重新审理。若采纳三审终审制，则第二审法院可作为复审制的法院，既审查事实问题且可以调查新的证据，又审理法律适用问题。第三审法院则采用事后审查制，只能就原审裁判和审理过程中涉及的实体法的适用问题和诉讼程序方面的问题进行审查，不能对案件事实问题进行重新审理。④

也有学者认为，全面审查原则具有合理性，应予保留。首先，就实践而言，我国强调判决必须忠于事实真相，在审判环境未达到法治化程度的情况下，废除全面审查原则并不现实。⑤ 其次，全面审查原则符合以事实为根据、以法律为准绳原则，并符合实事求是、有错必纠原则，体现了人

---

① 参见王超《刑事上诉制度的功能与构造》，中国人民公安大学出版社 2008 年版，第 111 页。

② 同上书，第 138—149 页。

③ 参见王超《虚置的程序——对刑事二审功能的实践分析》，《中外法学》2007 年第 2 期；宋英辉主编：《刑事诉讼法修改问题研究》，中国人民公安大学出版社 2007 年版，第 446 页；朱立恒：《刑事审级制度研究》，法律出版社 2008 年版，第 216 页；尹丽华：《刑事上诉制度研究——以三审终审为基础》，中国法制出版社第 235—240 页。

④ 参见顾永忠《刑事上诉程序研究》，中国人民公安大学出版社 2003 年版，第 120 页；陈卫东、李训虎：《公正、效率与审级制度改革——从刑事程序法的视角分析》，《政法论坛》2003 年第 5 期。

⑤ 参见陈光中主编《刑事诉讼法实施问题研究》，中国法制出版社 2000 年版，第 259 页。

民法院对人民的负责精神，有利于保障上诉权、保证法律的正确实施。①

关于书面审的审理方式，有学者调研显示，绝大多数法院审理二审案件，以书面审理为原则，以开庭审理为例外。② 理论界普遍认为，这和我国现行法的基本精神相违背。二审案件原则上应当开庭审理，只有在例外的情况下，才能书面审理。尤其是在全面审查原则的背景之下，法律程序涉及和需要解决的问题越是复杂多样，越是需要采取开庭审理的审判方式。

有学者提出，实务部门热衷于书面审理的主要原因有：一是出于实用主义的心态：书面审理效率更高，请示汇报制度影响了开庭审理的积极性，阅卷即可判断上诉或者抗诉理由是否充分，若对事实认定和法律适用的看法与一审并无实质性变化或者二审法院没有必要改变一审法院判决的，那么就不需要开庭审理。二是二审法院是采取书面审理还是开庭审理的方式，主要取决于二审法院的自由裁量权。二审程序的庭前审查程序对二审案件进行程序分流，如果二审法院认为事实不清、证据不足的案件，均予以开庭审理；如果二审法院认为事实清楚、证据充分，可以直接做出相应裁判的，就不再开庭而是进行书面审理。长此以往，二审法院习惯于阅卷后做出审判，加之积案沉重，法院自由裁量的结果往往是不开庭审理。③

书面审理方式以秘密、单方、主动为特征，与公开、参与、被动的审判基本原理相违背，以书面审理方式审理二审案件带来了一系列问题：一是控辩双方没有充分参与二审案件审判程序的机会；二是二审变为行政化色彩浓厚的程序，更近似于行政复议而非法庭审判程序；三是合议庭秘密、单方开展调查活动，审判公开受限制，社会公众被排除于审判程序之外，控辩双方也无法在调查和采纳证据时到场，合议庭的审理活动很可能会失之于任意性和随机性，甚至出现严重的暗箱操作的情况；四是二审法院通过阅卷和调查从事审判活动，不仅导致二审法院失去对一审法院判决审查的独立性，而且容易养成先入为主的习惯；五是在不开庭审理案件的

---

① 参见陈卫东《刑事二审程序论》，中国方正出版社 1997 年版，第 65 页。

② 参见陈卫东主编《刑事诉讼法实施问题调研报告》，中国方正出版社 2000 年版，第 196 页。

③ 同上书，第 196—197 页。

情况下，二审法院仅仅通过阅卷和调查的形式审理案件，难以准确判断案件是否存在错误，也难以按照全面审查原则的要求对一审裁判的错误提供全面的监督和救济，甚至导致二审程序流于形式。①

有鉴于书面审理的严重问题，大部分学者主张，二审法院审理二审案件时，应当采取开庭审理的方式；有学者主张，二审程序应当采取多元化的审理方式，没有必要一律实行开庭审理，法律应当规定原则上实行开庭审理，但在特殊情况下，如适用简易程序做出一审判决的，二审法院可以采取不开庭审理的方式。② 还有学者认为，二审案件的审理方式应当采取双轨制，凡是死刑案件一律开庭审理，其他案件上诉或者抗诉涉及事实认定问题的，才开庭审理。③ 2012 年刑事诉讼法修改吸收了部分研究成果，不足之处在于，新法虽然明确了开庭审理的案件类型，却仍然认可了书面审理的方式。

发回重审问题也是第二审程序面临的严重挑战。我国刑事诉讼实行两审终审制，发回原审人民法院重新审判一次的规定，已经违反了两审终审制的立法原意，但是出于各种考虑，立法做了妥协。从 1996 年刑事诉讼法实施十几年的经验看来，发回重审这一规定严重破坏诉讼终局，破坏司法权威，损害司法公正，一个案件反复适用两审终审的规定，审判次数甚至可以多达 8 次以上，有的一审法院经多次发回重新审判，已无法另行组成合议庭。这既损害了公正，又失去了效益。因此，2012 年刑事诉讼法规定发回原审人民法院审判的次数限于一次。即使这样，一个案件的审理次数也可多达 4 次。在正常的司法环境下，人民检察院和当事人应当已经有了足够的机会获得公正的判决，如果控辩双方仍然得不到满足，那么更多的审判次数，除了破坏司法公正、破坏司法权威，不会有好的社会效果，也达不到任何良性的目的。因此，应当绝对避免在司法解释中出现允许第二次发回原审人民法院重新审理的解释。对于发回原审人民法院重新审理的案件提起上诉或者抗诉的，第二审人民法院认为具备发回重新审判

---

① 参见樊崇义主编《刑事诉讼法实施问题与对策研究》，中国人民公安大学出版社 2001 年版，第 565—568 页。

② 参见陈卫东主编《刑事诉讼法实施问题对策研究》，中国方正出版社 2002 年版。

③ 参见顾永忠《刑事上诉程序研究》，中国人民公安大学出版社 2003 年版，第 120 页。

的情形的，应当提审，自己作为第一审人民法院对案件进行审理，所做出的判决和裁定，被告人、自诉人、法定代理人及其近亲属可以上诉，人民检察院可以抗诉。

第五节　死刑复核程序

死刑是剥夺人生命的刑罚，也是最为严厉的刑罚。从死刑制度确立以来，就没有停止过对死刑适用的争议。生命权是人类所有权利的基础。死刑的执行因其具有不可回转性和终极性，世界各国立法和司法实践都对其适用采取克制、慎重的态度。部分国家基于该国的政治和法律环境的需求，宗教信仰，废除死刑刑罚，没有废除死刑刑罚的国家也相应采取慎杀、少杀的刑事法制，从实体上对适用死刑主体作出收缩性限制，在立法中进一步减少适用死刑刑罚的罪名。同时从程序上体现这一刑事政策的精神，程序设计更加繁琐，从而控制死刑的适用。我国自 1986 年死刑复核权下放以来的 20 年，理论界和司法实务部门就没有停止过争论。最高人民法院因应司法民主和人权保障的需求于 2006 年决定自 2007 年 1 月 1 日最高人民法院收回死刑复核权。最高人民法院收回死刑复核权，有利于统一全国范围内统一适用死刑的标准，体现国家少杀、慎杀的死刑政策。最高人民法院设立了 3 个刑事审判庭，以应对死刑复核权的收回。但是，死刑复核程序并未因死刑复核权回归而趋于完善，改造或改良死刑复核程序，仍是刑事审判程序研究中的热点问题之一。2012 年刑事诉讼法对于死刑复核程序主要有以下修改：第一，规定应当讯问被告人；第二，辩护律师提出要求的，应当听取辩护律师的意见；第三，最高人民检察院可以向最高人民法院提出意见，最高人民法院应当将死刑复核结果通报最高人民检察院。

一　死刑复核程序存在的问题

长期以来，死刑复核程序在司法实践表现出一系列问题，学术界主要将其总结为三个方面：

1. 司法裁判的行政化倾向

虽然死刑复核程序具有自动性，但最高人民法院现行的死刑核准程序不过是多年来一直实行的行政化裁判方式的延续而已。这种裁判方式的典型特征就是通过秘密和间接的阅卷工作，对下级法院的事实裁判进行“复审”；即使听取检察官、辩护律师的意见以及提审被告人，也不采取开庭形式，而是采取一种非正式的单方面接待方式或者干脆采取审阅方式和秘密提审；即使发现死刑案件存在事实认定方面的疑问，也不会责令控辩双方在调查取证后当庭提交法院，而是采取法官单方取证的方式，将有关问题和疑问上报最高人民法院的庭长、主管院长或者审判委员会，以求得到终局的裁判意见。很显然，这是司法裁判权的一种任意扩张，所带来的是当事人诉权的严重萎缩。①

2. 被告人客体化

死刑复核程序自身存在着封闭性、秘密性和过于简化的弊端。在死刑复核程序中被告人只是一个被审查的对象，完全被沦落为诉讼的客体，他不仅无权参与决定其生死的复核活动，而且也无权对决定自己命运的核准活动发表意见，被告人在诉讼程序中的主体地位，在死刑复核程序中没有被体现出来，被告人不能依据正当程序要求有效地获得律师的帮助，也不能有效地要求复核机关充分听取自己的陈述和辩解，死刑复核程序应有的保障人权、对审判权制约和权利救济的功能未能完全发挥。

3. 人权保障机制缺失

首先，表现在缺乏有关复核期限的规定。我国刑事诉讼法对于死刑的复核和核准没有规定期限，司法解释也没有作出相应的说明。程序一旦没有期限的约束或程序的展开没有时间的限制，则有可能造成死刑案件在复核程序中“久拖不核”，导致“迟到的正义非正义”现象的出现。其次，表现在死刑复核程序审判组织的规定缺乏科学性。根据刑事诉讼法的规定，最高人民法院复核死刑案件，高级人民法院复核死刑缓期二年执行的案件，应当由审判员三人组成合议庭进行。该项规定存在两方面的问题：一是对死刑复核和核准的合议庭机械规定为审判员 3 人组成存在问题，认为合议庭组成人员偏少，采用简单多数不够慎重；二是对合议庭依照什么程序进行复核和核准，是否开庭，没有规定。最后，死刑复核案件裁判形成缺乏明确规定。刑事诉讼法对死刑案件的核准标准和处理方式没有作出明确规定。

---

① 参见陈瑞华《通过行政方式实现司法正义？——对最高人民法院死刑复核程序的初步考察》，《法商研究》2007 年第 4 期。

二　国际视野中的死刑司法制度

为了使被判处死刑的人得到充分救济，联合国在许多国际人权公约以及刑事司法文件中均涉及死刑问题。其中，1984 年 5 月 25 日联合国经济及社会理事会批准并于 1989 年修订过的《关于保护死刑犯权利的保障措施》对死刑案件的诉讼程序规定得最为全面。除此之外，很多国家也都对死刑案件诉讼程序的某些环节作出了一些特殊规定，以保护死刑犯的权益。归纳起来，联合国人权公约和刑事司法文件以及其他国家立法中的死刑司法制度，主要表现在以下几个方面：

1. 对死刑案件设置更加充分的上诉制度

《关于保护死刑犯权利的保障措施》第 5 条规定："只有在经过法律程序提供确保审判公正的各种可能的保障，至少相当于《公民权利与政治权利国际公约》第 14 条所载的各项措施，包括任何被怀疑或被控告犯了可判死刑罪的人有权在诉讼过程的每一阶段取得适当法律协助后，才可根据主管法庭的终审执行死刑。"在西方国家，被告人在刑事诉讼过程中享有充分的救济机会，可以直接对实体性问题或者通过对程序性问题提起上诉，要求上级法院进行复审。其中，在实体性问题上，许多国家规定不仅可以提起一次上诉，而且可以提起二次上诉；在程序性问题上，不仅可以在诉讼内提起上诉，而且可以在诉讼外提起人权或宪法申诉。

对于死刑案件，除了可以适用这些上诉制度之外，许多国家还设置了更加充分的上诉制度。在大陆法系国家，以日本和韩国为代表，普通刑事案件都实行三审终审制，第三审为法律审，但在死刑案件的第三审程序中，被告人也可提出事实和证据方面的上诉理由，经过法律特许，可以就事实问题进行审理或启动再审程序，而且第三审必须有辩护律师参与诉讼。此外，被判处死刑的被告人还可以提出恢复上诉权或者再审申请非常上告或恩赦。在英美法系国家，以美国为代表，普通刑事案件实行陪审团制度，事实认定由陪审团负责，量刑由法官负责。陪审团认定的事实，上诉法院一般无权审理和推翻，被告人也不得提起上诉。但是，法律对死刑案件的被告人规定有不限制审级的上诉权，可从州法院依次上诉到上诉法院、州最高法院、最高法院。上诉理由可以是事实问题，证据问题、程序问题、法律实体问题，宪法权利问题等，并有律师参与诉讼。上诉法院和最高法院必须对死刑案件的被告人的上诉理由进行审查，如果事实问题确与程序有关或是涉及宪法权利，上诉理由即可成立，如果是对被告人有利的新证据，经法院特别许可，也可采信。①

2. 规定对死刑犯启动救济程序为强制性制度

为了确保死刑犯得到充分救济，联合国的人权公约和刑事司法文件以及一些国家规定，对死刑犯必须启动救济程序。《公民权利和政治权利国际公约》第 6 条第 2 款规定：（死刑）非经合格法庭最后判决，不得执行。《关于保护死刑犯权利的保障措施》第 6 条进一步规定：任何被判处死刑者均有权向较高级法院上诉……规定必须受理这些上诉……在所有的死刑案件中，任何被判处死刑者都有权向较高级法院提起上诉，应当采取措施保证这些上诉得到受理。为了充分保障被告人的救济权，日本刑事诉讼法规定，被判处死刑、无期惩役或者无期监禁的，不得放弃上诉或者撤回上诉。②

此外，依据向联合国所作的官方答复，在巴林、孟加拉国、波斯尼亚——黑塞哥维纳、保加利亚、危地马拉、印度、约旦、哈萨克斯坦、肯尼亚、秘鲁、卡塔尔、塞拉利昂、土耳其和津巴布韦，由上诉法院对死刑判决就法律、程序及事实各方面进行复审是强制性的。③

3. 规定了特别长的诉讼期限

大多数国家在行为人被判处死刑之后，从判处死刑到执行死刑之间规定了相当长的时间期限，以保障有充裕的时间能够发现错案，纠正错误审判。《关于保护死刑犯权利的保障措施》第 8 条规定："在任何上诉或采取其他申诉程序或与赦免或减刑有关的其他程序期间，不得执行死刑。"这意味着，无论是在被告人提起上诉期间，还是提起申诉或其他救济程序期间，都不得被执行死刑。在美国，联邦与各州的上诉制度都无一例外地允许数年的时间。在美国，死刑犯在用尽全部救济之前，也不得被交付执行。据统计，一桩死刑案件，从判刑到执行死刑，平均要经过 10 年以上

---

① 参见刘树德《死刑片论——死刑复核权收归之际的思考》，人民法院出版社 2007 年版，第 21 页。

② 参见《日本刑事诉讼法典》第 360 条，宋英辉译，中国政法大学出版社 2000 年版。

③ 参见［英］罗吉尔·胡德《死刑的全球考察》，刘仁文、周振杰译，中国人民公安大学出版社 2005 年版，第 313 页。

的时间。[①] 在其他一些国家，如日本、印度尼西亚、菲律宾、牙买加，囚犯在获悉其上诉的结果之前，也需要等待数年。

4. 设置死刑犯的特赦、减免制度

有些国家设置了对于死刑犯的特赦、减免，以从实际上减少死刑犯的执行数量。例如在美国，如果联邦最高法院拒绝审查，或者经审查维持原判，被告还可以回过头来请求所在州的州长赦免或减刑，甚至请求美国总统赦免或减刑。又如在希腊，其《紧急状态法》第 116 条第 1 款在涉及刑罚与保安处分适用问题上明确规定，对犯罪人适用死刑，但如果 3 年后未予执行，根据法律规定就应将死刑转换为终身监禁。在美国一直存在死刑存废论战，部分州依旧保留死刑制度。美国一项最新研究成果（该研究项日至 2002 年才正式结束）表明，美国死刑案件误判率几乎高达 68%，有 3 个州死刑案件误判率高达 100%。2000 年 6 月中旬，媒体的这一重头报道震惊了全世界。[②] 这一报道的直接结果导致人们对死刑制度的深刻反思，对现行的司法制度进行检讨。在美国，犯罪嫌疑人、被告人在刑事诉讼过程中可能获得三重救济：一是直接上诉，也就是被告方以案件裁判实体上存在错误为由申请州上诉法院、州高等法院甚至联邦最高法院对案件进行审查；二是州定罪后救济，也就是被告方以宪法权利受到侵犯为由要求州法院对案件进行重新审查；三是申请联邦人身保护令，也就是被告方以宪法权利受到侵犯为由要求联邦法院对案件进行重新审查。自 1973 年至 1995 年，在美国 28 个州作出的死刑裁判中，共有 4364 件被提起直接上诉，经重新审判，有 1782 件因为严重错误推翻，推翻率约 41%。在直接上诉程序中没有被推翻的 2582 件死刑裁判中，有至少 248 件在此后的州定罪后救济程序中被推翻，推翻率至少约 10%。在直接上诉和州定罪后救济程序中没有被推翻的案件中，已经提起联邦人身保护令程序的有 598 件，经审判被推翻的有 240 件，推翻率约 40%。州定罪后救济程序的推翻率为 10%，这 10% 是相对于在此前的直接上诉程序中没有被推翻的 59% 的死刑裁判而言的。相对于全部死刑裁判而言，推翻率为 5.9%，约 6%。同理，联邦人身保护令程序的推翻率为 40%，这 40%

---

① 参见李义冠《美国刑事审判制度》，法律出版社 1999 年版，第 144 页。

② 参见陈永生《死刑与误判——以美国 68% 的死刑误判率为出发点》，《政法论坛》2007 年第 1 期。

是相对于在此前的直接上诉程序和州定罪后救济程序中没有被推翻的53%的死刑裁判而言的，相对于全部死刑裁判，推翻率为21%。三阶段的死刑推翻率相加，总推翻率为68%。这意味着在全美，死刑案件的一审裁判有68%会在此后的救济程序中被推翻也就是说每10件死刑裁判中平均约有7件会被推翻。①

死刑案件的救济途径在防止误判和纠错方面，具有不可替代的作用。美国的司法实践表明，在美国这样法治发达的国家，都存在严重的误判的现实。因此，在我国，针对死刑复核程序存在的诸多问题，需要进一步完善死刑复核程序，保证死刑复核程序从制度上发挥过滤、保障功能。

三　完善我国死刑复核程序的建议

对于死刑复核程序进行改革，已成为我国理论界和司法实务部门的共识，有争议的主要是在如何改造死刑复核模式以及死刑复核应当体现和贯彻哪些基本理念。从传统理念来看，死刑复核程序是一种中国特色的司法制度，体现了慎刑思想，同时又具有较强的监督理念，但从现代刑事诉讼来看，我国死刑复核程序没有体现现代刑事诉讼的基本理念和价值。无论是从实现刑事诉讼法设置死刑复核程序的目的和功能来看，还是从保证死刑复核质量、防止和纠正司法不公和司法腐败来看，对死刑复核程序的改革都是十分必要的。具体的改革建议包括：

1. 复核程序诉讼化

死刑复核程序属于救济程序，但属于司法救济而不是行政救济，因此，从本质上来说具有诉讼程序的性质，也必然应当具备诉讼程序的一些基本要求，包括程序法定、程序公开、程序参与、程序正义、控辩对抗等。实际上，刑事诉讼中的程序都具有救济的性质，但它们都属于刑事诉讼活动，不能因为其存在救济性而否定其司法性。司法性和救济性本身并不排斥，刑事诉讼法只是对于复核模式缺乏明确规定，但是也没有对于复核程序的司法性的否定，对复核模式进行诉讼化改造与立法精神并不相悖。有关司法复核诉讼化改造的主要论点体现在以下两个方面：

（1）部分学者认为，死刑复核程序是法院内部的一种行政化的审批

---

① 参见陈永生《死刑与误判——以美国68%的死刑误判率为出发点》，《政法论坛》2007年第1期。

程序，是人民法院的内部程序。我们认为，从刑事诉讼法来看，将死刑复核程序纳入诉讼法律调整，而不是由人民法院组织法规定，其本身就表明死刑复核是刑事诉讼程序，而不是内部行政审批。另外，从立法规定来看，死刑复核由三名审判员组成合议庭审核，昭示其司法性。还应当注意到死刑复核的对象是未生效的死刑判决、裁定，处于一审或者二审至刑罚执行之间。行使权力的是最高审判机关，复核的结果决定了当事人的命运，如果将这种权力视为内部行政权力，缺乏诉讼性，与立法精神相违背。

（2）部分学者认为，如果将死刑复核进行诉讼化改造，相应的，最高人民检察院就应当介入死刑复核，将出现对最高人民法院复核结果提出抗诉的可能性，那是对国家最高司法权的挑战。我们认为，最高人民检察院作为国家的法律监督机关，如果缺乏对死刑复核这一关系人的生命权的司法活动实行监督，本身就是一种行政不作为。最高人民检察院对死刑复核活动实行法律监督，可以更有效地保障死刑案件的质量，查办死刑复核活动中发生的相关职务犯罪，可以防止复核法官滥用职权、徇私枉法，维护死刑复核活动的正确性、廉洁性和权威性，避免错杀、滥杀，保证法律在全国范围内统一实施。这不但无损审判权威，反而有益于维护审判权威。再者，审判的权威是建立在法律适用的准确性之上，审判权威不是由于最高法院的地位，而是因为人们普遍的信任。一个错误的死刑复核不仅有损于审判权威，还可能引起对司法基石的毁损。

对死刑复核进行诉讼化改造是维护司法权威，避免秘密司法的有效手段。最高人民法院是审判机关，行使的是国家的审判职能，审判是最高法院的应有形式，公开审判是审判权威的基础。对死刑复核程序进行诉讼化改造，不仅已经得到多数学者的认同，而且最高司法机关也为此做了大量的工作，只是在改造的程度上存有意见分歧。学术界对死刑复核程序改造主要有两种观点，一种是在考虑到司法公正的基础上兼顾中国国情，对死刑复核程序进行局部改造，使控辩双方能够有效参与到复核程序，在具有基本诉讼构造的基础上进行复核；另一种意见认为，国情不是妨碍对死刑复核程序改造的根本原因，几十年的改革为经济、司法提供了夯实的基础，关键是最高法院本位主义作祟，排斥监督。这种观点认为，对死刑复核进行局部改造是权宜之计，不是目的，不能从根本上解决现阶段存在的问题，可能还会引发新的问题。因此主张一步到位，对死刑复核实行彻底改造，实行“三审终审”，最大限度地为被告人提供司法公正的空间。

2. 健全审判组成，规范审理期限

审判组织是审理活动的主体，其设置、运行及表决方式关系到复核的公正性。由于死刑案件的特殊性和不可逆转性，在死刑案件复核过程中增加合议庭人数，设置更严格的表决形式有利于实现死刑复核程序的目的和保障人权。在将死刑复核程序改造成一个独立的审级后，可规定，高级人民法院、最高人民法院审理的第一审案件，应当由审判员 3 人至 7 人或由审判员和人民陪审员共 3 人至 7 人组成合议庭进行。将合议庭设置为 3—7 人，对于一般死刑案件选择性组成合议庭，对于疑难复杂的死刑案件则一律规定为 7 人，对于审判结果采取绝对多数形式，从而真正从制度设计上保证“防止错杀”、“少杀慎杀”的理念。

刑事诉讼是一种回溯性证明活动，从客观上来说，程序越繁琐，期限越长，越容易查明案件事实。作为立法者无法预测一个个案会有什么样复杂的因素，应去查证哪些细节或者说这个案件最终需要多少时间。案件与案件之间是不一样的，笼统地、机械地规定一个期限，不符合诉讼规律。但是，刑事诉讼本身又是一个查明事实、定罪量刑、定分止争的活动，整个诉讼过程充斥着各种利益的冲突与平衡。设定一个较为合理的期限，使有罪被告人尽快解脱讼案，使无罪被告人及时开释，对被害人及时进行恢复性赔偿，使社会秩序尽快恢复。这符合诉讼各方的利益，是司法正义的一个基本要求。死刑复核程序以及由此改造的三审程序，不同于普通的审判程序，它涉及人的生命权，关乎司法正义。因此，其审限应当相对较长，从形式上以示对人的生命的尊重，以保证最高法院审判人员有充分的时间进行核准，确保死刑案件的慎重性和准确性。

在期限设置上学术界有以下四种设计方案：第一种方案：死刑复核程序也应当遵守诉讼效率原则，从有利于被告人出发，对死刑复核于核准的期限以及死刑案件与死刑缓期执行的案件不具体区分，一律规定为 1 年。① 在 1 年内核准主体还不能排除合理怀疑的，应当作出不予核准的裁定。第二种方案：高级人民法院自接到中级人民法院第一审判处死刑、被告人不上诉的案件和死刑缓期两年执行的案件之日起 1 年内复核完毕；案

---

① 参见庄春英《浅析死刑复核程序的法理和程序设计》，《中国司法》2006 年第 6 期。

情特别重大、复杂的，至迟不得超过 2 年。最高人民法院自接到死刑复核案件之日起 2 年内复核完毕；案情特别重大、复杂的，至迟不得超过 3 年。① 第三种方案：有的学者从有利于诉讼的及时终结，提高诉讼效率的角度出发，认为最高人民法院、高级人民法院复核、核准死刑案件应当在 1 个月内复核、核准完毕。② 第四种方案：死刑复核案件（包括死刑立即执行案件和死刑缓期两年执行案件）的审理期限为 6 个月；对于重大疑难案件需要延长的，经最高人民法院审判委员会批准可以适当延长 1 到 3 个月。③

我们建议规定：最高人民法院受理死刑复核案件，应当在 3 个月内审结。对重大、疑难、复杂案件的复核，经审判委员会批准，可以延长至 6 个月。最高人民法院在死刑复核活动中的职责、任务、复核方式决定了死刑复核活动没有一审、二审那么复杂，审理时间不宜超过 6 个月。复核时间过长，客观上加大了监管场所对判处死刑罪犯的监管难度，并给一些罪犯身心造成极大的痛苦，同时，死刑复核阶段的任务不是全面查清案件事实，而主要是根据案件现有可以认定的事实、可以采信的证据，作出原死刑判决或者裁定是否正确的结论，最终决定是否核准。④

死刑复核程序在我国的法制进程中发挥了巨大作用，但是，该程序是司法权与行政权不分、重实体轻程序的法制传统的产物，它过多地强调对诉讼效率的追求，忽视和淡薄程序内在的价值。对死刑复核程序进行改造，有利于限制死刑适用的范围，保证死刑案件的质量，从客观上限制死刑案件的数量，尤其是防止错杀，保证少杀，保证死刑的标准在全国统一适用，形成最后一道程序的保障。

---

① 参见陈光中主编《中华人民共和国刑事诉讼法再修改专家建议稿与论证》，中国法制出版社 2006 年版，第 81 页。

② 参见徐静村主编《中国刑事程序改革研究》，法律出版社 2003 年版，第 150 页。

③ 参见韩大元、王晓滨《强化检察机关监督死刑复核程序的宪法学思考》，《人民检察》2006 年第 11 期。

④ 参见刘继国《死刑复核法律监督的程序设计与立法完善》，载《中国法学会刑事诉讼法学研究会 2007 年年会论文集》，第 297 页。

第六节　审判监督程序

本部分对于审判监督程序发展状况的研究，从理论基础、启动、理由、审理等方面展开。

我国审判监督程序以实事求是、有错必纠为基本原则建立起来，以纠错为主要价值取向。对此，学术界进行了反思。有学者认为实事求是、有错必纠原则追求实体公正，在司法实践中由于程序的保障和资源的有限，难以贯彻该原则，建议再审程序的理论基础应当是司法公正理论、既判力理论、禁止双重危险理论。① 有学者批评该原则造成再审程序的广泛适用，判决的稳定性无从谈起。各国均重视诉讼终局、解决纠纷，而不是纠缠于绝对的正确，为此确立了一事不再理、禁止双重危险等原则，再审只能是为调节判决的安定性和判决的正确性而存在的法律制度，而不应获得普遍的适用。②

关于审判监督程序的启动主体，有学者反对人民法院自行启动再审程序，认为违反了控审分离原则和法官中立原则；③ 有学者认为，根据我国的实际情况，人民法院只应当在特定情况下保留启动权，也即只有在有利于被告人的案件中，才可以保留再审启动权；④ 有学者认为，我国应当借鉴国外规定，规定特定法院才享有依当事人申请启动再审的权力，而非所有法院都享有主动启动再审程序的权力。⑤

也有学者立足于反对检察院行使法律监督权，从而反对检察院享有提起再审的权力。认为立法者应当终止检察机关再审抗诉的特殊地位，检察机关应当和当事人在引发再审程序方面具有完全的平等效果，检察机关的

---

① 参见陈光中、郑未媚《论我国刑事审判监督程序之改革》，《中国法学》2005年第2期。

② 参见何兵、潘剑锋《司法的本质：最后的审判抑或最好的审判？——对我国再审制度的再审视》，《比较法研究》2000年第4期。

③ 参见陈瑞华《刑事再审程序研究》，《政法论坛》2000年第6期。

④ 参见陈光中、郑未媚《论我国刑事审判监督程序之改革》，《中国法学》2005年第2期。

⑤ 参见邓思清、蔡巍《论我国刑事再审启动程序的缺陷及其完善》，《人民检察》2004年第9期。

法律监督地位应当淡化，而是增强其刑事追诉职能和意识。① 也有学者认为，检察机关虽然享有诉讼监督权，并不意味着所有的抗诉都是正确的。如果人民法院对于错误的抗诉也必须重新审判，则不合理且导致浪费司法资源。因此检察机关抗诉可以直接启动再审的规定不尽合理。②

关于再审理由的规定，有学者认为存在以下缺陷：一是未区分有利于被告人的理由和不利于被告人的理由；二是对抗诉理由的规定不明确，对申诉理由的规定较详细，二者不均衡导致检察机关提起再审的随意性和当事人申请再审的困难；三是对于量刑明显不当缺乏进一步规定；四是认定事实、适用法律确有错误的提法不准确；五是对于程序违法的情形不够重视，等等。

再审理由的完善方案争议较大。以区分有利于被告人的理由和不利于被告人的理由为例，对于有利于被告人的再审理由，量刑和程序违法是否可以作为再审理由存在争议；对于不利于被告人的再审理由，有学者认为不应当因此提起再审，有学者则认为新发现的事实和证据不应当作为再审理由。

关于再审案件的审理，有学者认为，再审案件应当实行一审终审制，不应当允许再审的案件再上诉或者抗诉。理由是：一是再审程序是特殊的救济措施，没有必要再设置上诉程序，否则再审只会演变为第二次普通程序，抹杀再审程序的特殊性；二是再审程序实行一审终审制有利于裁判终局，缩短诉讼周期，减少当事人讼累；三是一审终审制有利于诉讼经济，提高诉讼的效益；四是一审终审制亦可保证公正价值。③

在我国，再审案件亦实行全面审查原则，有学者反对全面审查原则，提出重点审查，仅就诉讼双方的争议事项作为重点进行审查，没有争议的事项在再审案件的审理过程中直接采纳原审的决定。④ 有学者认为，再审距离案发历时弥久，全面审查没有必要且不可能，所以应当将再审案件的

---

① 参见陈瑞华《刑事再审程序研究》，《政法论坛》2000 年第 6 期。

② 参见宋英辉主编《刑事诉讼法修改问题研究》，中国人民公安大学出版社 2007 年版，第 492—493 页。

③ 参见陈卫东《刑事再审一审终审制改造》，《法学家》2000 年第 4 期。

④ 参见姜焕强、刘冰《当前我国刑事再审程序存在的问题及其改进路径》，《河北法学》2005 年第 12 期。

审理范围限定为申诉、抗诉的范围内，废除全面审查原则。①

关于再审程序的次数，我国刑事诉讼法未加规定。有学者认为，再审缺乏次数限制，是再审无限现象产生的重要原因，因此可以考虑每个案件只能进行一次再审，出于特殊利益的保护方可考虑确立例外。② 也有学者认为，我国应当借鉴外国立法例，对于不利于被告人的再审应当以一次为限，有利于被告人的再审则不受次数限制。③ 另有学者认为，不利于被告人的再审应当有追诉次数和追诉时效的明确限制，不利于被告人的再审一经提起，检察机关不得就再审判决提起抗诉启动再审。不利于被告人的再审申请的时效短于刑法确立的犯罪追诉时效，应当确认为犯罪发生后时效的余数。④ 有学者认为，检察机关的抗诉应当附有时效规定，应当和申诉时效一致起来。⑤

第七节　刑事审判程序研究的综合分析

刑事审判是以法院为中立第三方并以裁判方式解决国家或者被害人和被告人之间刑事纠纷的程序。刑事审判所要解决的刑事纠纷是社会矛盾的最激烈表现形式，是社会冲突的极端体现。在建构和谐社会的时代大背景之下，观察刑事审判程序研究的新发展，必须将其置之于和谐社会视野下，不仅仅强调的是视野的问题也就是背景和背景所决定的目标的问题，而且主要应当关注观念的问题。

之前我国在很长的历史时期的各种指导性的哲学观念中，斗争哲学尤其受到强调，例如“文革”时期提出的“与天斗其乐无穷，与地斗其乐无穷，与人斗其乐无穷”。斗争哲学有其道理所在，这是对自然界和某种

① 参见龙宗智主编《徘徊于传统与现代之间——中国刑事诉讼法再修改研究》，法律出版社 2005 年版，第 329 页。

② 参见高一飞、陈海平《困境与出路：再审制度改革之“老调重弹”》，《时代法学》2005 年第 3 期。

③ 参见宋英辉主编《刑事诉讼法修改问题研究》，中国人民公安大学出版社 2007 年版，第 509 页。

④ 参见陈瑞华《刑事再审程序研究》，《政法论坛》2000 年第 6 期。

⑤ 参见刘计划、李大伟《评最高人民法院关于刑事审判监督程序的两个司法解释——兼论我国刑事审判监督程序的改革与完善》，《法商研究》2004 年第 3 期。

社会现象的那种征服意识。人类对社会中的犯罪这种事物有了意识之后，这种斗争哲学意味着对犯罪的一种制服。无论对于自然界的征服，还是对犯罪人的制服，现在人们都已经意识到，这种以强力，以一种压倒性、压制性力量来解决问题的方式，虽然一时之间能达到某种目的，但是从根本上可能会带来许多和人类、社会以及每个个体长远的利益不利的影响。因此，需要提出“和谐社会视野下”的问题。在和谐社会视野下，就应该意味着新的观念。具体来说，观念应该做怎样的调整？这涉及方方面面的问题。比如说，在和谐社会的背景之下，应该正视犯罪这种社会历史现象。犯罪作为一种激化了的、破坏社会秩序的冲突，是任何社会都无法避免的。由于犯罪是社会本身的一个固有部分，犯罪人作为社会成员，即使在犯罪之后也还是要生活在社会中，因此和谐社会视野下如何解决犯罪问题、如何对待犯罪行为人，如何最大限度地消弭和缓和这种引起犯罪的冲突和犯罪引起的冲突，并且不因冲突的消弭手段以致在过程中引发新的矛盾和冲突，通过什么样的渠道将矛盾释放引导出来并平息冲突，恢复受到破坏的社会秩序，是和谐社会必须解决的问题，这也是刑事审判程序研究的观念转变所必须考虑的问题。也就是说，认识到犯罪是社会固有的、犯罪行为人是社会成员，以这种认识为基础考虑如何有效弥合犯罪引起的社会秩序破坏，考虑如何消除引起犯罪和犯罪引起的社会冲突，是刑事审判程序研究在和谐社会背景下要转变的观念和要解决的问题。

和谐社会视野下，不仅是观念与以前相比有了变化，而且，这种观念之下的目标与以前相比也应该是不一样的。如果说以前考虑目标的时候更多的是锁定在刑事审判解决犯罪问题这个范围，那么现在应该扩大，放到整个社会的背景下考虑问题的解决，将犯罪问题作为社会问题的一个部分予以对待。社会的和谐和审判的目标设定应联系在一起。因此，如果以前在刑事审判中更多强调的是对于犯罪的惩罚、打击，以至于在观念上就是对立和斗争的不和谐关系，那么现在在转变观念的前提下，需要对这个目标做相应的调整。也就是说，当把刑事审判程序研究放在和谐社会的背景之下，其目标在内容上也要做相应的调整。比如，可以将刑事审判程序研究的目标调整到刑事诉讼的良好社会效果上，体现在“合作、和解”等一些有助于形成和谐社会关系的手段和过程上，或者是和“恢复性司法”相关的一些要求上来。

第三层含义，就是制度设计的变化。之前刑事审判的制度设计主要从惩罚、打击犯罪这个着眼点考虑，在和谐社会的视野之下，和以前的制度设计相比，应该根据目标的变化而有所不同。如何才能实现新的目标，可能需要在相关的审判制度设计上做出相应的调整。关于需要调整的制度设计的内容很多，实践中业经证明的那些造成矛盾和冲突的制度，都应该适当调整。相应的制度设计的调整，也应该是对“和谐社会视野下”的含义的另一种解读。

关于“和谐社会视野下”这个标题，还涉及对刑事司法权的配置和行使问题的理解。讨论的重点应当主要放在有关权力配置的内外部关系问题。刑事司法权配置和行使的内外部问题，所涉及的不仅仅是刑事司法权力自身相关的问题，而且也应该是和诉讼中其他的相关权利主体发生相应的联系。因此，根据“和谐社会视野下”的需要，刑事司法权配置和行使中发生的变化，不论是它的扩张还是调整，都会和诉讼中的其他主体有相应的关联性。对此，也是需要研究的问题。

在研究这种关联的过程中，就需要审视如何才能实现“和谐社会视野下”的一些目标，尤其是经过调整的、新的目标。不仅如此，还应研究对具体的诉讼制度需要做出什么调整，以有利于实现目标。从刑事诉讼这个角度来说，根据“和谐社会视野下”的需要，关于刑事司法权的配置和行使，不仅需要调整各职权机关所承担的各种职权的关系，而且需要调整与当事人权利的关系。刑事司法权不是一项孤立的抽象权力，从内部的角度而言，刑事诉讼中各种职权之间的关系有着密切联系，从外部的角度而言，它和当事人的权利，尤其是被刑事追诉之人的权利（当然包括被害人的权利）也发生关系，对此，也应该纳入研究的范围。在这个意义上，对于“和谐社会视野下刑事司法权的配置和行使”这个问题，需要以新的观念，新的思维来设定、研究刑事司法权所要实现的目标是什么，以及研究相关制度的调整，以满足和实现所设定的这个新的目标；同时在研究中，应注意刑事诉讼中的各种职权之间及其与当事人权利之间的关系的调整。

在和谐社会视野下的考察刑事审判程序研究的新发展，我们认为还需要注意几个问题。

需要注意的第一个问题，就是考察的基础。在“和谐社会视野下”考察刑事审判程序研究的新发展，不论涉及的是思维观念的改变问题，还是相应配套制度的完善问题，都要确定一个基础。我们认为，研究的基础应当是司法公正。司法公正是讨论所有这些问题的一个绝对不能放弃和忽视的前提，不能离开这个基础来谈论“审判程序研究的新发展”这一问题。当然，这里所说的司法公正既包含所谓的实体公正，也包含现在大家都了解，并且很多人都在倡导的程序公正。至于这两种公正是什么关系，曾有学者在一篇论文中，对于当时流行的程序公正优先论、实体公正优先论，以及两种公正兼顾论展开讨论，并认为这三种观点都存在将实体公正与程序公正置于同一序列的问题。然而，从历史和现实两方面而言，实体公正和程序公正都不在同一序列，因为从最基本的意义上来说，实体公正是古今中外一切司法均予关注、均要求实现的基本目标，程序公正则是在司法发展到一定阶段、一定程度以后才出现的问题。如果说司法之所以有必要存在的话，那么，肯定应是为了实现实体公正；而司法程序的价值因此就在于保障这个目标的实现。实体优先论仅仅强调实体公正，将司法程序只是视为实现实体公正的一种工具，就会因忽视，以至于否定司法的独立、科学、文明、规范等诸多价值，从而与司法的历史发展趋势相悖；程序优先论仅仅强调程序公正，将程序公正的实现视为司法唯一的、最终的目的，就会导致否定实体公正才是司法的终极目标，使司法沦为一种纯粹为实现程序公正而得以存在的形式，司法赖以存在的基础因此而将丧失。“兼顾论”的问题则在于：司法实践不论是通过违反法定程序的方式而实现实体公正，还是仅实现程序公正而无视实体公正，都符合“兼顾论”，或者说，都不符合“兼顾论”。这种窘境使“兼顾论”在司法实践面临矛盾时，成为毫无意义的理论解说。① 因此，需要继续谨慎深入地反思实体公正与程序公正的关系问题。

正确理解程序公正和实体公正的关系，应当将程序公正与实体公正的关系分为立法和司法两个层面。在立法阶段，程序公正与实体公正的追求确实存在着矛盾。即立法上，如果只是强调设计的诉讼程序应当全面体现程序公正的要求，而无视客观存在的各方面条件对追求实体公正的限制，那么，势必不利于实体公正的实现；而如果只是强调设计的诉讼程序有利于追求实体公正，无视程序公正的要求，则将使程序公正在审判程序中无存在的根据。因此，在立法中如何根据实际情况权衡利弊，既应考虑程序

① 参见王敏远《司法改革与刑事司法程序改革》，中国法学网（http://www.iolaw.org.cn/showArticle.asp? id = 187）。

公正的要求，也应满足实现实体公正的要求，这就是一个需要“兼顾”的问题。在审判程序层面，所谓程序公正与实体公正的矛盾，只是一个“假问题”，这是一个根本不可能解决的问题。在审判层面真正存在并需要解决的问题是：在追求实体公正的过程中，对职权机关不遵守法定程序的应当如何处理。假定法定程序已经体现了程序公正的要求，那么，这个问题可以转换为：追求实体公正的过程中，职权机关或者遵守或者不遵守法定程序，在这两者的矛盾中，处理的原则应当是什么。由于在这两者之外，根本不存在第三种情况，处理的原则也就不可能是折中的“兼顾”原则。只能是或者肯定在追求实体公正的过程中可以不遵守法定程序，或者否定在追求实体公正的过程中可以不遵守法定程序。如果是肯定，那么，所谓程序公正就将被否定；只有在否定的前提下，程序公正才能得到有效的保障。程序是司法之所以特殊的原因。① 刑事审判应是一个在程序公正的基础上实现实体公正的实践，这是在“和谐社会视野下”考察刑事审判程序研究发展情况的基础。

总之，在考察和谐社会视野下刑事审判程序研究发展这个问题的时候，应该以司法公正为基础，并需要对司法公正中的实体公正和程序公正的关系有正确的认识。尤其应注意的是“兼顾论”这种貌似公允的说法和以此为基础发展的各种分析结论。

第二个需要注意的问题，是刑事审判程序中，刑事审判权的配置和行使应当满足权利保护的需要。所谓权利保护，在这里主要是指对当事人权利的保护。刑事审判权不是一项孤立、抽象的权力，它是与其他各机关的职权相关的权力，同时也是会对于当事人的权利产生直接影响的权力。在和谐社会视野下考察刑事审判程序研究的新发展这个问题，需要特别考虑的，就是和当事人权利相关的几个问题。从和谐社会的要求来看，确实需要考虑职权机关之外的权利主体方方面面的需要。提及“和谐社会视野下”，就需要考虑权利保护问题对于每个具体公民个人的影响。刑事审判权毕竟不是为了刑事审判机构而设的，从刑事诉讼的角度来讲，是为了满足刑事诉讼的需要，是为了满足保护刑事诉讼各权利主体的需要，从和谐社会的角度而言，是解决刑事纠纷的需要。这是一个在研究中需要关注的

---

① 参见王敏远《司法改革与刑事司法程序改革》，中国法学网（http://www.iolaw.org.cn/showArticle.asp?id=187）。

重要问题。

需要注意的第三个问题，就是在和谐社会视野下考察刑事审判程序研究新发展问题时，应当考虑如何与国际刑事司法的最低标准相协调的问题。说起这个问题，许多人的看法会有分歧。但是，对于什么是刑事司法的最低标准，应该没有分歧，就是联合国人权公约以及其他相关公约中规定的一系列关于刑事司法的规范性内容。这些规定里面包含着相当丰富的和现代刑事司法有关的各种要求。比如在刑事审判阶段对公正审判、控辩平衡等方面的要求。考察刑事审判程序研究的新发展，不应闭关自守，而是应该把国际刑事司法的最低标准作为要考虑的重要问题。

需要注意的第四个问题，就是在和谐社会视野下考察刑事审判程序研究新发展问题时，应该切合国情，切合国家的实际情况，也就是说，应当有助于解决现实中最突出的问题。就刑事审判领域而言，现实中最突出的问题是司法公正的保障问题。现实表明，对司法公正影响最大的问题主要集中在侦查阶段，不论是已经暴露出来的冤假错案问题，还是现实中还没有暴露出的各种侵犯权利的问题，不论是对程序公正的损害，还是对实体公正的严重影响，问题主要发生在侦查阶段。侦查阶段发生问题的最重要原因就是为了给审判提供有用的证据。刑事审判程序研究的发展应有助于解决这些问题。这一问题和刑事审判权的配置以及刑事司法权在各职权机关之间的配置直接相关，比如，刑事审判程序中能否排除侦查阶段非法获得的证据等。

最后一个需要特别关注的问题，就是刑事审判程序研究的发展应当符合刑事诉讼的发展规律。在这个问题上更需要关注刑事司法权内部的问题。刑事审判权不是一项为了自身而设置的权力。一方面，需要看到它是整个国家权力的一部分，另一方面，它是为了要解决相关的问题而设的一个职权。在这个问题上，学界对刑事诉讼法的修改意见分歧明显。有的人从自己的职权行使的立场、角度来谈论不同职权机关的权力配置问题，并以此为基础来提出刑事审判程序的修改和完善的意见，以致对有分歧的各种意见表示不满。笔者对此问题的简要评论是：任何职权机关，如果要求他们不从自己的角度来思考问题是不现实的，现实也确确实实需要不同的主体，不同的职权部门，从自己的角度来考虑如何为这个社会提供应该有的服务，这也是正常现象。但是，仅仅有这一点是不够的。刑事诉讼有其自身的规律，是审判程序改革必须遵守的。

1979年的刑事诉讼法所规定的刑事审判程序在实践中被证明存在很多问题，集中体现为存在着打击犯罪不力、人权保障也不足两个方面的严重问题，具体包括检察机关享有免予起诉的定罪权致使控审不分、职权式审判方式未留控辩双方对抗的余地、当事人辩护权受限制导致辩护不足、审判组织合法性受到质疑等不一而足。1996年和2012年修正案的推出，是在积累了长期实践经验和教训的基础上，借鉴了其他国家的有益经验，目的在于保护当事人诉讼权利，推进刑事诉讼法治，信守我国缔结和参加的国际公约加之于我国的义务，与国际上对刑事司法提出的最低限度标准相符合。经两次修正的刑事诉讼法与旧法相比较发生了较大的变化，在审判程序方面，主要是初步构建了控辩对抗的对抗制庭审方式，创设了简易程序审理刑事案件等。这一系列重大改革，吸收了许多当事人主义对抗制的因素，同时又保留了原有的职权主义色彩浓厚的许多安排：具体体现在庭前审查程序的特殊性，既有实体审查，又有程序性审查，没有排除法官的预断；体现在庭审程序的特殊性，独特的庭审阶段和庭审程序设置，当事人主义与职权主义因素共存及独特的混合；体现在诉讼主体权利义务的特殊性，如被告人的双重身份，被害人的当事人化，检察官的特殊地位等；体现在审决机制的特殊性，如审委会，院庭长的设置及权力运用等。因此，我国现行审判方式是一种不同于日本、意大利的混合式，是有中国特色的混合式。对于这些中国问题的特殊性，在对审判程序的研究中，应当予以高度重视。

第七章

特别程序研究

2012 年修改后的刑事诉讼法第五编规定了四种特别程序，即未成年人刑事案件诉讼程序，当事人和解的公诉案件诉讼程序，犯罪嫌疑人、被告人逃匿、死亡案件违法所得的没收程序和依法不负刑事责任的精神病人的强制医疗程序。不过，关于特别程序的研讨要早得多，早在 1996 年刑事诉讼法修订时，就有很多学者提及特别程序的创设。有代表性的如《中华人民共和国刑事诉讼法修改建议稿与论证》中学者们的建议稿中，就有特别程序一编，当时建议设置的特别程序包括三种——未成年人案件、涉外案件和司法协助，同时通过附件的形式建议增设司法处分和强制性医疗程序的规定。① 本部分简要回顾本世纪以来的特别程序理论研讨，主要包括五方面，首先是特别程序设立的建言和研讨，主要涉及研究者们希望设立和引起关注的特别程序的种类，后四方面以新刑事诉讼法中的特别程序为基础，整理学术界的研讨热点和主要理论观点。

第一节 特别程序的种类

对特别程序的学者构想中，主要是从两个角度的强调：一是对于未成年人刑事诉讼程序的特殊设置，二是基于诉讼效率的考虑对特别程序的设想。

1996 年修改后的刑事诉讼法中，只有个别条文涉及未成年人适用刑

---

① 参见陈光中、严端主编《中华人民共和国刑事诉讼法修改建议稿与论证》，中国方正出版社 1999 年版。

事程序中要有不同对待，主要是通过司法解释，如《最高人民法院关于审理未成年人刑事案件具体应用法律若干问题的解释》、《人民检察院办理未成年人刑事案件的规定》等，来规范未成年人刑事案件诉讼程序。研究者认为，即使我国有《未成年人保护法》和《预防未成年人犯罪法》以及参加和批准了《儿童权利公约》、《少年司法最低限度标准》等国际性文件，但仍是指导性、原则性规定，缺乏可操作性。此外，自 1984 年上海长宁区人民法院创建我国第一个专门审理未成年人案件的合议庭以来，我国已经总结和提炼了一定的实践经验和做法，制订了一系列相关法律文件，有创设特别程序的基础。①

从诉讼效率的角度考虑，很多学者建议设立程序的分流机制，通过特别程序快速、便捷处理部分案件，降低司法成本，如有建议吸纳西方的辩诉交易、扩大简易程序的适用范围的建议。② 还有学者特别强调了控诉协商制度的设立③，也主要是基于诉讼效率的考虑。

也有个别学者提出一些针对特殊种类犯罪和特殊犯罪主体的创设独立的特别程序的构想，如建议创设反恐刑事特别程序④、创设黑社会性质组织犯罪的特别程序⑤，又如建议设立单位犯罪特别程序⑥。还有学者建议除现有的特别程序一编的四种程序之外，还应增设三种，即危害国家安全案件的特别程序、死刑案件和反恐案件的特别程序。危害国家安全案件特别程序的建立是为了妥当处理个别与一般、原则与例外之间的矛盾，防止涉及危害国家安全案件的个别条文修改，在执行中被无限扩大适用于普通案件的办理。死刑案件特别程序的设立，是希望在死刑案件程序中最大化

---

① 参见固重、双塘《〈刑事诉讼法〉应单独设置“未成年人案件特别程序”篇》，《青少年犯罪问题》2005 年第 5 期。

② 参见何之慧《我国刑事特别程序之取舍——从诉讼效率的角度》，《国家检察官学院学报》2003 年第 3 期。

③ 参见国家森等《中国控辩协商制度研究——刑事诉讼特别程序之探讨》，《法学论坛》2004 年第 6 期。

④ 参见康海军《论反恐刑事特别程序》，《中国人民公安大学学报》（社会科学版）2008 年第 6 期。

⑤ 参见谭娜辉《论黑社会性质组织犯罪的特别程序》，《四川警察学院学报》2010 年第 3 期。

⑥ 参见蒋熙辉《应当针对单位犯罪刑事诉讼增设特别程序》，《江西警察学院学报》2011 年第 5 期。

权利保障机制与冤错防范机制。反恐案件特别程序的设立，是考虑到在追求国家利益至上的基础上对正当程序进行部分限制。①

第二节 未成年人案件诉讼程序

相对于其他特别程序的研讨，未成年人刑事诉讼程序是讨论最多、涉及内容最广，相对来说也是构建特别程序最成熟的。从上个世纪九十年代第一次修订刑事诉讼法前后就有了未成年人刑事诉讼程序单独设立的建议和思考，本世纪以来更是受到了广泛的关注。较为集中的研讨包括2008年12月召开的“合适成年人参与未成年人刑事诉讼的理论与实践研讨会”，2002年3月、2003年12月、2004年4月华东政法学院、上海警察学会与英中文化协会、英国瑞慈人权合作中心等先后举办了三届“中英少年司法保释研讨会”，2003年3月、2003年10月两次召开“中欧少年司法制度——合适成年人参与制度研讨会”，2001年5月召开“中英少年司法公正研讨会”等，2002年9月人民法院报社、共青团中央权益部共同主办、山东省济南市历下区人民法院协办了“中国少年司法制度改革与探索研讨会”等；2011年第4期《国家检察官学院学报》对我国未成年刑事实体和程序内容进行集中讨论，此外《青少年犯罪问题》、《青少年犯罪研究》等期刊一直以来是关于未成年人刑事诉讼程序的主要研讨阵地。关于未成年人刑事诉讼程序的专著在本世纪的前12年也有明显增加，如《未成年人刑事诉讼特别程序研究：基于实证和比较的分析》、《我国未成年人刑事法律保护制度研究》、《未成年人刑事诉讼程序》、《我国未成年人刑事案件诉讼程序研究》等。

一 未成年人案件诉讼程序的理论基础、基本模式和基本原则

有学者指出，未成年人犯罪是复杂的社会现象，具有不同于成年人犯罪的特殊性，未成年人案件诉讼程序也具有不同于成年人案件诉讼程序的特点，并从社会学理论、心理学理论和法学理论三个方面，论证了未成年

① 参见陈卫东《构建中国特色刑事特别程序》，《中国法学》2011年第6期。

人案件刑事诉讼程序的理论基础。[①]

有学者从世界范围内，对未成年人案件处置程序模式中，区分出"福利模式"和"司法模式"，认为福利模式顺应了刑罚个别化趋势，也更能体现对未成年人的保护，司法模式则在保护社会秩序、惩罚犯罪方面具有优势，目前两种模式有不断融合的趋势，我国未成年人刑事特别程序还是应更强调对未成年人的保护。[②]

对于未成年人案件刑事诉讼程序的特殊原则，学界主要有两种观点：一是将与未成年人犯罪相关的实体法原则和程序法原则统一设置，另一个是从程序法的角度设置未成年人案件刑事诉讼程序的特殊原则。其中第一种观点目前占主导地位，如未成年人案件刑事诉讼程序的"六原则说"[③]等，新修订的刑事诉讼法基本依循了此种观点。持第二种观点的学者中，有研究者对未成年人案件刑事诉讼程序的基本原则内容的概括为：全面调查原则、分案处理原则、保障未成年犯罪嫌疑人和被告人诉讼权利原则、迅速简易原则。[④] 也有学者认为，未成年人案件刑事诉讼程序的基本原则主要包括两个方面，一是刑事诉讼普遍适用的原则，二是仅适用于未成年人案件刑事诉讼程序的特定原则，前者应强调无罪推定原则的适用，后者应突出程序法的原则，尤其应当对特别帮助和保护原则予以关注。[⑤]

二 未成年人案件诉讼程序的具体设置

关于未成年人案件诉讼程序具体设置内容的研讨，主要集中在合适成年人在场、未成年犯罪嫌疑人、被告人的辩护权保障、强制措施的特殊设置、审判程序的特殊设置以及不良记录封存、社区矫正、社会调查或品格证据等方面。

---

① 参见孟军《未成年人犯罪诉讼程序的理论基础》，《内蒙古大学学报》2010年第1期。

② 参见徐美君《未成年人刑事诉讼特别程序的理论基础》，《青少年犯罪问题》2005年第4期。

③ 即教育、感化、挽救原则；分案处理原则；保障未成年人依法享有的诉讼权利原则；审判不公开原则；全面调查原则；迅速简易原则。

④ 参见温小洁《我国未成年人刑事案件诉讼程序研究》，中国人民公安大学出版社2003年版，第57—102页。

⑤ 参见王敏远《论未成年人刑事诉讼程序》，《中国法学》2011年第6期。

1. 合适成年人参与制度

合适成年人参与制度源于英国1972年肯费特案并在1984年英国《警察与刑事证据法》中得到确立，其主要内容是：未成年犯罪嫌疑人在被讯问时，必须有一个合适的成年人在讯问现场，以防止未成人受到讯问者的不当压迫。该制度于2003年较为系统地引入我国，并在各地开展了试点，如云南昆明盘龙区、上海市、福建厦门市同安区、江苏苏州市吴中区。① 多数学者认为，合适成年人参与制度展示了在维护未成年人合法权益、促进我国少年司法制度与刑事诉讼法完善等方面的积极作用，但是对合适成年人的名称、法律依据、合适成年人队伍建设与管理、选任与资质、权利义务等内容尚存争议与待完善之处。② 同时也有学者提出，还应关注未成年被害人的法律保护，建议构建对未成年刑事被害人的合适成年人介入机制。③

2. 辩护权与法律援助制度

在未成年案件刑事诉讼程序中的辩护权和法律援助制度方面，有学者特别强调讯问时辩护律师在场问题，根据特别帮助和保护未成年人的要求，即使普通刑事案件中讯问时辩护律师在场有种种困难，但是对未成年犯罪嫌疑人、被告人来说，对此制度安排应该特别保障。④ 有研究者认为，根据《法律援助条例》的规定，未成年刑事诉讼中的法律援助的审查存在双重标准，即被指定辩护的未成年人免审家庭经济状况，而对其他未成年人则须审查家庭经济状况。应该改变双重标准的状况，一律免于审查家庭经济状况。⑤ 当然，2012年新修订的刑事诉讼法第276条，统一规定了人民法院、人民检察院、公安机关应当通知法律援助机构指派律师为未成年犯罪嫌疑人、被告人提供辩护，改变了1996年刑事诉讼法第34条

---

① 参见狄蕾、史华松《未成年人刑事审判程序中的合适成年人参与制度研究——以“吴中经验”为样本》，《唯实》2011年第2期。

② 参见田相夏、赖毅敏《“合适成年人参与未成年人刑事诉讼的理论与实践研讨会”会议综述》，《青少年犯罪问题》2009年第2期。

③ 参见王道春、赵研科《建构“合适成年人”介入未成年刑事被害人权益保护制度之设想》，《湖南社会科学》2006年第6期。

④ 参见王敏远《论未成年人刑事诉讼程序》，《中国法学》2011年第6期。

⑤ 参见郑仁武《重构未成年人刑事法律援助审查标准》，《中国司法》2011年第9期。

第2款所规定的人民法院指定的情况，双重标准的问题有待于相关法律法规等的同步调整。

3. 强制措施制度

对未成年犯罪嫌疑人、被告人适用强制措施方面，研究者们普遍认为目前我国审前羁押率普遍偏高，有待调整与完善相关制度和适用情况。有学者指出，我国未成年人审前羁押制度实际运行状况不容乐观，存在审前羁押率明显偏高、羁押期限明显过长、审前羁押事实上具有惩罚性和预判效力、本地与外地未成年人审前羁押适用明显不平等、缺乏完善的审前羁押替代机制等弊端，需要遵循国际准则，借鉴发达国家经验，采取切断办案人员与案件之间的利益纽带、加强对公安检察机关的外部制衡、审前羁押决定程序“准司法化”等措施，改善未成年人审前羁押状况。① 有研究者明确建议，对于未成年犯罪嫌疑人在侦查阶段应“少捕”、非监禁化，并建议司法工作人员进一步转变观念，立法进一步明确、规范未成年犯罪嫌疑人的不捕条件，积极探索对未成年犯罪嫌疑人审查逮捕方式的改革，如建立人格调查制度、审查逮捕听证制度。② 还有学者建议探索审查逮捕程序，探索改革模式，改革程序设计，如逮捕标准和条件的细化、品行调查、听取被害人意见、建立律师提前介入机制、风险评估机制等。③

4. 对未成年人案件的处理

在未成年人案件的处理方面，有学者基于对未成年人案件的实证研究，建议通过适度扩大酌定不起诉的范围、完善不起诉适用程序等方式，对符合一定条件的未成年人，优先考虑非刑罚制裁的处理方式。④ 更多学者是希望借鉴暂缓起诉、附条件不起诉制度，来扩大对未成年人案件的非刑事制裁范围。当然，在学者们的研究和司法试点实验中，往往是将未成年人犯罪案件作为附条件不起诉制度的主要适用范围，但一般都不明确将

---

① 参见姚建龙《未成年人审前羁押制度检讨与改进建议》，《中国刑事法杂志》2011年第4期。

② 参见刘福谦《试论侦查阶段对未成年犯罪嫌疑人的非监禁化——以减少逮捕的适用为切入点》，《人民检察》2004年第8期。

③ 参见樊荣庆《未成年人刑事案件审查逮捕程序正义与改革模式探究》，《青少年犯罪问题》2010年第6期。

④ 参见宋英辉《酌定不起诉适用中面临的问题与对策——基于未成年人案件的实证研究》，《现代法学》2007年第1期。

附条件不起诉的范围限于未成年人。① 而2012年刑事诉讼法的立法选择似乎更为保守，对附条件不起诉的适用仅限于未成年人刑事案件。

5. 审判程序

对于未成年人案件刑事审判程序的研究，主要集中于审判程序中未成年被告人权利的保障、是否公开等问题。曾康的博士论文《未成年人刑事审判程序研究》，就未成年人审判程序的审判权主体、基本制度、审判方式等问题进行了专题研讨。② 还有研究者通过实证研究等方式，分析现有未成年人案件审判机制中的弊端，如立法滞后、法律援助匮乏、案件公开与不公开个别案件处理不当等，建议加强少年法庭机构建设，深化圆桌审判模式、完善庭前告知、建立专业少年刑事辩护队伍、确保法定代理人或其监护人到庭等。③ 就不公开审理制度的完善问题，有学者比较美国未成年人案件审判经历的"公开模式——不公开模式——混合模式"的转变，建议我国应完善未成年人刑事案件不公开审理制度，赋予被告人获得公开审判的权利、完善监督机制、确立未成年人案件审理不公开判决亦不得公开。④ 还有学者建议建立暂缓判决制度，即在法院开庭审理后，对构成犯罪并符合一定条件的未成年人不判处刑罚，而是设置一定的考验期，如果未成年被告人考验期内符合相关条件，法院将对其判处轻刑或者适用缓刑或者免除刑罚。⑤

6. 社会调查制度

有关未成年人的社会调查制度，也是这一领域的研讨热点。有学者从审前服务制度构建的大视野来看，包括未成年人社会调查在内的审前服务机制，考察我国现状借鉴外国经验，提出建立审前服务机构、明确审前服

---

① 参见左卫民《通过试点与实践推进制度创新——以L县检察院附条件不起诉的试点为样本》，《四川大学学报》（哲学社会科学版）2011年第5期。

② 参见曾康《未成年人刑事审判程序研究》，博士学位论文，西南政法大学，2007年。

③ 参见罗莹《未成年刑事被告人司法权益保护实证研究——以山东省未成年人刑事案件审判为例》，《青少年犯罪问题》2010年第4期。

④ 参见杨雄《看不见的正义？——从比较法视角看未成年刑事审判的不公开与公开》，《青少年犯罪问题》2009年第3期。

⑤ 参见陈光中、汪海燕《〈刑事诉讼法〉再修改与未成年人诉讼权利的保障》，《中国司法》2007年第1期。

务机构职能、构建审前服务机构诉讼参与程序、完善审前服务人员责任体系等。[①] 有学者从未成年人刑事案件中社会调查制度的正当性、可行性角度，论证建立该制度的必要性，并提出建立该制度的构想。[②] 还有学者从证据的角度分析社会调查，如对社会调查报告的定位、审查判断等。有学者认为，未成年人社会调查报告具有相关性、专业性和科学性、应用性，属于专家证据。[③] 也有学者从品格证据角度，来分析社会调查报告等。

7. 犯罪记录封存制度

未成年人的犯罪记录封存制度无论在刑事实体法还是程序法中都受到了关注，在修法中亦有体现。多数学者认为，应该进一步建立前科消灭制度。有学者总结我国立法规定和改革举措，认为现有成果包括：废除了轻罪未成年人前科报告制度、犯罪记录相对保密、复学、升学、就业等不受歧视等内容，但是认为封存记录仅是严格控制前科记录的使用和管理，没有把握前科消灭制度的精神实质。另外，从封存记录角度来看，立法规定的范围过于狭窄，建议将前科记录封存的范围扩大、将犯罪记录消灭效果等内容，纳入未成年人案件刑事诉讼程序等。[④]

2012 年新修订的刑事诉讼法中，将未成年人犯罪案件诉讼程序作为特别程序独立出来，确立了独立的未成年人犯罪案件程序保护性体系，并增加了附条件不起诉、犯罪记录封存、社会调查等内容，是重大的进步。但是，仍有需进一步改进之处，如体例上的冲突与协调；审理模式问题；慎重对待附条件不起诉；细化未成年人社会调查制度等。[⑤]

就未成年人案件刑事诉讼程序问题，尽管以往研究所涉内容广泛而细致，而且部分内容获得了立法的吸收和肯定，但是，还有很多涉及未成年人案件刑事诉讼程序保护的内容有待于进一步研讨，而且既需要深入细

---

① 参见史立梅《未成年人刑事案件审前服务制度研究》，《青少年犯罪问题》2009 年第 3 期。

② 参见杨雄《未成年人刑事案件中社会调查制度的运用》，《法学论坛》2008 年第 1 期。

③ 参见罗芳芳、常林《〈未成年人社会调查报告〉的证据法分析》，《法学杂志》2011 年第 5 期。

④ 参见汪建成《论未成年人犯罪诉讼程序的建立和完善》，《法学》2012 年第 1 期。

⑤ 参见陈卫东《构建中国特色刑事特别程序》，《中国法学》2011 年第 6 期。

节，细化立法的规定、丰富充实未成年人权利保障，更需要从理论层面深入研讨其相互关联以及基本原则、理论模式的分析和贯彻。

第三节 刑事和解程序

关于刑事诉讼中的当事人和解机制，早在上个世纪八九十年代就有人加以介绍，2002 年北京市朝阳区人民检察院制定《轻伤害案件处理程序实施细则（试行）》，刑事和解开始走入实践，而后自 2005 年起，因为构建和谐社会、宽严相济刑事政策等的提出，刑事和解在全国范围内得到了热烈的研讨。比较集中的研讨有，2006 年 7 月由中国人民大学刑事法律科学研究中心和北京市检察官协会共同举办的“和谐社会语境下的刑事和解”全国学术研讨会、2007 年 4 月山东大学法学院主办的“恢复性司法理论国际研讨会、2007 年 9 月中国法学会刑事诉讼法学研究会年会对刑事和解制度的专题研讨、2009 年 1 月北京师范大学刑事法律科学院研究院主办的刑事和解与刑事诉讼法完善研讨会等。

2012 年的刑事诉讼法增设第五编“特别程序”，其中之一为公诉案件的当事人和解诉讼程序，该程序对于公诉案件当事人和解的条件、方式、职权机关的作用等问题作出了明确规定。① 根据规定，当事人和解的案件范围包括因民间纠纷引起，涉嫌刑法分则第四章、第五章规定的轻罪案件。② 有学者认为，刑事诉讼法新规定的该项特别程序具有积极意义：一方面将刑事和解程序从原来的自诉案件扩大适用到公诉案件；另一方面又严格限定和解程序的适用范围。将和解程序引入公诉案件，对于化解社会

---

① 根据规定，当事人和解的条件为犯罪嫌疑人、被告人真诚悔罪，得到被害人谅解，双方当事人自愿和解；和解的方式为犯罪嫌疑人、被告人向被害人赔偿损失、赔礼道歉等获得被害人谅解；公安机关、人民检察院、人民法院对和解协议的自愿性、合法性进行审查，并主持制作和解协议书；和解的法律后果是，对于达成和解协议的案件，公安机关可以向人民检察院提出从宽处理的建议；人民检察院可以向人民法院提出从宽处罚的建议；对于犯罪情节轻微，不需要判处刑罚的，可以作出不起诉的决定。人民法院可以依法对被告人从宽处罚。

② 当事人和解的案件范围包括因民间纠纷引起，涉嫌刑法分则第四章、第五章规定的可能判处三年有期徒刑以下刑罚的；除渎职犯罪以外的可能判处七年有期徒刑以下刑罚的过失犯罪案件。但犯罪嫌疑人、被告人在五年以内曾经故意犯罪的，不适用和解程序。

矛盾、节省国家司法资源将会发生巨大的促进作用，同时限定其范围又充分体现了国家刑罚权的严肃性，有利于保证司法公正的底线。① 值得关注的是，此番修法规定的刑事和解程序只是对罪行相对而言较轻案件的和解予以立法规范，而除此之外的其余刑事案件是否允许和解、如何和解以及刑事和解在不同的诉讼阶段有何具体程序性规范，立法未作规定。

一 刑事和解的概念与特点

1. 刑事和解的概念

刑事和解是指在刑事诉讼中，加害人以认罪、赔偿、道歉等形式与被害人达成谅解后，公安司法机关对加害人不追究刑事责任或从宽处罚的一种刑事诉讼制度。刑事和解制度提出了一种刑事诉讼新模式，该模式将被告人—被害人关系置于刑事诉讼的中心，对传统刑事诉讼理论造成了较大冲击。根据新刑事诉讼法的规定，刑事和解已成为我国刑事诉讼中的一种刑事特别程序。作为一种新型解决纠纷的方式，刑事和解带来了新的诉讼理念，丰富了我国刑事诉讼法学理论，带来了我国刑事诉讼法的新发展。刑事和解制度的目的是为了修复被追诉人所破坏的社会关系，弥补被害人所受到的伤害以及恢复加害被害双方的和睦关系，并有利于被追诉人改过自新、复归社会。该制度将被害人置于刑事诉讼中的核心地位、关注被害人的心理感受，致力于社会关系的修复，因此，对构建和谐社会也具有现实意义。

刑事和解，开始于20世纪70年代的加拿大。在西方，以罪犯为中心的监禁、矫正政策的失败以及以被害人为导向的刑事保护政策思潮的兴起，促使刑事和解运动在北美、欧洲等地兴起并发展。1999年联合国作出了《制定和实施刑事司法调解和恢复性司法措施》的1999/26号决议；2000年第十届联合国预防犯罪和犯罪人处遇大会通过《关于犯罪与司法：迎接21世纪挑战的维也纳宣言》，提出导入调解和恢复性司法计划；2002年联合国预防犯罪和刑事司法委员会第11次会议通过了《关于在刑事事项中采用恢复性司法方案的基本原则》（2002/12号决议），根据该决议第3条的规定，恢复性司法方案系指采用恢复性程序并寻求实现恢复性结果

---

① 参见汪建成《刑事诉讼特别程序的建立与完善》，《中国社会科学报》2011年9月27日。

的任何方案。恢复性程序（restorative process）是指被害人、加害人及其他受犯罪影响的个人或者社区居民——通常在一个公正、中立的第三方的帮助下——积极协商，共同寻找解决犯罪引发问题的任何程序。恢复性程序可能包括调解、调和、会商和共同定罪。

有论者认为，刑事和解就是一种以协商合作形式恢复原有秩序的纠纷解决方式，它是指某些进入诉讼程序的刑事案件的被害人与加害人以赔偿、道歉等形式达成谅解后，国家专门机关不再追究加害人的刑事责任，或者对其从轻处罚的案件处理方式。① 还有论者遵循联合国《关于在刑事事项中采用恢复性司法方案的基本原则》（以下简称联合国《原则》）第1项对恢复性司法的规定，将刑事和解等同于西方的“恢复性司法”（restorative justice），认为刑事和解是指在犯罪发生之后，经由调解人使侵害者与被害者直接接触，协商解决纠纷。②

2. 刑事和解的特点

有学者考察总结了域外刑事和解制度，指出西方国家的刑事和解具有刑罚替代手段的性质，具体特点包括：适用的对象由少年犯罪行为人扩展到成年犯罪行为人；适用范围限于轻微刑事案件；以加害人的有罪答辩（Guilty Plea）和当事人双方的自愿为刑事和解的前提条件；和解或由专职的专业调解员主持，或由执法官员主持，主持人在和解过程中保持中立并协调双方的关系；和解过程以加害人的责任承担和被害人的伤害叙说为主线，以赔偿协议的达成为最终结果；司法机关对合法的和解结果予以认可，并以此作为终止刑事追诉、刑事审判的依据和减刑、缓刑的选择要件。③

我国司法实践中的刑事和解有如下具体特点：其一，刑事和解在我国的出现，是为了弥补我国刑事司法中被害人补偿制度的缺失和刑事附带民事诉讼的萎缩。经济赔偿构成了当前我国刑事和解的主要手段。其二，我国司法实践中存在的三种刑事和解模式：当事人双方自行和解模

① 参见陈光中、葛琳《刑事和解的理论分析与法律规制》，载陈光中主编《中国司法制度的基础理论专题研究》，北京大学出版社2005年版。

② 参见吴晓峰、张亦嵘《刑事和解争议中试水遇法律难题》，《法制日报》2006年7月26日第8版。

③ 参见马静华《西方刑事和解制度考略》，《福建公安高等专科学校学报》2006年第1期。

式、公权力机关主导和解模式和人民调解模式。刑事和解在一些法院被列为法官业绩考核的指标。其三，各地刑事和解的标准不统一。其四，被害人及其亲属是否谅解是和解的关键。其五，绝大多数情况下，加害人一方和解的态度往往积极，加害方是启动方。加害人的和解预期是影响加害人在案件中和解态度的首要因素，若不能带来从宽处罚，加害人和解的积极性会大幅度降低。其六，不同诉讼阶段达成和解协议的效力不同：侦查阶段，双方当事人达成协议后，侦查机关建议从宽；起诉阶段，当事人达成协议后，检察机关建议从宽或不起诉；一审阶段，当事人达成协议后，法官酌定从宽；二审阶段，当事人达成协议后，法官酌定从宽。

二　刑事和解的理论探讨

1. 刑事和解的理论基础

研究者从不同角度对刑事和解的理论基础进行了分析。有研究者认为，我国刑事和解制度的实体法根据在于，刑事和解制度与罪刑法定原则的价值取向相同，与罪责刑相适应原则的理论基础相同，与犯罪本质在认识论上相一致，与刑事责任的承担方式相一致，有利于刑事法律关系的理论改造，转化为被害人——犯罪人——国家“三元结构模式”①。有研究者认为，刑事和解作为一种古老的犯罪处置模式，它在中国近代以前的历史中曾长期、合理地伴随着刑事司法制度而存在。其理论基础包括：中国古代仁政与慎刑思想、“和、合”、“无讼”思想；以及中国的史官文化、礼俗文化、等级社会、道德社会及乡土社会、农业社会等传统文化基础。② 有研究者认为，刑事和解得以生存，与国家不能及时有效地为刑事案件的被害人提供公权力救济有关。③ 有研究者将恢复正义理论作为刑事和解理论基础，将其定义基于恢复正义理论，称之为当事人调停或者恢复

---

① 参见石磊《论我国刑事和解制度的刑事实体法根据》，《法商研究》2006 年第 5 期。

② 参见武小凤《不可回避的存在——解读中国古代社会刑事和解》，《政法论坛》2008 年第 3 期。

③ 参见史立梅《刑事和解：刑事纠纷解决的“第三领域”》，《政法论坛》2007 年第 6 期。

正义会商。①

2. 刑事和解的价值冲突

有研究者指出，刑事和解的实践引起了国家本位与个人本位价值观的冲突问题。刑事和解制度建立在个人本位主义的价值观之上，与我国现行刑事法中的国家本位价值观相冲突，能否化解这种冲突?② 有研究者认为，刑事和解的个人本位主义价值观与现行刑事法的国家本位价值观形成了鲜明的对立和冲突。这种冲突如何解决和协调是理论上应该首先解决的问题。③

3. 刑事和解是否以钱买刑

刑事和解制度可能导致只对家境富裕的加害人适用，将贫穷的加害人排除在外的情形。加害人履行义务的方式主要限于经济赔偿，其结果又是免除或者减轻刑事责任，刑事和解是否以钱买刑——需要深入研究。学界普遍认为应当建立被害人国家补偿制度，以使因为真诚悔过但赔偿能力不足的加害人与愿意和解的被害人可以达成和解协议。

我国的刑事和解与恢复性司法的国际潮流密切相关，在构建我国刑事和解制度时，应当借鉴国际性文件规定的刑事和解及其他国家的实践经验。但应当注意国际性文件规定的刑事和解及其他国家的和解实践，大都强调社区等第三方在刑事和解中的作用。我国刑事和解的实践重视职权机关在刑事和解中的主导地位。职权机关在刑事和解中的特定利益可能对刑事和解程序的正当性带来负面影响，应当妥善解决。

三　刑事和解实践中的主要问题

1. 刑事和解适用的案件范围

关于刑事和解的适用范围存在不同的意见，主要有两类观点。第一类观点认为，刑事和解应当有更为宽广的思路，各类刑事案件、各个诉讼阶段都可以适用刑事和解。有学者指出，刑事和解不仅可以适用于轻罪案

---

① 参见黄烨《宽容人性：论刑事和解的人文情怀与制度构建》，《河南师范大学学报》（哲学社会科学版）2008 年第 4 期。

② 参见《主题研讨——刑事和解：法律家与法学家对话录》，《国家检察官学院学报》2007 年第 4 期。

③ 参见李翔《议论刑事和解的实体法冲突》，载中国人民大学法学院、北京市检察官协会编《“和谐社会语境下的刑事和解”学术研讨会论文集》（2006 年）。

件，也可以适用于重罪乃至可能判处死刑的案件；应当贯穿于刑事诉讼整个过程，不论刑事诉讼到了哪个阶段，只要有和解可能就应当促使其实现。[①] 不仅中国如此，其他国家也有类似的情况。[②] 第二类观点认为，应当限制刑事和解的适用范围，建议适用于轻微罪案件和特定的犯罪主体等。如有学者认为，刑事和解适用范围应严格限定为依法判处 3 年以下有期徒刑的轻微刑事案件和未成年人犯罪案件[③]；也有学者认为，刑事和解的范围应当包括：轻伤害案件、交通肇事案件、青少年犯罪案件、其他轻微刑事案件，对于加害人主观恶性较大，社会危害性较大的案件，应当禁止适用刑事和解，防止加害人与被害人通过和解规避刑罚从而损害公共利益，这类案件如危害国家安全的案件、累犯或多次作案的、职务犯罪案件、黑恶势力犯罪案件[④]。还有学者在考察刑事和解的价值构造和域外经验的基础上，为刑事和解的构建设计了三种方案：近期方案以刑事自诉与交通肇事调查程序为背景；中期方案对微罪不起诉制度进行完善；远期方案将刑事和解纳入刑事契约一体化模式的思考与构建。[⑤]

有学者指出，刑事和解新程序规定的第一类案件范围的限制，使得寻衅滋事、聚众斗殴等案件不适用当事人和解程序，这使得当事人和解制度的作用难以较大发挥。[⑥] 同时，新刑事诉讼法关于刑事和解案件类型的划分，还存在不协调、不科学的问题。比如，立法规定的未成年人附条件不起诉没有与当事人和解相结合。

2. 刑事和解的适用阶段

有研究者认为，只有在审查起诉阶段方可提出和受理。侦查阶段犯罪事实尚未查清，有待确认，且当事人和解后公安机关撤案，没有现实的法

---

① 参见陈光中《刑事和解应当推动和规范》，《法学研究》2010 年第 1 期。

② 转引自杜文俊、任志中《被害人的宽恕与死刑适用——以恢复性司法模式为借鉴》，《社会科学》2005 年第 12 期。

③ 参见甄贞、陈静《建设和谐社会与构建刑事和解制度的思考》，《法学杂志》2007 年第 6 期。

④ 参见宋英辉等《我国刑事和解实证分析》，《中国法学》2008 年第 5 期。

⑤ 参见向朝阳、马静华《刑事和解的价值构造及中国模式的构建》，《中国法学》2003 年第 6 期。

⑥ 参见陈光中主编《〈中华人民共和国刑事诉讼法〉修改条文释义与点评》，人民法院出版社 2012 年版，第 421 页。

律依据。在审判阶段，既然检察机关提起公诉就不应当和解，否则势必影响国家公诉权的严肃性。① 有研究者认为，刑事和解可以适用于三个诉讼阶段。其中侦查阶段应当赋予公安机关对少量刑事案件达成和解的审查处理权。这类案件重点限于可能判处徒刑以下刑罚的轻伤害、交通肇事等实践中和解可能性较大的案件；起诉阶段的刑事和解可以通过酌定不起诉、暂缓起诉两种具体的制度得以贯彻；审判阶段的刑事和解适用范围最为广泛，在专门的审判人员主持下，双方当事人达成和解之后，或不予追究刑事责任，或从轻处理，或减轻处理。被害人也可以提出量刑建议，这样有益于案件的有效处理。②

3. 刑事和解的模式

对于刑事和解的模式，有研究者指出，刑事和解模式大概可分为三类：第一类是自诉案件的和解；第二类是检察机关、公安机关参与的和解；第三类是公安机关、检察机关和法院都参与的和解。并建议刑事和解必须扩大到法院，如果法院不参与，刑事和解制度就缺乏足够的生命力和足够的作用。③

《刑事和解研究》一书从理论和实践两个维度，梳理了刑事和解模式的分类。理论界对刑事和解模式的概括包括：纯粹模式，即“将和该罪犯有关的当事人会聚一堂，集体处理该犯罪的影响和将来的过程”；最高模式，即“通过修复犯罪所造成的损害，从而实现司法的一切活动”；平行模式，指“在刑事诉讼程序之外另行规定刑事和解程序，将刑事和解的主持权让渡予社会，将其作为正规的诉讼程序的替代或者补充，并且规定二者相互流转的条件”；整体性模式，指“刑事和解寻求启动和影响刑事司法程序，并与刑事司法程序相融合，是其中的组成部分，警察、检察官和法官都可能是刑事和解的参与者”。实践中的刑事和解包括：自和——申请模式、公权力机关促和模式、第三方促和模式。并认为，我国和解模式的发展方向应当是以“自和——申请”模式为主，“委托模式”

① 参见金雅蓉、厉蓓雯《和谐社会语境下的刑事和解制度构建》，《犯罪研究》2006 年第 6 期。

② 参见黄烨《宽容人性：论刑事和解的人文情怀与制度构建》，《河南师范大学学报》（哲学社会科学版）2008 年第 4 期。

③ 参见王敏远等《刑事和解的模式与程序》，《国家检察官学院学报》2007 年第 4 期。

为补充。①

对刑事和解模式的选取，有学者指出，任何模式肯定不是单一的，在多种模式并存的时候才有价值，另外，不应该从历史方面考虑，因为探讨的目的是为了建构，总体来讲，刑事和解的模式应当与通过刑事和解所要实现的基本目的联系在一起，对此可以做更多的共性思考，并设计全国都能适应的普遍模式。②

4. 刑事和解的参与者和主持者

关于主持者刑事和解程序的参与主体范围和主持者的研讨，多数学者认为，刑事和解参与主体的范围应具有广泛性，而对于主持者，不同的观点主要集中在是以检察机关为主的司法机关来主持还是以人民调解委员会等社会机构来主持。有学者认为，与当前国际轻刑化思想和重视被害人权益保护的刑事潮流相契合，刑事和解的主体范围应广泛，具体包括被害人、加害人、调解人、辩护人、诉讼代理人、司法工作者。③ 刑事和解主持机关的选择问题，背后代表着刑事和解模式的选择问题，即是将刑事和解规定在刑事诉讼程序中，通过立法赋予司法机关主持和解的权力，还是在刑事诉讼程序之外另行规范刑事和解程序。尽管对此有不同的观点，但是较为一致的认识是，我国刑事和解模式的选择不能简单套用国外的某种模式，而必须根据中国情况并结合我国刑事司法制度的价值目标进行考察设计。如陈光中指出，无论选择哪种模式，和解过程和适用条件都要置于公权力的监督之下，公、检、法机关虽然不应积极干预和解过程和结果，但要对和解的条件、自愿性等进行监督和审查，并对结果予以确认。④ 认为检察机关主持刑事和解最适宜的学者认为，作为享有法律实施权和审查起诉权的检察机关，应该在刑事和解中发挥重要作用；也有研究者指出，刑事和解制度在我国的最佳模式就是和解不起诉制度。

也有学者认为，考虑到公诉职能、司法资源。调解中立等原因，刑事

---

① 参见葛琳《刑事和解研究》，中国人民公安大学出版社2008年版。

② 参见王敏远等《刑事和解的模式与程序》，《国家检察官学院学报》2007年第4期。

③ 参见袁剑湘《论刑事和解的主体与适用范围——以刑事和解的界定为出发点》，《法学评论》2010年第3期。

④ 参见陈光中《刑事和解的理论基础与司法适用》，《人民检察》2006年第10期。

和解由社会上中立的调解机构来主持更为合适；有研究者认为，根据“检调对接”的实践模式，主持刑事和解的机构由独立于国家机关的专门调解机构来担任更为合理，检察机关在调解过程中起监督作用。还有研究者认为，应当由法院来主持刑事和解，这是国家行使定罪权的要求和其他国家成果经验的总结，可以与“私了”划清界限。①

5. 刑事和解协议的内容与效力

关于刑事和解协议的内容与形成，有学者建议，要关注被害人的保护和心理创伤的平复，避免单纯的金钱赔偿或者以钱买刑现象的发生。② 有学者强调，要加强刑事和解协议的自愿性和公平性的保障问题，关注加害人和被害人双方面的不公平因素、自愿与否的考察和防控机制。③

学者们就刑事和解协议的效力问题，进行了细致的区分和研讨。就刑事和解协议对办案机关的效力而言，有观点认为有约束力，应该对“失信”行为进行惩戒；也有观点认为，无约束力，办案机关是审查机关，是监督者。还有观点认为，和解协议效力不应波及办案机关，但办案机关也不能对和解协议视而不顾，应当以法律为依据行使职权。就和解协议对当事人的效力而言，有观点认为，违反协议唯一的法律后果是刑事和解过程的终止，重新开始传统刑事程序；也有观点主张，应根据不同的情况分别处理，如区分加害人或被害人违反，区分恶意或非恶意等情形。④

6. 刑事和解配套制度

有观点认为，完善刑事和解需要制定下列配套制度：其一，制定刑事被害人国家补偿法，或者制定特困刑事被害人救助法，有利于保证刑事和解适用的平等；其二，扩大取保候审，强化约束力；其三，完善社区矫正、帮教制度；其四，考核考评指标应以办案人员是否有过错、是否取得良好的法律效果和社会效果来确定，应根据案件情况设立不同的案件管理

---

① 参见黄京平、甄贞、刘凤岭《和谐社会构建中的刑事和解——“和谐社会语境下的刑事和解”研讨会学术观点综述》，《中国刑事法杂志》2006 年第 5 期。

② 参见杨会新《“被害人保护”与“刑罚轻缓化”：刑事和解不能承受之重》，《法律科学》2011 年第 6 期。

③ 参见宋英辉等《我国刑事和解实证分析》，《中国法学》2008 年第 5 期。

④ 参见史立梅《刑事和解的程序构建》，《北京师范大学学报》（社会科学版）2010 年第 3 期。

流程；其五，建立当事人投诉、调查机制和有关部门回访机制，防止权力滥用和司法腐败；其六，对主持刑事和解的人员进行法律和技能培训，为相关人员提供风险评估手册。①

第四节 违法所得没收程序

我国刑事实体法规定了两类没收措施，一类是传统意义上的财产没收措施，即刑法第三章第八节规定的没收财产制度，实体上是指经生效判决法院可以没收犯罪分子一部分或全部个人所有财产，程序上是在生效判决作出后对该刑罚的执行；另一类是司法实践中的追赃措施，即刑法第64条规定的没收措施，适用于所有刑事案件，实体上是对犯罪分子违法所得的一切财物予以追缴或者责令退赔，程序上要求侦查机关在审前程序中通过查封、扣押、冻结等措施进行财产保全、证据保全和社会保全，在判决生效后及时返还被害人的合法财产并没收犯罪分子持有的违禁品、犯罪工具和犯罪收益。上述两种措施在没收客体和没收内容等方面都有不同，因此学者将前者称为一般没收，即对犯罪人个人财产的没收，后者称为特别没收，即对犯罪行为有关物品的没收。前者主要涉及刑罚的执行问题，后者则涉及判决前财产的处置，在刑事诉讼法学研究领域研讨较多的是特别没收。

2012年新修订的刑事诉讼法特别程序一编的第三章“犯罪嫌疑人、被告人逃匿、死亡案件违法所得的没收程序”主要动因，在于与我国已加入的联合国反腐败公约及有关反恐怖问题决议的要求相衔接，将刑事定罪与财产没收相分离，建立对物不对人的独立没收法律机制。

一 违法所得没收程序的模式

违法所得没收程序在世界范围内有三种基本模式，即民事没收模式、刑事没收模式和单独立法模式。学术界对于模式的选取存在争论。有学者建议借鉴国外的民事没收制度，在我国建立针对犯罪所得或者违法行为所得的、独立的财产没收制度。② 有建议构建缺席审判制度来解决涉案财产

① 参见宋英辉等《公诉案件刑事和解实证研究》，《法学研究》2009年第3期。

② 参见黄风《论对犯罪收益的民事没收》，《法学家》2009年第4期。

的处理。[①] 有明确反对通过缺席审判来解决判决前涉案财产处理，建议修改和完善我国没收程序，保持法律的延续性和稳定性，且能有效解决实际问题。[②] 还有学者主张区分不同情形进行设计，设置对违禁品及危险物品的单独没收；对犯罪嫌疑人、被告人死亡的情形，对现有法律规定进行修改；对犯罪嫌疑人、被告人潜逃的情形，构建独立的没收制度。[③] 也有的观点认为，选择刑事没收模式适合我国的国情和诉讼文化，我国刑事诉讼和民事诉讼界分明显，没有民事没收的立法空间，我国没有刑事单行法的传统，也不宜采取单独立法模式。[④]

二　违法所得没收程序的构建

违法所得没收程序的构建中，绝大多数学者认为，应当对物不对人、不以对被告人定罪为前提、注重保障第三者或其他关系人的权利、适用证明规则应当采取宽松的标准。对于违反所得没收程序适用的案件范围，多数学者认为，应结合《联合国反腐公约》和司法实践大量存在的恐怖组织以为恐怖活动融资和转移资产为目的而在我国境内进行洗钱犯罪的情况，案件范围应主要限定于贪污贿赂犯罪和恐怖活动犯罪。当然，也有建议主张，适用对象是根据一定证据或者合理怀疑认为来源于犯罪或者其他违法行为的财产。也有学者建议，应进一步明确适用案件范围，应以个罪或类罪的方式在修正案中加以规定，将案件范围确定为适合大家犯罪形势的五类犯罪：严重危害公共安全的犯罪、毒品犯罪、贪污贿赂犯罪、有组织犯罪、严重损害公众生命健康的《刑法》分则第六章规定的犯罪。[⑤] 学者们也强调了没收程序中对第三者和其他无辜者的权利保障。“独立财产没收不以定罪为基础，适用相对宽松的证明规则，对作为起诉方的政府部

---

① 参见汪维才《论我国外流腐败资产追回诉讼机制之构建》，《法学杂志》2009年第8期。

② 参见张小玲《问题与误读：刑事缺席审判制度质疑》，《政法论坛》2006年第3期。

③ 参见何帆《刑事没收研究——国际法与比较法的视角》，法律出版社2007年版。

④ 参见陈卫东《构建中国特色刑事特别程序》，《中国法学》2011年第6期。

⑤ 参见汪建成《论特定案件违法所得没收程序的建立和完善》，《国家检察官学院学报》2012年第1期。

门限制较少，在大幅提升打击犯罪和没收犯罪收益效率的同时，也极易损害公民财产权利。”主张借鉴美国、新加坡等国家的立法经验，建议在程序设计中专门设计有利于保障无辜者的财产权利的内容。①

三 违法所得没收程序的完善

就新修订的法律中规定的违法所得没收程序，不少学者也专门撰文讨论其不足和待完善的内容。如有学者从刑法与刑事诉讼法的关系上，来分析违法所得没收程序的案件特征、没收对象范围、违法所得的构成、违法所得的主体范围四个方面的有待协调之处。② 有学者从证据规则、证明规则角度，阐述没收程序的尚待完善和细致规定之处。建议证明标准采用“优势证据”，证明责任应由检察机关承担，但特定情况下，应当实行证明责任倒置，由主张对涉案财物拥有合法权利的利害关系人承担证明责任。③ 也有学者具体从审前准备程序中财产调查程序的增设、公告程序的具体设置以及审判程序和执行程序的具体完善角度，分析如何弥补不足和健全违法所得没收程序。④

第五节 强制医疗程序

早在1996年第一次修订刑事诉讼法前后，就有学者建议设置强制性医疗程序，并对增设该程序的必要性和程序内容、法条规定进行设计。⑤2012年第二次修订刑事诉讼法前后，尤其是2012年正在进行精神卫生立法，加之近年来媒体陆续曝光的“被精神病”事件，对于强制医疗程序的研讨又热烈起来。

---

① 参见宋英辉、何挺《区际追赃合作中的独立财产没收》，《人民检察》2011年第5期。

② 参见时延安《刑事诉讼法修改的实体法之维——以刑法为视角对〈刑事诉讼法修正案（草案）〉增设三种特别程序的研析》，《中国刑事法杂志》2012年第1期。

③ 参见万毅《独立没收程序的证据法难题及其破解》，《法学》2012年第4期。

④ 参见陈卫东《构建中国特色刑事特别程序》，《中国法学》2011年第6期。

⑤ 参见陈光中、严端主编《中华人民共和国刑事诉讼法修改建议稿与论证》，中国方正出版社1999年版。

一 强制医疗的性质

强制医疗程序研讨的重点之一是强制医疗的性质问题。强制医疗的性质可以从两个角度来观察，一种是作为社会保障、救助制度来运作，属于社会法范畴，主要体现为国家对不能照顾自己精神或身体的非健全人进行监管；一种是出于防卫社会的目的，作为预防性措施，对精神病人进行隔离治疗，使这些人免于危害社会，属于警察权。多数学者认为，我国已有的精神病人强制入院治疗制度政策性、行政性太强而法定化、司法化不足，建议基于保障精神病人自由权利的需要，强制医疗程序司法化。如有学者明确指出，强制医疗是一种社会和精神病人利益兼得的社会防卫措施，而不是对精神病人适用的刑罚，强制医疗涉及精神病人的人身自由和社会利益的保护和社会安全的保卫。而我国现有强制医疗制度的缺陷是行政性过强、司法化不足、程序化不足、制约机制欠缺、执行上重视强制医疗的隔离排害的消极功能、对改善恢复的积极功能重视不够等。建议强制医疗适用条件规范化、适用程序司法化、执行合理化。① 有学者认为，我国现行精神病医疗制度存在强制医疗性质不清等问题，建议构建精神病人强制医疗诉讼程序时，要考虑程序正当之必要、医疗救助之必要、社会防卫之必要、人权保障之必要。②

有学者从梳理协调相关法律关系的角度，来分析刑事诉讼中的强制医疗程序。如有学者从《刑法》和《刑事诉讼法》的冲突和协调角度，分析刑法第 18 条第 1 款中规定的“由政府强制医疗”与新修订的《刑事诉讼法》中规定由人民法院决定、强制医疗机构执行和人民检察院监督的冲突与协调。③ 有学者认为，《精神卫生法》（草案）与新修订的《刑事诉讼法》在关于精神病人强制医疗上至少存在精神病人强制医疗性质、决定权、司法鉴定三个方面的冲突，建议为法制统一和强制医疗制度的完

---

① 参见王伟《精神病人强制医疗制度研究》，《法律与医学杂志》2003 年第 3 期。

② 参见韩旭《论精神病人强制医疗诉讼程序的构建》，《中国刑事法杂志》2007 年第 6 期。

③ 参见时延安《刑事诉讼法修改的实体法之维——以刑法为视角对〈刑事诉讼法修正案（草案）〉增设三种特别程序的研析》，《中国刑事法杂志》2012 年第 1 期。

善，二者应当取长补短、解决冲突、实现协调。①

二 强制医疗程序中的具体问题

强制医疗程序的讨论主要涉及适用对象、适用条件、启动主体、审理程序、救济程序等内容。对于适用对象、适用条件，有学者建议适度扩大，除了实施危害行为时无刑事责任能力的精神病人外，还应包括辨认和控制能力减弱的限制刑事责任能力人，以及实施犯罪后患精神病、无受审能力和执行刑罚能力的精神病人；② 有学者认为，考虑到节约成本和正当理由的强调，新修订的《刑事诉讼法》中采取审慎的态度是合适的；③ 还有学者认为，法律中提及的“有继续危害社会可能”这一条件尚待完善，尤其是这一条件是否需要经过精神病专家的专业鉴定，还是依赖法官的个人经验抑或猜测④。启动主体，有学者建议应当扩大，打破国家垄断的局面，赋予被追诉人及其监护人、法定代理人、辩护人一定的权利；⑤ 有学者建议借鉴《精神卫生法》（草案），将精神病人本人及其近亲属和公安机关纳入申请启动主体的范围。⑥ 审理程序方面，学者们认为现有修正案的规定过于粗略，有待于进一步明确。也有学者从缺席审判、不公开审理、鉴定人出庭、证明对象等方面，对审理程序进行了全面的设计。⑦ 救济程序方面，有学者对“一审终审”的设计提出了质疑，⑧ 有学者更为具体地提及“一审终审”与《刑事诉讼法》其他内容的相容性问题、申请

① 参见王永杰《新法的冲突与协调——以〈精神卫生法〉（草案）与新〈刑事诉讼法〉为例》，《国家行政学院学报》2012 年第 2 期。

② 参见韩旭《论精神病人强制医疗诉讼程序的构建》，《中国刑事法杂志》2007 年第 6 期。

③ 参见汪建成《论强制医疗程序的立法构建和司法完善》，《中国刑事法杂志》2012 年第 4 期。

④ 参见陈卫东《构建中国特色刑事特别程序》，《中国法学》2011 年第 6 期。

⑤ 参见韩旭《论精神病人强制医疗诉讼程序的构建》，《中国刑事法杂志》2007 年第 6 期。

⑥ 参见王永杰《新法的冲突与协调——以〈精神卫生法〉（草案）与新〈刑事诉讼法〉为例》，《国家行政学院学报》2012 年第 2 期。

⑦ 参见韩旭《论精神病人强制医疗诉讼程序的构建》，《中国刑事法杂志》2007 年第 6 期。

⑧ 参见陈卫东《构建中国特色刑事特别程序》，《中国法学》2011 年第 6 期。

复议能否暂停执行等内容①。其他程序设计问题的研讨，还涉及如何理解公安机关的“临时保护性约束措施”、检察机关如何具体实现法律监督、强制医疗机构的诊断评估与法院批准是何种关系等。

---

①　参见汪建成《论强制医疗程序的立法构建和司法完善》，《中国刑事法杂志》2012 年第 4 期。

第八章

刑事证据法学研究

刑事证据法学是刑事诉讼法学的重要分支。进入21世纪以来，伴随着证据法学成为一门“显学”，刑事证据理论逐渐成为我国刑事诉讼法学界关注的热点问题，其研究内容得到前所未有的拓展，研究方法也逐步走向多元化。近年来，刑事证据法学的研究成果层出不穷，不仅为我国刑事证据立法的完善奠定了基础，同时也为我国刑事证明实践提供了理论支持。

第一节 刑事证据法学的理论基础

发端于本世纪初的“客观真实”与“法律真实”的大讨论，不仅使学界关于刑事证明标准的讨论日趋深入，还上升到理论基础层面，引发了国内学者对传统证据法学理论基础的反思。这场争鸣推动我国证据法学研究步入了一个崭新的发展阶段，理论基础问题从此成为我国刑事证据法学研究的重要课题。

一 刑事证据法学理论基础研究的学说述评

刑事证据法学的理论基础，是刑事证据运用以及刑事证据法学研究的理论支持和指导力量，是揭示刑事证据法学的学科使命、解决刑事证据法基本问题的理论前提，它能够决定一个国家刑事证据法的存在价值和发展方向。近年来，学者们围绕这一基础性和建设性问题，展开了热烈的讨论与争鸣，从而形成了一系列学术观点。

1. 以认识论为核心的证据法学理论基础

我国传统刑事证据理论以辩证唯物主义认识论作为理论基础，这一学说至今仍然具有重要影响。该学说认为，刑事证据制度“所要解决的核心问题”是“如何保证司法人员能够正确认识案件事实，亦即如何保证其主观符合客观”①。基于这一点，该学说将诉讼活动视为一种旨在运用证据、查明案件事实的客观真相的认识活动，并因此将辩证唯物主义认识论视为证据制度的唯一指导思想和重要理论基础。有鉴于实事求是是辩证唯物主义认识论的灵魂，很多学者将我国证据制度直接定名为“实事求是”的证据制度。②

本世纪以来，将认识论作为证据法学理论基础核心的学说回应其他学说挑战的过程中，出现了一些新的发展。有的学者认为，应当坚持认识论在证据法学中的重要意义和核心地位，但是除此之外，还应当考虑将司法公正和司法效率也作为证据法学的理论基础。③ 该论者认为，诉讼证明的过程包括侦查、起诉和审判的全部过程。证明的过程可分为收集、保全证据，审查判断证据和运用证据认定案件事实等三大阶段。案件事实是不依赖于公检法人员的意志而存在的客观事实，公检法人员只能认识它、查明它，而不可能改变它。公检法人员对案件事实的认识和认定集中体现在诉讼证明上。该论者认为，人类的一切与认识有关的证明活动，大体可以分为以自然现象为对象的自然证明和以社会现象为对象的社会证明。作为社会证明之一的诉讼证明，其特殊性体现在：（1）一切刑事案件都是过去发生的事情，目睹案件事实的公检法人员只能以证人身份参加诉讼；（2）认识案件的手段只能是证据；（3）诉讼证明要受到司法公正直接相关的法律规定和证据规则的制约；（4）诉讼效率的追求影响证明目标的发现。刑事案件不能排除认识论，认识论仍然是通过证据认定案件事实的前提，大多数证据规则都是按照认识规律设置的。因此，传统的辩证唯物主义认识论作为证据制度的理论基础，从整体上看是正确的，虽然有过于强调案件事实真相的片面和不足，但属于发展和完善的问题，而不应对认识论进行完全或者不同程度的否定。

2. 以价值论为核心的证据法学理论基础

在对传统认识论理论基础的反思过程中，形成了以价值论为核心的证

---

① 参见陈一云主编《证据学》，中国人民大学出版社1991年版，第96页。

② 同上书，第93页。

③ 参见陈光中等《刑事证据制度与认识论：兼与误区论、法律真实论、相对真实论商榷》，《中国法学》2001年第2期。

据法学理论基础。这些理论认为，诉讼活动并不仅仅为一种以发现事实真相为目的的认识活动，而更包含着一系列诉讼价值的实现和选择过程。以认识论作为证据法学的理论基础，不仅对一系列证据规则、裁判事实可接受性等难以提供合理的解释和论证，无法为证明模式构建提供指导，而且在实践中极容易导致认识论意义上的客观真实获得强调，使得司法程序和诉讼过程的价值受到忽略，甚至助长程序工具主义、过程虚无主义的观念。因此，在研究视角上应当彻底摆脱认识论的束缚，反对将认识论作为证据法学的一种理论基础，主张价值论的一元论。其代表性的观点有“形式理性与程序正义”、“裁判事实对事实认定的合法性”、“裁判事实的可接受性”等。

坚持“形式理性与程序正义”论的学者认为，由于诉讼是以解决利益争端和纠纷为目的，并且是在程序法限制和规范下进行的活动，因此，诉讼中的证据运用活动并不是一种单纯的认识活动，而是一种极为特殊并受到程序法严格限制的认识活动。而完全站在认识论的立场上看待证据制度，极易在价值观上掉入程序工具主义的陷阱，使得认识论意义上的“客观事实”受到过多的强调和重视，而诉讼的正当过程则受到不应有的忽视。该论者认为，诉讼领域中的调查活动不仅仅要达到恢复事实真相这一目标，而且还包含着其他重要的目标和价值。例如，为实现某种特定的价值，保护特定的利益，证据法有时会为某一诉讼当事人提供一些特殊的便利，如在取得证据手段方面的司法保障，刑事被告人所享有的不被强迫自证其罪的特权等。证据法为了防止控辩双方在对抗方面出现不公平现象，也会设计出一种确保双方公平分担诉讼风险的程序机制。事实上，证据法所要考虑的首要问题，不应仅仅是案件事实真相能否得到准确揭示问题，而更重要的应当是事实真相应通过什么样的途径和手段得到揭示，也就是发现事实真相所采用的手段和方式如何具备正当性、合理性、人道性和公正性问题。由此，可以为证据制度确立两个方面的理论基础：一为形式理性观念，二为程序正义理论。其主要理由在于：（1）现代证据法学的建立以及证据规则体系的完善，都必须建立在形式理性观念的基础上。根据形式理性观念，所有法律原则、规则或制度一旦建立并具有实际的效力，就必须得到遵守；所有对这些原则、规则或制度的违反，不论出于什么样的动机和意图，都必须承受消极的法律后果，或者受到相应的法律制裁。具体到证据制度上，所有旨在规范证据资格、证据收集、证据审查和司法证明活动的法律程序规范，都必须得到遵守，而不论这种遵守会带来什么样的后果。此外，在严格的法律形式主义限制下，裁判者所认定的事实显然不等于社会或经验层面上的所谓“客观事实”，而只能是法律上的事实。实际上，“客观事实”的完全发现既是不可能的，有时也是不必要的。“事实真相”的揭示过程处处受到法律程序的限制，它不再是绝对客观的事实真相，而只能是服务于诉讼的解决争端目标的“法律事实”。(2) 现代证据法学的核心问题应当是发现事实真相的方式和手段的正当性问题，因此它必须建立在程序正义理论的基础之上。根据程序正义理论，法律程序是为保障一些独立于判决结果的程序价值而设计的，这些价值有参与、公平以及保障个人的人格尊严等；一项符合这些价值的法律程序或者法律实施过程固然会形成正确的结果，但是这种程序和过程的正当性并不因此得到证明，而是取决于程序或过程本身是否符合独立的程序正义标准。法律程序自身的公正、公平、合理都被视为与程序所要产生的结果无关的独立价值，只有这些价值得到保障，那些其利益会受到程序结果直接影响的人才能受到基本的公正对待，即享有作为一个人而非动物或物品所必需的尊严和人格自治。证据法主要是一种程序法，因此也应具有其独立的内在价值：它本身必须具有内在的优秀品质和公正标准。在诉讼实践中，为规范控辩双方的对抗活动，证据法确实应当发挥其“公平竞赛”或“公平游戏”规则的作用，以维护双方对抗的公平性和法律程序的正当性。例如，从程序正义理论的角度来看，诉讼的最终目标应当是以符合正义要求的方式解决争端，求得诉讼过程的公正性。因此，证据不仅应具有客观性和关联性，更要具备法律严格限定的资格和条件；非法证据排除规则更是直接体现了法律对程序的尊重以及对公民自由、隐私权的维护，只不过这种规则所带来的是为维护法律程序的公正性而使那些非法诉讼活动的实体法律后果遭到否定的局面，等等。由此可见，将程序正义理论奉为证据法学的理论基础，能够为一系列证据规则的确立提供新的理论解释。①

坚持“裁判事实的可接受性”的理论认为，依据人类学功能学派的观点，任何社会制度都是为了满足作为主体的人的某种需要而存在的，诉

---

① 参见陈瑞华《从认识论到价值论：证据法理论基础的反思与重构》，《法学》2001 年第 1 期。

讼制度的存在也是如此。诉讼除了具有解决纠纷的功能外，它还可以通过解决纠纷的过程展示文化的意味，树立行为的模式，禁止邪恶的事件，成就善良的风俗。任何一个社会都会有一些关于正义、善良的观念，有一些关于行为的规则，法律制度的首要目标就是鼓励和促使公民将法律的规则吸收到其行为的模式之中。诉讼可以为这些观念和规则提供一个培育的场所，为人们的行为提供权威的指南。因此，司法审判的功能不仅仅限于对过去发生之历史事实的发现，而是要通过这一过程建立起犯罪与刑罚、过错与责任之间的联系，从而为公民传递一种应当如何行为的信息。要达成此目标，司法裁判必须具有权威性，这种权威性应当来源于其可接受性，而非简单地依靠武力或强制性。据此，裁判事实——即法院在裁判中对过去事实的认定——必须具有可接受性。裁判的合法性应当主要来自于裁判的可接受，它是指裁判必须具有的使公众能够对以此裁判为基础而施加之制裁予以正当化的品质；具备这一品质的裁决必须使公众将其视为对过去实际发生之事实的陈述（而不是对证据的陈述），从而法律制度将可以运用这一裁决而决定（对被告人）施加惩罚而不考虑裁决所依赖的证据基础。除了定罪事实的可接受性外，裁判的可接受性还包括无罪认定、证据不足的认定的可接受性。该论者认为，诉讼的目的不在于探究过去发生之事实，而在于建立关于过去发生之事实的可接受的版本，因此，对诉讼证明模式的描述就可以不再局限于发现真实的多少，而是着眼于不同证明模式中裁判事实可接受性的不同来源。事实上，几乎没有哪一种诉讼不宣称自己一贯以发现真实为己任，也没有哪一种诉讼不宣称自己是发现真实的最佳机制。然而，究竟哪一种机制更有利于真实之发现，实际上是一个无法证实的命题。因此，问题的关键不在于它们是否以及在多大程度上发现了事实真相，而在于它们在诉讼中获得的“真相”通过何种途径为人们所接受。换言之，诉讼中的客观真实其实是人的创造，它是随着制度的产生而产生的。在事实被认为是双方当事人通过各自的努力而达成的结果的时候，法官对事实的认定就不过是对双方努力的一种裁判，它并不解决主观认识是否符合客观真实这一问题，尽管表面上看起来有时候这种裁判也符合了客观真实。该论者认为，在职权主义诉讼模式下，裁判的可接受性主要来源于实体结果的正确性，即所谓客观真实；而在当事人主义的诉讼模式下，裁判的可接受性则来自程序的正当性。虽然两种诉讼模式对裁判正当性的来源各有利弊，但是当无法决定哪一种机制更能发现真实之时，更多地注入程序正义的观念，应当会更有利于裁判事实可接受性的实现。同时联系到裁判事实可接受性不容回避而主观是否符合客观这一问题可以回避这一点，就应当有更多的信心选择以程序的正当性保障裁判事实可接受性的程序，而不是以客观真实来保障裁判事实可接受性的程序。基于上述分析，该论者认为，我国辩证唯物主义认识论不具备证据法学理论基础的应有功能，而适当借用实用主义哲学的合理因素来重建我国证据法学的理论基础即裁判事实的可接受性是一个可行的途径。该论者主张，将实用主义方法论运用于证据法学领域，就是要适当摒弃传统的认识论理论，就客观真实是否存在这一问题，不需要进行本体上的论证，就人类是否能够认识客观世界这一问题，也不一定要坚持辩证唯物主义。而通过诉讼模式的转变，实现证明目标与证明标准的转换，在使当事人得到更多尊重与自主权的前提下，相对真实的裁判才更具有可接受性。①

3. 认识论与价值论并重的证据法学理论基础

在证据法学理论基础的认识论和价值论的地位问题上，一些学者主张并重论。如有的学者认为，在证据制度理论基础问题的重新整合和建构过程中，一个基本的趋向是，在不抛弃辩证唯物主义认识论的同时，引入程序正义理论，丰富和充实证据制度的理论基础。② 该观点虽然承认辩证唯物主义认识论在证据制度中的重要指导作用，但是认为传统理论对辩证唯物主义认识论存在误读或误用，因而亟待匡正。辩证唯物主义认识论主要包括三点内容：可知论、反映论和实践论，传统证据理论对这三者均有不同程度的误读：（1）可知论与诉讼认识的具体性和相对性。世界的可知性应当在总体上来把握，而一旦在诉讼证明领域中加以运用，就必须结合诉讼证明活动本身的特点来重新考虑。其一，诉讼证明活动是认识世界目的的一种个别和局部实现，与整体意义上的探寻客观真理不尽相同，在具体的、个别的案件中，并不一定总能真相大白，把事实查得水落石出。正因如此，刑事诉讼制度中才会有“证据不足、指控的犯罪不能成立”的无罪判决。其二，诉讼证明活动是认识世界目的在法律世界中的一种相对实现，可知论并不意味着人类可以如己所愿地查明一切案件事实。受到众

---

① 参见易延友《证据法学的理论基础——以裁判事实的可接受性为中心》，《法学研究》2004 年第 1 期。

② 参见卞建林、郭志媛《论诉讼证明的相对性》，《中国法学》2001 年第 2 期。

多主客观因素的限制，人们在具体案件中只能追求“相对真理”而非“绝对真理”。(2) 反映论与诉讼主体的角色划分。控辩双方由于处于直接抗辩的对立地位，其对案件事实的反映往往掺杂了其他因素，因此证据制度就不能简单地依靠其中任何一方的“反映”作为认定事实的基础。此外法官也不能过于强调其主观能动性的发挥，而应在很大程度上保持中立和消极被动的立场。在必要情况下，宁可置发现实体真实的目标于不顾，也不能舍弃其他利益考虑而单纯求得“反映”客观世界。(3) 实践论与诉讼活动的有限性。在一般意义上说“实践是检验真理的唯一标准”是适当的，但在诉讼证明活动中这一理论同样需要仔细参详。其一，具体的案件事实并非所谓具有逻辑性的“真理”，因而无从在将来的社会实践中重新体味这已经永远消逝的历史。其二，实践论与诉讼程序的基本规律并不协调。一方面，实践检验具有无限性，另一方面，人类出于更大利益考虑而设置的判决终局性、安定性、权威性的制度，要求诉讼证明制度必须遵循有限性规律，不能无休止地迁徙和变更。除了坚持正确的认识论之外，作为程序法的重要组成部分，证据制度也应遵循根本的程序正义理念，这是证据法学研究的另外一个理论基础。诉讼证明之所以不同于一般的认识活动，就在于它是在法定程序的框架之内进行的，因此常常在法律的规制之下，不得不放弃了对真相的探求。程序正义对证据制度的影响，既表现在抽象的法律价值的配置上，也表现在具体的诉讼程序模式对证据法的直接影响上。

有的学者则明确认为，证据法学的理论基础应当包括认识论和价值论两大部分。① 该论者认为，证据法的理论基础之一是认识论。诉讼活动的主要构成部分是认识活动，对于认识活动，认识论无疑具有理论支持和指导作用。证据法制、证明活动和证据法学都深受认识论的影响，如神示证据制度的理论基础就是认识论中的独断论，法定证据制度也带有独断论的影响，近现代诉讼中的盖然性理论，则是与认识不可能精确描摹客观事物的观念互为表里的。该论者认为，我国证据法学的理论基础应当坚持实在论和对于人的认识能力存在适正评价的观点相结合的认识论为基础。其中认识论中的实在论的观点是指人们由思虑和知觉所了解的，是离开人们而

---

① 参见张建伟《证据法学的理论基础》，《现代法学》2002 年第 2 期。

独立存在的；对于人的认识能力的适正评价，是认为在有限时空内，人的认识能力是有限的，不但自身有一定局限性，而且受客观外界的各种因素的影响，认识能力也会受到种种限制。该论者对辩证唯物主义的认识论进行了辩护，认为该认识论是符合前述认识论的两大特征的，因为唯物主义认识论认为：（1）存在是在思维之外，而且不依赖于思维而客观地存在的，即“意识在任何时候都只能是被意识到了的存在”；（2）对于人和人的实践活动来说，认识客观世界的现象、本质及其运动规律是必要的；（3）对于整体的、延续的人类的认识能力抱有乐观的态度，认为整体的、延续的人类能够认识客观世界的现象、本质及其运动规律。唯物主义认识论相信认识世界的可能性；（4）就具体的个人或者人群来说，由于主观和客观因素的限制，其认识能力是有限的。该论者进而指出，如果认真地解读辩证唯物主义认识论，坚持正确理解和正确运用辩证唯物主义认识论并且怀有尊重事实的态度，就不会无节制地夸大人的认识能力的。苏联以及深受苏联影响的我国证据法学确有夸大人的认识能力的缺陷，会低估人的认识能力在主客条件的制约下的局限性。证据法的理论基础之二是价值论，该论者主张一种法律价值及平衡、选择理论。该论者认为，证据法的价值既不是一元的（如实质事实或者程序正义），也不是二元的（实体正义与程序正义），而是多元的，它们共同构成证据法的价值体系，将证据法的价值仅仅定位为实质正义或者仅仅定位为程序正义，就将一个多元价值体系简单化了。在证据法的价值中，起码有四项价值是基本价值，即秩序、个人自由、公平和效率。当这些价值出现冲突而必须有所取舍时，应当在进行权衡的基础上进行取舍，主要考虑如下因素：（1）取此舍彼所要达到的目的；（2）被舍弃的价值有无依理性的其他替代方法获取的可能性；（3）被舍弃的价值没有依理性的其他替代方法获取的可能性时，这种舍弃是否值得。

4. 多元并重论的证据法学理论基础

还有一些学者提出了多元并重论的证据法学理论基础：有的学者认为，除认识论和价值论之外，人性论也应是证据法学的理论基础之一。[①] 该论者指出，应当将“人性恶”作为证据法学人性论基础的理论前提，

---

① 参见汪建成《刑事证据理论的哲学基础》，《法学研究》2004 年第 6 期。

这是因为强调人性恶的第一要义是，要看到刑事诉讼过程中运用证据的主体的双重人格：一方面他们是公平正义的化身；另一方面他们也是普通的人，具有人性不可克服的弱点。为此，需要建立各种证据规则，来限制他们在收集和运用证据过程中的擅权、恣意和妄为。只有在人性恶的前提下，证据可采性理论才具有旺盛的生命力；而如果从人性善的角度出发，证据可采性理论自然没有存在的市场。现代刑事诉讼中，各种证据能力规范之所以越来越发达，表面上看起来是为了限制各种材料的证据资格，实质上隐含在其背后的动因，却是对收集和运用证据主体的行为进行严格的规制。强调人性恶的第二要义是，要认识到各种证据规则的普适性。证据规则的作用在于，使人们对案件事实的不确定认识获得相对确定性。而这种相对确定性的根基则来源于规则的普遍适用性，即对于不同的人和事适用相对的规则。因此，任何证据规则都不是针对特定的人，而是针对所有可能涉讼的公民而设立的。这就意味着，必须改变长期存在的一些传统的思维定式——似乎某种证据规则是为特定的人服务的。这种思维定式的背后，实际上是自觉或不自觉地将人类分成两类：一类是天使，另一类是人渣。从证据制度的构建来看，这显然违背了证据规则的普适性原理。必须看到，强调证据规则的普适性，就意味着，人间原本没有天使，人人皆有可能成为人渣。只有实现这种观念的转变，才不会得出“沉默权是保护坏人”的荒唐结论。

有的学者认为，除了认识论和价值论外，方法论也应是证据法学的理论基础之一。① 该论者认为，作为一项复杂的认识活动，司法证明离不开科学方法论的支持。其中哲学科学方法论居于最高层次。一般科学方法论居于中间层次。证据法专门方法论居于最低层次。这其中马克思主义辩证法又是最重要的证据法哲学科学方法论；证据法一般科学方法论包括基于司法人员感性认识概括得来的经验方法，如观察法、实验法、模拟法等，也包括理性思维方法如直觉思维法、归纳演绎法、假说方法，还包括横向科学发展涌现的现代科学方法论，如信息论、系统论、概率论等；证据法专门方法论是指与司法证明有关的各种专门方法，如取证、质证、认证、开示方法等。

---

① 参见何家弘、刘品新主编《证据法学》，法律出版社2004年版，第58—70页。

除了上述两种多元并重的观点外，许多学者还提出了富有特色而又颇有见地的学说。如有的学者提出了认识论、价值论、效率论、信息论四元并重的主张。① 有的学者从证据与案件事实及裁判结果的动态关系入手，对证据的理论基础进行了细致的分析，认为证据的理论基础涉及与认识论原理相互联系的一系列哲学命题，这些与证据制度密切相关的哲学命题包括：证据的认识论原理、法现实主义的影响、证据学的伦理要求和证据的自然科学基础。②

二　刑事证据法学理论基础研究的新发展

通过上述考察，我们认为，总体而言，刑事证据法学理论基础学说的发展经历了从一元到多元、从认识论到多元论的过程。在传统的认识论中，由于论者受历史价值观念的影响，仅仅将“认定案件事实”作为证据法的唯一价值诉求，显然有违现代法治精神。但是一些学者认为“程序工具主义”和“程序虚无主义”的罪魁祸首是“认识论”，并因此提出了与认识论格格不入的一元价值论，在我们看来也并非是一种科学理性的研究思维。我们赞同如下观点：“证据法学的理论基础是一个复杂的法律规范系统，过分单一的基础，难以支撑这个复杂和庞大的法律建筑，因此应当以多元化的视角和思维，探讨和考虑建立我国证据法学应当遵循的理论基础。”③ 吸收和借鉴当代世界最新法学以及社会科学研究成果，构建多元而丰富多彩的证据法学理论基础，是未来证据法学发展的方向。但是应该注意到，这一发展方向与坚持马克思辩证唯物主义认识论的基本要求并行不悖。换言之，在证据法学理论基础的研究中，根本问题并不是要不要认识论，而是应该如何正确地把握认识论的科学内涵及其研究方法，将抽象的哲学认识理念与现代刑事诉讼证据制度以及现代法治观念相结合，以形成能够体现现代证据活动自身特殊性的具体认知理论。

---

① 参见高家伟、邵明、王万华《证据法原理》，中国人民大学出版社2004年版，第198—206页。

② 参见陈浩然《证据学原理》，华东理工大学出版社2002年版，第16—84页。

③ 参见宋英辉、雷小政《证据法学理论基础：争议焦点及评述》，载何家弘主编《证据学论坛》第10卷，中国检察出版社2005年版。

第二节　刑事证据法的理念与原则

理念与原则是刑事证据法的灵魂。刑事证据制度的科学建构离不开先进的司法证明理念的指导，同时，世界各国通行的证据法原则对于指导刑事证据立法和司法也是不可或缺的。本世纪以来，学者们围绕刑事证据法的理念与原则展开了深入的考察，为我们刑事证据制度的建构和完善指明了方向。

一　刑事证据法的理念

刑事证据法的理念，又称刑事证明理念，是指作为刑事证据立法、刑事证明实践以及刑事证据法学研究的指导观念和理论支持。① 我国传统证据理论对证明理念问题疏于关注，相关理论的重要性被“实事求是”等哲学口号所遮蔽。近年来围绕刑事证明标准问题而展开的关于“客观真实”与“法律真实”的争论，引发了学界对传统司法证明理念的深刻反思。法律真实论者呼吁“从认识论走向价值论”、“从哲学范畴走向法律范畴”，主张全面检讨和修正传统司法证明理念；而客观真实论者也开始倡导“认识论与价值论相结合”。在这一背景下，刑事证据法的理念成为学者们关注的重要课题。

有学者阐述了刑事证据法的五大基本理念，即人权、秩序、公正、真实、效率。该论者认为，人权是我国实行法治、进行立法和司法活动的基本理念，也是刑事证据法的基本理念。刑事证据法所保护的对象，重点是诉讼参与人的权利。诉讼人权保障更主要地指个人人权保障，具体而言，是指诉讼参与人的人权保障，首要的是犯罪嫌疑人、被告人的人权保障。秩序是刑事证据法所追求的基本价值目标之一。刑事证据法与刑法、刑事诉讼法一样，肩负着打击犯罪的责任，是一种不得已之“恶”。刑事证据法所追求的公正，包括程序公正和实体公正两个方面的内容。刑事证据法的程序公正主要体现在防范刑讯逼供；而实体公正主要体现在准确认定犯罪事实、罪疑、做有利于被告人处理以及纠正错案等三个有机联系的方

① 参见卞建林主编《刑事证明理论》，中国人民公安大学出版社2004年版，第27页。

面。刑事证据法应当坚持以客观真实为基础，同时将客观真实与法律真实结合起来。刑事证据法还应当追求诉讼效率，这不仅为了节约司法成本、缓和办案经费紧张，更重要的是为了使犯罪分子及时得到惩罚，无罪的人早日免受刑事追究，被害人也可及时得到精神上和物质上的补偿。①

有学者主张在运用证据的价值选择上，从客观真实的实质合理的法律观转变为法律真实的形式合理的法律观。该论者指出，实质合理与形式合理是两种明显对立的价值观。所谓实质合理是人们对事物的认识在价值的选择上所追求的是事物在实质层面上的公正与合理。形式合理是相对于实质合理而言的，形式合理又称程序正义或诉讼正义，它起源于古老的“自然公正”原则，形式合理所追求的是人们处理事情的形式上的公正标准，形式合理是一般性实质合理的标志，形式合理的标准甚至超过实质合理本身。在我国，由于受传统文化的长期影响，人们在处理事情的价值选择上，习惯于追求事物的实质合理。近年来，法学界对法律的形式合理的认识，已经发生了深刻的变化，这一变化过程就是从实质合理的法律观到形式合理法律观的转变。②

有学者将刑事证明理念概括为刑事证明的客观性、相对性、正当性和价值权衡等四个方面。该论者认为，刑事证明具有认识活动的属性，刑事证明的客观性是辩证唯物主义认识论的必然要求，它要求公安司法人员必须按照事物的本来面目去认识案件事实，尽量查明案件的事实真相。认识活动的相对性决定了诉讼证明的相对性，诉讼证明只能达到相对真实，而非绝对真实。刑事证明的正当性要求刑事证明活动必须遵守相关程序法的规定，符合正当法律程序的要求和程序正义的理念。刑事证明中的价值是多元的，这些多元价值应当得到兼顾，力求达成平衡。③ 该论者还主张，以证明概念的重塑为基础，重建我国刑事证明的诉讼观、认识观、功能观和价值观。④

---

① 参见陈光中主编《中华人民共和国刑事证据法专家拟制稿（条文、释义与论证）》，中国法制出版社 2004 年版，代序言。

② 参见樊崇义《论刑事诉讼法律观的转变》，《政法论坛》2001 年第 2 期。

③ 参见卞建林主编《刑事证明理论》，中国人民公安大学出版社 2004 年版，第 27—78 页。

④ 参见卞建林《再论刑事证明观的更新》，载何家弘主编《证据学论坛》第 10 卷，中国检察出版社 2005 年版。

此外，有的学者将刑事证据法的基本理念，归纳为无罪推定和任何人不受强迫自证其罪两个方面。① 有的学者通过对实体真实与正当程序、客观真实与法律真实之间关系的探讨和分析，提出刑事证据法的最高理念在于"体现程序理性和人权保障的思想，通过正当程序去认定的案件事实将最大限度地接近客观真实并获得'合理的可接受性'"②。有的学者指出，证据法只能反映社会上大多数人共享的价值或者对社会发展至关重要的价值，其中最具普遍意义的是准确、公正、和谐与效率，它们共同构成了证据法的四大价值基础。③ 还有的学者认为，"真实发现与价值选择相结合"、"形式正义与实质正义并重"、"法定证明与自由证明相统一"、"真实优先，兼顾效率"等四个方面的内容，构成了现代诉讼证明理念的完整内涵。④

二　刑事证据法的原则

近年来，国内学者在学习和借鉴国外证据理论的过程中，对刑事证据法的原则问题，给予了充分的关注。不过，时至今日，学者们对刑事证据法原则的概括仍然不尽一致。有学者将刑事证据法的原则概括为证据裁判原则、程序法定原则、无罪推定原则以及反对强迫自证其罪原则等四个方面。⑤ 有学者将刑事证据法的原则概括为真实发现原则、证据裁判原则、自由评价原则三个方面。⑥ 有学者将刑事证据法的原则概括为证据裁判原则、直接言词原则和无罪推定原则等三个方面。⑦ 有学者认为，刑事证据法的基本原则应当包括证据裁判原则、合法性原则、关联性原则、直接言

---

① 参见宋英辉、汤维建主编《我国证据制度的理论与实践》，中国人民公安大学出版社 2006 年版，第 169—175 页。

② 参见张光玲《刑事证据法的理念》，《中国刑事法杂志》2004 年第 2 期。

③ 参见张保生《证据规则的价值基础和理论体系》，《法学研究》2008 年第 2 期。

④ 参见封利强《诉讼证明理念初探》，《黑龙江省政法管理干部学院学报》2007 年第 6 期。

⑤ 参见陈光中主编《证据法学》，法律出版社 2011 年版，第 108—130 页。

⑥ 参见卞建林主编《证据法学》，中国政法大学出版社 2005 年版，第 77—91 页。

⑦ 参见樊崇义主编《证据法学》，法律出版社 2010 年版。

词原则、质证原则。① 有学者认为，证据法的基本原则包括遵守法制原则、实事求是原则、证据为本原则、直接言词原则、公平诚信原则以及法定证明与自由证明相结合的原则。② 还有的学者认为，证据法的基本原则包括证据裁判原则、自由心证原则、直接言词原则、诚实信用原则和利益衡量原则。③ 尽管学者们各自采取了不同的归纳方式，但大多数学者都把证据裁判原则与自由心证原则视为刑事证据法的两个基本原则。

1. 证据裁判原则

证据裁判原则是大陆法系国家刑事诉讼法中普遍确立的基本原则。国内学者对证据裁判原则的研究，基本上是以对大陆法系国家证据裁判原则的借鉴为基础的。有学者指出，在实行职权主义的大陆法系国家，普遍奉行证据裁判原则。大陆法系国家在强调法官依职权调查证据的同时，一般都规定了严格的证据调查程序，一方面要求裁判必须依靠证据，同时严格规范法官调查证据的程序，以规范法官权力的行使，并最终达到发现事实真相的要求。因此，在大陆法系国家，法律大都明文规定了证据裁判原则。虽然在英美法系国家的法律和诉讼理论中没有直接明确证据裁判原则，但其刑事诉讼中大量存在的规范证据关联性、可采性的规则以及刑事程序中关于证据出示、认定等规定，都与证据裁判原则的精神有相通之处。当然，英美法系国家中大量存在的有罪答辩及辩诉交易的情况，使得英美法系国家严格的诉讼程序所体现的证据裁判的精神只在少数经过正式庭审程序的案件中得以体现。即便如此，这种法律规定的正式审判的可能性以一种预见的结果制约着控辩双方辩诉交易的过程，加之辩诉交易的进行需要法官在审查有无事实根据的基础上予以认可，因此，可以说辩诉交易的进行，也有赖于证据裁判的保障。④

学者们对证据裁判原则的内涵进行了解析。有学者指出，证据裁判原则，又称证据裁判主义，是指对于诉讼中事实的认定，应依据有关的证据

① 参见陈卫东《论刑事证据法的基本原则》，《中外法学》2004 年第 4 期。

② 参见何家弘、刘品新《证据法学》，法律出版社 2004 年版，第 71—95 页。

③ 参见宋英辉、汤维建主编《证据法学研究述评》，中国人民公安大学出版社 2006 年版，第 100—126 页。

④ 参见宋英辉、李哲《证据裁判原则评介》，《政法论坛》2003 年第 4 期。

作出；没有证据，不得认定事实。这一原则有两个基本的含义：第一，诉讼中的事实应依据证据认定。第二，如果没有证据，不能对有关的事实予以认定。① 有学者还从历史发展的角度展开考察，认为证据裁判经历了三个发展阶段：第一，根据证据对于裁判的意义，经历了由证据非裁判所必需到没有证据不得进行裁判的转变；第二，根据裁判所依据证据的性质，经历了依据非理性证据进行裁判到以理性证据为依据的证据裁判；第三，根据证据的价值内涵，经历了片面强调证据的真实到真实性与合法性并重的证据裁判。② 还有的学者认为，证据裁判原则至少包含有以下三方面的含义：第一，对事实问题的裁判必须依靠证据，没有证据不得认定事实。没有证据既包括没有任何证据，也包括证据不充分的各种情形。没有证据，或者仅有一部分证据，或者有证据但没有达到法定程度，都不能对事实进行认定。第二，裁判所依据的必须是具有证据资格的证据。第三，裁判所依据的必须是经过法庭调查的证据。③ 此外，还有学者指出，证据裁判原则是反对口供裁判主义的产物，据以认定犯罪事实的证据主要不是指口供，而是指口供以外的各种证据。该论者认为，现代法治意义下的证据裁判原则主要有以下几个方面的要求：第一，作为认定犯罪事实和作出裁判依据的证据必须具有客观性、关联性和可采性。第二，作为定案依据的证据必须按法定程序进行审查判断。第三，作为裁判依据的所有证据经过综合审查判断必须达到法定的证明标准。④

学者们还对证据裁判原则的意义进行了分析。有学者指出，证据裁判原则不但是一个非常古老的证据法原则和诉讼法原则，也是最基础的证据法原则和诉讼法原则。这一原则的意义表现在两个方面：其一，可以保障认定案件事实的真理性。人类的实践经验表明，对于认定事实，单纯靠凭空猜想、推测、卜卦、灵感等，是无法得出理智的结论的。其二，可以保证认定案件事实的正当性。把证据作为认定案件事实的基础和依据，就为

---

① 参见樊崇义、锁正杰、牛学理、吴宏耀、苏凌《刑事证据法原理与适用》，中国人民公安大学出版社 2001 年版，第 40—43 页。

② 参见樊崇义、吴宏耀《论证据裁判原则》，载最高人民检察院法律政策研究室编《法律应用研究》2001 年第 6 辑，中国法制出版社 2002 年版。

③ 参见陈卫东《论刑事证据法的基本原则》，《中外法学》2004 年第 4 期。

④ 参见陈光中、郑曦《论刑事诉讼中的证据裁判原则—兼谈〈刑事诉讼法〉修改中的若干问题》，《法学》2011 年第 9 期。

当事人提供了统一的“游戏规则”[1]。有的学者则将证据裁判原则的意义概括为四个方面：首先，证据裁判是刑事诉讼进步与文明的表现。证据裁判原则从历史意义上否定了神判，充分体现了诉讼的进步和文明。其次，现代诉讼中的证据裁判是无罪推定原则的体现。根据证据裁判原则，没有证据或者证据没有达到相应的证据要求，就不得认定犯罪事实，也即应当推定为无罪。再次，证据裁判原则可以防止法官作出裁判时的恣意擅断。法官形成裁判时应当依其内心确信，但内心确信的形成，不应当是任意的，而是应当有所约束，以防法官的恣意，保障诉讼公正。最后，证据裁判原则是增强司法裁判的确定性和权威性的重要保障。证据裁判原则要求裁判的作出以证据为根据，这就避免了以主观臆断或者其他不具有证据能力的证据材料作为认定案情基础的现象，因而能够增强司法的确定性。而且，通过证据裁判原则，减少裁判形成过程中带来的争议，限定裁判形成者自由裁量的范围，能够增强裁判的信服力，维护司法权威。[2]

对于证据裁判原则的适用范围，学界有不同的看法。有学者认为，我国立法应当明确，在诉讼中对事实包括实体法上之事实及程序法上之事实的认定，均须以证据为其认定的根据。而且，裁判并非专指狭义上的审判。证据裁判原则的内在精神要求，在刑事诉讼不同阶段进行的各类裁判均必须依靠证据而进行。[3] 有学者则认为，按照通说，严格意义上的证据裁判，适用于实体法事实的认定。尽管在对程序法事实进行的自由证明中，也需要依据证据，但证据裁判原则对程序法事实的认定，并不起支配作用。[4] 还有的学者认为，随着刑事法治的逐步推进，程序法事实证明的重要性也越发凸显。所以，证据裁判原则的适用范围不应一成不变，而应与时俱进。重大程序法事实的认定亦应遵循证据裁判原则，但并非全部程序法事实都需受该原则的规制。[5]

---

① 参见樊崇义、锁正杰、牛学理、吴宏耀、苏凌《刑事证据法原理与适用》，中国人民公安大学出版社 2001 年版，第 40—43 页。

② 参见宋英辉、李哲《证据裁判原则评介》，《政法论坛》2003 年第 4 期。

③ 参见樊崇义、张晓玲《现代证据裁判若干问题探讨》，《北京市政法管理干部学院学报》2002 年第 2 期。

④ 参见宋英辉、李哲《证据裁判原则评介》，《政法论坛》2003 年第 4 期。

⑤ 参见闵春雷《证据裁判原则的新展开》，《法学论坛》2010 年第 4 期。

2. 自由心证原则

“自由心证”是大陆法系国家在反对法定证据制度的过程中提出的概念，目前已得到世界各国证据立法的普遍认可。自由心证原则在我国传统证据理论中曾一度受到抵制和批判，尽管在上个世纪，有些学者主张为“自由心证”正名，但并未成为主流观点。进入本世纪以来，学者们对待自由心证原则的态度逐渐发生了微妙的转变，从过去的一味排斥转变为学习和借鉴。不过，从目前有些学者采用的“自由评价原则”的提法来看，传统的意识形态影响尚未被完全消除，时至今日，部分学者对自由心证原则的态度，仍然是“犹抱琵琶半遮面”。

学界对于自由心证原则的内涵存在着大体一致的认识。通常认为，自由心证是指证据的取舍及证明力的大小及其如何运用，法律不作预先规定，而由法官秉诸“良心”、“理性”自由判断，形成内心确信，从而对案件事实作出结论。它是与法定证据相对应的证据法原则。① 有学者进一步指出，英美法系国家之所以从未将自由心证作为一项法定原则提出，原因在于，英美国家历史上并未经历大陆法国家的法定证据阶段，故无须专门提出自由心证的概念以反对法定证据。②

学者们普遍认为，绝对化的自由心证是不可取的，对司法人员的心证过程施加一定的限制是十分必要的。有学者指出，在自由心证原则下，法律关于证明力判断的制约大致可分为两个方面，即内部制约与外部制约。所谓内部制约，指法律对于证据证明判断活动本身的规制；所谓外部制约，则是指与司法者判断证据证明力有关的程序性以及条件性规则。前者是在自由心证原则内部对证明力判断活动的制约，它规定了在这一问题上的界限；后者是自由心证原则外部与之配套的各项措施。对自由心证原则的内部制约机制，主要包括常理与逻辑规则、法律对于某些证据证明力的直接规定这两方面的内容。对自由心证原则的外部制约措施，主要包括证据裁判主义和法定证据能力、司法的独立性、司法的中立性、司法的公开

---

① 参见卞建林主编《证据法学》，中国政法大学出版社2005年版，第85页。

② 参见汪建成、孙远《自由心证新论——“自由心证”之自由与不自由》，载何家弘主编《证据学论坛》第1卷，中国检察出版社2000年版。

性、上诉等五个方面的内容。① 还有的学者主张，在立法上对自由心证施加事先、事中和事后的制约。其中，事先制约包括法官回避制度、合议制、控方向审判方移送材料范围的限制以及对法官素质的要求等；事中制约包括对传闻证据和供述的证据能力的限制、补强证据规则、关联性规则以及证明标准的制约等；事后制约包括救济程序和判决书对法官心证形成过程的详尽展示。②

学者们还对自由心证的构成要素、评判标准以及保障机制等进行了考察。有学者从主体、对象、方法和结果四个方面，来解析自由心证的构成要素。该论者认为，自由心证是司法裁判的必然要求，是指事实裁判者对证据的证明力进行自由评价以达到内心确信，从而对案件事实做出认定的活动。作为主体的事实裁判者、作为对象的证据的证明力、作为方法或者依据的经验法则和逻辑法则以及作为结果的内心确信这四个方面，构成了自由心证的基本要素。③ 还有学者对心证合理性的判断标准进行了考察。该论者认为，在心证的状态上，由于多种因素的影响，心证只具有相对的确定性。同时，案件生活事实作为历史事实，心证结果是无法与其直接符合的。在合理的证据基础上，根据合理的经验法则、伦理法则进行合理的判断，达至“确信无疑”的心证即为真。因此，心证合理性判断具有两个标准，即心证结果的可重复性和心证形成的正当性。④ 针对自由心证的保障机制，有学者认为，我国应当从以下几个方面来保障自由心证：第一，法官的精英化。第二，完善直接言词原则和证据庭前审查制度。第三，完善判决书理由说明制度。第四，完善心证的监督机制。⑤

此外，还有学者对我国司法实践中采用的“印证证明模式”与西方

---

① 参见汪建成、孙远《自由心证新论——“自由心证”之自由与不自由》，载何家弘主编《证据学论坛》第 1 卷，中国检察出版社 2000 年版。

② 参见卞建林主编《证据法学》，中国政法大学出版社 2005 年版，第 88—91 页。

③ 参见郑未媚《自由心证之基本要素——以刑事诉讼为中心》，《证据科学》2008 年第 2 期。

④ 参见秦宗文《自由心证研究——以刑事诉讼为中心》，法律出版社 2007 年版。

⑤ 参见汪海燕、胡常龙《自由心证新理念探析——走出对自由心证传统认识的误区》，《法学研究》2001 年第 5 期。

的“自由心证”进行了比较考察，对我国借鉴“自由心证”的可行性进行了深入考察。该论者认为，我国刑事诉讼中通行的“印证证明模式”将获得印证性直接支持证据视为证明的关键，注重证明的“外部性”而不注重“内省性”。采取印证证明模式的主要原因，包括非直接和非言词的审理方式、审理与判定的分离、重复的事实审理需要案件在书面上的可检验性与印证性等。同时，该模式与法官的素质以及占主导地位的认识论有一定的关系。印证证明模式具有易把握与可检验的优点，但刑事司法的现实环境常常使印证要求无法达到。在我国，应当谨慎而适度地借鉴典型的自由心证证明方式，以适应刑事司法的现实需要。①

第三节　刑事证据法的基本范畴

近年来，学界围绕刑事证据法的一系列基本范畴展开了深入的探索，为刑事证据理论的科学建构奠定了基础。

一　证据

“证据”是刑事证据法的基本概念之一。然而，长期以来，理论家对于学界在“证据”定义问题上却众说纷纭，始终未能达成共识。

1. 关于刑事证据概念的主要学说

（1）事实说

事实说在我国证据法学研究中影响最大，几乎成为通说。事实说的主张者认为，证据即是能够证明案件真实情况的一切事实，其对证据概念最具代表性的表述是：刑事诉讼证据是侦查、检察、审判等人员依法收集和查对核实的，同刑事案件有关并能证明案件真实情况的一切事实。许多学者都是在“证据是事实”这一基本框架内为“诉讼证据”进行定义的。这种事实说还对我国立法产生了重要的影响。我国1996年修订的《刑事诉讼法》第42条第1款，为“证据”所下的法定定义为“证明案件真实情况的一切事实，都是证据。”其第2款列举了证据的种类：“证据有下列七种：（1）物证、书证；（2）证人证言；（3）被害人陈述；（4）犯罪

---

①　参见龙宗智《印证与自由心证——我国刑事诉讼证明模式》，《法学研究》2004年第2期。

嫌疑人被告人供述和辩解；（5）鉴定结论；（6）勘验、检查笔录；（7）视听资料。”并明确指出，“以上证据必须经过查证属实，才能作为定案的根据”。

围绕着事实说，还形成了一些略有不同的界定：（1）证据是以法律固定的形式表现出来的能够证明案件真实情况的一切事实。[①] 这种观点强调了证据必须符合法律规定的表现形式。（2）“我国刑事诉讼证据是侦查、检察、审判人员依照法定程序收集用以确定或否定犯罪事实，证明被告人有罪或无罪，加重或减轻刑事责任的一切客观事实。”[②] 这种观点强调了证据收集的法定主体和法定程序。（3）证据是指依法能够用来定案的一切事实，它是事实内容、材料形式和证明功能等要素的统一。[③] 这种学说强调了证据属性中的证明功能要素。

（2）材料/资料说

材料/资料说将证据界定为证明案件事实的材料/资料。如有的学者指出：“在理解刑事证据的概念时，需要注意的是不同的法律条文中使用‘证据’一词时，涵义并不相同。有时‘证据’是指证据资料，即有待查证属实的证据的原始素材。例如，物证、书证、证人证言等各种类型的‘证据’，在未经查证属实之前，仅仅是证据资料，这些证据资料可能真实也可能不真实，需要经过审查判断才能确定，因此《刑事诉讼法》第42条第3款规定：‘以上证据必须经过查证属实，才能作为定案的根据。’经过查证属实，符合法律规定的表现形式，具有能够证明案件真实情况的事实内容的，才是真正的证据。”[④] 有一些学者对此表示赞同，“在法学界，多年以来，一直有不少学者主张将证据与证据材料两个概念区分开来：证据，就是指能够证明案件事实情况的一切事实；证据材料，则是指诉讼法律关系主体收集到用以证明案件事实真实情况的事实材料。我们认

① 参见卞建林主编《证据法学》，中国政法大学出版社2002年版，第51页。

② 参见张子培等《刑事证据理论》，群众出版社1982年版，第87页。相同的观点也请参见陈光中主编《刑事诉讼法学》，中国政法大学出版社1996年版，第148页。

③ 参见高家伟、邵明、王万华《证据法原理》，中国人民大学出版社2004年版，第5—8页。

④ 参见陈光中、徐静村主编《刑事诉讼法学》，中国政法大学出版社2002年7月版，第129页。

为，这种区分是有相当道理的”。[①] 在这些学者看来，证据并不等同于案件事实，只有被法院确认为真实可信、与案件有关联并被采纳为定案依据的，才被称为“证据”。在此之前被用来证明案件事实的资料，被称为“证据材料”或者“证据资料”而非“证据”。

(3) 根据说

根据说是把证据界定为证明案件事实根据的学说。根据说认为“事实说”对证据真实性的要求是不科学的，它无法回答虚假证据是否是证据这样的质疑，并因此而认为“证据就是证明案件事实或者与法律事务有关之事实存在与否的根据”，无论该“根据”是真是假，是否会被法庭采纳，它都是证据。[②]“诉讼证据是审判人员、检察人员、侦查人员等依照法定程序收集并审查核实，能够证明案件真实情况的根据。”[③]“证据是证明案件事实的根据。”[④] 该说指出，下定义的方法是属加种差，或者是详尽列举，但是我国刑事诉讼法的规定不属于这两种情况，因此它并非对证据的定义。证据与事实之间是不能画等号的，证据可以证明事实，但证据本身并不等于事实。将证据定义为事实不符合法律的规定。而将证据理解为根据则符合人们的一般理解，并摆脱了证据概念本身的真假善恶的价值取向。

(4) 原因说

原因说认为证据就是使裁判者对认定的案件事实形成内心确信的原因。此种学说盛行于英美法国家并对我国学界产生了一定的影响。持此学说的学者们认为：“任何事物，其效果趋势或形式，在使心意上发生一种信服，足证或否认其他事物之存在者，均得称之曰证据。”[⑤] 证据应当是“为一方或另一方所证实、澄清或确定所有争议事实或争议要点的真相者。”[⑥] 英国法学家边沁曾给“证据”下定义，认为：“在最广泛意义上，把证据假设为一种真实的事物，成为相信另一种事实存在或者不存在的理

---

① 参见江伟主编《证据法学》，法律出版社 1999 年版，第 207 页。

② 参见何家弘主编《新编证据法学》，法律出版社 2000 年版，第 93—99 页。

③ 参见樊崇义主编《证据法学》，法律出版社 2001 年版，第 45 页。

④ 参见徐静村《论我国刑事诉讼法的再修正》，《现代法学》2003 年第 3 期。

⑤ 参见沈达明编《英美证据法》，中信出版社 1996 年版，第 18 页。

⑥ Ronald walker：The Legal Systems of England，Published by Sweet&Maxwell，1980，part 1.

由的当然事实。"我国台湾地区学者陈朴生给"证据"所下定义认为，"证据，乃为证明要证事实，使臻明瞭之原因，亦称证明之手段，即依据已知之资料，以推理其事实之存在或不存在是"，"'证据'一语，本指从其物体调查所得之资料，因而使法院得以确信其事实为真实之义。"① 从客观意义上说，证据大多是指"提供用以确认事项的资料的人或物"，即被告人、证人、鉴定人、痕迹、物品、文书等；也可以指被告人的陈述、证人证言、鉴定人的鉴定结论、痕迹或者物品的状态、文书的内容等，它们都是"用以确认事项的资料"，被称为"证据原因"。

2. 刑事证据概念研究的最新进展

针对学者们在"证据"概念问题上各执一词的现状，一些学者在对前述学说进行吸收、借鉴的基础上，试图通过依某种标准将证据划分为不同的层次并分别对其进行界定的方式，来构建内涵更为丰富和全面的证据概念，并对前述学说进行某种程度的调和。例如，有的学者主张，将证据分为广义证据与狭义证据②。该说认为，首先，应该区分证据与诉讼证据。证据是证明的根据和凭证。诉讼证据由法律作出明确规定，并受到法定的诉讼程序、人们的诉讼能力和科技水平、特定社会和时代的法律的约束。其次，诉讼证据应做广义与狭义之分。广义的诉讼证据是在诉讼过程中可能用来证明案件事实的一切事实和材料，因此其具有真假和是否属实之分，有是否进入诉讼程序之分，有依法收集和非法收集之分，有证据事实与证据材料之分，有是否查证属实之分。狭义的证据是指依法可以作为定案根据的诉讼证据，也是经过查证属实的诉讼证据，即经过查证属实可以作为定案根据的，具有法定形式和来源的，证明案件真实情况的一切事实。有的学者主张，将证据区分为审前证据与审判证据。③ 该说认为，根据诉讼阶段不同，可以将证据具体区分为"具有证据能力的证据"和"不具有证据能力的证据"。在法庭审理中，只有具有证据能力的证据才能进入法庭的视野，接受法庭调查。至于审前证据，则不要求具有证据能

① 参见陈朴生《刑事证据法》，三民书局 1979 年版，第 69—72 页。

② 参见刘金友主编《证据法学》，中国政法大学出版社 2003 年版，第 83—87 页。

③ 参见吴宏耀《证据概念的重塑》，载樊崇义主编《诉讼法学研究》第 6 卷，中国检察出版社 2005 年版，第 210 页以下。

力。根据这一理论主张，在诉讼进程中，审前程序中的“证据”没有严格的条件限制，覆盖范围较广；法庭审判中的“证据”却是必须要“具有证据能力的证据”，受到各种证据规则的约束。证据立法没有必要直接规定证据的概念，但“证据立法应注重调整‘法庭审理中的证据’”①。此外，又要为法律调整、规范法庭审理之外的证据（尤其是刑事侦查、起诉过程中的证据）留下必要的空间。通过具体证据制度的建构，可以将“证据”这一术语变得更加具有包容力，并因此推动我国证据法学中证据概念的实质性转变。

有的学者认为，我国传统证据法学研究中对证据概念的界定，过分关注于证据的实体属性，而忽略了关于证据属性的两个程序特性即证据概念的诉讼性和证据概念的层次性。② 该说认为，在界定证据概念的时候必须要考虑到证据概念的诉讼特征。诉讼证据是在诉讼中所使用的，因此作为诉讼证据的概念，应当反映出诉讼主体、诉讼阶段甚至一个国家的诉讼体制这样的内容。而由于诉讼的阶段性以及每一个阶段的不同任务，诉讼证据在每一个阶段的要求和表现也是不同的，因此证据概念本身还应当具有层次性。传统证据法学研究中对证据概念的界定实际上是在不同的层次上进行的。因此，在我国刑事诉讼法所确立的基本诉讼体制之下，以诉讼主体、诉讼阶段为标准对证据概念进行层次划分，将证据划分为审前证据、审判证据和裁判证据。审前证据是指，追诉方与被追诉方在审前阶段收集到的能够证明案件事实情况的所有信息和资料。审判证据是指，双方在法庭上提交的用来证明己方诉讼主张的信息和资料。裁判证据是指，裁判者用以认定案件事实、适用法律、做出裁决所依据的信息和资料。我国的刑事证据法调整的范围，应当包括审前证据的收集、审判证据的提出、质证与辩论以及裁判证据的采纳和评价。

以上这些新的证据概念学说，为证据理论的发展提供了新鲜的视角，使得证据内涵更加细致和科学，从而也为进一步探讨证据属性奠定了基础，因此具有比较重要的学术意义。

---

① 参见江伟主编《中国证据法草案（建议稿）及立法理由书》，中国人民大学出版社2004年版，第56页。

② 参见史立梅《程序正义与刑事证据法》，中国人民公安大学出版社2003年版，第2—9页。

二　证明

在上个世纪，学界对“证明”这一概念的界定并无太大的分歧。正如学者所言，就刑事证明概念而言，“学术界没有多少分歧，均认为是司法机关或当事人在诉讼过程中运用依法收集的证据，去查明、证实案件事实的活动，只是在表述上有差异”。① 然而，在进入本世纪以后，学者们开始对传统的“证明”定义进行反思，从而提出了各式各样的新学说。

1. 刑事证明概念的传统学说

我国传统证据理论认为，证明“是指司法机关或当事人依法运用证据阐明或确定案件事实的诉讼活动。”② 根据这一界定，“查明案件事实的过程，就是一个证明过程”③。于是，所有收集和审查判断证据的活动都是证明活动，凡是参与证据收集、审查判断的主体都是证明主体。“证明的主体包括公安司法机关及其办案人员、当事人以及诉讼参与人；狭义而言则仅指公安司法机关及其办案人员。”④ 根据这一传统学说，法院也要依法承担证明责任。

当然，学者们对“证明”概念的这一传统界定，并不否认诉讼证明相对于其他领域证明活动的特殊性。例如，有学者指出，“诉讼中的证明是由法律所调整的诉讼活动，它的证明主体，证据（证明根据），证明对象，证明任务，证明责任，收集、审查判断证据的规则和程序等，均不同于其他证明活动，而具有诉讼的特定性。诉讼证明将产生法律后果，这种后果关系到当事人的利益，因此诉讼证明不但会受自然因素的影响，还可能受到人为因素的干扰。诉讼证明的对象是已经发生过的具体事件，而非事物的规律性。整个案件是不可能通过科学实验来证明；对案件事实的结论，也不可能通过科学实验来检验。总之，诉讼中的证明较之一般的证

---

① 参见崔敏主编《刑事证据理论研究综述》，中国人民公安大学出版社 1989 年版，第 69 页。

② 巫宇甦主编：《证据学》，群众出版社 1987 年版，第 77 页。

③ 陈一云主编：《证据学》，中国人民大学出版社 1991 年版，第 113 页。

④ 参见陈光中等《刑事证据制度与认识论：兼与误区论、法律真实论、相对真实论商榷》，《中国法学》2001 年第 2 期；陈一云主编《证据学》；裴苍龄《证据法学新论》，法律出版社 1989 年版；刘金友主编《证据理论与实务》，法律出版社 1992 年版。

明，受到更多的制约”①。

不过，学者们在将马克思主义的认识论作为证据法学唯一理论基础的背景下，在具体的理论倾向上却更为强调证明概念的认识论特性。例如，有学者指出，“诉讼证明，从立案到结案，往往需要经过收集证据资料，进行推理判断，再收集证据材料进行检验，即从实践到认识，从认识到实践多次反复过程。以刑事诉讼而言，在侦查阶段，侦查人员提出假设、检查假设，就是这样的反复过程。在起诉阶段，检察人员进行证明同样也是经过从实践到认识，再到实践的反复过程。在案件的审判阶段更是如此。审判人员从实践中得到的关于案件情况的结论，同样要回到实践中去检验，如果确有问题，二审法院或者再审法院要予以纠正。”“总之，在我国的诉讼证明中，要层层把关，反复实践，反复认识，反复进行推理判断，坚持调查验证，坚持真理，有错必究，务必使案件事实达到案件事实确实充分，案件事实情况的认识达到客观真实。”②

2. 刑事证明概念理论的新发展

本世纪初，有学者开始对我国传统的“证明”概念进行重塑，提出了狭义的“证明”概念学说：“证明就是国家公诉机关和诉讼当事人在法庭审理中依照法律规定的程序和要求向审判机关提出证据，运用证据阐明系争事实、论证诉讼主张的活动。”③ 依此概念，证明的构成要件包括如下几个方面：（1）证明的主体是国家公诉机关和诉讼当事人，简而言之，可统一理解为诉讼当事人。之所以这样说，是由证明主体与证明责任分担的关系决定的：证明主体在诉讼中提出了具体诉讼主张，因此需承担证明责任。如果对自己的诉讼主张证明不力则需承受于己不利的裁判。（2）证明的对象是诉讼中的争议事实。无论何种性质的诉讼，其实质均在于定纷止争，也就是解决当事人之间存在的争议。诉讼中的争议分为两类，一类是事实争议，一类是法律争议，有时也表现为事实争议与法律争议的结

① 参见陈光中等《刑事证据制度与认识论：兼与误区论、法律真实论、相对真实论商榷》，《中国法学》2001 年第 2 期；陈一云主编《证据学》；裴苍龄《证据法学新论》，法律出版社 1989 年版；刘金友主编《证据理论与实务》，法律出版社 1992 年版。

② 参见刘金友主编《证据法学》，中国政法大学出版社 2001 年版，第 229—230 页。

③ 卞建林主编：《证据法学》，中国政法大学出版社 2000 年版，第 264 页。

合。在诉讼中，法院并非对案件的全部事实以及涉及的所有法律问题进行裁判，而只是针对诉讼双方当事人之间的事实争议和法律争议。也就是说，证明其实是以阐明争议事实、论证己方主张为对象，当事人的证明和法院的判断均围绕着当事人双方争议事实（包括与争议事实相关的事实）和法律问题展开的。（3）证明过程与法庭审判紧密联系，解决的是在审判程序中由谁提出诉讼主张并加以证明的问题。因此，严格意义上的证明只存在于审判阶段。这需要区分法庭证明与庭前查明的差异。诉讼主体在审前阶段对证据的收集审查活动属于"查明"，而非"证明"。证明的要旨，在于通过法庭上的举证论证使法官或陪审团采信与确认己方的事实主张。在现代刑事诉讼中，侦查为起诉的准备，起诉书所指控的被告人犯罪事实是侦查机关侦查终结对案件事实作出的认定结论，或者是公诉机关对侦查部门关于案件事实所作的采纳结论。但由于现代诉讼惟有法院有权对被告人作有罪确认，因此起诉书所指控被告人的犯罪事实，只是公诉机关关于被告人犯罪的一种事实主张，是公诉人在法庭上进行证明的起点和对象。可见，庭审前的收集、提取证据只是为法庭上的证明活动奠定基础，创造条件，而不属于严格意义上的证明。（4）证明的动因受证明责任所影响或支配。法律（包括实体法和程序法）对诉讼中的证明责任分配有明确规定，如果依法承担证明责任的诉讼主体对待证事实的证明未能达到法律要求的标准，则要承担相应的法律后果：最直接的不利后果就是可能面临败诉的风险。在证明的各个构成环节中，证明责任是衔接各个环节的桥梁和纽带，是证明的中心环节。整个证明活动均在证明责任的支配和作用下进行，不承担证明责任者就没有证明的义务，也无证明的必要。证明责任不仅提供了证明的动因，而且确定了证明的目标。因此，对证明的准确理解离不开对证明责任作用的正确认识。（5）证明的属性不仅仅是一种抽象思维认识活动，还是一种具体的诉讼行为，直接受各类诉讼法律的规范和调整。具体而言，它是一项旨在使法官相信争议事实存在与否的过程，包括：对证据的审查与采信、对全案证据作综合评价、作为判决依据。①

学者提出的关于"证明"概念的全新定义，得到了很多学者的赞同，

---

① 参见卞建林主编《证据法学》，中国政法大学出版社 2007 年版，第十九章。

类似的观点相继被学者提出来。比如，有些学者将证明界定为说服裁判者的活动。[①] 该论者从证明的逻辑结构出发，认为在逻辑形式上，证明——不管它证明的是什么——都由以下三部分构成：论题、证明的根据（论据）、证明的方法（论证）。作为一种特殊的证明类型，诉讼证明是以诉讼活动为依托的，或者说只有某些诉讼活动才是证明活动。由于证明活动必须以明确的论题为前提条件，此处的诉讼活动指的是狭义上的诉讼，即仅指提出诉讼之后的审判活动。其中就刑事诉讼而言，由于起诉之后才存在明确的证明对象，因此证明只存在于审判阶段；至于侦查、审查起诉阶段，尽管存在查明事实的认识活动，却并非证明活动。所以该论者还认为，我国传统证据法学，基于刑事诉讼法学所特有的大诉讼观念，将诉讼证明推延至包括证据收集、审查在内的整个刑事诉讼法调整的诉讼活动，其实质是将诉讼证明错误地等同于对案件事实的认定。然而，诉讼证明仅仅是认定事实上的方法之一。在刑事诉讼的侦查阶段、审查起诉阶段，公安机关、检察机关对案件事实的认识属于主体对客体的能动性认识活动，而非主体之间依凭证据展开的说服活动。[②]

由于上述最新学说将证明的阶段限定为审判阶段，场域限定为法庭，内容限定为控辩双方对裁判者进行的说服，因而，这些新定义通常被称为“狭义”的证明概念，以便区别于传统的“广义”的证明概念。

针对证明概念的“广义说”与“狭义说”之间的争论，有的学者提出了“自向证明”与“他向证明”这样一组概念，以期弥合“广义说”与“狭义说”之间的分歧。该论者认为，证明分为两种，一种是自向证明，一种是他向证明。[③] 自向证明就是向自己证明。在此证明下，证明者先提出一个假设的结论，然后去寻找证据，并按照一定的规则运用证据去证明该结论是正确的或是可以成立的；他向证明是向他人证明，证明者在

---

① 参见吴宏耀《刑事诉讼证明解析》，《检察日报》2000 年 12 月 17 日第 3 版；吴宏耀、魏晓娜《诉讼证明原理》，法律出版社 2002 年版，第 4 页以下；闵春雷《刑事诉讼证明概念的重新思考》，载陈光中主编《诉讼法理论与实践（上）》，中国政法大学出版社 2004 年版。

② 参见宋英辉、汤维建主编《证据法学研究述评》，中国人民公安大学出版社 2006 年版，第 288 页。

③ 参见何家弘、刘品新主编《证据法学》，法律出版社 2004 年版，第 194 页以下。

证明时已经知道或者认为自己已经知道了证明的结论，但他人不知道或者不相信，所以要用证据向他人证明。该论者认为，在具体的诉讼证明活动中，两种证明虽然都存在，但主体不同。自向证明一般是就事实问题作出认定或裁断的人。如侦查人员、检察人员、审判人员；他向证明的主体一般是提出某种事实主张的人，如诉讼中的当事人及其律师。当然，两种证明的主体可以在诉讼中相互转化。诉讼中自向证明一般都属于主体的职权行为，目的是满足他人的某种认知需求，他向证明一般都属于主体的义务行为，目的是满足他人的某种认知需要，因此他向证明的主体要在诉讼中承担相应的证明责任，而自向证明主体虽有相应的证明职权，却不承担证明责任。为了进一步阐明两种证明的不同，该论者还着重强调了查明与证明的区别：查明是证明的基础，证明是查明的目的。查明是让自己明白，证明是让他人明白，自己明白并不等于他人明白，想让他人明白，就必须依靠证据。根据上述分析，该论者认为，证明就是用证据来明确或者表明。司法活动中的证明就是指，司法人员或者司法活动的参与者运用证据明确或者查明案件事实的活动。这包括两层含义：一是提出事实主张的当事人、律师、检察官等用证据向法官说明或者表明案件事实存在与否的活动；二是法官运用证据查明和认定案件事实的认识活动。狭义的证明仅指前一种含义上的证明。证明的主体是在司法过程中进行证明的人，包括当事人、律师、侦查人员、公诉人和审判人员等。其中，当事人、律师、侦查人员和公诉人员都是他向证明的主体，在某些情况下也是自向证明的主体，审判人员则只能是自向证明的主体。

还有的学者将“广义说”与“狭义说”有机结合起来，提出了整合性的证明概念。该论者认为，“广义说”与“狭义说”各自从不同角度揭示了司法证明的特征，同时也都有失偏颇。前者着眼于证明主体对证明客体和证明手段的作用，却忽略了证明主体之间的说服、辩驳和裁判活动；后者着眼于举证方对认证方的说服活动，却忽略了认证方的裁判活动、举证方与质证方之间的论辩活动以及证明客体和证明手段对于证明主体的反作用。而实际上，司法证明不仅仅是各个证明主体分别作用于证明客体和证明手段的过程，也不仅仅是证明主体之间的说服和论辩过程，而是二者的有机统一。因此，司法证明的主体通常包括三方，即举证方、质证方与认证方。司法证明就是一种由举证主体、质证主体、认证主体以及其他相关主体共同进行的探求事实真相的活动。①

本世纪以来，学者们围绕证明概念而展开的上述探索表明，人们对证明活动本质的认识正在逐步走向深入。在当前的学术研究中，学者们不再把证明看作是单纯的认识活动，而是将其视为包含推理、论证、说服、辩论在内的复杂互动过程。

三 证据能力与证明力

我国传统证据理论通常将证据的属性概括为"三性"，即"客观性"、"相关性"与"合法性"。近年来，大陆法系国家所采用的"证据能力"和"证明力"这两个概念，越来越受到国内学者青睐，逐渐成为证据属性的崭新表述方式。

1. "证据能力"和"证明力"的基本理论

证据能力，又称"证据的适格性"、"证据资格"。证据能力是某一材料能够用于严格的证明的能力或者资格，也就是能够被允许作为证据加以调查并得以采纳。大陆法系对于证据能力，一般都不作积极的规定，而只是消极地对无证据能力或者限制证据能力的情形作出规定。在德国，依据程序禁止和证据禁止的理论对证据能力加以限制。程序禁止是对收集和调查核实证据的程序加以限制，如违背搜查、扣押程序而取得的证物和违背勘验程序所形成的勘验笔录。有时不认为具有证据能力；证据禁止是对此协作为定案依据的证据材料的范围加以限制，如非出于任意性的自白，一般不认为具有证据能力。一些国家的立法或者司法判例确立了有关证据能力的规则。总的来说，大陆法系国家为了发挥职权主义的功能，对于证据能力很少加以限制。相比之下，英美国家对证据能力的限制较为严格，在英美法系国家，证据的关联性和可采性，是证据能力的两项重要的判明标准，大量的司法判例确定了有关证据关联性与可采性的证据规则。

证明力，指的是证据对于案件事实有无证明作用及证明作用如何。证据的证明力是证据本身固有的属性。证据具有客观性并与案件待证事实具有关联性，就具有一定的证明力，但不同的证据，因各自的特性和与案件待证事实的关系不同，对于待证事实往往具有不同的证明价值，发挥着不

---

① 参见封利强《司法证明过程论——以系统科学为视角》，法律出版社 2012 年版，第 48—59 页。

同程度的证明作用。在以证据作为判断案件事实存在与否的手段的诉讼中，存在法定证据制度和自由心证证据制度。两者都是围绕证据证明力的判断和法官运用证据确认案件事实的认识方式而确立的制度。法律预先明文规定证据证明力的大小以及对它们的取舍、运用而不允许法官自由加以判断和取舍的制度，称为“法定证据制度”。这一制度要求，法官在审理案件中运用证据，只需符合法律规定的各项规则，而且认为这样就能够借以发现案件真实。这种规定有利于约束法官，防止法官专权，但这种机械的做法只会窒息法官对案件的理性判断，难以作出符合案件真实的裁决。与之相反，法律对证据的证明力预先不作规定，允许法官在审理案件中自由加以判断的证据制度，称为“自由心证证据制度”。自由判断证据的证明力的制度，顺应了诉讼证据本身的复杂性，可以使法官对证据进行理性的自由判断，所以成为现代世界各国普遍实行的证据制度。我国证据法学所称的“我国实行实事求是证据制度”，实际上回避了法官如何判断证据的证明力的问题，所以在逻辑关系上它不是与法定证据制度和自由心证证据制度具有同一性的概念。实际上，只要法律不对各种证据的证明力进行预先规定，法官就应有自由理性地对证据证明力加以判断的权力，诉讼中就贯彻着自由心证的原则。①

对于证据能力与证明力之间的关系，我国学界目前主要有以下几种观点：第一种观点是证据能力优先论。该观点认为证据能力的存在是证据证明力存在的前提，先有证据能力而后才产生证据证明力，没有证据能力就没有证据证明力，有证据能力未必有证据证明力，但有证明力的证据一定有证据能力。第二种观点是证明力优先论。该观点认为证据证明力是证据能力的前提，没有证明力的证据就没有证据能力。第三种观点是互为前提论。该说认为，证明力反映证据的客观性、相关性，证据能力反映证据的合法性，而作为定案依据的证据必须同时具备上述三个特征方可采信。第四种观点是折中论。该观点认为证据能力和证据证明力既不能产生孰先孰后的问题，也不能产生互为前提的问题。②

2. 评价

从根本上来看，将证据的属性换用证据能力和证明力的视角来加以阐

---

① 参见卞建林主编《证据法学》，中国政法大学出版社 2005 年版，第 149 页。

② 参见何家弘主编《新编证据法学》，法律出版社 2000 年版，第 431 页。

述，并没有否定证据的客观性、关联性和合法性。证据的证据能力和证明力实际上暗含了证据的上述三种属性。除此之外这种表达方式还有许多额外的意义。① 首先，这种方法指出了证据可采性与证据能力、证据合法性之间存在差别。其次，该理论使得理论界开始注意到，证据可采性并非专属于证据属性中的问题，而与证据规则的功能密切相关。如果说证据可采性与证据能力、证据合法性之间的具体差别有待进一步考证、探索的话，目前研究比较成熟的是，作为证据能力重要组成部分的证据可采性与证据规则之间的关系问题。确切地说，在我国，学者们大张旗鼓地在证据属性中讨论合法性或者可采性，而在英美法系，可采性是同证据排除规则密切地联系在一起的概念。在英美，“可采性”和重要性、关联性等一起构成证据的属性或要素。同时，按照一些学者的观点，可采纳性离不开排除规则，作为一个反面的、消极的、纯粹的法律性的概念，它本身就以为这排除规则的存在。② 从英美法系各国现行的证据法来看，可采性几乎渗透到每一证据法条文之中，成为证据规则的灵魂。英美证据法确定的关联性规则、传闻规则、自白规则、非法证据排除规则、意见规则、最佳证据规则等等，都是用于规范证据的资格或证据能力的，只有证据补强规则等极少数证据规则涉及证据的证明力问题。有鉴于此，有学者呼吁，我国未来的刑事证据立法，应当“从对证明力的关注转向对证据能力的关注”③。

第四节　刑事证据规则

本世纪以来，学术界在“证据论”部分所取得的最重要的进展，莫过于对刑事证据规则的探索。近年来，学者们对国外证据规则的翻译、介绍以及刑事证据规则的本土化探索，为我国刑事证据理论增添了全新的内容。

---

① 参见宋英辉、汤维建主编《证据法学研究述评》，中国人民公安大学出版社2006年版，第168页。

② 参见肖建国《证据能力比较研究》，《中国刑事法杂志》2001年第6期。

③ 参见汪建成、孙远《刑事证据立法方向的转变》，《法学研究》2003年第5期。

一　对国外刑事证据规则的译介

我国传统证据理论对刑事证据规则疏于关注，因而近年来学者们所开展的大量研究工作，都旨在对国外证据规则进行翻译、介绍和疏理，以资学习和借鉴。学者们首先对两大法系国家的证据规则进行了比较考察，指出了二者之间的具体差别：（1）在规范调整的对象上，英美法系证据规则着重于规范当事人双方的举证活动，而大陆法系证据规则则着重于调整法官的“心证”形成过程。（2）就证据规则的内容而言，英美法系侧重于规定所调查证据的容许性条件，即证据能力问题，而大陆法系则侧重于规定调查证据应遵从的程序性条件，未经法定程序调查的证据不得作为定案根据。（3）在适用证据规则的时间上，英美法系的证据规则主要适用于证据提交裁判者审查判断之前；其目的是防止裁判者接触不适当的证据材料，可大陆法系的证据规则适用于裁判者评价、判断证据的心证形成过程，其目的是防止裁判者在评判过程中将未经法庭公开查证属实的证据作为认定事实的根据。①

学者们还对两大法系证据规则产生差异的原因进行了深入分析。有学者指出，大陆法系与英美法系证据规则不同的原因，一般认为与英美法系实行陪审制度有关。但是，两大法系证据规则存在重大区别的根本原因，不在于其是否实行陪审团制度，而是与其诉讼模式有一定的关联。②

经过比较考察，学者们普遍认为，两大法系证据规则的差别已经越来越小。“从发展趋势上看，两大法系的发展方向是截然相反的：大陆法系国家，在强调法官裁量权的传统上，开始通过立法确立了一定数量的规则，促进了证据资格的法定化；而英美法系国家，则在证据规则的基础上，赋予了法官广泛的裁量权。由于二者的出发点不同，这种方向相反的发展却缩小了两大法系在证据资格问题上的差别，并逐渐形成了一些为多数国家所共认的证据规则。”③

由于与大陆法系国家相比，英美法系国家的证据规则更为发达，所

---

① 参见卞建林主编《证据法学》，中国政法大学出版社2000年版，第334页。

② 同上书，第334—335页。

③ 宋英辉、吴宏耀：《外国证据规则的立法及发展——外国证据规则系列之一》，《人民检察》2001年第3期。

以，英美证据规则的内容和发展趋势成为国内学者研究的重点。对于英美证据规则的内容，学者指出，在英美法系，规范证据资格的规则由三部分构成：基础性规则、证据排除规则及其例外。其中，基础性规则以肯定的形式规定了何种证据具有证据资格，证据排除规则从否定的角度排除了具体证据材料作为严格证明之证据的资格，证据排除规则的例外则从被排除的证据种类中有选择地赋予了部分材料的证据资格。因此，证据排除规则及其例外实质上是对基础性规则的修正、细化和补充。①学者们还对英美证据规则的发展趋势展开了分析。例如，有学者认为，在英美法系国家，逐渐产生了这样一种依稀可辨的发展趋势：在证据可采性问题上，法官的作用和权力在不断增强，证据的可采性开始越来越多地取决于法官的判断和裁量而不是证据排除规则的预先规定。不过，证据可采性问题越来越多地取决于法官的裁量，并不意味着证据规则的不重要。相反，证据规则仍然是规范证据资格的主要依据。因为，尽管法官有权排除依据证据规则具有证据资格的证据，他却不能超越证据规则将排除掉的证据资料纳入法庭调查程序。在此意义上，法官对证据可采与否的判断仍然是在证据规则约束下进行的，而且，在承认法官对证据价值凭理性和良知进行评判的制度下，证据规则实际上是法律约束法官广泛裁量权的最后防线。②

在具体的证据规则方面，有学者对英美法系国家的传闻规则与大陆法系国家的直接言词原则进行了比较，指出了二者之间的六大差异：首先，直接、言词原则与传闻证据规则发挥作用的诉讼模式不同。大陆法系国家传统上注重发现案件实体真实，并为此强调法官在发现实体真实方面的职权作用。英美法系国家传统上注重程序的正当性，强调控辩双方在推动诉讼进行方面的作用和为双方提供公平的程序，并实行陪审团审判，即由非职业的陪审团来认定案件事实。其次，二者的内涵和适用范围不同。传闻证据规则是一项诉讼证据规则，只规范“陈述”证据的适格性问题。而直接、言词原则包含更为丰富的内涵，如对法官行为的规范和证据调查的程序要求等。第三，两者发挥作用的方式不同。由于直接、言词原则是在

---

① 参见樊崇义、锁正杰、吴宏耀、陈永生《刑事证据前沿问题研究》，载何家弘主编《证据学论坛》第1卷，中国检察出版社2000年版，第157—158页。

② 同上书，第160—161页。

职权主义构造下发挥作用的，因而无需当事人提出，法官应当依照职权贯彻该原则。而传闻证据规则发挥作用，以对方当事人提出为前提。第四，二者规范的关系不同。直接、言词原则是职权主义之下的原则，着重于规范审判者与证据调查之间的关系。传闻证据规则从证据的可采性角度出发，确保对方当事人对不利于自己的证人进行质证的权利的行使。第五，二者作用的侧重点不同。直接、言词原则是作为对书面审理方式的批判而产生的，侧重于强调和规范在法庭审理时法官调查证据的方式。传闻证据规则则是对证据资格的要求，强调传闻不得进入法庭对事实的调查程序。最后，二者对证据效力的影响不同。根据直接、言词原则，在法庭审理中，只要该证据被允许，且在法官面前以言词的形式提出并经过调查，即为有效。而根据传闻规则，只要该证据没有经过对方当事人的反询问或者同意，无论是否经过法官审查，都是无效的。①

二　刑事证据规则的本土化研究

学者们对国外证据规则，尤其是英美证据规则的翻译和介绍，对我国学者深入研究刑事证据规则奠定了基础。不过，国外证据规则有其自身生成和发展的历史，未必完全符合中国的实际情况。例如，有学者指出，英美证据规则本身存在一些固有缺陷，主要包括：从立法形式上看，结构散乱、概念模糊、稳定性差；从立法理由上看，以一系列不成立的假定为基础；从证明方法上看，“人证中心主义”已经过时；从证明模式上看，法定证明模式不符合证明规律；从证明理念上看，过分偏重形式真实。同时，我国不具备英美证据规则所赖以生存的判例制度、陪审团制度、对抗制诉讼等制度环境，以及宗教传统、极端的形式正义观念、经验主义哲学思想等文化背景。因此，我国不应照搬英美的立法经验，而应结合本土实践去探索符合我国国情的证据规则。②

1. 本土化研究的总体情况

近年来，学者们一方面深入开展刑事证据规则的本土化研究，另一方

---

① 参见宋英辉、李哲《直接、言词原则与传闻证据规则之比较》，《比较法研究》2003 年第 5 期。

② 参见封利强《对英美证据法借鉴价值的理性审视》，《政法论坛》2008 年第 3 期。

面积极为我国刑事证据立法建言献策。① 在此过程中，越来越多的学者开始与实务部门合作，通过实证调查和项目试验等方式开展刑事证据规则的实证研究。例如，卞建林主持的非法证据排除规则实证研究项目；张保生主持的以《人民法院统一证据规定》为主题的实证研究项目；等等。

有学者指出了我国刑事证据规则改革和完善的基本方向：第一，注意完整的证据规则体系的构建。第二，具体规则的构建应当从“粗放型”转向“缜密型”。第三，改革和完善证据规则时既要有与现实的一致性，又要有一定的前瞻性；既要重视中国国情，又不能排斥国外经验。②

还有学者提出，未来我国构建的证据规则应当遵循以下思路：第一，我国的证据规则应确认既借鉴先进经验，又符合中国国情的证据采用标准。第二，我国的证据规则应大力充实规范证据能力的规则，重新审视规范证据证明力的规则。第三，对于规范证据能力的规则，按照“一般规则、排除规则加例外规则”的模式加以规定。③

2. 非法证据排除规则的本土化研究

在具体规则的研究上，非法证据排除规则无疑是国内学者关注的重点。人们对于非法证据排除规则主要有“完全排除说”、“不予排除说”以及“原则排除说”等几种观点。④ 分歧的关键和争论的焦点在于非法证据排除的范围和程序。多数学者认为，非法证据排除规则是必要的，但该规则的确立必须兼顾中国的现实国情，保障惩罚犯罪与保障人权、实体公正与程序公正等多元价值的平衡。

有学者主张，在中国确立非法证据排除规则，要根据中国的国情，借鉴国外经验，并且要注意与其他法律保持一致。因此，我国非法证据排除

---

① 近年来具有代表性的立法建议稿包括：毕玉谦、郑旭、刘善春《中国证据法草案建议稿及论证》，法律出版社 2003 年版；陈光中主编《中华人民共和国刑事证据法专家拟制稿（条文、释义与论证）》，中国法制出版社 2004 年版；江伟主编《中国证据法草案（建议稿）及立法理由书》，中国人民大学出版社 2004 年版；张保生主编《〈人民法院统一证据规定〉司法解释建议稿及论证》，中国政法大学出版社 2008 年版。

② 参见陈光中主编《证据法学》，法律出版社 2011 年版，第 228 页。

③ 参见刘品新《我国构建证据规则的视角调整》，载何家弘主编《证据学论坛》第 2 卷，中国检察出版社 2001 年版。

④ 参见杨宇冠《非法证据排除规则研究》，中国人民公安大学出版社 2002 年版，第 231—234 页。

规则的确立应当循序渐进，可以分三步走：第一阶段为排除非法言词证据阶段；第二阶段为排除非法言词证据以及非法的实物证据阶段；第三阶段为以非法证据排除规则为契机带动的刑事侦查改革以及促进司法改革阶段。① 该论者还主张，非法证据排除规则不必要就言词证据和实物证据进行区分，非法证据是否排除不应根据证据的类别而有区别，而应视非法取证的性质和程度而定。实物证据如果是通过侵犯公民基本权利的手段获取的，同样应当排除；相反，言词证据的获取中如果没有侵犯相关人的基本权利，则不应当排除。②

有的学者则主张，通过对非法证据的归类来确定相应的排除规则。该论者认为，我们有必要将需要排除的非法证据区分为三种：一是违反宪法的证据；二是一般的非法证据；三是技术性的违法证据。所谓“违反宪法的证据”，是指通过明显侵犯公民的宪法性权利而获取的非法证据。“一般的非法证据”，则主要是指侦查人员的行为没有明显违反宪法，但侵害了公民的一般实体性权利和程序性权利，构成了一般意义上的违法取证行为。“技术性的非法证据”，也就是侦查人员以没有侵害任何一方权益的违法行为获取的证据。该论者主张，针对上述三种在侵害权益方面程度不同的非法证据，分别建立相应的法律后果。具体说来，对于“违反宪法的证据”，应建立“绝对排除”的规则，也就是毫无例外地、没有任何自由裁量余地的排除”而对那些“一般的非法证据”，则建立“自由裁量的排除”规则，也就是由司法裁判者根据这种违法行为的严重程度和危害后果，作出排除或者不排除，部分排除或者部分不排除的结论。至于所谓的“技术性的非法证据”，由于所涉及的是技术性的违反法律程序，而并未造成某一方利益受到侵害，因此原则上不必为裁判者所排除，其证据的可采性不会因其技术性的违法而受到影响。③

在非法证据排除的程序设计上，有学者主张原则上在审前程序中加以解决，即由立案庭对被告人提出的非法证据排除要求进行审理，并决定是

---

① 参见杨宇冠《非法证据排除规则研究》，中国人民公安大学出版社 2002 年版，第 270—282 页。

② 参见汪建成《中国需要什么样的非法证据排除规则》，《环球法律评论》2006 年第 5 期。

③ 参见陈瑞华《刑诉中非法证据排除问题研究》，《法学》2003 年第 6 期。

否排除。在例外情况下，被告人在审判过程中还可以提出排除的要求。如果被告人提出的排除要求未被法院采纳，并且被告人因这些证据而被定罪，则被告人可以据此提出上诉。① 有学者则主张，不仅在辩方提出排除“非法证据”申请的情况下，法官必须就此举行专门的司法审核程序，同时，即使在辩护方没有提出异议的情况下，如果法官本人对某一证据的合法性持有疑义的，也应当主动决定举行这种司法审核程序。此外，为防止法官（特别是初审法院的法官）随意地拒绝排除“非法证据”，尤其是那些通过侵犯公民宪法权利的方式获取的证据，刑事诉讼法还应建立有关排除规则的司法救济机制。换言之，应当赋予申请排除某一非法证据而没有得到法庭许可的辩护方，通过上诉来获得上级法院加以复审的机会，从而使排除非法证据问题得以进入上诉法院审核的范围。甚至在重新构建再审程序时，也应允许申请再审的一方以非法证据没有被排除为由，启动再审程序。②

随着2010年“两个证据规定”的出台和2012年刑诉法的修订，非法实物证据排除规则在我国立法中得以确立，非法言词证据排除规则也日趋完善，这进一步激发了学者们对非法证据排除规则研究的热情。多数学者对我国在非法证据排除规则领域的立法给予高度评价，同时也对现行立法进一步完善的方向以及未来实施过程中可能遭遇的问题，展开了大量的探讨。

2. 传闻规则的本土化研究

传闻规则是英美法系国家最具特色的证据规则之一。近年来，国内学者对传闻规则给予了充分的关注。不过，在传闻规则是否适用于我国这一问题上，学者们存在着不同看法，大体可以划分为“肯定说”与“否定说”两种观点。

“肯定说”认为，传闻规则可以适用于我国刑事诉讼。有学者指出，我们不能因为传闻证据规则的某些缺陷，就因噎废食，拒绝吸收国外的有益经验，传闻证据规则对我国仍然具有重要的借鉴意义。首先，确立传闻证据规则有助于证人出庭作证。证人出庭做证问题一直是困扰我国刑事审

① 参见杨宇冠《非法证据排除规则研究》，中国人民公安大学出版社2002年版，第288—289页。

② 参见陈瑞华《刑诉中非法证据排除问题研究》，《法学》2003年第6期。

判方式改革的“瓶颈”，司法实践中出庭作证者寥寥可数，被告人的质证权难以落实，庭审缺乏对抗色彩，庭审过程仍易流于形式，致使刑事审判方式改革的目标难以实现。其次，确立传闻证据规则有助于发现案件真相。在我国的司法实践中，证人不出庭作证的直接后果是大量传闻证据被法庭采纳，特别是书面证言的恶性膨胀。而由于传闻证据的固有缺陷往往会妨碍事实真相的查明，因此难保不会产生冤假错案。再次，确立传闻证据规则有助于保障人权。遏制刑讯逼供，防止非法取证，制度保障是关键。传闻证据规则排除庭外陈述的证据能力，犯罪嫌疑人向警察、检察官所作的供述并不当然具有效力，还要经过法庭的对质才可能被法庭采纳，这有助于从源头上防止非法获取口供行为的发生，具有非法证据排除规则相似的功能。①

“否定说”认为，传闻规则不适合我国国情。有的学者认为，我国不宜移植英美式传闻证据规则：第一，英美式传闻证据规则与我国的诉讼模式相斥。因为，我国法律秉承的是大陆法系的传统，与英美法系相去甚远。而传闻证据规则是与英美法系对抗制的审判模式相配套的；第二，缺乏相关的法律制度支撑，如中国法律许可性规定导致司法实践中证人不必出庭作证以及证人作证保护制度的不完善、证人作证补偿制度的缺失等；第三，中国无法承受确立传闻证据规则带来的司法高投入和低效率的结果；第四，传闻证据是否一定会比非传闻证据的证明力低也值得探讨；第五，英美法系也有不少学者对传闻证据规则持否定态度。② 还有的学者指出，传闻证据规则只能在英美法系特定诉讼模式和诉讼程序背景之下才能生存，而我国目前不可能实行英美法系国家那样的对抗制和引进陪审团审判方式，再加上解决证人出庭率低的问题，也大可不必一定要经由传闻证据规则的引入，因此，我国既无传闻证据规则生存和发展的制度土壤，亦没有确立它的必要性。③

虽然部分学者起草的立法建议稿已经纳入了传闻规则，但是，到目前

---

① 参见沈德咏、江显和《变革与借鉴：传闻证据规则引论》，《中国法学》2005年第5期。

② 参见汪容《传闻证据规则若干基本问题研究》，《中国刑事法杂志》2005年第2期。

③ 参见田心则《论传闻证据规则运作的程序背景》，《中国人民公安大学学报》2005年第4期。

为止，“否定说”似乎仍然占据上风。在2005年中国法学会诉讼法学研究会年会上，与会代表达成的共识性观点和主张并不是在立法中明确确立传闻证据排除规则，而是建议立法对于证人出庭的范围和证人保护等问题作出规定。①

从主张“肯定说”的学者所提出的立法设想来看，对英美传闻规则加以本土化改造是借鉴和移植的必经环节。

有学者指出，在我国确立传闻证据规则具有必要性和紧迫性，但决不意味着我国可以全盘照搬英美法的传闻证据规则。我国借鉴传闻证据规则应当考虑以下因素：（1）我国的治安形势还比较严峻，司法资源较为稀缺，因此排除传闻证据的范围不能过大，否则影响打击犯罪的力度；（2）可以采用“原则加例外”的立法模式，规定适当的例外是关键；（3）严格的传闻排除法则不适合我国的国情，赋予法官一定的自由裁量权，可以更好地实现我国的刑事政策，同时可以防止传闻规则的僵化。（4）制定比较完善的传闻证据规则的配套措施。该论者主张，我国刑事诉讼中的传闻证据规则可以从以下三方面进行构建：第一，刑诉法应当明确规定传闻证据规则的一般原则，即“传闻证据，除法律另有规定的以外，应当予以排除，不能作为定案的根据。”日本和我国台湾地区的刑诉法规定值得借鉴。第二，应当合理设定该规则的适当例外。可以考虑设置如下例外情形：证人因客观原因无法出庭作证的例外；先前陈述的例外；向特殊主体所作庭外陈述的例外；特定文书证据的例外；法官自由裁量的例外。第三，应当规定传闻证据规则的配套措施：扩大简易程序的适用范围；实行“起诉状一本主义”；进一步深化司法体制改革，建立以法院审判为中心的诉讼模式。②

还有的学者指出，我国确立传闻证据规则应当考虑以下因素和原则：首先，考虑我国现行刑事诉讼制度的特点。我国传统上属于大陆法系国家，长期实行职权主义诉讼模式，主要由职业法官负责案件的事实审理并作出裁判。其次，以着眼解决司法实践中存在的问题为原则。当前，我国

---

① 参见《中国法学会诉讼法学研究会2005年年会综述》，载《中国法学会诉讼法学研究会2005年年会天津市法学会特刊》，天津市法学会2005年印行，第62页。

② 参见沈德咏、江显和《变革与借鉴：传闻证据规则引论》，《中国法学》2005年第5期。

刑事诉讼司法实践存在的较为突出的难点问题之一是证人出庭问题，这是亟待解决的。再次，兼顾打击犯罪和保障人权的需要。最后，在保证公正的前提下兼顾诉讼效率。① 该论者认为，目前我国立法上明确确立传闻证据规则的时机尚不成熟。在我国，传闻证据规则无论在刑事诉讼法典或者司法解释中都未曾规定，缺乏实践基础，对该规则的理论研究也有待深入。加上相关配套制度和措施的不具备或不完备，本次修法如果期望一步到位，有相当大的难度，条件尚不成熟。从外部环境来说，长期以来，传闻证据规则一直处于不断变化的状态，其发源地——英国近年来更是对该规则进行了大刀阔斧的改革，美国 2004 年还以判例形式修正相关规定，传统上实行该规则的国家大多在不同程度上对其作出了改良。这些都需要我们进一步研究，尤其是对于传闻证据规则例外的设置，值得我们深入分析和探究。总之，目前立法上明确确立传闻证据规则的时机尚不成熟。鉴于传闻证据规则的核心内容是要求陈述者出席法庭作出陈述，排斥法庭外所作的陈述，其关键是证人出庭问题。因此，立法思路应当是以解决证人出庭问题为核心，采取循序渐进的方式确立传闻证据规则。②

第五节　刑事证明主体

我国传统刑事证据理论关于证明主体的研究历来与证明责任相联系的。一般认为，所谓证明主体，就是指在诉讼活动中，提出自己的诉讼主张并有义务承担证明责任的诉讼主体。“证明主体的内涵系由证明责任的内涵所决定，其基本构成要件有二：有自己的诉讼主张并且需要承担证明责任（包括行为责任与结果责任）。”③ 这一界定表明，证明主体与诉讼主张及证明责任这三者之间存在着极为密切的联系。证明主体的确定直接取决于证明责任的分担，而证明责任的承担又以诉讼主张的提出为必要前提。根据这一观点，证明责任与证明主体是两个无法单独存

① 参见刘玫《传闻证据规则及其在中国刑事诉讼中的运用》，中国人民公安大学出版社 2007 年版，第 270—271 页。

② 同上书，第 274—278 页。

③ 卞建林、郭志媛：《刑事证明主体新论》，《中国刑事法杂志》2003 年第 1 期。

在的概念。

一 刑事证明主体理论的历史沿革

1. 古罗马法的原则

在古罗马法中，对刑事证明主体的界定起决定作用的是“谁主张，谁举证”这一古老且现在也盛行的诉讼原则。当时的罗马实行的是弹劾式的诉讼模式，诉讼由控诉人提起，由控诉人承担证明责任，但被告人在特殊情况下也要承担证明责任。在这种情况下，控诉人和被告人都是证明主体，都承担着一定的证明责任。“谁主张，谁举证”原则包含两方面的内容：第一，原告应负举证义务，第二，举证义务存在于主张之人而不存在于否定之人。① 该原则在诉讼中要求：提起诉讼主张的原告应该对自己主张的事实向裁判者进行证明，而被告则不负证明该事实成立的责任。同样，若被告提出主张时也要对自己的主张负证明的责任。在奉行谁主张、谁举证的古罗马时代，证明主体主要是控诉人和被告人，而裁判者是公平正义的化身，并没有成为证明的主体。这与封建社会的纠问式诉讼不同：纠问式诉讼中的法官与公诉机关之间的职责划分并不分明，法官也承担着一定的证明责任（当然是有罪的责任，其矛头直指被告人，被告沦为诉讼的客体）；被告人由弹劾式诉讼中的主体沦为纠问式诉讼中的客体，被迫“证明”自己无罪，这种“证明”实质上是建立在刑讯逼供等严刑酷罚之上的。

2. 近现代英美法中的证明主体

无论是大陆法系国家还是英美法系国家，其证明主体界定与证明责任的划分，都是沿承古罗马的“谁主张，谁举证”原则。两大法系都在此原则基础上发展变化，最终形成两个大体近似又有较大差异的证明理论阵营。

在英美法系国家中，证明主体主要就是诉讼双方，而不涉及审判者。英国证据法学家泰勒曾有以下描述：“在我们对抗之诉讼中，一个当事人——无论在刑事诉讼中还是在民事诉讼中——为击败对方当事人必须做两件事：它必须提供足够的证据来满足审理者，它提供的证据还必须在要

① 参见陈光中主编《诉讼法理论与实践》（上），中国政法大学出版社 2002 年版，第 308 页。

求的程度上最终说服事实审判者。"① 在英国证据法中，证明主体所承担的证明责任由两部分组成，即说服责任和举证责任。但无论是说服责任还是举证责任，主要都是针对双方当事人的，并不涉及法官是否承担证明责任的问题。英美法系中的所谓的说服责任，从追究被告人有罪的角度讲，始终由刑事诉讼的起诉者承担，这是法定的责任，在诉讼的任何时候都不具有可以转移性。而举证责任，既可能由控方承担，也可能由辩方承担。如果辩方以自卫、紧急避险、不在犯罪现场、患有精神疾病等免责事由提出辩护意见，就应当提供证据对作为辩护理由的事实加以证明。无疑，在英美法系中，控方负担指控犯罪的法定责任，被告人不负担证明自己无罪的义务。但在大多数的案件中，被告人可能提出某些争议的问题，而该争议问题若要移送陪审团审理，被告人必须提出足够的证据。在诉讼中，法官始终都要处于中立的裁判者的地位，不用负担证明的义务。这种中立的角色是很明显的。因此在英美法系的刑事诉讼中，能成为证明主体的只能是争议双方——控方和辩方。从理论上来讲，以此为基础的三角形的诉讼模式是最有利于查清案件真相的，是比较科学的。作为裁判者的法官没有被归纳到证明主体的研究范畴中，这和大陆法系证据法中的理论是有差异的。

3. 近现代大陆法系中的证明主体

在大陆法系中，如法国和德国的刑事诉讼法，基于职权主义诉讼模式，法官可以依职权调查取证。检察官承担证明被告人有罪的责任，同时通过立法或判例确立了被告人在一系列情况下应该承担证明责任。对于古罗马法中的原则——谁主张，谁举证，无论是从理论层面还是从实践上说，大陆法系的国家是传统意义上的继承者。在继承的同时，大陆法系国家又无法摆脱"职权主义"的倾向，使得大陆法系国家授权法官依其职权积极地进行调查，同样意味着他也负有收集证据证明案情的义务。这种规定要求法官对于承审的案件负有承担证明的义务。当然这种证明与控辩双方所承担的证明是有所区别的。但法官这种负担证明义务的规定决定了在大陆法系国家的刑事诉讼中，证明主体不仅包括控辩双方，还包括了以"查清案件事实"为目的的法官。一般来说，证明包括两方面的内容，即

① 转引自何家弘主编《证据法论坛》第 6 卷，中国检察出版社 2003 年版，第 31 页。

提出证据和运用证据进行说明。在诉讼中法官为了查清案件事实可以主动的依职权收集证据，这事实上是在帮助应该提供证据的一方。这种由法官主动搜集证据的做法虽然在客观上有利于查清案件事实，但与法官中立审判、追求公正和平等等诉讼价值相悖。因此法官成为证明主体的制度遭到了许多学者的批判。在证明不利的情况下，负有证明义务的一方就要承担败诉等不利后果。这种不利后果的承担，德国学者认为其是证明责任的一部分。如果法官是证明主体，那么就需要承担一定证明责任，而这种证明责任本该是由诉讼双方来承担的。

在大陆法系中，要求证明主体承担的证明责任包括两方面内容：主观的证明责任和客观的证明责任。要求法官也承担部分的证明责任是大陆法系区别英美法系的地方，但同时这个证明主体又有其特别的地方：法官承担的是主观的证明责任（举证责任），但不一定承担客观的证明责任。因为就职权主义来讲，法官可以承担部分控诉人本应承担的证明被告人有罪的责任，这时法官应该和公诉人处于相同的地位，要承担提供证据不利时所要承担的败诉等责任。虽然这种责任本应是公诉人要承担的责任的一部分。但如果法官要提供的是有利于被告人的证据，那么此时法官就不必承担提供证据不利时的败诉等不利后果的责任。一般来讲，证明主体既要承担举证责任，又要承担后果责任。与民事证明不同的是，刑事诉讼各个证明主体要承担的证明标准是不同的。对于公诉方来说要达到的证明标准是“内心确信”，即绝对高度盖然性。而对于被告人只要求“优势盖然性”。在这一点上，两大法系对证明主体的要求是比较一致的。

4. 前苏联法中的证明主体

在所有的外国法中，我国的刑事诉讼法受前苏联法的影响最大，以至于1996年刑事诉讼法修改以来，刑事诉讼法学对证明主体的研究中，仍然遗留很多前苏联法的痕迹。关于证明主体，在上个世纪八十年代以前，我国和前苏联对此的界定是几乎相同的。由于认识论在刑事诉讼中的理论指导作用，证明主体不仅存在于审判阶段，也存在于侦查和起诉阶段，并且是以侦查阶段为主。具体来说，证明主体包括公安司法机关以及其办案人员，广义上的证明主体也包括当事人和诉讼参与人。以公检法三机关为证明主体的客观表现就是“超职权主义诉讼模式”，许多刑事案件在侦查阶段就已有定论。仅侦查机关就已经证实了犯罪事实，从而使审查起诉以及审判阶段都已流于形式。前苏联法对证明主体的界定保证了对犯罪事实的全方位的查明，对查明案件事实、追究犯罪人的刑事责任是有利的，但同时也存在着一定的缺陷——无法保证犯罪嫌疑人和被告人的辩护权利的充分实现。在前苏联法中，犯罪嫌疑人和被告人不是证明主体，那么他们提出辩护主张的权利也就成了无源之水，使得犯罪嫌疑人和被告人陷于几乎无可辩护的地位。

二　刑事证明主体理论在我国的新发展

1. 刑事诉讼法改革前的相关理论

与两大法系不同，我国在建国后深受前苏联法的影响，是以单纯的认识论为基础，以查清犯罪事实为目的而展开刑事诉讼的证明活动，整个诉讼和证明的过程广泛地存在于侦查、起诉和审判活动之中。在这一过程中，强化了侦查的作用，同时弱化了审判的地位。无论是侦查机关、检察机关还是审判机关，都成了证明犯罪事实的主体。造成刑事证明主体过于泛滥的主要原因之一，就是夸大了认识论的影响。一如前文所述，认识论本身是没错的，但它在刑事诉讼中的运用如果不正确，必将滋长我国刑事诉讼中“重实体，轻程序”的倾向，弱化程序的作用和程序的价值。从刑事诉讼理论上讲，这种现象足以表明我国法学界对刑事证明理论研究的不足和缺陷。自从进入上个世纪 80 年代以来，理论界对刑事证明理论和实践的批判越来越深入，如一些学者开始明确地指出侦查机关不是证明的主体，他们进行的活动是查明而不是证明，这种理论进展无疑与对证明责任等证明理论的认识逐渐深入有关。而对于法院是否应成为证明主体的问题，越来越多的学者也开始否认其地位，但对此问题的争议还很大。对此，下文将对本世纪以来刑事证明主体研究的新发展予以详述。

2. 当前实践中刑事证明主体存在的问题

（1）法院实际上还在充当证明主体。刑事诉讼法第 50 条规定：审判人员、检察人员、侦查人员必须依照法定程序，收集能够证实犯罪嫌疑人、被告人有罪或者无罪、犯罪情节轻重的各种证据。这是刑事诉讼法中关于刑事证明主体范围的规定，认为法官、检察人员和侦察人员是刑事证明的主体，排除任何其他诉讼参与人的证明主体地位。法官成为刑事证明主体带来的危害表现在法官和公诉人在法庭上“联合起来”，共同追究被告人的刑事责任，从而使被告人的辩护地位更加削弱，无法真正做到控辩平等对抗。

（2）被告人没有刑事证明主体的地位。我国刑事诉讼法规定公检法三机关是刑事证明主体，却没有把诉讼中控辩双方中的另一方——被告人规定为证明主体。我国法律已明确规定被告人拥有辩护权，而行使辩护权的表现之一就是被告人有权证明自己的诉讼主张（如不在场）。这种权利行使的前提首先要求被告人拥有证明主体的地位，如果这种地位不被赋予，被告人的这种权利实质上就失去了可操作性。

3. 刑事证明主体理论的新发展

我国刑事诉讼证据理论中关于刑事证明主体研究的争鸣与发展，主要集中在以下几个方面：

第一，关于法院作为证明主体的问题。

我国传统证据理论对刑事诉讼中的证明主体有广义和狭义两种解释，狭义的证明主体不仅包括国家公诉人（检察院），而且包括侦查机关和法院；广义的证明主体则除了公安司法机关及其办案人员以外，还包括当事人和其他诉讼参与人。① 这些理论认为，我国刑事诉讼中包括法院在内的司法机关承担着证明责任，是证明主体。理由是，在我国司法机关包括国家的侦查机关、检察机关和审判机关，在诉讼中，它们负有的证明责任实际上就是证明职责。其证明职权与职责是由国家法律赋予国家专门机关依法行使的司法职权与职责决定的，也是由“以事实为依据、以法律为准绳”的诉讼基本原则决定的。司法机关办理诉讼案件，必须依据事实，这就要求他们必须要查明案件事实，否则就有悖于国家赋予的司法职权与职责。司法机关不是当事人，其证明责任的法律后果不能反映为让司法机关承担不利法律决定或裁判的危险后果，但是司法机关未尽证明责任，却应当承担未尽证明职责的法律后果。即其所作法律决定或者裁判，将会依法律程序被予以推翻，甚至承担错案的法律后果，其中包括错案赔偿责任。② 有的学者则根据我国 1996 年刑事诉讼法第 43 条“审判人员、检察人员、侦查人员必须依照法定程序，收集能够证实犯罪嫌疑人、被告人有

① “证明的主体包括公安司法机关及其办案人员、当事人以及诉讼参与人；狭义而言则仅指公安司法机关及其办案人员。证明客体为案件事实。证明过程包括侦查、起诉和审判的全部程序。”参见陈光中等《刑事证据制度与认识论：兼与误区论、法律真实论、相对真实论商榷》，《中国法学》2001 年第 2 期。

② 参见刘金友主编《证据法学》，中国政法大学出版社 2001 年版，第 261—263 页。

罪或者无罪、犯罪情节轻重的各种证据”的规定，认为法院也承担证明责任。“我国诉讼中，法院是证明责任的主体，这表现在：（1）尽管在不同的诉讼中，检察机关或某些当事人依法承担证明责任，但法院为查明案件的客观事实，在必要时仍应收集证据。（2）法庭审理中，法院居于主导地位负责对全部证据进行调查以查明案情。（3）裁判中所认定的案件事实必须有确实、充分的证据，否则认定就不能成立。”①

随着我国证据法学理论的新发展，一些学者对上述传统观点进行了批判，有的学者指出，诉讼中证明责任应如何分担是实体法和程序法所共同解决的问题，而实体法是用来规范当事人的权利义务关系的，它与依据它对案件作出实体判决的审判者没有关联，因而，实体法永远不可能责令外在于实体权利义务关系的审判者承担证明责任。也就是说，证明责任从来就是当事人的事，而与审判者无关。② 法院在诉讼中的地位和职能决定了，他作为中立的裁判一方，在诉讼证明过程中只是收受证明的主体，而不是证明主体。把法院视为证明主体，会导致法院一身二任的情况，即法院既作为证明主体履行证明责任，又作为裁判者对待证事实进行评价。这种情况不仅与控审分离的诉讼原理相悖，而且实际上必然造成法官的角色混乱与心理冲突。此外，以证明主体的构成要件来衡量，法院本身既无自己的诉讼主张，对争议中的事实也无既定的看法，更不会因证明不力而承担任何败诉的风险，因而不可能成为证明主体。③

第二，关于被告人作为证明主体的问题。

传统诉讼法学理论认为，刑事诉讼实行严格的单边举证责任原则，即由要求追究被告人刑事责任的控方承担证明责任，被告方不承担证明责任。持有此论的学者们认为，基于下列原因被告人不是证明主体，不承担证明责任。④（1）这是无罪推定原则的必然要求。我国刑事诉讼法第12条规定明确规定了无罪推定原则，而无罪推定原则的基本要求是疑罪从无，即当用以证明的被告人有罪的证据不足，对于被告人犯罪既不能证实

---

① 参见陈一云主编《证据学》，中国人民大学出版社1991年版，第151页。

② 参见江伟主编《证据法学》，法律出版社1999年版，第49页。

③ 参见卞建林、郭志媛《刑事证明主体新论》，《中国刑事法杂志》2003年第1期。

④ 参见叶良芳《论被告人承担证明责任的不适用性》，载陈兴良主编《刑事法判解》第5卷，法律出版社2002年版。

也不能证伪时作有利于被告人处理。它要求提出证据证明被告人有罪的责任由控方承担，控方履行证明责任必须达到案件事实清楚、证据确实充分或者不存在合理怀疑的程度，如果不能证明被告人有罪或证明达不到法律的要求，则应判定被告人无罪。我国 1996 年刑事诉讼法第 162 条第 3 项规定，合议庭根据已经查明的事实、证据和有关的法律规定，对“证据不足，不能认定被告人有罪的，应当作出证据不足、指控的犯罪不能成立的无罪判决。”根据上述规定，在司法实践中，如果遇到疑罪的情况，应当作无罪处理，即由控方承担举证不能的败诉后果，辩方不承担证明责任。（2）这是不被强迫自证其罪原则的必然要求。我国的刑事诉讼法对该原则进行了有限度的吸收，而要求犯罪嫌疑人、被告人如实回答，实际上就是否定了被追诉者拒绝供述或者保持沉默的权利，这与不被强迫自证其罪原则显然是矛盾的。（3）这是刑事诉讼机制的特点决定的。刑罚的严厉性决定控方启动诉讼程序必须提供相应的证据。刑事诉讼是以适用国家刑罚为中心的，刑罚是最严厉的一种惩罚措施，其运用不当，则极易对公民的合法权益造成侵害，因此使用时一定要慎重。为避免刑罚的过滥使用，作为启动刑罚权的控方，必须要以一定的证据为前提，且所掌握的证据必须达到查证属实、相互印证、没有根本性的难以解释的疑点的要求。另外，刑事诉讼控辩双方悬殊的力量对比，也决定了被告人不应承担证明责任。刑事诉讼的一方是代表国家行使刑事起诉权，拥有众多人员、先进设备、充足经费以及侦查特权的处于优势地位的侦控机关；另一方是相对国家而言力量过于渺小，处于弱势地位的被告人。被告人是被追诉的对象，对他可能采取强制措施以限制人身自由，因而他既没有收集证据的机会，也没有收集证据的能力，在这种情况下，要求被告人承担证明自己无罪的责任，是有悖于法制原则和民主原则的。所以被告人是不能作为证明主体的。

刑事诉讼中控方承担证明责任当然已经成为通说，但是这是否一定意味着被告人就不是证明主体？许多学者指出，① 无论是公诉案件还是自诉案件的被告人，基于现代诉讼无罪推定原则的特殊保护机制，都不负证明责任。但从世界各国在证明责任分配上的立法与实践来看，被告人不承担

---

① 参见卞建林主编《刑事证明理论》，中国人民公安大学出版社 2004 年版，第 120—125 页。

证明责任只是一项概括性的原则，在法律规定的例外情况下，被告人仍要对特定事项尤其是证明其无罪的事项承担局部的证明责任。这就是说，被告人不负证明自己有罪的责任这一点是绝对的、无条件的，而被告人不负证明自己无罪的责任这一点却是相对的、有条件的。事实上，在坚持控方对被告人有罪（而不是全部）的要件事实进行证明的基础上，要求被告方对一部分由其证明更为方便的无罪、罪轻的事实也承担证明责任，不仅不会损害对被告人权利保护的力度，而且有利于查清案件事实，提高诉讼效率。

从两大法系国家辩护方负证明责任的有关立法和司法来看，被告人对于以下几类事实应当承担一定的证明责任：（1）制定法明确规定应由被告人承担证明责任的情形或者其他可反驳的法律上的推定。（2）阻却违法性及有责性的事实。（3）被告方的某些积极抗辩主张。（4）被告方主张的程序性事实，如证据的可采性、法官及陪审员是否应当回避等事实，应当由被告人承担证明责任。（5）被告方独知的事实。依据某种只有他自己知道的事实而提出主张的当事人必须证明他所依据的事实，否则将承受不利的法律后果。一般来说，被告人独知的事实，由控诉方证明往往难度较大，而且该事实对于案件的查明属于关键问题，因此，根据经验法则以及证据距离、举证难易的考虑，理应由被告方对其独知的事实承担证明责任。当然，该论者也认为，不能任意扩大被告人承担证明责任的范围，只有在以下三种情况下被告人才承担证明责任，是证明主体：其一，只有在控方对被告人构成犯罪的基本事实进行证明之后，辩方才需要对法定的应由其证明的部分辩护事实进行证明。其二，即使是对于法定的部分应由被告方承担证明责任的辩护理由，在辩方履行证明责任之后，最终反驳其存在的责任仍然是由控诉方承担。其三，只有那些控方无法证明或难以证明，且辩方有可能证明的事实才应由辩护方承担证明责任。①

第三，关于侦查机关作为证明主体的问题。

从证明的角度来说，公诉机关要提出证明其诉讼主张的证据。但这些证据并非由公诉机关直接取得（自侦案件除外），而是由公安机关、国家安全机关等侦查机关取得和提供的。那么，就有很多学者认为公安机关等

---

① 参见卞建林、郭志媛《刑事证明主体新论——基于证明责任的分析》，《中国刑事法杂志》2003 年第 1 期。

侦查机关也是承担了举证的责任，也就是刑事证明的主体。一些学者认为，“公安机关又是国家的侦查机关，负责大多数刑事案件的立案侦查工作，进行刑事诉讼证明活动，负责追究犯罪，实质上也就是在执行追诉或控诉职能”。① “刑事诉讼证明贯穿于侦查、起诉、审判的各个阶段，侦查、起诉和审判机关也是证明主体。”② 在这里不仅认为侦查机关是证明主体，而且审判机关也是证明主体，并且还认为：诉讼当事人以及他们的辩护人或代理人为了当事人的利益，也要进行有关证明活动，因而他们也是证明主体。

我们认为，基于以下原因，侦查机关不宜作为证明主体：（1）从侦查机关的职责来看它具有非证明主体性。侦查机关负责刑事案件的立案、侦查以及向公诉机关提起审查起诉。从证据角度看，就是发现、搜集证据并将证据提交给公诉机关。从这个过程来看，侦查机关并没有进行任何刑事证明的活动。侦查机关没有诉讼主张，侦查机关只是履行自己的侦查职能，然后向公诉机关移送案件，而并不是向法院提出诉讼主张。侦查机关的职责活动只限于侦查阶段，并不参与审判活动，而刑事证明只能出现在审判阶段，所以侦查机关根本不具备成为刑事证明主体的可能性。侦查机关并不承担证明责任，这是由侦查机关不具有诉讼主张而得来的。因为诉讼主张是产生刑事诉讼证明问题的前提。（2）从侦查机关与公诉机关之间的关系看侦查机关的非证明主体性。侦查机关和公诉机关都是法定的国家机关，并且在刑事诉讼中都要履行一定的职责，但侦查机关与公诉机关是互相独立、分工负责的。这种分工负责是指侦查机关与公诉机关在刑事诉讼中根据法律有明确的职权分工，应当在法定范围内行使职权，各司其职，各负其责，既不能互相替代，也不能互相推诿。把侦查机关与公诉机关的职责分割开来是刑事诉讼完善和发展的需要，是国家追诉制度中比较科学的做法。但由于刑事诉讼的主体部分在审判阶段，公诉人是公诉机关在审判阶段的追诉犯罪的代表。公诉人在审判中是诉讼的一方，占有并使用侦查机关向其提交的证据材料进行证明活动。从公诉人和公诉机关的角度看，侦查机关的侦查活动只是为公诉机关和公诉人的诉讼作准备，准备

① 参见王国枢主编《刑事诉讼法学》，北京大学出版社 2001 年版，第 30 页。

② 参见陈光中、徐静村主编《刑事诉讼法学》，中国政法大学出版社 1999 年版，第 134 页。

公诉人诉讼中承担证明责任所需的证据。因此，侦查机关只是公诉人进行刑事证明的准备者和帮助者。公诉人进行刑事证明离不开侦查机关的侦查活动，同时侦查机关如果没有公诉人和公诉机关的存在也就失去了其活动的意义。因此，如果坚持审判中心的视角，那么侦查机关就是公诉人的一个帮助机关，而非独立的证明主体。

综上所述，本世纪以来，学者们对证明主体的重新界定具有重要的理论和现实意义。将证明主体界定为证明责任主体，有利于明确证明责任的归属，形成科学合理的刑事诉讼构造。值得注意的是，近来有一种观点认为，证明主体的界定应当同证明责任的分配脱钩。证明责任只不过是一种在证明主体之间分配的风险，并非由所有的证明主体共同承担。证明责任主体实际上等同于举证主体，与证明主体并非可以等量齐观的概念。在一个特定的证明过程中，证明责任只能由某一方特定的当事人承担，而整个司法证明过程却离不开举证方、质证方和认证方的共同参与，这三方均在司法证明过程中依法享有权利和承担义务。所以，举证主体、质证主体和认证主体均属于证明主体。① 不过，这种对证明主体的宽泛界定能否成立，还值得进一步研究。我们认为，证明主体实际上就是证明责任的主体。因为证明责任主体是证明责任的承担者，而证明主体也是承担证明责任的主体。换言之，两者在本质上相同的，只不过证明责任主体是侧重于强调证明责任的重要性而单独把证明责任的承担者也纳入到证明责任研究的范畴而已。

第六节　刑事证明对象

在刑事诉讼中，证据和证明指向的对象是案件事实。在一个具体的诉讼过程中，哪些事实需要证明，便属于刑事证明对象问题。在我国刑事证据法学研究中，学者们对刑事证明对象的概念及其范围的界定一直存在着分歧。

---

① 参见封利强《司法证明过程论——以系统科学为视角》，法律出版社 2012 年版，第 126 页。

一 刑事证明对象的概念

1. 案件事实说

这是传统的观点也是主流的观点。① 按照这种观点，刑事证明对象被理解为刑事诉讼中的案件事实，其中主要是犯罪行为是否发生、是否为犯罪嫌疑人、被告人所为及其情节轻重的事实，即所谓“实体法事实”。此外，由于现代刑事诉讼对于诉讼证明活动施加程序控制，以保障诉讼证明的正当性与合法性，因而使回避的事实、管辖的事实、审判组织组成的事实、期限是否可以延长的事实、采取强制措施的事实、申请证据保全的事实等所谓“程序法事实”也成为证明的对象。依照这种理解，刑事证明贯穿于刑事诉讼的始终，即刑事诉讼从启动到终结，证明主体都在进行对案件事实加以证明的活动。这里的“案件事实”被广义地理解为与定罪量刑有关的一切事实以及某些程序法事实。我国现在绝大多数教科书都持这种观点。例如，诉讼证明的对象是指，在诉讼中专门机关和当事人等（或称证明主体）用证据予以证明或者确认的案件事实以及有关的事实。所以，诉讼证明对象也有称之为“待证事实”或“要证事实”，也有的称之为“证明标的”、“证明客体”。在不同的诉讼中，有不同的证明对象。在同一诉讼领域中，每个案件的具体证明对象也有所不同。就同一案件而言，诉讼阶段不同，各个阶段的具体任务对证明对象的侧重方面也会有所影响。②

通说认为，刑事诉讼的证明对象包括实体法事实和程序法事实。刑事诉讼中实体法事实的证明对象主要包括：（1）有关犯罪构成方面的事实，以及区别罪名的事实。（2）有关排除行为的刑事责任的特殊情况。（3）与处刑有关的事实，包括刑法规定的应当从重、从轻、减轻及免除处罚的事实，也包括可以适用从轻、减轻及免除处罚的事实。（4）犯罪嫌疑人、被告人的个人情况和犯罪后的表现，其中有些是法定或酌定的处

---

① 参见陈光中等《刑事证据制度与认识论：兼与误区论、法律真实论、相对真实论商榷》，《中国法学》2001 年第 2 期；何家弘主编《新编证据法学》，法律出版社 2000 年版；陈一云主编《证据学》，中国人民大学出版社 2000 年版。

② 参见刘金友主编《证据法学（新编）》，中国政法大学出版社 2003 年版，第 182 页。

刑情节，有些则是与量刑有关的案件事实以外的情节。刑事诉讼中程序法事实的证明对象主要包括：关于回避的事实；关于申请恢复耽误的诉讼期限的事实；影响采取强制措施的事实；严重违反诉讼程序可能导致一定诉讼后果的事实；当事人申诉和法院应当再审的事实等。但理论界也有学者认为，刑事诉讼的证明对象包括实体法事实、程序法事实和（有争议的）证据事实。①

2. 争议事实说

案件事实说一直占据着主导地位，在近几年，有学者将证明的概念界定为，审判阶段当事人向法官证明自己的诉讼主张的活动，进而认为证明对象应当是当事人之间的系争要件事实。"证明对象是证明主体的对称，亦称证明客体、待证事实，指证明主体运用一定的证明方法所欲证明的系争要件事实。……证明对象有广狭两义：狭义上的证明对象仅针对诉讼之外的实体性要件事实而言，而广义上的证明对象则还包括诉讼中的程序性要件事实以及非诉讼中的要件事实。"② 该说认为，刑事证明对象的范围原则上要受证明主体——国家公诉机关和诉讼当事人的诉讼主张的约束。证明主体的请求划定了待证事实的范围、边界，使之与诉讼主张无关的事实被排除在证明对象之外，证明主体只需围绕着证明主体的诉讼主张来证明有关要件事实，其中主要是实体法上的归责要件事实。其次，证明对象范围的大小还受诉讼模式的影响。在英美法系当事人主义诉讼模式下，证明对象由控辩双方确定，证明对象的实际范围直接取决于控辩双方的主张和请求；而在大陆法系职权主义诉讼模式下，证明对象的确定还受到法院的干预，证明对象的范围较之当事人主义诉讼模式更为宽泛，但也不是漫无边界的。综上并且结合我国的实际情况，该说认为，刑事证明对象应当明确是诉讼中的争议事实。诉讼中的争议分为两类：事实争议与法律争议，有时则表现为事实争议与法律争议的结合。作为证明对象的争议事实包括事实争议事实与法律争议事实。在刑事诉讼中，争议事实的范围受国家公诉机关和当事人诉讼主张的制约，与国家公诉机关和当事人诉讼主张无关的以及虽然与诉讼主张有关但对立双方无异议的事实，应当被排除在

---

① 参见刘金友主编《证据法学（新编）》，中国政法大学出版社 2003 年版，第 190 页。

② 参见卞建林主编《证据法学》，中国政法大学出版社 2000 年版，第 276 页。

证明对象之外。①

3. 法律要件事实说

有的学者将刑事证明对象，表述为"法律要件事实"。该学者指出，"这里的'法律要件事实'不是指与案件有关的全部客观事实，它的具体范围既要受到实体法所规定的归责要件以及程序法、证据法的限制，又要受到控辩双方诉讼主张的制约，还要受到刑事诉讼模式的影响"。② 这一主张的理由是：成为通说的"案件事实"的表述过于宽泛，而将证明对象界定为"争议事实"又略显狭窄。而将证明对象表述为"法律要件事实"，有利于解决学术界关于程序法事实、证据事实能否作为证明对象的相关争议。"法律要件事实"不是指与案件有关的全部客观事实，它的具体范围既要受到实体法所规定的归责要件以及程序法、证据法的限制，又要受到控辩双方诉讼主张的制约，还要受到刑事诉讼模式的影响。"法律要件事实"既包括"争议事实"，也包括与诉讼主张相关的"无争议的事实"③。关于刑事证明对象，可在立法上作如下表述："需要运用证据证明的案件事实应当是：（1）指控的行为是否存在、是否构成犯罪，是否为被告人所实施；（2）实施行为的时间、地点、方法、手段、结果，行为与结果之间有无因果关系；（3）被告人的身份；（4）被告人有无责任能力，有无故意或者过失，行为的动机、目的；（5）有无依法不追究刑事责任的情况，有无从重、加重、从轻、减轻以及免除处罚的情节；（6）法律规定的其它事实。"④

4. 评析

案件事实说长期以来作为证据理论的基础学说，对诉讼理论与实践都产生了广泛的影响和指导。但是我们不认同把证明对象归结为案件事实。大体来说，采取案件事实说的学者是基于这样的一种证明观，即认为，我国刑事诉讼中的证明，是指公安、司法机关或当事人及他们所委托的辩护人、代理人收集、审查判断和运用证据，认定犯罪是否发生、谁是犯罪分

---

① 参见卞建林等《诉讼证明：一个亟待重塑的概念》，载何家弘主编《证据法论坛》第3卷，中国检察出版社2001年版，第24页以下。

② 熊秋红：《转变中的刑事诉讼法学》，北京大学出版社2004年版，第282页。

③ 参见熊秋红《刑事证明对象再认识》，载王敏远编《公法》第4卷，法律出版社2003年版。

④ 同上。

子、罪责轻重以及其他有关案件事实的活动。[①] 按照这一理解，刑事诉讼证明在范围上涵盖了侦查、起诉、审判等诉讼活动；在具体过程上包括：收集证据、审查证据、判断证据。证明的主体包括公安司法机关及其办案人员、当事人以及诉讼参与人；证明的客体为案件事实。

我们认为，这种基于查明案件事实的广义证明观将证明与整个刑事诉讼活动混同，其实质为：证明即是诉讼，诉讼即是证明。这种泛化的证明概念必然导致证明理论的模糊不清。[②]

首先，从证明活动的本义和起源来看，它是当事人将争议提交裁判者并向其举证证明的活动，证明是在法官面前的证明，它所要解决的是在审判过程中谁提出主张并加以证明的问题。严格意义上的证明仅存在于法庭审判阶段。而审前阶段公安机关、检察机关收集、固定、保全、审查和判断证据的活动是什么呢？对此有学者提出："侦查人员、检察人员在审前阶段对证据的收集、审查活动属于'查明'，而非'证明'。'查明'与'证明'是两个既相联系又有区别的概念。'查明'是'证明'的前提或基础，'证明'是'查明'的延续或目的。但是'查明'不等于'证明'。用通俗的话讲，查明是要让自己明白，而证明是不仅要让自己明白，更重要的是要通过证明让别人明白。自己明白的事情，并不一定就能让别人也明白。在很多案件中，让自己明白并不难，难的是让别人都明白。刑事案件的调查人员在破案以后也可能对案件事实心中有数，但是他们还要用证据说服法官相信他们所说的就是事实，而这往往才是最难的啊！"[③] 另一方面，就整个刑事诉讼活动来说，它应该是一个侦查、检察、起诉、审判活动的整体过程，应该说证明活动是包含于诉讼活动之中的，是一个极其重要的组成部分，但不等于诉讼活动的全部。

其次，案件事实说所限定的证明主体范围，不符合现代诉讼理念及我国诉讼模式的建构。长期以来，我国坚持公、检、法三机关密切配合的线形"超职权主义"诉讼模式。因此，三机关都是证明主体，证明就是本着查明案件真实情况的目的，分工负责、互相配合的办案流程。常常是一

---

① 参见陈一云主编《证据学》，法律出版社2000年版，第124页。

② 参见闵春雷《妨害证据犯罪研究》，吉林大学出版社2005年版，第10页。

③ 参见何家弘《"事实"断想》，载何家弘主编《证据法论坛》第1卷，中国检察出版社2000年版，第6—7页。

个刑事案件进入刑事诉讼程序，先由公安机关等侦查机关或者侦查部门查明案情，然后检察院审查起诉的时候再查，到移送法院审判时再由法院继续查。如果查不明白可以补充侦查，必要时由法院自己来查。可见这样的诉讼程序设置中，证明者与受证明者的区分被混淆了。但是，我国现行立法所确立的诉讼模式已经由"超职权主义"向当事人主义与职权主义相结合的混合诉讼模式转变，诉讼目的也已由单一的惩治犯罪转为惩治犯罪与保障人权并重，实体真实与程序正义并重，司法公正与司法效率并重等多项法律价值选择。新的诉讼价值理念和新的诉讼模式，对诉讼程序设计和制度设计都提出了基本要求。其中最基本的就是以审判为中心，庭审对抗制，控审分离、侦审分离。落实到证明理论中，就是要求法官不能是证明主体，而是不偏不倚的居中裁判者，是证明要说服的对象。证明的主体是在诉讼中提出主张的、承担证明责任的公诉机关和当事人。

再次，案件事实说界定的证明对象有本末倒置的嫌疑。在现代刑事诉讼中，侦查为起诉之准备，起诉书所指控的被告人犯罪事实是侦查机关侦查终结对可能的案件事实作出的认定结论，或者是公诉机关对侦查部门关于案件事实所做结论的采信。但由于现代诉讼唯有法院有权对被告人作有罪之确认，因此起诉书中指控被告人犯罪的事实或说描绘的案件事实只是公诉机关的一种事实主张，一种假定，是公诉人在法庭上进行证明的起点和对象。证明过程是通过运用证据对证明对象进行判断，使案件事实得以明晰。证明对象是一个个独立而又相互联系的假定组合，而证据对这些假定投影的结果就是案件事实。案件事实是证明的结果，而不是证明对象本身。

值得说明的是，证明对象在大陆法系和英美法系证据理论中有不同的表述方式。在大陆法系，证明对象大致可分为三类：一是主要事实（亦称法律构成要件事实、要件事实、生活事实等，以下统称为要件事实），指相当于规定法律效力发生、变更或消灭的法律构成要件的事实；二是间接事实，指推认主要事实存在的事实；三是补助事实，指有关证据能力和证明力的事实。[①] 由于大陆法系裁判的实质是用法律规定的条文框架去框定已认定的事实，只要被框定的事实符合要件事实，那么就可以适用该法

---

① 参见陈刚《证明责任法研究》，中国人民大学出版社2000年版，第69页。

律规定，所以要件事实是证明对象，而间接事实和补助事实只是配角的地位，其作用相当于证据资料，不能成为证明对象。在英美法概念中，证明对象是指争点事实，包括两项内容：一是诉讼原因的构成事实；二是抗辩的构成事实。所谓诉讼原因（cause of action），是指原告作为请求理由而主张的同一生活关系（same transaction）。需要指出的是，诉讼原因并非指单纯意义上的生活事实，而是能够被实体法评价的事实，在此意义上，诉讼原因相当于大陆法系的法律事实（法律构成要件）。在英美法系，诉讼原因必须在诉讼之初就列明，而对方当事人就此提出抗辩之后，要就抗辩的构成事实予以证明，在此种意义上，抗辩的构成事实也相当于大陆法系的要件事实。诉讼原因和抗辩的构成事实都是当事人必须予以证明的事实，并且是有可能发生争议的案件事实。为此，英美法学者通常将两者结合——称作争点事实（facts in issue）或结局事实（ultimate facts）。①

通过分析大陆法系国家和英美法系国家的证明对象概念，可以看到第二种学说与第三种学说与之在某些方面有重合之处，只是提法的倾向性上稍有不同。如果把证明对象归结为要件事实，那么根据以上的分析似乎更倾向于实体法事实的评价，欠缺了一部分程序法的叙明。如果把证明对象归结为争议事实，又缩小了证明对象应包含的范围。从证据的关联性角度来说，“即使证据涉及无争议事实，也可能具备关联性，因为它可能有助于使争议事实清楚明了——并且因此能够帮助确定正确的可能性比例”。②如果一个相关的事实尚不清楚，尽管没有争议，法官在审判案件时也不会给它以适当的证明力。同理，没有争议的事实可能有助于使争议事实清楚明了，应当作为证明对象被包含进来。另外，从我国的司法实践角度说，刑事诉讼的目的不仅仅是解决当事人双方的争端，还有查明案件事实的目的。因此，无争议的事实不能完全被排除在外。争议事实说限定的范围过于狭窄而法律要件事实说又很难具体把握。综上，我们认为刑事诉讼证明对象由于其自身特性，应被界定为在刑事诉讼证明活动中公诉机关或当事

① 转引自陈刚《证明责任法研究》，中国人民大学出版社 2000 年版，第 71 页。另参见卞建林等《诉讼证明：一个亟待重塑的概念》，载何家弘主编《证据法论坛》第 3 卷，中国检察出版社 2001 年版，第 49 页。

② ［美］理查德·A. 波斯纳：《证据法的经济分析》，徐昕、徐昀译，中国法制出版社 2001 年版，第 123 页。

人予以认定的事实主张。在范围上证明对象既包含实体法事实主张，也包含程序法事实主张，还包含一类特殊的无须运用证据证明的事实主张。

二　刑事证明对象的范围

在我国关于证明对象范围的各种学说中，实体法事实是各学说都普遍认可的证明对象。而程序法事实和证据事实是否为证明对象，则存在争议。

1. 关于刑事证明对象是否包括程序法事实

程序法事实是指在办理刑事案件过程中，在诉讼程序上具有法律意义的事实。作为证明对象内容之一的程序法事实主张主要指在刑事证明过程中，需要用证据证明的诉讼一方或双方提出的具有程序法意义的事实主张。关于程序法事实是否是证明对象，学理上有如下三种观点。

一是肯定说，认为程序法事实是刑事证明对象，这是因为：（1）诉讼法是从程序的角度保障实体法的正确实施，对有关程序问题查证属实，有利于司法机关依据程序办案，解决实体法方面的争端；（2）在诉讼中，控辩双方不仅对实体问题有争议，而且对程序问题也可能产生争议，而审判机关对此也要加以解决，其中有些决定或裁定还是允许复议或者上诉的，因此，涉及的某些程序法事实应该成为证明对象；（3）在诉讼过程中某些程序问题不解决就不能顺利进行诉讼程序，而这一问题的解决要通过证明来完成，如管辖问题；（4）诉讼过程既是一个适用实体法的过程，也是一个适用程序法的过程。实体法的要件决定被告人刑事责任的认定，而程序法要件则决定着对被告人责任的认定是否准确。

二是否定说，认为程序法事实不能成为证明对象，这是因为：（1）证明对象是一种特殊的诉讼制度，正确界定证明对象就是为了使证据的调查、收集活动具有明确的方向，有利于案件事实的切实查明。将证明对象限定为实体法事实，有利于司法机关分清主次、将注意力集中于那些如果查不清就不可能正确适用实体法的事实；（2）程序法事实虽然也有需要查明的问题，但是可以通过司法机关的认知或者不查自明来解决，并且这些问题也不是每个案件都会碰到，因此严格意义上的证明对象，应当是仅指具有实体法意义的事实，而不包括程序法上的事实；（3）程序法处于保障实体法实施的地位，相对于实体法而言，处于从属地位，虽然程序法对被告人的刑事责任认定有一定的影响，但是不起决定作用；（4）若把程序法事实作为证明对象，不仅会分散调查人员的精力，而且会把举证责任转嫁到被告人身上，因为对于某些事实只能由被告人举证。[①]

三是折中说。认为证明对象包括程序法事实，但举证责任分配问题的研究仅以实体法事实为对象，这是因为：（1）尽管程序法事实也存在举证责任分配的问题，但相当简单，根据“谁主张、谁举证”的一般原则即可解决；（2）实体法事实是由当事人作为诉讼请求根据的事实提出的，直接关系到当事人之间法律关系的产生、变更和消灭，查明这类事实存在与否，是整个诉讼活动的中心环节。[②]

我们认为，基于下列理由，程序法事实需要证明：

其一，程序法事实主张作为证明对象有助于形成公正的裁判。从证明结果的形成来说，证明活动的要旨乃在于通过法庭上的举证、论证使担任事实裁判者的法官采信与确认己方的事实主张，而在这一过程中不仅实体法方面的事实，而且程序法方面的事实也对裁判起到了极大的作用。裁判的公正性与产生这一裁判的程序的公正性具有一种内在的关联。一项刑事裁判的质量会因为产生它的程序本身不具有合理性而受到损害，因此法院通过刑事审判所作的裁决必须具备合理的根据并经过充分的论证；同时，法院通过刑事审判还必须向被告人及其他社会公众宣示和证明其判决的公正性，尽力说服那些行为接受审查的人接受判决结果的正确性和合理性。[③] 从这个意义上来说，程序性事实发挥了一种保障实体法正确实施的工具性价值。

其二，程序法事实主张作为证明对象有助于正确实施程序法。证明活动是在程序法的规范之下的活动，程序法定是程序法的基本原则。诉讼必须依法进行的要求一方面体现在裁判者在诉讼中必须正确适用实体法的有关规定，另一方面体现在整个诉讼活动要受到程序法的调整和规范。这些调整和规范使证明过程中的证据运用不仅包含着一种特殊的事实认定过程，而且还负有实施程序法的责任。程序对诉讼证明的影响主要表现在：

---

① 参见陈一云主编《证据法学》，中国人民大学出版社 2000 年版，第 137 页；肖胜喜《刑事诉讼证明论》，中国政法大学出版社 1994 年版，第 121 页；卞建林主编《证据法学》，中国政法大学出版社 2002 年版，第 204 页。

② 参见何家弘主编《新编证据法学》，法律出版社 2000 年版，第 283— 285 页。

③ 参见陈瑞华《刑事诉讼的前沿问题》，中国人民大学出版社 2005 年版，第 219 页。

裁判者在审查判断证据时要保持适当的消极性和被动性，遵循不告不理的原则，审判受起诉范围的限制，不能任意扩大需要认定和裁判的事实范围；裁判者对原被告双方之间争端的解决一般主要应限制在法庭上，限于对原被告双方提交的证据材料和提出的意见进行听审和裁判；裁判者必须以开庭方式审查证据，通过直接、言词、集中、辩论的方式，解决原被告双方的利益争端；诉讼受严格的时间限制，诉讼证明不可能无休止地反复进行，而必须在法定期间内终结；法院经法定程序所作的判决结论，包括有关证据的采纳、事实的认定和实体法的适用，一旦发生法律效力，就具有一定的终结性和权威性，新的诉讼的启动必须受到极为严格的法律限制。我国刑事诉讼法第227条规定："第二审人民法院发现第一审人民法院的审理有下列违反法律规定的诉讼程序的情形之一的，应当裁定撤销原判，发回原审人民法院重新审判：(1) 违反本法有关公开审判的规定的；(2) 违反回避制度的；(3) 剥夺或者限制了当事人的法定诉讼权利，可能影响公正审判的；(4) 审判组织的组成不合法的；(5) 其他违反法律规定的诉讼程序，可能影响公正审判的。"该条明确了刑事诉讼证明对象中的程序要件事实的存在和作用。

其三，程序法事实主张作为证明对象有助于实现程序的独立价值。程序的价值不仅包含在其工具性价值之中，它还有其独立的价值。这也是为什么在证明活动中，当一方提出程序性事实主张时要对之加以证明的原因之一。

其四，程序法事实主张作为证明对象有助于正确认识证明活动。传统的证明理论认为，证明活动的过程就是一个认识过程，在这样的思想指引下证明就是公安司法机关和当事人运用证据，认定或者阐明案件事实的活动，也就是人们主观认识客观的抽象思维活动。在这种情况下证明对象就被限定为案件事实，当然就不包括程序性事实。而实际上尽管证明活动包含认识活动，但不仅仅是认识活动。典型的认识活动是在侦查阶段发生，侦查机关通过深入调查，收集判断证据以侦破案情，查明犯罪嫌疑人。至侦查终结，这种对已发生犯罪事件的认识活动已经结束并得出了结论。经审查提起公诉，说明公诉机关已经认定并接受了侦查机关对案件事实的认定。然而无论是侦查机关对案件事实的认定，还是公诉机关对案件事实的认定，都不具有法律的权威性，也就是说都不具有使犯罪嫌疑人接受惩罚的效力。公诉方要使自己的结论具有法律效力，就必须在法庭上使裁判者信服。这是一个向裁判者证明的活动，而不单纯是一个认识的过程，因为在这个过程中还伴随着法律规则的适用和法律价值的选择。所以证明活动既要遵循一般的认识规律，同时又要遵守经验法则和逻辑规则。这其中当然包含着程序性规则的要求，证明活动要接受程序法规范和证据法规则的调整和制约。

2. 关于刑事证明对象是否包括证据事实

所谓证据事实，就是人们对曾经发生的案件留下的证据进行分析、判断而得到的信息。在证据事实是否属于证明对象的问题上，概括起来也有三种观点：一是肯定说，认为证据事实是证明对象。理由是任何证据都需要其他证据证明其真实性、客观性和关联性，除非是无须证明的事实。证据是已知事实，但是在未知之前和其他待证事实一样都是未知事实。某项证据相对于待证事实而言是证明手段，而相对于证明它的其他证据而言又是证明对象。因而，证明对象和证明手段是相对存在的，证据事实处于证明对象和证明手段组成的多个因果链条之中，需要相互印证、强化和证明。① 换句话说，在证据事实与案件事实、证据事实与证据事实之间，存在着手段与目的的因果链条，处于中间环节的就是证据事实，具有证据事实和证明对象的双重身份，是证明手段和证明对象的统一体。二是否定说，认为证据事实不是证明对象。证据事实是证明手段，对证据事实的审查核实是为了证明案件待证事实，不能把证据事实也变成了证明对象。这种观点实际上已经成为通说。三是折中说，因为证据事实依其与案件事实的证明关系可以表现为直接证据，又可以表现为间接证据。直接证据是能够直接反映和证明案件主要事实的证据，因而它与案件主要事实重合。所以，它尽管是证明对象，但不必单独列出。与此不同，间接证据不能单独证明案件的主要事实，而必须与其他间接证据相联系，方能对案件主要事实起证明作用。因为间接证据需要证明，所以可以成为证明对象。折中说的另一个观点是反对一般意义上将证据事实作为证明对象，但并不是说证据事实在任何情况下都不能作为证明对象，在例外情况下，证据事实成为主要的系争点时，也只有在这种情况下，证据事实才能是证明对象。② 还有一种观点认为，物证不是证明对象，人证是证明对象。因为物证是客观

---

① 参见陈一云主编《证据学》，中国人民大学出版社 2000 年版，第 150 页。

② 参见卞建林主编《证据法学》，中国政法大学出版社 2002 年版，第 208 页。

存在的实物和痕迹，不是现实的存在，必须加以查明，才能作为证据使用。①

我们认为，证据事实不能成为证明对象。按照第一种观点，如果一个事实的认定必须要由其他事实来证明，那么第一个被肯定的事实由谁去证明呢？这是一个逻辑上的悖论。同时，一般来说，证明发生在法庭审理阶段，之前的查明过程是一个证据事实的认定过程，其实也就是个审查证据的问题。只有控辩双方已经查证属实的证据，才能够作为支持己方主张的事实，否则就不能作为证明的基础。简言之，证据事实的审查判断并不是发生在证明过程中，所以不能成为证明对象。另一方面，在诉讼中确定哪些是证明对象能够有助于确定证据事实的收集范围，当然这也是源于诉讼目的的指导。只有明确了范围，才能确立一个客观的标准，否则将导致证明的混乱。证据事实归根结底是用以证明证明对象的，是证明手段。不能因证据需要查证属实，就认为证据事实既是手段又是对象。查证属实只是证据作为证明手段的资格条件，不是作为证明对象的充分条件。同时，证据事实无论是直接证据还是间接证据，都需要具有成为证明手段的资格，这种资格就是法律对证据提出的采用标准即所谓合法性、客观性、关联性的要求。任何证据最终要成为有效的证明手段，都必须同时具备这三个属性。当某个证据因其合法性、关联性或客观性发生争议，需要其他证据印证时，在这种印证与被印证之中，存在着目的与手段的关系。这种关系仍然是证明手段范围内的关系，是在本质相同的范围内形成的关系，它们有一个更高的目的，就是证明对象。对于后者来说，前二者皆为手段，是手段的统一。间接证据所要形成的证据锁链可能会延续很长，如果把间接证据作为证明对象，将会导致证明对象的无限扩展，那么也就失去了明确证明对象的意义。

不过，证据事实不能成为证明对象，并不意味着证据法事实不构成证明对象。有学者主张，"刑事证明对象可分为实体法事实、程序法事实和证据法事实三部分，分别与刑法、刑事诉讼法、刑事证据法相对应"。②我们认为这一观点很富有启发意义。我国刑事诉讼法第 56 条规定："法庭审理过程中，审判人员认为可能存在本法第 54 条规定的以非法方法收

---

① 参见何家弘主编《新编证据法学》，法律出版社 2000 年版，第 139—140 页。

② 熊秋红：《转变中的刑事诉讼法学》，北京大学出版社 2004 年版，第 289 页。

集证据情形的，应当对证据收集的合法性进行法庭调查。”此处的“证据收集的合法性”便是作为非法证据排除规则适用前提的事实，这种证据法事实显然应当属于刑事诉讼的证明对象。

第七节　刑事证明责任

刑事证明责任是刑事诉讼中的一项重要制度，有“诉讼的脊梁”之称。它具有深刻的理论价值和实践意义。理论上，刑事证明责任影响刑事诉讼的启动、推进、终结。它以刑事证明责任分配的研究为核心，包含了证明主体、证明对象、证明标准以及法律后果等一系列问题。实践中，它科学地指导各个证明主体正确履行证明责任。因此，刑事证明责任长期受到国内外理论界和实务界的关注。本世纪以来，我国的刑事证明责任研究，取得了许多富有意义的成果。

一　刑事证明责任的概念与属性

在“证明责任”的概念上，我国理论界主要是围绕着证明责任和举证责任之间的关系展开的，并大致形成了如下三种主要学说。

一是“同一说”。该说认为证明责任就是举证责任。持同一说的学者直接把证明责任和举证责任混用，不再对两者进行区分。因为他们认为，“既然人们在长期的语言习惯中已经把它们当作同义词来使用，现在似乎没有强行改变的必要”。①

二是“包容说”。该说认为证明责任包括举证责任。有的学者认为，我国诉讼中的证明责任，可界定为司法机关应当收集证据证明其所认定的案件事实，某些当事人应当提供证据证明有利于自己的主张，否则，将承担其认定或主张不能成立的危险的责任。其中，当事人应当提供证据证明有利于自己的主张，否则将承担其主张不能成立的危险的责任，又称举证责任。② 这种区分主张证明责任的主体包括司法机关和当事人两类，举证责任的主体专指当事人。

---

① 参见何家弘《刑事诉讼中举证责任分配之我见》，《政治与法律》2002 年第 1 期。

② 参见陈一云主编《证据学》中国人民大学出版社 2000 年版，第 165 页。

三是“区别说”。该说认为证明责任与举证责任是两个完全不同的概念。有的学者认为，证明责任是指司法机关应当承担收集证据，提供证据，证明案件事实的法律责任。证明责任总是和司法机关承担的法律职责、义务相联系。举证责任是指控辩双方在向法院提出自己诉讼主张的同时，应当承担提供证据加以证明的责任，使法官确信其举出的证据事实，能够证明其诉讼主张的确实性。如果承担举证责任的一方没有履行举证责任，就要遭受败诉的法律后果。① 在这种看法中，证明责任的内容专指司法机关提出证据证明案件事实的法定职责。举证责任则指控辩双方提供证据加以证明的责任，其主体包括控辩双方，内容涵盖提出证据的责任和使法官确信的责任两方面。

证明责任的法律属性是关于“证明”这种诉讼行为或者诉讼活动是什么性质。在证明责任的属性上，我国学者争议较大，其中主要有以下几种学说。

一是“权利说”。该学说认为，当事人提供证据是自己行使诉讼权利的体现，主要体现为一种权利，因此，证明责任具有权利的属性。该说立论的主要依据是：（1）我国民事诉讼法规定了“当事人有权收集，提供证据”；（2）“举证在诉讼法史上普遍被看作当事人的一项权利”；②（3）“因为古日耳曼诉讼中的正式的证明制度，仅一方当事人加以证明，排除另一方当事人进行反证，所以，证明被视为被允许加以证明的当事人的权利”；③（4）许多国家宪法规定了“人民有诉讼之权”，由此规定可以推导出，当事人有从事主张及举证活动的权利。

二是“义务说”。该学说认为，证明责任是促使当事人提供证据证明其主张，如果当事人不能提供证据证明其诉讼主张，他将受到不利的裁判，因此，提供证据具有义务的属性，是当事人的义务。该说认为：（1）从证明责任概念的起源来看，在证明责任最早由罗马法学家提出时，对证明责任的分配中，法学家提出了“主张的人有证明的义务”、“否定

---

① 参见程荣斌主编《刑事诉讼法》，中国人民大学出版社 1999 年版，第 202 页。

② 参见李浩《民事证明责任研究》，法律出版社 2003 年版，第 38 页。

③ 参见［德］莱奥·罗森贝克《证明责任论》，庄敬华译，中国法制出版社 2002 年版，第 61 页。

的人没有证明义务”、“原告有证明的义务”等观点；（2）当事人履行证明责任是被强制进行的，这种强制力来自于一项诉讼法上的拟制。比如在外国的立法例中，德国、日本的民事诉讼法条文中，都有“举证义务”或“证据义务”的规定；我国民事诉讼法第64条也规定：“当事人对自己提出的主张，有责任提供证据。”（3）从概念上看，基于对证明责任的理解，如所谓“举证责证是指当事人对自己提出的主张，有责任提供证据加以证明的责任”，“举证责任就是当事人在民事诉讼中，对自己所主张的事实，有提供证据加以证明的责任”，因而认为责任是义务的一种。同时，坚持该学说的还认为权利说难以成立，因为按法学原理，权利享有者可以放弃权利，而不会给其造成不利后果，而当事人如果不承担证明责任也会面临着败诉的后果，所以这显然不符合权利的基本理念。①

三是“权利义务说”。该观点认为，证明责任具有双重性质：一方面，从行为意义上看，证明责任体现为一种举证行为，表现为当事人有权提出证据证明并支持其自己的诉讼主张，以维护其自身的权利，因此，具有权利属性的一面。另一方面，从结果意义上看，证明责任体现为一种后果，表现在当事人举证不力或证明不力时，要承担不利的法律后果，即败诉的风险和法律责任，因此，它又具有义务属性的一面，具有权利和义务的双重属性。

四是“责任说”。责任说认为，证明责任是证明主体的法律责任。责任的内涵包括当事人提供证据证明其主张、司法机关收集证据以认定案件事实的责任，也包括在不能证明时，承担其主张或认定不被认可的责任。该说认为，责任说和义务说的区别在于对负证明责任的当事人来说，他应该对自己的主张提供证据进行证明，如果未能证明，只对自己不利，而非对他人不能履行义务。对司法机关来说，刑事诉讼中要认定被告人有罪，民事诉讼中要认定某一诉讼主张成立，行政诉讼中要认定行政机关的具体行政行为合法，均需要确实、充分的证据，否则即不能认定。这只是司法机关在诉讼中的证明责任，而非对国家或者任何人不履行义务。②

五是“负担说”。负担说认为，主张及举证活动的法律性质并非权利也非义务，仅为当事人为获得胜诉判决的实际上必要。换言之，不主张、

---

① 参见胡锡庆《诉讼证明学》，中国法制出版社2002年版，第190页。

② 参见陈一云主编《证据法学》，中国人民大学出版社1991年版，第154页。

不举证时将导致败诉，如不想败诉不得不承担起这个负担。如果当事人愿意放弃胜诉判决的目的，不介意败诉时，立即可以卸下这一负担。有的学者从词源的角度考察了举证责任的本质。① “举证责任”在英语中为“burden of proof”，在德国称为“beweislast”，日本把“beweislast”译为“责任”或“义务”，本意为负担、重荷、烦累等。举证责任在法语中表达为“onus”，但“onus”就是“burden”。法国还使用“charge”表示举证责任。“charge”还有负担，心的重荷等意。在日本，负担的含义比义务的概念广，义务、责任、负担、重荷等都是负担，所以负担说本身就包含义务说或者责任说，是一种宽泛的说法。负担说的意义在于：第一，举证责任是当事人自己的事情，而与他人无关。第二，任何人不得强迫当事人履行举证责任。在此意义上，如果义务说能界定为当事人为证明其事实主张的义务，则也可以成立；而“负担”一词自身并非终极范畴，如果问当事人为何有此负担，其法律根据则仍需界定。六是“义务后果统一说”。该学说认为，证明责任不仅表现为当事人的一种诉讼义务，而且还表现当事人在举证不能，证明不力时的一种不利后果，是义务和后果的统一。

在证明责任的属性问题上，还存在着“证明责任”是实体法问题还是诉讼法问题的争论。对此，我国理论界主要有三种学说：即“实体法说”、“诉讼法说”和“折中说”。“实体法说”认为，何种要件事实由原告负举证责任，何种要件事实由被告负举证责任，这是根据实体法的规定来决定的，而不是根据诉讼法的规定决定的，诉讼法也无法决定该问题，因而证明责任制度是一种实体法上的制度。“诉讼法学说”认为，证明责任的原则存在于诉讼法上，证据的概念也仅在诉讼法上才有，证明责任是法院对于案件事实在诉讼中真伪不明时作出判决的依据，而实体法本身并没有就这种解决方法提供依据，所以证明责任应当属于诉讼法领域。“折中说”则认为证明责任理论具有双重属性。②

从整体上来看，坚持实体法说和折中说两种观点的学者较多，而坚持纯粹诉讼法说的学者较少。在具体的理由上，实体法说认为，证明责任制

① 参见何家弘主编《新编证据法学》，法律出版社 2000 年版，第 362—363 页。

② 参见宋英辉、汤维建主编《证据法学研究述评》，中国人民公安大学出版社 2006 年版，第 318 页。

度尽管规定在诉讼法之中，但不能因为证明责任制度在形式上规定在诉讼法中，便认为它本质上也一定属于诉讼法领域。从内容看，证明责任制度中最为关键的是其败诉危险属性，而这个属性是与证明责任的分配密切联系在一起的，可以说证明责任的分配是证明责任制度的核心内容，而证明责任的分配原则是从实体法各项规定中提炼出来的，是实体法原则精神的体现，实体法是证明责任分配原则的源泉和最终依据。

另外，学者还认为证明责任居于实体法领域还有重大的实际意义。这主要表现在两个方面：一是在国际私法方面，法院在解决涉外案件时，诉讼法必须适用本国诉讼法，也即法院所属地国家的诉讼法，这是司法主权原则的体现，也是各国的惯例。而实体法却可以根据国际私法的冲突规则适用外国法，就是所谓国际私法上的冲突规则和准据法的选择。如果将证明责任的性质界定在实体法领域，这意味着它可以同其他实体法规则一样，受国际私法冲突规则的调整，也有选择适用外国准据法的可能。这种理解是同司法实践中的国际惯例相一致的。根据国际惯例，证明责任是按照作为解决案件的准据法国家的实体法来确定的，而若采用诉讼法说，则证明责任的分配必须采用法院所在地国家的分配原则，显然这是同司法实践相违背的，也不符合法律理论。另一个表现是在时际法上。时际法是指在新法、旧法交替时，手头的案件之解决应当适用何种法律。根据法学原理，对于实体法而言，应当适用旧法解决业已发生但尚未解决的案件，有助于实现法的可预见性和安定性的功能。但对于诉讼法，则一般应适用新法解决手头案件。因为诉讼法是技术法，作为技术法，新法一般比旧法更加合理、科学，若证明责任属于实体法，则适用旧法原则；若属于诉讼法，则适用新法原则。而证明责任的分配是根据规定系争关系的实体法决定的，故而实践中一般适用旧法原则，而不是将它归属于诉讼法，适用新法原则。所以，实体法说相对诉讼法说更加符合实际情况。① 更多学者主张折中说，认为“举证责任本质上是个‘两栖’问题，它横跨民事实体法和民事诉讼法两大法域……从本质上说，在双方当事人之间分配举证责任，是民事实体法与民事诉讼法在诉讼中的适用问题。”②

---

① 参见张卫平《诉讼构架与程式：民事诉讼的法理分析》，清华大学出版社2000年版，第275—276页。

② 参见李浩《民事举证责任分配的法哲学思考》，《政法论坛》1996年第1期。

我们认为，对证明责任的概念及其法律属性产生不同的理解是非常正常的，但同时认为，完整的证明责任内容应当包含提出诉讼主张责任，提供证据的责任，论证说服责任和不利后果承担责任四个方面，我们在认识证明责任性质的时候，应当对此四个方面予以全面把握，同时也应当对证明责任中的不同行为的法律性质要有正确全面的认识，不能用证明责任中的某一部分内容的性质代替证明责任的整体性质。因此不能只看见了证明责任中的提出诉讼主张行为，就认为是一种权利；也不能看见了提供证据的行为和证明说服行为，就认为证明责任是一种义务。实际上，证明责任最本质的功能在于，“当诉讼结束，事实仍处于真伪不明的状态时，为法官提供将不利益的诉讼后果判决给某一当事人承担的法律依据”①，而这正是我们在界定证明责任的概念及其属性时所应该牢牢把握的方面。

二 刑事证明责任学说发展的历史沿革

近年来，随着我国对证明责任研究的深入，学界也对与证明责任有关的代表性学说及其历史沿革进行了细致考察，在理论认识上取得了一些新发展，现综述如下：

1. 古罗马时期的证明责任学说

在罗马法初期，法学家们提出了如何分配证明责任的学说。学者们将这种分配证明责任的学说概括为以下几个公式：（1）主张之人有证明之义务，否定之人则无之；（2）事物之性质上，否定之人无须证明；（3）原告不举证证明，被告即获胜诉；（4）原告对于其诉以及以其诉讼请求之权利，须举证证明之；（5）若提出抗辩，则就其抗辩有举证之必要。② 尽管在罗马法学家的著作中，尚未发现对证明责任含义的解释，但是我们可以看出，古罗马时期民刑不分，其证明责任制度主要是指，主张方对其诉讼主张必须进行证明，否则承担败诉后果。一旦主张方履行了证明的义务，抗辩方必须对其抗辩主张进行证明。古罗马的证明责任已经全面包括了行为意义和结果意义，但侧重行为意义，其结果意义并不完整。

---

① 卞建林主编：《刑事证明理论》，中国人民公安大学出版社 2004 年版，第 179 页。

② 参见卞建林、郭志媛《刑事证明主体新论：基于证明责任的分析》，《中国刑事法杂志》2003 年第 1 期。

2. 大陆法系国家的证明责任学说

在证明责任的概念上，大陆法系国家中德国的研究起步较早。从罗马法到德国普通法时代，理论研究一直在发展这样的观念：证明责任即当事人为获得有利于己的裁决，承担提供证据证明自己主张的特定事实存在与否的责任。这种观点被称为“主观证明责任说”。主观证明责任又称为行为责任或形式上的证明责任，强调承担证明责任的主体提供证据的行为，而并不重视该行为在程序和实体上的后果。主观证明责任说长期占据德国诉讼理论界，直到1883年，德国法学家格拉查在其发表的专著《刑事诉讼导论》中，提出“客观证明责任说”观点。他将证明责任一分为二：一为主观证明责任，二为客观证明责任，并指出，后者才是证明责任的实质。所谓客观证明责任，又称结果责任、实质上的证明责任，是指法律规定的要件事实在法院审理的最后阶段仍然真伪不明时，由对该要件事实负有主张责任的当事人承担不利后果。此后，莱昂哈特与罗森伯格等学者又发展了客观证明责任说。该学说逐渐取代了主观证明责任说的主导地位。①

德国证明责任概念中还存在一个概念：证明必要。证明必要是指刑事被告人提供证据证明自己无罪或罪轻的要求。不举证并不导致被告人承担不利后果，但是在实际生活中，被告人举证有时确有必要。比如，正当防卫、紧急避险等辩护意见，如果被告人不提供证据，法官就很难确定调查的方向和范围。从法理上来看，被告人的证明必要来源于诉讼上的利益性，其举证的目的在于向法院提供证据调查的渠道、信息。② 日本近代的法律制度是效仿德国而建立的。自近代以来，日本的法学理论受德国的影响甚大。1917年，日本的雉本朗造发表论文《举证责任之分配》，首次将客观证明责任概念从德国介绍到日本，大多数诉讼法学者迅速接受并采用了客观证明责任概念。理论界的这一转变又影响到审判实践，不久，日本的判例也开始采用证明责任概念。③ 由此我们可以看到，大陆法系证明责任制度发展中的巨大进步是客观证明责任说的提出。

---

① 参见汪海燕、胡常龙《刑事证据基本问题研究》，法律出版社2002年版，第89页。

② 参见黄永《证明责任概念的比较法分析》，《政治与法律》2003年第6期。

③ 参见李浩《民事证明责任研究》，法律出版社2003年版，第7页。

在证明责任分配的学说发展上，德国学者同样作出了巨大的贡献。罗森贝克所提出的“规范说”对证明责任分配理论的发展具有划时代的意义，它使深奥复杂的证明责任分配理论趋于平易，便于人们理解和操作，因而在长达半个多世纪的时间里，成为德国学术界占绝对支配地位的学说，并为德国判例所接受。该说因罗森贝克主张以法规要件分类为出发点，并主要以法律条文的表意和构造为标准分析法律规定的原则和例外，以及基本规定与反对规定之间的关系，并以此来分配证明责任而得名。罗森贝克认为：证明责任分配原则只有一条原理——对不适用某一条法律规定就不能获得诉讼请求效果的当事人而言，其应当对该项法律规定的构成要件在事实上存在与否承担证明的责任。据此，罗森贝克将实体法规范划分为权利发生规范、权利妨碍规范、权利消灭规范、权利限制规范四类，并在此基础上，确定了如下证明责任分配原则：“请求权人承担权利形成要件的客观证明责任，请求权人的对方当事人承担权利妨碍要件、权利消灭要件和权利阻碍要件的客观证明责任。”尽管规范说的证明责任分配原则具有一定的合理性、说服性和实践性，而且符合法的安定性和可预测性要求，但是它仍然存在某些难以克服的缺陷。自 20 世纪 60 年代开始，德国学者便针对规范说展开了激烈的批评，批评的焦点在于，根据罗森贝克的规范说，并不能引导出证明责任分配的具体标准。而且证明责任分配标准不应单一化，而应依多样化标准进行分配。此外从证明责任分配的性质上看，证明责任对象必须限定为一个要件事实并由一方当事人承担，而不能限定于一个相对性事实并由双方当事人承担。而罗森贝克关于权利根据规定与权利障碍规定的划分只具有概念设置上的意义，在实践中并无截然的界限，因此这些概念并不能作为证明责任分配的标准。

继罗森贝克提出规范说之后，当代德国又出现了“修正规范说”与“实质分配标准说”两大学派。其中修正规范说的代表性学说“危险领域说”，将特定诉讼中的证明责任分配给实际控制危险领域的一方当事人。该说在根据证据距离远近、区别立证难易以及预防损害发生方面，充分体现了实质性分配的考量，但其只适用于责任法领域而缺乏普遍的适用性。“实质分配标准说”的代表性学说——盖然性说，则在批判规范说的基础上，强调以实质分配（“盖然性考量”）作为证明责任分配标准，力图构筑新的证明责任分配体系。该学说在综合当事人间利益考量以及强调被害者救济或社会保护方面具有一定的合理性，但其认可“法官创造证明责任规范”的做法，必然导致证明责任分配因案而异的结果，从而丧失证明责任分配标准的统一性。此外，盖然性说将证明尺度纳入证明责任分配标准领域，使其进一步复杂化，也是招致批判的一个方面。以上各学说虽均有其合理因素，但由于证明责任问题的复杂性，任何一种学说都无法独立解决证明责任的分配问题。①

2. 英美法系国家的证明责任学说

在证明责任的概念上，英美法系国家存在有多种含义，但是通说认为，证明责任包括法定责任和证据责任。法定责任是指一方证明（或否定）争议事实，根据案件情况达到优势证据或者排除合理怀疑的法定要求的责任。此定义是基于《美国统一证据规则》的规定。法定责任最先是由英国丹宁法官（Lord Denning）提出的，它的适用范围由实体法决定；格兰威尔·威廉姆斯教授（Professor Glanville Williams）把它叫做“说服责任”；其他英国学者则把它叫做“依据诉状而发生的证明责任”或“固定的证明责任”。美国学者威格莫尔（Wigmore）称之为“不说服的风险”。此外，英美国家的一些判决简单地把这种责任称作“证明责任”或“认证责任”。需要注意的是，英美法系证明责任制度是伴随着陪审制度的发展而发展的。但是，当今在英美法系国家，大量的案件已经不实行陪审制度。即便如此，法官审理的案件仍然要经过两个阶段：第一阶段为法官审查控方的起诉是否符合法定条件；第二阶段为由法官最后认定控方的控诉是否达到定罪标准。从审判的基本方式来看，陪审团审判与法官对案件的审判基本是相同的，只不过形成案件心证的主体有所不同——前者是陪审团成员，后者是审判法官。所以，英美法系的证明责任理论不会因法官代替陪审团决定案件的实体问题有所改变，它仍然适用现今的没有陪审团参与案件审理的审判方式。②

在证明责任分配的理论上，英美法系的通说则认为，证明责任分配不存在一般性标准，只能在综合若干分配要素的基础上作个别性决定。换言之，就是综合各种利益的衡量，具体问题具体对待。英美法系的学

---

① 参见卞建林主编《刑事证明理论》，中国人民公安大学出版社 2004 年版，第 182 页。

② 参见汪海燕、胡常龙《刑事证据基本问题研究》，法律出版社 2002 年版，第 80 页。

者通过总结，认为在对具体案件进行证明责任分配时所考虑的要素包括:(1) 政策（policy）；(2) 公平（fairness）；(3) 证据所持（possession of proof）或称证据距离；(4) 方便（convenience）；(5) 盖然性（possibility）；(6) 经验规则（ordinary human experience）；(7) 请求变更现状的当事人理应承担证明责任，等等。由于英美法系实际上是综合各种诉讼利益，以实证方式分配证明责任的，所以可以将这种分配证明责任的学说称为“利益衡量说”①。在具体进行证明责任分配时，应当重视哪些要素？对此，尽管英美学者们在分析上述七大要素对证明责任的决定性影响方面有一定的差异，但他们就证明责任分配应当综合政策、公平（包括证据距离）、盖然性（包括经验规则）这三个要素进行衡量已形成共识。

3. 对两大法系证明责任学说的比较与评析

在证明责任内涵的学说上，我们认为，大陆法系的主观证明责任与英美法系的证据责任，大陆法系的客观证明责任与英美法系的法定责任，基本存在对应关系，只是对应程度不同。客观证明责任与法定责任基本对应，都有相同的结果意义。而大陆法系国家法官调查权力和英美法系国家陪审制度的存在，使主观证明责任与证据责任并不完全对应，具有不同的行为意义。法官的调查干预割裂了行为与结果之间的必然联系，降低了主观证明责任的行为意义；陪审制度的存在则加重了证据责任，将其由行为意义提升至结果意义。

在证明责任分配的学说上，我们认为，英美法系的证明责任分配原则（利益衡量说）表现在多元要素的集合上，具有灵活性、司法对策性强的特点，但也存在着任意性、不统一性的缺点。而大陆法系“法律要件分类说”的证明责任分配原则，具有分配标准明确、便于司法操作和实体法调和的优点，但在灵活性、司法对策性方面则暴露出明显的不足。为此，两大法系在证明责任分配标准上已逐渐互相沟通和借鉴，实现优势互补。以判例法为传统的英美法系国家虽然在原则上采用利益衡量说，但随着制定法的不断完善和发展，法院也将分析法律条文的文义作为证明责任分配的一个要素，这说明英美法系证明责任分配的标准和

---

① 参见卞建林主编《刑事证明理论》，中国人民公安大学出版社2004年版，第183页。

制定法规之间也有一定的联系。而普遍采取法律要件分类说的大陆法系国家出于对传统的、被斥之为“机械法学”、“概念法学”的实证主义法学观的反省，尤其是面对“现代型诉讼”日益发展，在重新认识裁判与法官的互动关系之后，不再将法官作为被动地适用制定法的装置，而开始强调法官在诉讼中发现法的作用。德国“规范修正说”及“实质分配标准说”的出现，即标志着其已注意到实质性考量在证明责任分配中的重要性。①

第八节　刑事证明标准

关于刑事证明标准问题，从本世纪初开始成为学术界关注的焦点问题，历经几年的争鸣之后，虽然这一热点话题略有降温，但由于这一问题在刑事司法实践中的地位举足轻重，因而始终是刑事证据理论必须面对的重要课题。

一　刑事证明标准的概念

我国证据法学理论界关于刑事证明标准的概念表述本身即存在分歧。概括起来主要有以下几种学说。

一是“证明标准说”。该说认为，证明标准是指法律规定的运用证据证明待证事实所要达到的要求。查明案件的起初情况使主观认识符合客观实际，达到客观真实，这是我国证据制度对刑事诉讼证明的要求。人民法院对于被告人作出有罪判决都必须做到犯罪事实清楚、证据确实充分。所谓犯罪事实清楚是指与定罪量刑有关的事实和情节都必须查清。所谓证据确实充分是对作为定案根据的证据质和量的总的要求。②

二是“证明要求说”。该说认为，证明要求是指诉讼中对案件事实等待证明事项的证明所要达到的要求。也就是说，承担证明责任的主体提出证据进行证明应达到何种程度，方能确认待证事实的真伪，从而卸除其证

---

① 参见卞建林主编《刑事证明理论》，中国人民公安大学出版社 2004 年版，第 184 页。

② 参见陈光中、徐静村主编《刑事诉讼法学》，中国政法大学出版社 1999 年版，第 177—181 页。

明责任。①

三是“证明程度说”。该说认为，刑事证明程度是刑事诉讼各阶段及有关环节关于查明的犯罪事实所要达到的法定要求。刑事诉讼的各阶段和有关环节都有自己的证明程度，不同阶段和环节的证明程度是不同的。②

四是“证明任务说”。该说认为，证明任务是确定案件事实的客观真实性，做到犯罪事实清楚、证据确实充分。排除虚假、求得真实是一切诉讼证明的根本任务。司法机关查明案件客观真实是必要的，也是可能的。所谓案件真实就是案件本身的真实，追求客观真实是我国社会主义法律制度的要求。我国的诉讼证明任务是查明案件事实的真相。③

五是“证明目的说”。有学者将证明标准与证明目的予以区分，把证明标准问题的部分内容归之于证明目的，认为证明目的是指司法证明主体追求的目标，是司法证明活动的标的。而证明标准是指司法证明必须达到的程度和水平，是衡量证明结果的准则和标尺。司法证明目的是明确案件事实，以便司法机关正确适用法律。④

对于这些学说之间的关系，学界形成了“等同说”与“区别说”的两种观点。持有等同说观点的学者认为，尽管“证明标准”、“证明程度”来自于英文中的“standard of proof”、“degrees of proof”，但是，在实质含义上，与我国传统证据法学中的“证明任务”、“证明要求”完全等同，因此这些概念可以相互通用。也有的学者认为，“从意思上看，这些概念的含义是相同或至少是相近的，所以寻求它们的区别会失去理论研究的方向，而且人为地制造理论的复杂性和烦琐性，是有害无益的”。⑤ 因此一些学者在界定证明标准的概念时，对上述这些概念不加区分，如“证明要求，又称证明标准、证明任务、法定的证明程度、证明度等，是指按照法律规定认定一定的事实或者形成一定的诉讼关系对诉讼证明所要求达到

① 参见谢佑平《刑事诉讼模式与精神》，成都科技大学出版社 1994 年版，第 207—208 页。

② 参见张大群《刑事证明程度新论》，《政法论坛》1994 年第 2 期。

③ 参见胡锡庆主编《诉讼证据学通论》，华东理工大学出版社 1995 年版，第 233—235 页。

④ 参见何家弘、杨迎泽《检察证据教程》，法律出版社 2002 年版，第 540—546 页。

⑤ 参见江伟主编《证据法学》，法律出版社 1999 年版，第 108 页。

的程度或标准。证明要求所解决的问题是，确认在何种证明状态下可以采取某一诉讼行为、启动某一诉讼程序或者实现某一诉讼结果，这种证明状态体现为一定质的和量的证据所能达到的解释全部或者部分案情的明晰程度。”① 而持有区别说的学者则认为，“证明标准”与“证明任务”并非等同概念，有的学者认为，前者代表着具体的裁判尺度，而后者则代表着抽象的诉讼理想，指出证明标准作为衡量证据是否确实充分的尺度，的确是证明任务是否完成、证明要求是否达到的参照物，但任务和要求并不等于标准本身，证明标准与证明任务、证明要求是不能混用的概念。② 还有学者认为，证明标准与证明要求并非全然等值的术语。证明要求是立法者在法律规范中确立的目标模式，它原则而抽象，有时甚至可能过于理想化；而证明标准作为一种具体尺度，必然具有可操作性，能够为办案人员据以衡量对案件事实的证明是否达到法律的要求。③ 对于证明标准的这些语词之争，有的学者认为，“表面上看来似乎只是辞藻之争，实则不然！在这一看似辞藻之争的背后，暗含着对现行立法和传统理论的不同态度：在等同说看来，我国诉讼法中关于‘事实清楚，证据确实充分’的规定以及与此相联系的‘客观真实理论’，不仅是诉讼证明的任务和要求，同时也是裁判者认定事实的尺度和标准。该说其实已经暗含了对现行立法和客观真实理论的承认。与之相对，赞同区别说的学者通过区分证明标准与证明要求，试图揭示客观真实理论‘过于原则和抽象’、‘理想化’的品性，以期割断传统证据法学对证明标准理论的羁绊，从而为讨论证明标准的具体立法设置排除障碍”。此外，“尽管存在着上述两种对立的语词界说，但是，在证明标准讨论中，更多的学者似乎无意关心证明标准的语词界定，而是径行将证明标准等同于‘认定事实所需达到的可具以操作的法律尺度或标准’。于是，有关证明标准的讨论遂转变为一场关于‘事实清楚，证据确实充分’、‘客观真实标准’是否具有可操作性的争论，并由此转化为一场关于‘立法上如何设置证明标准才更具可操作性’的

① 刘金友主编：《证据法学》，中国政法大学出版社 2001 年版，第 312 页。

② 参见徐静村《我的“证明标准”观》，载陈光中、江伟主编《诉讼法论丛》第 7 卷，法律出版社 2002 年版，第 12 页。

③ 参见张中《论刑事诉讼的证明标准》，《法学论坛》1999 年第 6 期。

争论”。[①]

需要注意的是，即使在“证明标准”这一概念框架内，对其内涵与外延的界定，学界仍然有比较大的分歧意见。有的学者主张“尺度说”，认为刑事证明标准是指对于刑事案件事实等待证事项的证明所需达到的尺度，亦即承担证明责任的诉讼主体提出证据证明其所主张的事项应当达到何种程度方能确认其真伪，从而卸除其证明责任的具体规格。作为标准的这个尺度或规格是区分不同事物的质的界限，就如百分制中六十分，线上为及格，线下为不及格。刑事证明标准则是证据充分与证据不足的分界线，线上为充分，线下为不足。[②] 有的学者主张“要求说”，认为刑事证明标准是法律关于负有证明责任的诉讼主体运用证据证明争议事实，论证诉讼主张所需达到的程度方面的要求。在英美证据法理论中，证明标准也被理解为负有证明责任的一方当事人就其主张的事实予以证明应达到的水平、程度或量，也就是说证明标准是指为了避免遭到于己不利的裁判，负有举证责任的当事人履行其责任必须达到的法律所要求的程度。法律对证明标准的设定对诉讼各方均有拘束力。[③] 有的学者主张“程度说”，认为证明标准是指承担证明责任的人提供证据对案件事实加以证明所要达到的程度。当事人提供的证据达到了证明标准，就意味着当事人履行了证明责任，他提出的主张就会成立，也就是不会因为待证事实的证明问题受到诉讼中的不利益；相反，如果当事人提供的证据未能达到证明标准，就意味着他没有完成证明责任，他的主张将不会成立，也会因为待证事实的证明问题受到诉讼中的不利。[④]

最后应当明确的是，由于证明标准的内涵问题与对证明概念本身的理解密不可分，因此不同学者对证明标准概念的界定，实际上是与其对证明内涵的认识息息相关的。一如前述，传统的刑事证明理论认为证明活动包括证据的收集、审查判断等诉讼活动，存在于整个刑事诉讼过程中。在此

---

① 参见宋英辉、汤维建主编《证据法学研究述评》，中国人民公安大学出版社2006年版，第356页。

② 参见徐静村《我的证明标准观》，载陈光中、江伟主编《诉讼法论丛》第7卷，法律出版社2002年版，第12页。

③ 参见卞建林等《诉讼证明：一个亟待重塑的概念》，载何家弘主编《证据法论坛》第3卷，中国检察出版社2001年版。

④ 参见樊崇义主编《证据法学》，法律出版社2001年版，第215页。

证明观之下，证明标准问题也存在于诉讼的各个阶段，如有的学者认为，“犯罪事实情节清楚，证据确实充分，是对刑事案件进行定案时的证明要求，不是在刑事诉讼一开始就能达到的。在诉讼的各个阶段，证明的具体要求有所不同。例如，在刑事案件立案时，只要求确定犯罪事实是否发生。逮捕人犯时，要求主要犯罪事实已经查清。这说明随着诉讼活动的进行，办案人员对案件事实的认识不断深化，法律对证明的要求也相应提高。当侦查终结后，无论是人民检察院提起公诉，还是人民法院作出有罪判决，都必须符合犯罪事实情节清楚，证据确实充分的定案标准”。① 在这里因此而衍生出了证明标准的层次性问题。这些学者认为，在英美刑事诉讼中，以可能性或确定性的不同程度，来划分刑事诉讼中的证明标准。如在美国证据法则和证据理论中，将证明的程度分为九等：第一等是绝对确定，由于认识论的限制，认为这一标准无法达到；第二等为排除合理怀疑，为刑事案件作出定罪裁决所要求，也是诉讼证明方面的最高标准；第三等是清楚和有说服力的证据，某些司法区在死刑案件中，当拒绝保释以及作出某些民事判决时有这样的要求；第四等是优势证据，作出民事判决以及肯定刑事辩护时的要求；第五等是可能的原因，适用于签发令状，无证逮捕、搜查和扣押，提起大陪审团起诉书和检察官起诉书，撤销缓刑和假释，以及公民扭送等情况；第六等是有理由的相信，适用于“拦截和搜身”；第七等是有理由的怀疑，足以将被告人宣布无罪；第八等是怀疑，可以开始侦查；第九等是无线索，不足以采取任何法律行为。这里，证明标准不仅包括法院认定被告人有罪的标准，而且包括检察机构起诉的标准，还包括侦查机关采取重大侦查行为应当遵循的标准和被告方在例外情形下承担举证责任时应当遵循的标准，即在不同的诉讼阶段适用不同的证明标准，对不同的诉讼主体适用不同的证明标准，证明标准体现出可能性或确定性程度方面的变化。

而在我国，刑事诉讼法将立案的证明标准表述为“认为有犯罪事实需要追究刑事责任”；逮捕的证明标准表述为“有证据证明有犯罪事实”；侦查机关侦查终结、移送起诉，检察机关提起公诉，人民法院作出有罪判决的证明标准均表述为“犯罪事实清楚，证据确实、充分”。同时我国立

---

① 参见陈光中主编《刑事诉讼法学》，中国政法大学出版社 1990 年版，第 169 页。

法并未对被告人承担证明责任时的证明标准问题作出明确规定。所以刑事证明标准的层次性问题未能在我国刑事诉讼法中得到充分体现。① 而现在有些学者提出了新的证明理论，主张证明是“国家公诉机关和诉讼当事人在法庭审理中依照法律规定的程序和要求向审判机关提出证据，运用证据阐明系争事实，论证诉讼主张的活动。”也就是说，“严格意义上的诉讼证明只存在于审判阶段，审判前的收集、提取证据只是为法庭上的证明活动奠定基础，创造条件。诉讼证明的目标指向的是审判人员，即证明给裁判者看或者向裁判者证明”。与之相适应，在这种证明概念体系下的证明标准也就是“法律关于负有证明责任的诉讼主体运用证据证明争议事实、论证诉讼主张所须达到的程度方面的要求”，是“履行举证责任必须达到的范围或程度……是证据必须在事实裁判者头脑中造成的确定性或者盖然性的程度，是承担举证责任的当事人在有权赢得诉讼之前使事实裁判者形成确信的标准。”具体而言，“证明标准既作用于当事人的举证行为，也作用于审判者的裁判行为。法官以证明标准为依据对当事人的证明活动进行法律评价，如果当事人履行证明责任达到了法定的证明标准，法官就认定该当事人的诉讼主张成立。反之，法官则应判定其诉讼主张不成立。对当事人来说，负担证明责任者依循证明标准确定和组织用于证明的证据，并努力按照证明标准来履行自己的举证行为；不负担证明责任的当事人则依循证明标准来抨击或质疑对方的举证行为，并选择己方是否有必要提供用来反驳的证据。控辩审三方诉讼主体均可借助于证明标准预测相互之间的行为动向和即将采取的程序步骤，同时决定自己所将采取的诉讼措施”。②

还有的学者具体分析指出，在认识证明标准问题时候要明确回答以下几个问题：第一，证明标准规范的认识主体是谁，即谁的认识应当达到证明标准所要求的程度？在现代法律制度下，证明标准规范的认识主体只能是事实裁判者，如陪审团、法官。第二，证明标准调整的内容是一种什么样的认识？在内容上，证明标准指向的是裁判者根据证据等法定证明手段所获得的关于证明对象的认识状态。具体而言，证明标准指向的只能是裁

---

① 参见熊秋红《从英美法看我国刑事证明标准》，《人民检察》2003 年第 5 期。

② 卞建林主编：《刑事证明理论》，中国人民公安大学出版社 2004 年版，第 234 页以下。

判者的主观认识状态。由于裁判者的认识主要依靠证据而获得，这种认识状态尽管在存在形式上属于个人的主观判断，但是，这种主观判断却是以法庭所调查的证据为基础的，其中包含了一定的客观内容。第三，证明标准所要求达到的尺度是什么？证明尺度是证明标准的核心内容。法律规定证明标准的目的在于明确，在何种认识程度上，裁判者才应当宣称特定命题所表述的历史事实确实存在。证明尺度所评判的是裁判者包含了客观内容的认识状态，而且，此种尺度的表述必须以裁判者主观“视其为真”为基础。因此，所谓的证明尺度，实质上指的是裁判者信其为真的确信程度，或者说，是裁判者就自己的认识已经反映客观内容的确信程度。① 既然证明只是发生在法庭审判阶段的问题，证明标准只是在法庭审判阶段裁判者依据证据对案件事实的认识状态，那么也就不存在证明标准的层次性问题了。

我们认为，“对证明标准的表述是一个问题，在实践中如何把握证明标准则是另一个问题。而后一个问题可以说更为复杂，也更具有实际意义”。因此，理论上关注证明标准的概念表述固然重要，而在实践中在何种情况下、依据哪些证据就可以认为达到证明标准，如何防止“理论上的高标准、执行中的低标准”才是我国今后在研究刑事证明标准时更应当引起重视的问题。②

二　刑事证明标准的具体界定

在西方国家，存在两种较具有代表性的对刑事证明标准的表述，即英美法系国家所奉行的“排除合理怀疑”标准和大陆法系国家所奉行的“内心确信”标准。虽然措辞上不尽相同，但是学界一般认为“排除合理怀疑”与“内心确信”其实是同一证明标准互为表里的两种表述。③ 有的学者认为，英美法系国家和大陆法系国家在法庭审判阶段对被告人有罪的证明均应当达到刑事证明标准的最高程度，而“排除合理怀疑”与

① 参见吴宏耀、魏晓娜《诉讼证明原理》，法律出版社 2002 年版，第 198 页以下。

② 参见熊秋红《对刑事证明标准的思考：以刑事证明中的可能性和确定性为视角》，《法商研究》2003 年第 1 期。

③ 参见卞建林主编《证据法学》，中国政法大学出版社 2005 年版，第 465 页。

“内心确信”分别是其各自的表达方式。除此之外，英美法系与大陆法系国家中的刑事证明标准尚有比较明显的差别，如（1）英美法系中的证明标准偏重从诉讼阶段上进行划分，证明标准成为不同诉讼阶段的主导者对案件进行实体处理——逮捕、搜查、起诉、定罪等的尺度；大陆法系中的证明标准偏重从证明对象上进行划分，在理论上不同诉讼阶段遵循不同证明标准的观念并不十分明确。证明标准的划分主要立足于审判程序。（2）从划分证明标准的依据看，英美法系国家主要根据可能性或确定性程度的不同来进行划分；在大陆法中，主要根据证明的方式及法官心证（确信）程度的不同来进行划分。（3）在英美法系国家的证据法中，对证明标准的关注一般以陪审团对被告人做出有罪裁决为终结；而在大陆法系国家，不仅关注法庭定罪的证明标准，也关注量刑的证明标准。（4）在英美法系国家的证据法中，对于控辩双方的证明程度有着不同的要求，控诉方的有罪证明需达到“排除合理怀疑”的程度，而被告人关于正当防卫、精神错乱等方面的辩护获采纳只需达到“优势证明”的程度。在大陆法系国家，关于刑事诉讼中被告人举证责任的规定不如英美法系国家的证据法明晰。①

在我国刑事诉讼法学界，对于刑事证明标准的具体界定主要存在两种学说，即传统的客观真实标准论以及对客观真实标准论形成最为猛烈冲击的法律真实标准论。

客观真实标准论认为诉讼中对案件事实的证明标准应达到客观真实的程度，也就是人们对案件事实的认识完全符合客观实际情况。传统客观真实标准论十分强调认识客观性（经验层面的案件事实）在诉讼中的决定性地位和判断标准作用。诉讼证明的目的是为了查明案件事实真相。司法机关在作出有罪认定时，必须以符合客观案件事实的认识为根据，以此作为适用法律和裁判的依据。“刑事证明所要追求的是客观真实，只有当人们运用证据对案件事实的认识达到了与客观的实际情况相符合时证据就是真实的，否则是虚假的。”② 客观真实标准论的理论依据是：其一，马克

① 参见熊秋红《对刑事证明标准的思考：以刑事证明中的可能性和确定性为视角》，《法商研究》2003 年第 1 期。

② 参见张继成《对法律真实和排他性证明的逻辑反思》，载何家弘主编《证据学论坛》第 2 卷，中国检察出版社 2001 年版，第 417 页。

思主义认识论中存在是第一性的，意识是第二性的，存在决定意识。人类具有认识客观世界的能力，进而推论认为刑事诉讼活动中，人们能够通过调查研究认识案件的客观真实。其二，凡已经发生的案件事实必然会在客观外界留下各种物品、痕迹，或为某些人所感知，从而为查明案件客观真实提供了事实根据。其三，作为组织保证，我国有党的坚强领导，有广大具有社会主义觉悟的群众支持，有一支政治思想觉悟高、拥有较丰富经验、掌握一定科学技术的司法干部队伍；其四，诉讼法的制定、颁布和不断完善为查明案件真实情况提供了法律依据。① 客观真实标准论从本质上说是一种实体真实的标准。客观真实是根据案件形成过程中获得的证据得出的，是经验的，而不是先验的。与传统客观真实标准论相比，现在坚持客观真实标准论的学者已经对其部分观点进行了修正，例如，放弃了传统理论对所有刑事案件都坚持客观真实标准的要求，主张对已经作出有罪供述的简易案件和自诉案件可以适当放宽证明标准，甚至主张在某些案件中实行“法律真实”；再如，放弃了传统理论对法律所规定的案件事实（证明对象）都应当达到“客观真实”的要求，主张根据事实和情节的重要性不同实行宽严不等的证明标准。② 尽管如此，就其基本观点而言，坚持客观真实标准论的学者仍然要求，在诉讼证明中，作为一项原则性要求，司法人员在认定被告人有罪时，对案件事实的认识必须达到与客观存在的社会经验事实相一致的程度；对犯罪事实的证明达到客观真实的程度，是司法人员认定被告人有罪的唯一标准。“虽然人们对案件事实的认识要受到主客观条件的限制，人们的认识难以达到与客观事实绝对一致，但不能因此而否定客观事实对人们认识的判定作用。因为不是客观事实不能与人的认识完全符合，而是人的认识不能与客观事实完全符合。难道因为人的认识不能与客观案件事实完全符合，而另外有人重新制定一个标准就能使人的认识与案件事实相符合么？……证据事实对案件事实的反映虽然只是相对的符合，但是，这种相对的符合只能是相对地符合于客观的案件事实

---

① 参见陈一云主编《证据法学》，中国人民大学出版社 1991 年版，第 114 页。

② 参见陈光中等《刑事证据制度与认识论：兼与误区论、法律真实论、相对真实论商榷》，《中国法学》2001 年第 1 期。

本身，而不是符合于法律规定或其他由人规定的任务东西。”①

传统的客观真实标准论在我国刑事证据法学的发展过程中，渐渐引起了一些学者的质疑，其中比较有影响力的是法律真实标准论。该论者认为，在司法活动中，人们对案件事实的认识符合法律所规定或认可的真实，是法律意义上的真实，是在具体案件中达到法律标准的真实。在法律视野中，作为裁断所依据的事实不是社会经验层面上的客观事实，而是经过法律程序重塑的事实。该事实因符合法定的标准而成为定罪科刑的依据。“所谓法律真实是指在发现和认定案件事实的过程中，必须尊重体现一定价值的刑事程序的要求，方可定罪科刑，否则应当宣布被追诉的人无罪。”② 法律真实的理论依据是：其一，马克思主义哲学原理表明，主体对客观世界的认识、对案件事实的证明只能达到一种相对的程度，被证明的事实不可能是实际发生的客观事实。其二，诉讼证明是一种法律活动，它不仅追求证明的真实性，还要追求证明的正当性。证明的正当性体现为程序过程的公正。其三，坚持法律真实说可以使诉讼证明活动变得具体明确，容易操作，也容易为普通公民或当事人所接受。③ 法律真实标准论实际上是一种建立在程序至上和实证主义理论基础之上的学说。

从本质上来看，学界关于刑事诉讼证明标准的争论，主要体现在对以下两个问题所做出的不同回答：一是作为裁判基础的事实能否达到客观真实的程度？二是以客观真实作为刑事证明的标准是否可行？

对于第一个问题，坚持客观真实标准论的学者认为，司法人员对案件事实的认识完全能够达到客观真实的程度，即主观认识正确地反映了客观事实的真相，包含了“绝对正确的内容，或者说，在一定范围内不能被推翻的正确认识”④。而且他们认为，“不承认客观真实，必然不同程度地

---

① 参见张继成《对“法律真实”和“排他性证明”的逻辑反思》，载何家弘主编《证据法论坛》第2卷，中国检察出版社2001年版，第418—419页。

② 参见樊崇义《客观真实管见：兼论刑事诉讼证明标准》，《中国法学》2000年第1期；樊崇义等：《刑事证据前沿问题研究》，载何家弘主编《证据学论坛》第2卷，中国检察出版社2000年版，第208—209页。

③ 参见樊崇义主编《证据法学》，法律出版社2001年版，第215页。

④ 陈光中等：《刑事证据制度与认识论：兼与误区论、法律真实论、相对真实论商榷》，《中国法学》2001年第1期。

走向不可知论”①。还有的学者指出，虽然实践是检验真理的唯一标准，但这并不排斥人类理性和逻辑证明在检验真理过程中的作用。诉讼证明的确是对发生于过去的事实进行的认识活动，不可能通过实践来检验，然而我们可以借助于逻辑证明来检验其认识结论的真理性。② 而主张法律真实标准论的学者则认为，必须区分两种不同的事实：证据事实和客观事实。“在刑事诉讼中，不存在超越于法律之外的客观事实，所有的事实必须在进入刑事程序之中的证据的基础上，并且依照法定的程序推论出来，即在法律规定的机制和标准上得出关于事实的结论，这也就是法律事实。”③ 此种法律事实不可能完全等同于社会经验层面存在的客观事实，只能是尽可能接近真相的事实。其理由有两种：一种是类似于西方经验主义哲学的观点，认为发生在过去的事情无法经过实践检验，只有上帝才知道；另一种理由是以辩证唯物主义认识论中关于真理相对性的原理来论证诉讼证明的相对性。

从学术争鸣的情况来看，大多数学者倾向于认同司法人员对案件事实的认识有可能达到客观真实的程度。目前辩证唯物主义认识论仍然被视为我国刑事证据法学的重要理论基础之一，这意味着可知论必须得到坚持，英美的经验主义哲学思想在我国缺乏生存的土壤。并且，辩证唯物主义认识论中关于真理相对性的原理与客观真实的证明程度之间并不存在任何矛盾。正如学者所言，客观真实既不是绝对真实，也不是相对真实。其实，从证明程度层面上讲，“客观真实”与“法律真实”之间的关系并非哲学上的“绝对真理”和“相对真理”的关系，而是逻辑学上的“确定性命题”和“盖然性命题”的关系。④

对于第二个问题，坚持客观真实标准论的学者主张司法人员对案件的裁判必须以客观事实为标准，司法人员据以认定有罪的事实根据必须正确

---

① 陈光中等：《刑事证据制度与认识论：兼与误区论、法律真实论、相对真实论商榷》，《中国法学》2001 年第 1 期。

② 参见阮方民、封利强《论我国刑事证明标准的现实选择：混合标准》，《浙江大学学报》（人文社会科学版）2002 年第 5 期。

③ 樊崇义等：《刑事证据前沿问题研究》，载何家弘主编《证据法论坛》第 1 卷，中国检察出版社 2000 年版，第 214 页。

④ 参见封利强《“客观真实”与“法律真实”的三重涵义——兼评“客观真实说”与“法律真实说”》，载陈光中、汪建成、张卫平主编《诉讼法理论与实践：司法理念与三大诉讼法修改》，北京大学出版社 2006 年版。

地反映客观事实。“从这个意义上说，有罪认定必须是绝对真实的，必须经得起实践和历史的检验，所谓‘铁证’，‘铁案’就是这个意思。”① 而在主张法律真实的学者看来，要求达到客观真实的标准太高，而且无法操作，所以主张在法律上确立一种能够最大限度保证事实认定之正当性的标准，并以此作为裁判的依据。此外，还有一种折中观点主张，尽管客观真实标准是理想的证明标准，但由于种种客观条件的限制，单一的客观真实标准并不符合我国现阶段的国情。所以，考虑到我国当前所处的发展阶段，在有限的刑事司法资源的制约下，兼采客观真实与法律真实这两种证明要求，从总体上适度降低刑事证明标准，或许是一种较为现实的选择。据此，论者将有罪判决的证明标准划分为三个层次，分别适用于不同类型的案件。除了对死刑判决等适用客观真实标准以外，其他类型的案件一律适用法律真实标准。②

从学术争鸣的情况来看，大多数学者认为，单一的客观真实标准不符合司法实际，因而应当从整体上适度降低刑事证明标准。从司法实践的情况来看，受司法资源有限性和各种主客观因素的制约，我国传统刑事证据理论所推崇的客观真实标准实际上并未得到真正落实。因而，法律真实论者提出的降低刑事证明标准的主张是基本符合我国司法现实需要的。2012年3月修订的刑事诉讼法在第53条中对我国刑事证明标准表述中的关键词“证据确实、充分”作出了进一步阐释：“证据确实、充分，应当符合以下条件：（一）定罪量刑的事实都有证据证明；（二）据以定案的证据均经法定程序查证属实；（三）综合全案证据，对所认定事实已排除合理怀疑。”一些学者认为，这一修改是在保留刑事证明标准原有表述不变的情况下，基于社会治安状况和刑事司法资源等多方面的权衡和考量，适度降低了原有的证明标准。

我们认为，学界关于刑事证明标准应当是“客观真实”抑或“法律真实”的讨论固然并非没有意义，但相关学说对刑事证明标准的研究大多是理论上的务虚探讨。从目前来看，这种理论层面的探讨已经足够深

① 参见陈光中等《刑事证据制度与认识论：兼与误区论、法律真实论、相对真实论商榷》，《中国法学》2001年第1期。

② 参见阮方民、封利强《论我国刑事证明标准的现实选择：混合标准》，《浙江大学学报》（人文社会科学版）2002年第5期。

入。法学研究的最终目的是指导司法实践，刑事证明理论的研究尤其不可与司法实践相脱节。因此，从发展的角度来说，我们应当将建立能够科学量化并在司法实践中具体应用的、务实的刑事证明标准，作为未来刑事证明标准研究的新方向。

第九章

刑事诉讼法学研究方法

第一节　方法论研究的基本状况

从20世纪90年代开始，中国法学开始了一系列以法学方法论为内容的研讨。从学术规范的强调、“部门法哲学”的尝试，到“中国法学向何处去”的争议，再到“法学研究范式”的集中讨论，法学研究方法、研究范式成为学术研讨和著述中出现频率较高的词汇。作为中国法学的重要组成部分，法学研究方法的讨论风潮自然也会席卷刑事诉讼法学研究领域。

与上个世纪末的刑事诉讼法学研究方法研讨不同，新世纪肇始研究者就显示出了对刑事诉讼法学研究方法的专注和热情。这种专注和热情首先表现为对刑事诉讼法学研究方法思考的自觉，出现了多篇直接以刑事诉讼法学研究方法为研讨对象的论文。其次，以往的阶级分析法、注释研究、比较研究等研究方法已经无法满足新的研究需求，呼唤研究方法转型的声音日渐高涨，并且旗帜鲜明。最后，对于研究方法转型的朝向问题，研究者们表现出了基本的一致性，即多元和实证。

一　对研究方法的反思

本世纪以来，对于刑事诉讼法学研究方法的关注，已经不再是教科书中简单罗列式的介绍或者研究者在研究过程中的践行，而是直接以刑事诉讼法学研究方法作为讨论对象的研讨。有代表性的文章，如《刑事诉讼法学研究方法的转型——兼论在刑事诉讼法学研究中使用实证研究方法的意义》、《刑事诉讼法学研究范式的反思》、《迈向实践：反思当代中国刑事诉讼知识体系》、《略论刑事诉讼实证研究方法——以经济学实证方法为借鉴》、《刑事诉讼法学研究的转型——以刑事再审问题为例的分析》等。

刑事诉讼法学研究者注意到并强调研究方法的重要性，指出“对于研究者而言，研究方法的选择是非常重要的，他必须了解可供选择的方法，并根据研究问题的特性和研究目的来决定采用何种方法以实现研究的有效性。而且每个研究者都需要在研究之前明确：任何研究方法都不是万能的，都具有一定的局限性和缺陷，因此需要通过研究方法的多元化来扬长避短。”①

研究方法有三个层面的表现：方法论层面，即指导研究的思想体系；研究方法或方式，即贯穿于研究全过程的程序与操作方式；具体的技术和技巧，即在研究某一个阶段使用的具体工具、手段和技巧等。② 显然，在研究方法的三个层面上，对于刑事诉讼法学研究方法的研讨都有触及。有论者认为，“对于刑事诉讼研究而言，目前真正缺乏的是刑事诉讼的法学研究方法论，方法论的缺乏意味着我们在分析问题时很容易缺乏研究的逻辑起点、稳定的基本认识论哲学观念和前后一致的学术认知立场，也就是缺乏对刑事诉讼的法学研究方法的哲学反思，无法使刑事诉讼研究达到哲学层面上的自我统一，从而难以形成一以贯之的分析进路并在不同的学术产出中将自己的分析进路贯彻到底”。③

也有研究者强调研究转型的方向性和转型的思路：刑事诉讼法学研究的转型首先要明确方向，即遵守刑事诉讼的发展规律，坚持刑事诉讼中“不能放弃的原则”，批判错误的观点，以避免转型时转向，而具体的转型思路应为设定底线并规划渐进改革的路线。④ 在法学研究的方法问题中应注意“从对策到解释”、具有“问题意识”、引入实证方法、注重法学

---

① 樊崇义、夏红：《刑事诉讼法学研究方法的转型——兼论在刑事诉讼法学研究中使用实证研究方法的意义》，《中国刑事法杂志》2006 年第 5 期。

② 参见陈向明《质的研究方法与社会科学研究》，教育科学出版社 2000 年版。

③ 胡铭、黄锫：《法学研究方法论与刑事诉讼的现代化——以法律经济学研究方法论为例的检视》，《政法论坛》2007 年第 3 期。

④ 参见王敏远《刑事诉讼法学研究的转型——以刑事再审问题为例的分析》，《法学研究》2011 年第 5 期。

学科的交叉研究。[①] 有学者强调相对合理主义的学术立场和方法，采取条件论和语境论的观点，“从技术到制度”的改革进路，尊重司法理性，防止“反智主义”。[②] 在具体的研究方法探讨方面，论及具体技巧和方法的完善，如制定科学的规划设计、选择合适的观察方式、进行精确的资料分析、制定研究风险与预防方案等[③]，又如强调在刑事法律实证研究中要规范研究伦理[④]。

二　对研究方法转型的积极倡导

本世纪之初，刑事诉讼法学研究方法研讨的又一个醒目特点是对研究方法转型的倡导。几乎所有论及刑事诉讼法学研究方法的作者，都会明示或者暗示的言及研究方法的转型问题。

转型的强烈欲求来自两方面的刺激因素。一方面，通过梳理和回顾历来的刑事诉讼法学研究方法，发现以往的研究方法存在不足，需要不断添加新的研究方法，并以新型的典型化特征代替旧有的主流研究方法。以刑事诉讼法学研究方法的阶段化发展为划分，有研究者认为，自清末变法以来的中国刑事诉讼法学研究方法经历了三次系统性转型：清末变法时期、新中国成立初期、20 世纪 90 年代。清末变法时期一直到新中国成立之前，法学方法西学东渐，然而“消化不良”；新中国成立初期到 20 世纪 90 年代前，法学方法意识形态化明显；从 20 世纪 90 年代至今，“方法多元，茫然徘徊”[⑤]。另有研究者细致地分析了建国以后的刑事诉讼法学研究方法经历的主要发展阶段，于前者意见基本趋同，但是更为细致和突出研究方法在各阶段的主导方法：研究方法意识形态化阶段，阶级分析法的一元统治；个性化研究方法初步探索阶段，注释研究方法的普遍化；研究

---

① 参见陈瑞华《论法学研究方法》，北京大学出版社 2009 年版。

② 参见龙宗智《观察、分析法治实践的学术立场和方法》，《法学研究》2011 年第 6 期。

③ 参见雷小政《刑事诉讼法学方法论·导论》，北京大学出版社 2009 年版，第 317—318 页。

④ 参见郭云忠《法律实证研究中的伦理问题——以刑事法为视角》，《法学研究》2010 年第 6 期。

⑤ 参见雷小政《刑事诉讼法学方法论·导论》，北京大学出版社 2009 年版，第 293—300 页。

方法多元化努力阶段，比较研究方法的推广。①

另一方面，既有研究方法难以满足对中国刑事诉讼的研究需求，暴露出诸种弊端，也是学者们探索新的路向的强烈促进因素。当代中国刑事诉讼知识产品（内容）过度理想化，知识生产主体学院化、单一化，知识生产基点“元理论”化，知识生产具有明显的演绎性而归纳性不足，知识生产的体系化与自治性，② 知识生产目的具有鲜明的功利性和实用性。当代刑事诉讼知识体系两大突出问题为非实践化和过度意识形态化。③ 与自然科学相比，法学研究显现出太多的价值偏好和太强的意识形态特征，这在刑事法研究中表现得尤为明显。刑事诉讼法学传统的研究带有太多的价值判断，无论是阶级分析还是注释研究抑或是比较研究，研究者先入为主的价值判断，使得其所提出的理论或者是对策显然事先便已经有了左、中、右的不同立场。④ 最近一些年来，很多研究成果，特别是学者们关于刑事诉讼制度改革的诸多主张并没有得到立法的充分回应。另一方面，即使被立法所采纳的学者建言，在实践中不说是形同虚设，也可认为是举步维艰。⑤ 也有论者将当代刑事诉讼法学研究中的问题归纳为五个方面：对策性有余、践行性不足，部门性有余、公共性不足，单一性有余、交叉性不足，强制性有余、合作性不足，移植性有余、本土性不足。⑥

在刑事诉讼法学的学术研讨和论著中，研究者们表现出了对刑事诉讼法学研究方法的自觉关注和研讨，并且呼吁改变既有的主流研究方法，向

---

① 参见樊崇义、夏红《刑事诉讼法学研究方法的转型——兼论在刑事诉讼法学研究中使用实证研究方法的意义》，《中国刑事法杂志》2006 年第 5 期。

② 其中，体系化是指知识生产的要旨是构建一个有机而统一的整体性知识体系，把所有的知识均纳入这一体系的相应位置；自治性是指刑事诉讼理论恪守自身的一整套完整、自洽的逻辑方式、思维工具与理论体系，没有引入或很少引入传统法学研究之外的研究方法与知识，具有自给自足的特性。

③ 参见左卫民《迈向实践：反思当代中国刑事诉讼知识体系》，《中外法学》2011 年第 2 期。

④ 参见胡铭《略论刑事诉讼实证研究方法——以经济学实证方法为借鉴》，《清华法学》2011 年第 1 期。

⑤ 参见左卫民等《中国刑事诉讼运行机制实证研究（二）以审前程序为重心》，法律出版社 2009 年版，第 1—2 页。

⑥ 参见雷小政《刑事诉讼法学方法论·导论》，北京大学出版社 2009 年版，第 300—304 页。

新的方向转型，以适应中国社会司法实践的需要以及刑事诉讼法学自身的发展要求。

三 多元和实证：研究方法转型的朝向

在自觉研讨刑事诉讼法学研究方法、积极倡导研究方法转型之后，随之而来的问题就是，研究方法的转型朝向何处、走向何方。尽管论者的具体见解不一，但是，对转型方向的基本看法却是一致的，即向多元的研究方向发展、不断拓展和增添研究手段和研究工具，尤其是强调对其中实证研究方法的重视。

在走过了建国初期基于意识形态以阶级分析法为唯一的研究方法后，自1979年之后的刑事诉讼法学复苏阶段开始，学者们尝试探索多元的研究方法，注释研究、历史研究、比较研究等基本研究方法进入研究者的视野并在研究中加以运用。有论者言及，“作为一个体系的刑事诉讼法学研究方法是一个不断添加和扩展的过程，随着研究方法多元化格局的形成，某一种研究方法的‘霸权’时代将逐渐逝去，代之以新型的自主选择研究方法的纪元的到来”①。“法律制度是一种生命有机体，它不仅本身是由一系列有着特定功能和特定结构的要素有机组合而成的，而且还受到特定的政治、社会、经济、文化、宗教、传统等因素的深刻影响；法学家们的学术使命更多的应当是运用科学的方法来提出理论和思想，从而更加有效地分析问题、解释成因并预测未来”；“要保持学术视角的开放性，研究者就必须打通刑事诉讼法学与法学其他学科的联系。”②

而在多元化的研究方法中，绝大多数研究者对于实证研究方法“情有独钟”。在《刑事诉讼法学研究方法的转型——兼论在刑事诉讼法学研究中使用实证研究方法的意义》一文中，作者在论及刑事诉讼法学研究方法多元化格局的同时，指出中国刑事诉讼法学研究方法转型的突破口应为实证研究方法的应用。③ 另有学者指出，刑事诉讼法学的研究者有必要

---

① 樊崇义、夏红：《刑事诉讼法学研究方法的转型——兼论在刑事诉讼法学研究中使用实证研究方法的意义》，《中国刑事法杂志》2006年第5期。

② 陈瑞华：《刑事诉讼法学研究范式的反思》，《政法论坛》2005年第3期。

③ 参见樊崇义、夏红《刑事诉讼法学研究方法的转型——兼论在刑事诉讼法学研究中使用实证研究方法的意义》，《中国刑事法杂志》2006年第5期。

走出“比较法学”和“新意识形态法学”两种研究范式的藩篱，以认识中国刑事诉讼实践为出发点，来寻找刑事诉讼制度合理化的可能路径，或许能承担此种研究取向的方法论应该是一种实证的方法。①

在论及中国法学研究须实现全面转型时，有学者指出：“法学研究之转型，实质上是研究法学和法律问题的主体（法学界、法律界，法学人、法律人）需要转型，是研究法学和法律问题的态度、立场、目的、方法、手段等需要转型，是法学各个学科、各个领域、各种问题的研究都需要转型。中国法学研究转型的指向、价值和生命力之所在，就是要借鉴和学习各国法学研究和法治实践的积极成果，关注和把握中国的法治国情，深入研究中国法治建设和法学发展中的重大理论与现实问题，向当下中国的改革、发展和创新交出一张合格的法学答卷。”② 在刑事诉讼法学研究方法的研讨中，研究主体们对研究方法研讨的自觉体现了在刑事诉讼法学这门学科中主体的转型，而后续更为艰巨的问题是，运用多元化的研究方法，借鉴学习积极成果并关注和把握国情，为理论问题和现实问题的解决交出满意的法学答卷。其中，在刑事诉讼法学研究方法方面，还应当关注的即是如何反思和发展既有的研究方法的解释力和践行力，同时着眼于新的尤其是实证研究方法的引入和展开。

第二节　历史分析方法

历史分析方法是一种传统的研究方法，一直是各学科研究中的重要研究方法，只不过因为各学科和各时期的侧重不同，时而凸显时而沉寂，而且有不同的研究偏向。历史分析方法作为刑事诉讼法学研究者习惯采用的研究方法之一，不断地在各种具体研究内容中适用。本世纪的十多年间，该研究方法在刑事诉讼法学研究领域的运用，也体现出了一些值得关注的倾向和特色：运用历史分析方法的刑事诉讼法学研究文献数量明显增多；研究的内容不断细化，不仅仅是法制史层面的简单描述，深入到了各个具

---

① 参见左卫民等《中国刑事诉讼运行机制实证研究（二）以审前程序为重心》，法律出版社 2009 年版，第 5 页。

② 李林：《2011 年的法学研究》，《中国社会科学报》2011 年 12 月 27 日第 250 期。

体制度的细节，以及概念、体系的寻根探源；另一方面，中国自身的刑事诉讼制度和理论的发展脉络的梳理，得到了少有的重视。

第一，运用历史分析方法的刑事诉讼法学研究文献数量与以往相比不断增加，而且其中很多研究以历史分析为唯一研究方法，即主要是对某一特定的刑事诉讼法学研究对象的历史考察。寻根探源、梳理发展轨迹、探索规律、启示未来是历史分析方法的优势。本世纪以来，随着刑事诉讼法学研究文献不断增加，运用历史分析方法的研究文献数量也是增量显著。在中国知网博硕士论文数据库中进行简单检索结果为例，在刑事诉讼法学学科分类中，明确以“历史分析”为主题的博硕士论文数量，1990—1999 年 10 年间，为 0 篇；2000—2012 年上半年，为 82 篇，其中含博士论文 8 篇；题名中含有“历史”的博硕士论文 2000—2012 年上半年，为 17 篇，其中含博士论文 4 篇。当然，由于未以主题词方式显现或在题名中未强调历史分析方法的引入，以上数字应该只是一个对比情况的缩影，而实际研究中运用历史分析方法的数量可能要多得多。但是，也要看到，尽管运用历史分析方法的研究文献的绝对数量在增加，不过相比其他研究方法的运用，尤其是比较研究方法和如今呼声比较高的实证研究方法，历史分析方法正在被边缘化。

第二，在运用历史分析方法的刑事诉讼法学文献中，显示出了所涉内容的广泛和分析的细致。与以往多是从法律规定的层面和法制史的角度对研究内容的相关情况进行历史梳理不同，2000 年以来的研究文献中历史分析方法的运用愈加细致，不仅涉及具体法律规定的历史沿革的整理分析，还包括相关历史文献、制度产生背景、概念体系的演进等的分析。在历史分析中，也出现了近现代历史学研究中出现了社会学、人类学以及语言学转向的倾向，研究者关注了历史分析中的社会背景和文化影响。如汪海燕博士的著作《刑事诉讼模式的演进》中，考察了历史上几种典型刑事诉讼模式在代表性国家的演进和我国刑事诉讼模式的形成与转型，而考察的内容除了具体制度的变迁外，还包括历史背景、权力结构、时代思潮、文化传统等制约刑事诉讼模式演化的因素。① 论文《公诉制度的历史沿革和发展趋势》勾勒了公诉制度的历史沿革和发展趋势，指出尽管政

① 参见汪海燕《刑事诉讼模式的演进》，中国人民公安大学出版社 2004 年版。

治体制、历史条件、文化传统等多方面的差异，世界各国的公诉制度在运行机制上呈现出种种差异，但是公诉制度的演进过程依旧体现出了历史发展的共同规律。①《刑事和解的历史解读与现代构建》从语源学、思想理论和司法实践角度分析了刑事和解在我国和西方的产生与发展。②《生成与发展：刑事辩护制度的进化历程论纲》细致地论述了刑事辩护制度的嬗变过程，从历史的维度展示了刑事辩护制度发展的规律。③《我国刑事诉讼观念百年省思——以刑事强制措施的规定为视角》一文，借助对中国刑事诉讼观念的历史梳理，来评论新修订的刑事诉讼法的利弊得失。④当然，不仅有对中国相关刑事诉讼法学内容的历史梳理和分析，还有对外国刑事诉讼的历史研讨，如《英国对抗式刑事诉讼模式形成之考究》，“从历史进程的角度，追溯了英国刑事对抗式诉讼模式的形成之路”⑤。

第三，随着对比较研究方法泛滥的反思以及对本土资源和本土传统的重视，不仅在法律史学领域中涉及我国古代刑事诉讼的内容得到空前的关注，而且，在刑事诉讼法学学者的研究文献中，也出现了明显的“整理国故”的倾向。相比以往的研究，在历史分析方法的运用中，对中国自身的刑事诉讼制度和理论的发展的梳理和分析不断增多。一方面，古代的一些制度对现代的借鉴意义受到了关注，如《我国古代死刑复核制度的特点及其借鉴》⑥ 等文章中，论及了我国古代死刑复核复奏制度对现代死刑复核制度的影响和启示；又如关于“亲亲相隐”制度对我国证人权利制度的影响等。另一方面，在各种制度和理论的构建和论证中，改变以往唯西方制度是瞻的做法，越来越多的文献开始将目光投入我国司法制度和

---

① 参见姜伟《公诉制度的历史沿革和发展趋势》，《浙江社会科学》2002 年第 4 期。

② 参见王俊、黄建兵《刑事和解的历史解读与现代构建》，《金陵法律评论》2007 年秋季卷。

③ 参见谢佑平《生成与发展：刑事辩护制度的进化历程论纲》，《法律科学》2002 年第 1 期。

④ 参见徐永康《我国刑事诉讼观念百年省思——以刑事强制措施的规定为视角》，《社会科学家》2012 年第 1 期。

⑤ 苑宁宁：《英国对抗式刑事诉讼模式形成之考究》，《金陵法律评论》2011 年秋季卷。

⑥ 周国均、巩富文：《我国古代死刑复核制度的特点及其借鉴》，《中国法学》2005 年第 1 期。

司法实践的发展过程，结合时代背景梳理发展沿革状况及其对今日和未来的影响。如在《法院、检察院和公安机关的宪法关系》一文中，作者梳理了我国从建国以来的三机关关系的形成与现实发展，并以此为基础分析“分工负责，互相配合，互相制约”的规范结构、实际运作模式以及预期的合宪性调整。① 又如《刑事强制措施体系及其完善》中，作者不仅论述了西方国家对刑事强制措施的规制，而且专门论及了我国刑事强制措施，特别是拘留和逮捕的发展沿革，② 这与以往“我国现状—西方借鉴—我国制度设想”等基本研究与论述套路是不同的，其中强调了我国相关内容的历史分析和比较。

综上可见，21 世纪以来刑事诉讼法学研究中的历史分析方法的运用有了可喜的发展，如运用该研究方法的研究数量有所增加、历史分析的运用更为全面细致、关注了本土资源的历史分析。但是，也应该注意历史分析方法在刑事诉讼法学研究中的一些局限和以后的研究需要不断补足和完善之处。首先，前文已提及，尽管在数量上历史分析方法的运用有所增加，但是与其他研究方法相比较，历史分析方法有渐受边缘化的倾向。其次，刑事诉讼法学研究中的历史分析方法需要进一步规范分析技术和丰富具体研究方法内容。历史分析方法的运用中，不仅要在方法论层面关照到历史是主观的还是客观的、是时间的还是逻辑的等问题，还要在纵向分析的过程中注重遵循科学研究的基本逻辑，定义、归类、限制与概括等。再次，在运用历史分析方法时，要更多地关注所谓历史学研究的社会学、人类学、语言学转向。从某种角度来说，文化诠释、历史分析和社会实证分析是不可分割的过程。在历史分析中更多地关注其中的文化、现实基础等背景因素，将使历史分析具有更明显的现实指向。也正是在这个角度，历史分析可以同正受普遍关注的实证研究方法相契合，可以说历史分析本身也是实证研究的一种，它将更有利于关注解释力和践行力的实证研究分析的拓展和深入。

---

① 参见韩大元、于文豪《法院、检察院和公安机关的宪法关系》，《法学研究》2011 年第 3 期。

② 参见易延友《刑事强制措施体系及其完善》，《法学研究》2012 年第 3 期。

第三节　比较研究方法

比较研究方法在我国刑事诉讼法学研究中是从 20 世纪下半叶开始兴起的，20 世纪 90 年代中期以后的法学教材中，已经普遍将比较方法列为刑事诉讼法学的研究方法。比较研究方法在刑事诉讼法学研究中曾经作为一个时期的标志，1996 年刑事诉讼法修改前后直至后续的时期，比较研究方法推广速度、普及程度都达到了显著的程度。① 21 世纪运用比较研究方法的刑事诉讼法学研究依然在继续，但是也进入了反思阶段。不仅有学者对比较研究方法的运用状况进行自觉的反思，而且也可以发现刑事诉讼法学中比较研究方法的践行者正在逐步开始改进和完善。

第一，如同历史分析方法，运用比较研究方法的文献在新世纪的前 10 年保持上升的趋势，甚至在有些年份增量更为明显。有学者对比较研究方法做了简单统计："对刊载于《法学研究》和《中国法学》上的有关刑事诉讼法学方面的论文使用的研究方法进行了调查，结果显示 1994 年发表的文章中有 20% 使用了比较方法，1995 年使用比例增加到 50%，在随后的年份中，除了 1997 年使用该方法的比例较低外，直到 2005 年的其他年份中，使用比较方法的比例基本上保持在 40% 以上，2001 年甚至达到了 77%"；"从 1994—2005 年在《法学研究》和《中国法学》上发表的刑事诉讼法学相关论文使用比较研究方法的具体数据：1994 年 20%，1995 年 50%，1996 年 43%，1997 年 29%，1998 年 62%，1999 年 44%，2000 年 47%，2001 年 77%，2002 年 47%，2003 年 40%，2004 年 67%，2005 年 54%。"②

第二，比较研究方法盛行一段时间后，鉴于其所引发的如泛滥使用、"南橘北枳" 等尴尬的问题，不少研究者对其开始了反思。如有学者指出，"比较研究方法盛行一方面源于学者们意图迅速打破 '注释法学' 统治的局面，另一方面则是由于刑事诉讼法修改时面临的理论严重缺位问题。为此，学者们都不约而同地将目光投向国外，从国外引进了一系列的

① 参见樊崇义、夏红《刑事诉讼法学研究方法的转型——兼论在刑事诉讼法学研究中使用实证研究方法的意义》，《中国刑事法杂志》2006 年第 5 期。

② 同上。

范畴和概念，从而使得刑事诉讼法学的理论研究迅速地繁荣起来。但是‘南橘北枳’的尴尬也接踵而至，刑事诉讼理论学说的本土化迅速成为刑事诉讼法学界必须面对的课题”①。有学者对一直主宰晚近刑事诉讼法学的理论范式进行批判，即“比较法学”和“新意识形态法学”。“‘比较法学范式’主要对比中国与域外法治发达国家的刑事诉讼制度（通常是英、美、法、德、日等国的刑事诉讼制度），从中发现异同，并探讨相关制度是否适用于中国。如果合适，则进一步论证如何改革中国刑事诉讼制度。”这种研究范式的弊端是没有充分注意中国的具体实践，难以提出针对中国刑事诉讼实践的可操作方案；以域外制度作为刑事诉讼制度改革的标准，忽视了非法律因素和资源差异等对制度运作的影响；预设域外法治国家刑事诉讼理念与制度具有普适性的命题，很可能会导致我们在中国刑事诉讼制度现代化问题上丧失必要的反思性，从而最终闭合从中国本身问题出发来促成刑事诉讼制度合理化的路径。②

第三，比较研究方法的运用已经基本摆脱了仅仅是制度或者书面法律的引介，研究者更多地考察了制度和书面法律形成与发展的历史背景、生成逻辑和机理、功能预设和实现状况。多数研究者已经不再单纯地将域外发达国家的刑事诉讼制度和诉讼理论作为至上的标准，在比较研究方法的运用上已经有了评论的因素和批判的眼光，并逐渐开始在对国内的状况有省察的基础上进行对比与分析。仅从注释这一细节来看，以往比较域外法律制度只从少数的基本译介的教材作为主要援引文献的做法，已经被越来越多的专业文献、专题文献、近期文献、原著文献所取代。在比较的过程中，不仅有了译法是否妥当的辨析，而且有了对文献的比较评析。

比较研究方法可分为纵向比较和横向比较，而纵向比较与前述历史分析方法是密不可分的，因而此处述评的仅限于以域外比较为主的横向比较。比较异同，寻找可资借鉴的因素，比较研究方法可谓基础研究方法之一。尤其是对于我国这样一个法治发展中的国家，把目光拓展至法治发达国家从中汲取经验和教训，将是一个长久的而且必然的任务和路径。但是

① 樊崇义、夏红：《刑事诉讼法学研究方法的转型——兼论在刑事诉讼法学研究中使用实证研究方法的意义》，《中国刑事法杂志》2006年第5期。

② 参见左卫民等《中国刑事诉讼运行机制实证研究（二）以审前程序为重心》，法律出版社2009年版，第4页。

比较研究不是为了比较而比较，更不是简单的对比，这些运用比较研究方法时应当注意的问题已经得到了大多数学者的认同和反思。

此外，在未来的刑事诉讼法学研究中比较研究方法的运用还应当注意如下具体问题：其一，对域外制度和理论的考察或翻译不能断章取义，要在保障真实全面反映原意和准确把握的基础上进行比较研究。在未来的研究中，也需要更多的就翻译和比较内容本身的正确与否的辨析和争论。其二，在认识到不能简单地将域外的制度和理论作为至上的标准并要结合本国的实践、本土的资源来评析、比较后，并不是比较研究可以就此告一段落。相反，比较研究方法应该在反思的基础上进一步完善，比较研究方法的运用应该更为契合实际、利于研究。应该进一步探索域外制度和理论的源流、发展脉络、逻辑机理、生成和发展背景、运行应用实效等内容，也应该带着批判的目光去审视域外的理论，用国内的实践来检验域外理论的解释力和可行性。

第四节 实证研究方法

在刑事诉讼法学领域，本世纪初实证研究方法得到了空前的关注。尽管实证研究方法一直被研究者所运用并非是新兴的研究方法，但是，在新的时期刑事诉讼法学研究者们对其寄予厚望，希望依靠它来给刑事诉讼法学研究带来新的转机。刑事诉讼法学研究中的实证研究方法，在 21 世纪的前十年，不仅其本身受到了关注和较多的研讨，而且出现了大量的以其为主要或唯一研究方法的文献。

一 对刑事诉讼法学领域实证研究方法的研讨

实证研究方法地位的凸显，是从反思现有刑事诉讼法学研究的困境和发掘实证研究方法的积极意义开始的。刑事诉讼法学研究与刑事诉讼实践的疏离，使得刑事诉讼法学研究成果无法对中国的刑事诉讼实践具有应有的解释力，并难以起到对实践的支撑和指导作用，以致学者与司法践行者，各说各话，彼此敬而远之，难以有效沟通形成合力。刑事诉讼法学研究中原创性成果为数不多，其中原因之一是从经验到理论的研究不足。"原创性法学研究一般都是从经验到理论的研究……从经验到理论的研究方法，意味着几乎所有的理论都不是从概念出发得出来的。换句话说，几乎所有的社会科学研究的经验和过程都存在一个普遍的规律，从概念到概念、从演绎逻辑出发是无法提出原创性理论的。”①

而实证研究方法恰恰可以弥补这方面的不足。有学者认为，“实证研究方法的引入将是刑事诉讼法学研究方法的革命”，其重大意义在于：第一，实证研究方法的实践性、科学性、规范性将彻底颠覆刑事诉讼法学思辨型的研究习惯定式；第二，实证研究方法以经验事实为核心的特质与刑事诉讼法学的实践性契合；第三，实证研究方法是树立刑事诉讼法学独立品格不可或缺的中介。② 也有学者从价值分析与实证分析的分野角度，来强调实证研究方法的意义，“我们刑事诉讼法学传统研究方法过多地采用了价值分析的方法，而忽视了实证分析的方法，或者说，即使是在为数不多的实证研究中，还是掺杂了过多的价值成分。因此，要想实现刑事诉讼法学研究的科学化，我们必须推进价值分析方法和实证分析方法的分野，并且在当前实证分析方法滞后的情况下大力倡导‘是什么’的解释性实证研究”③。

对实证研究方法来说，我们首先要知道它是什么、包括哪些内容，即“我们要注重对法律实证研究方法本身的研究，明确其分类和层次”；“如西方学者在刑事司法和犯罪学中的实证研究，就有实验研究、社会调查的方法，后者又分为问卷和访谈，访谈又分为个别访谈和集体讨论。还有观察的方法，又细分为非参与性观察和参与性观察”④。有学者认为，实证分析作为一种研究方法，包含逻辑实证分析和经验实证分析两个基本层面。逻辑实证分析，其核心含义对国家制定的法律规则体系本身作出科学的分析，换言之，这种方法着重于对法律规则本身作出合乎逻辑的分析和考察，建立一定的理论体系。经验实证方法，其实是按照社会学本身的模式，将法律实施视为一种社会现象，并对这些现象作出社会学解释的方

---

① 陈瑞华：《论法学研究方法》，北京大学出版社 2009 年版，第 143 页。

② 参见樊崇义、夏红《刑事诉讼法学研究方法的转型——兼论在刑事诉讼法学研究中使用实证研究方法的意义》，《中国刑事法杂志》2006 年第 5 期。

③ 胡铭：《略论刑事诉讼实证研究方法——以经济学实证方法为借鉴》，《清华法学》2011 年第 1 期。

④ 宋英辉、王武良主编：《法律实证研究方法》，北京大学出版社 2009 年版，第 19 页。

法。① 有的学者更注重实证研究对经验和方法的强调，如法学研究中的实证方法是按照一定程序规范对一切可进行标准化处理的法律信息进行经验研究、量化分析的研究方法，其三个基本要素是：程序、经验、量化。②又如，有学者认为“实证研究方法就是通过多种渠道和方式收集经验事实，并且按照既定步骤，采用特定方式对这些材料进行分析、推理以检验命题或者建立理论学说的科学方法”③。对实证研究的具体分类，学者们结合社会学的分类方法，一般认为，实证研究分为定性分析和定量分析两大类，具体包括四种方法：观察、调查、文献分析和实验。

在具体的实证研究中，除了要注意一般的基本的研究规范、研究方法和研究程序之外，在法学研究中学者们还提及了一些特别需要关注的问题。如实证研究中的伦理问题④；法学实证研究中的理念问题、技巧、案例问题；实证研究中的地点选择问题；不能“切割材料”，要注意情境；“经验研究要有问题意识，要能够跟问题相结合”，将经验研究材料与理论研究对接。⑤ 学者们也提出了要注意实证研究的局限性：一是它主要关注技术问题，而不是一些比较根本性的制度问题；二是它以实际部门支持为前提，可能会忽略问题，甚至有粉饰太平的意味，实证研究应该提倡研究重大甚至敏感问题，研究有重要意义的个案，提出有意义的改革思想；三是要注意保持实证研究主体的独立性，对实践有审视的态度，理解实践的难处，但不能一味迁就，否则法制就不会进步。⑥

在对未来法律实证研究的展望中，研究者们强调：第一，法律实证研究要有问题意识；第二，法律实证研究者应站在客观立场，有中立的态度；第三，实证研究要立足经验，要有经验事实，要有大量信息；第四，

---

① 参见陈瑞华《刑事诉讼法学研究范式的反思》，《政法论坛》2005 年第 3 期

② 参见白建军《论法律实证分析》，《中国法学》2000 年第 4 期。

③ 樊崇义、夏红：《刑事诉讼法学研究方法的转型——兼论在刑事诉讼法学研究中使用实证研究方法的意义》，《中国刑事法杂志》2006 年第 5 期。

④ 郭云忠：《法律实证研究中的伦理问题——以刑事法为视角》，《法学研究》2010 年第 6 期。

⑤ 参见宋英辉、王武良主编《法律实证研究方法》，北京大学出版社 2009 年版，第 3—57 页。

⑥ 参见龙宗智《观察、分析法治实践的学术立场和方法》，《法学研究》2011 年第 6 期。

研究方法应有针对性，各种具体的实证研究方法的运用之间应当注意优势互补，避免其局限和不足；第五，进行法律实证研究不能离开其他研究方法、其他理论的支撑。①

二　实证研究方法在刑事诉讼法学中的运用

尽管实证研究方法并不是新兴的研究方法，但是在法学研究中的运用却是近几年渐为醒目，无论在研究项目还是研究文献中实证研究的数量显著增多，而且这种趋势方兴未艾。

实证研究项目，如樊崇义负责主持的犯罪嫌疑人侦查讯问过程中录音录像和律师到场的三项制度实验、第一审程序的实证研究、刑事证据规则实证研究；四川大学中国司法改革中心对中国司法体制运作的系列实证研究，如法官任用制度的实证调研、对纠纷解决机制的实证研究；宋英辉自2004年开始主持的以实验为核心的实证研究：未成年人取保候审和不起诉制度改革试验、取保候审制度研究、刑事和解问题实证研究、被害人救助制度。

2000年以来，以运用实证研究方法或直接以实证研究为题的文献著述也明显增多。刑事诉讼法学中的代表性专著，如《中国刑事诉讼运行机制实证研究》系列丛书、《刑事和解实证研究》、《建立中国刑事辩护准入制度理论与实证研究》、《公正底线——刑事司法公正性实证研究》、《中国检察权实证研究》、《心证形成过程实证研究——以刑事诉讼程序为主线》、《侦查讯问程序改革实证研究》、《未决羁押制度的实证研究》、《刑事被害人保护的理念、议题与趋势——以广西为实证分析》、《程序正义的理想与现实——刑事诉讼相关程序实证研究报告》……从中国知网中发表论文的检索结果来看，刑事诉讼法学领域中以“实证研究”为题的已发表论文共163篇，从2000年至今共162篇；学位论文共37篇，全部为2000年以后完成。② 有学者统计了人大复印资料《诉讼法学、司法制度》近年来刊载刑事诉讼法学论文的情况，发现在2005年之前很少看到实证研究的文章；2006年有大约8%的被转载文章采用了实证研究的方

---

① 参见宋英辉、王武良主编《法律实证研究方法》，北京大学出版社2009年版，第58—59页。

② 2012年6月10日检索。

法；2007 年共有 16 篇实证研究文章被转载，约占所有刑事诉讼法学被转载文章的37%，并且开辟了“实证研究”的专栏；2008 年共有14 篇，占了约33%；而2009 年数据开始下降，被转载的刑事诉讼实证研究文章共5 篇，学者们开始了对实证研究运用的批判。①

实证研究方法运用的增多，一个附带的可喜变化是刑事诉讼法学研究者范围的扩大，越来越多的司法实务部门人员，特别是基层法院、基层检察院的实务工作者，他们的著述开始进入人们的视野。这打破了以往研究主体单一，以高校和科研部门为主的研究状况。但是，基层实务工作者的研究也暴露出了一些问题，如“在基层工作多年，有直接体会、经验心得，只是便于实证研究的一个方面。但是，由于其着眼点和工作范围的局限性，认识的广度、深度也就容易受到局限。基层工作者由于研究资源有限，所得的素材不充分、不丰富，其研究结论未必典型”②。当然，也有研究者乐观地提及，“真理隐藏在大量现象背后”③，“我们只能局限于我们的认识能力去发现真实，而每个人认识真实的能力都是有局限的，是局部的，只有把这些局部加起来，才能在大量个案背后透视相对的真实”④。而即使是专业的研究者，因为初次尝试实证研究领域，其研究也暴露出诸多亟待改进之处。有研究者指出，“学者们对于实证研究的热度似乎开始下降，批判之声开始出现，因为除了数据、试点、与实务部门合作等表面上华丽的研究，实证方法似乎并没有给刑事诉讼法学研究带来足够的创新和对司法实践产生足够的推动作用。一些已经被基本认同的理论，通过不够科学的取样和试点，100% 获得了预期的效果，使得实证似乎成了一种新的‘走过场’，在个别地方实证研究甚至成了司法机关博取政绩、学者攫取高额课题经费的工具。显然，这说明我们的刑事诉讼实证研究刚刚起步，科学性还亟待提高”。⑤

---

① 参见胡铭《略论刑事诉讼实证研究方法——以经济学实证方法为借鉴》，《清华法学》2011 年第 1 期。

② 参见宋英辉、王武良主编《法律实证研究方法》，北京大学出版社 2009 年版，第 51 页。

③ 同上书，第 48 页。

④ 同上书，第 40 页。

⑤ 胡铭：《略论刑事诉讼实证研究方法——以经济学实证方法为借鉴》，《清华法学》2011 年第 1 期。

学者们还强调了实证研究技巧和专业软件应用训练的必要性，实证研究中尤其是定性研究中亲历性、情境性等的重要性，实证研究中问题意识、论证的重要性，不能只是简单的数据或者观点的罗列。正是基于对实证研究方法，特别是其中定量研究方法的运用的科学性和规范性的关注，一系列的专题培训活动也开始展开，有代表性的如哈佛大学肯尼迪学院与中国人民大学诉讼制度与司法改革研究中心所举办的刑事司法实证研究方法研讨活动，北京大学法学院和中国社会科学杂志社联合举办的“法律的社会科学研究”研讨会，国家检察官学院主办、江苏省苏州市人民检察院和江苏省张家港市人民检察院共同承办的“法律方法与检察官思维研讨会暨首届《国家检察官学院学报》笔会”，在浙江安吉召开的“科学发展观与法律实证研究方法”研讨会等。

实证研究方法似乎在刑事诉讼法学研究中形成了一股强劲的风潮，当然如果这股风潮如学者们所预期的那样给刑事诉讼法学研究带来生机和转机，自是大家希望看到并积极促成的。不过，也要谨防研究者在风潮中随波逐流，被风潮所裹挟，为了实证研究而实证研究。研究者当成为研究方法的主人而非奴仆。研究方法应根据研究主体、研究问题、研究对象等做适当的选择而非研究方法的罗列抑或跟风。如张志铭所言，中国法学研究的方法不应仅仅是觉醒还应该觉悟，研究方法的选择是不可缺少的，关键是如何选择，中国法学研究方法的觉醒而不觉悟恰恰在于缺乏选择，或是选择但缺乏有品质的选择。① 另一方面，实证研究是讲究方法和规范的研究，如何进行研究设计、研究计划，如何展开调查，如何分析调查数据等需要基本的训练，应遵循基本的规范和方法。实证研究又是强调检验的研究，它与以往价值研究的不同除了立足于经验事实之外，另一特点是其可验证性或可证伪性。正是通过多方面研究成果的叠加和相互检验、验证，才可能使我们向真理迈进。因而，实证研究不能是孤立的研究，而需要更多的研究者的参与和更多的研究成果的相互竞争与结合。

---

① 参见宋英辉、王武良主编《法律实证研究方法》，北京大学出版社 2009 年版，第 5 页。

关键词索引

主要参考文献

著作

1. 陈瑞华:《刑事诉讼的前沿问题》, 中国人民大学出版社 2005 年版。

2. 陈瑞华:《刑事诉讼的中国模式》, 法律出版社 2008 年版。

3. 陈瑞华:《程序性制裁理论》, 中国法制出版社 2005 年版。

4. 龙宗智:《相对合理主义》, 中国政法大学出版社 2000 年版。

5. 汪海燕:《刑事诉讼模式的演进》, 中国人民公安大学出版社 2004 年版。

6. 陈光中主编:《刑事诉讼法实施问题研究》, 中国法制出版社 2000 年版。

7. 陈光中主编:《〈中华人民共和国刑事诉讼法〉修改条文释义与点评》, 人民法院出版社 2012 年版。

8. 陈卫东主编:《刑事诉讼法实施问题调研报告》, 中国方正出版社 2001 年版。

9. 锁正杰:《刑事程序的法哲学原理》, 中国人民公安大学出版社 2002 年版。

10. 陈永生:《刑事诉讼的宪政基础》, 北京大学出版社 2010 年版。

11. 李训虎:《割裂下的融合——中国宪法与刑事诉讼法关系变迁考察》, 中国政法大学出版社 2010 年版。

12. 卞建林:《刑事诉讼的现代化》, 中国法制出版社 2003 年版。

13. 张建伟:《刑事司法体制原理》, 中国人民公安大学出版社 2002 年版。

14. 陈卫东主编:《司法公正与律师辩护》,中国检察出版社 2002 年版。

15. 冀祥德:《控辩平等论》,法律出版社 2008 年版。

16. 谢佑平:《刑事侦查程序法哲学》,中国检察出版社 2010 年版。

17. 何家弘主编:《刑事司法大趋势——以欧盟刑事一体化为视角》,中国检察出版社 2005 年版。

18. 孙长永:《探索正当程序——比较刑事诉讼法专论》,中国法制出版社 2005 年版。

19. 陈卫东主编:《模范刑事诉讼法典》,中国人民大学出版社 2005 年版。

20. 陈光中主编:《中华人民共和国刑事诉讼法再修改专家建议稿与论证》,中国法制出版社 2006 年版。

21. 全国人大常委会法制工作委员会刑法室编:《中华人民共和国刑事诉讼法条文说明、立法理由及相关规定》,北京大学出版社 2008 年版。

22. 樊崇义主编:《刑事审前程序改革与展望》,中国人民公安大学出版社 2005 年版。

23. 孙长永:《侦查程序与人权》,方正出版社 2000 年版。

24. 樊崇义主编:《刑事诉讼法实施问题与对策研究》,中国人民公安大学出版社 2001 年版。

25. 陈光中主编:《中德强制措施国际研讨会论文集》,中国人民公安大学出版社 2003 年版。

26. 邵世星、刘选:《刑事附带民事诉讼疑难问题研究》,中国检察出版社 2002 年版。

27. 陈永生:《侦查程序原理论》,中国人民公安大学出版社 2003 年版。

28. 万毅:《程序正义的重心——底限正义视野下的侦查程序》,中国检察出版社 2006 年版。

29. 刘根菊等:《刑事诉讼程序改革之多维视角》,中国人民公安大学出版社 2006 年版。

30. 宋英辉、吴宏耀:《刑事审判前程序研究》,中国政法大学出版社 2002 年版。

31. 陈卫东主编:《刑事审前程序研究》,中国人民大学出版社 2004

年版。

32. 潘金贵：《公诉制度改革研究：理念重塑与制度重构》，中国检察出版社 2008 年版。

33. 潘金贵：《刑事预审程序研究》，法律出版社 2008 年版。

34. 徐静村：《中国刑事诉讼法（第二修正案）学者拟制稿及立法理由》，法律出版社 2005 年版。

35. 万毅：《一个尚未完成的机关——底线正义视野下的检察制度》，中国检察出版社 2008 年版。

36. 陈卫东：《程序正义之路》，法律出版社 2005 年版。

37. 姚莉：《反思与重构：中国法制现代化进程中的审判组织改革研究》，中国政法大学出版社 2005 年版。

38. 汪建成：《理论与现实——刑事证据理论的新探索》，北京大学出版社 2006 年版。

39. 汪建成：《冲突与平衡——刑事程序理论的新视角》，北京大学出版社 2006 年版。

40. 李玉华：《刑事证明标准研究》，中国人民公安大学出版社 2008 年版。

41. 汪海燕、胡常龙：《刑事证据基本问题研究》，法律出版社 2002 年版。

42. 王尚新、李寿伟主编：《〈关于修改刑事诉讼法的决定〉释解与适用》，人民法院出版社 2012 年版。

43. 张军、陈卫东主编：《刑事诉讼法新制度讲义》，人民法院出版社 2012 年版。

44. 宋英辉主编：《刑事诉讼原理》，法律出版社 2003 年版。

45. 宋英辉主编：《刑事诉讼法修改问题研究》，中国人民公安大学出版社 2007 年版。

46. 顾永忠：《刑事上诉程序研究》，中国人民公安大学出版社 2003 年版。

47. 王超：《刑事上诉制度的功能与构造》，中国人民公安大学出版社 2008 年版。

48. 尹丽华：《刑事上诉制度研究——以三审终审为基础》，中国法制出版社 2006 年版。

49. 朱立恒：《刑事审级制度研究》，法律出版社 2008 年版。

50. 刘树德：《死刑片论——死刑复核权收归之际的思考》，人民法院出版社 2007 年版。

51. 徐静村主编：《中国刑事程序改革研究》，法律出版社 2003 年版。

52. 龙宗智主编：《徘徊于传统与现代之间——中国刑事诉讼法再修改研究》，法律出版社 2005 年版。

53. 温小洁：《我国未成年人刑事案件诉讼程序研究》，中国人民公安大学出版社 2003 年版。

54. 郭华主编：《未成年人刑事诉讼程序》，中国人民公安大学出版社 2011 年版。

55. 徐美君：《未成年人刑事诉讼特别程序研究》，法律出版社 2007 年版。

56. 葛琳：《刑事和解研究》，中国人民公安大学出版社 2008 年版。

57. 杜宇：《理解“刑事和解”》，法律出版社 2010 年版。

58. 黄京平、甄贞主编：《和谐社会语境下的刑事和解》，清华大学出版社 2007 年版。

59. 马静华等：《刑事和解理论基础与中国模式》，中国政法大学出版社 2011 年版。

60. 宋英辉主编：《我国刑事和解的理论与实践》，北京大学出版社 2009 年版。

61. 宋英辉主编：《刑事和解实证研究》，北京大学出版社 2010 年版。

62. 宋英辉主编：《刑事和解制度研究》，北京大学出版社 2011 年版。

63. 李娜玲：《刑事强制医疗程序研究》，中国检察出版社 2011 年版。

64. 何帆：《刑事没收研究——国际法与比较法的视角》，法律出版社 2007 年版。

65. 卞建林主编：《刑事证明理论》，中国人民公安大学出版社 2004 年版。

66. 陈光中主编：《中华人民共和国刑事证据法专家拟制稿（条文、释义与论证）》，中国法制出版社 2004 年版。

67. 宋英辉、汤维建主编：《我国证据制度的理论与实践》，中国人民公安大学出版社 2006 年版。

68. 宋英辉、汤维建主编：《证据法学研究述评》，中国人民公安大学出版社 2006 年版。

69. 樊崇义、锁正杰、牛学理、吴宏耀、苏凌：《刑事证据法原理与适用》，中国人民公安大学出版社 2001 年版。

70. 秦宗文：《自由心证研究——以刑事诉讼为中心》，法律出版社 2007 年版。

71. 高家伟、邵明、王万华：《证据法原理》，中国人民大学出版社 2004 年版。

72. 樊崇义主编：《诉讼法学研究》第 6 卷，中国检察出版社 2005 年版。

73. 江伟主编：《中国证据法草案（建议稿）及立法理由书》，中国人民大学出版社 2004 年版。

74. 史立梅：《程序正义与刑事证据法》，中国人民公安大学出版社 2003 年版。

75. 吴宏耀、魏晓娜：《诉讼证明原理》，法律出版社 2002 年版。

76. 陈光中主编：《诉讼法理论与实践》，中国政法大学出版社 2004 年版。

77. 封利强：《司法证明过程论——以系统科学为视角》，法律出版社 2012 年版。

78. 何家弘主编：《新编证据法学》，法律出版社 2000 年版。

79. 毕玉谦、郑旭、刘善春：《中国证据法草案建议稿及论证》，法律出版社 2003 年版。

80. 陈光中主编：《中华人民共和国刑事证据法专家拟制稿（条文、释义与论证）》，中国法制出版社 2004 年版。

81. 张保生主编：《〈人民法院统一证据规定〉司法解释建议稿及论证》，中国政法大学出版社 2008 年版。

82. 杨宇冠：《非法证据排除规则研究》，中国人民公安大学出版社 2002 年版。

83. 何家弘主编：《证据法论坛》第 1 卷，中国检察出版社 2000 年版。

84. 何家弘主编：《证据学论坛》第 2、3 卷，中国检察出版社 2001 年版。

85. 何家弘主编：《证据法论坛》第 6 卷，中国检察出版社 2003

年版。

86. 何家弘主编：《证据学论坛》第 10 卷，中国检察出版社 2005 年版。

87. 刘玫：《传闻证据规则及其在中国刑事诉讼中的运用》，中国人民公安大学出版社 2007 年版。

88. 熊秋红：《转变中的刑事诉讼法学》，北京大学出版社 2004 年版。

89. 王敏远编：《公法》第 4 卷，法律出版社 2003 年版。

90. 闵春雷：《妨害证据犯罪研究》，吉林大学出版社 2005 年版。

91. 卞建林主编：《刑事证明理论》，中国人民公安大学出版社 2004 年版。

92. 陈瑞华：《论法学研究方法》，北京大学出版社 2009 年版。

93. 雷小政：《刑事诉讼法学方法论 · 导论》，北京大学出版社 2009 年版。

94. 左卫民：《中国刑事诉讼运行机制实证研究》，法律出版社 2007 年版。

95. 宋英辉、王武良主编：《法律实证研究方法》，北京大学出版社 2009 年版。

96. 白建军：《公正底线——刑事司法公正性实证研究》，北京大学出版社 2008 年版。

97. 陈瑞华主编：《未决羁押制度的实证研究》，北京大学出版社 2004 年版。

98. 樊崇义、顾永忠主编：《侦查讯问程序改革实证研究》，公安大学出版社 2007 年版。

99. 冀祥德等：《建立中国刑事辩护准入制度理论与实证研究》，中国社会科学出版社 2010 年版。

100. 张鸿巍：《刑事被害人保护的理念、议题与趋势——以广西为实证分析》，武汉大学出版社 2007 年版。

论文

1. 陈瑞华：《法律程序构建的基本逻辑》，《中国法学》2012 年第 1 期。

2. 童之伟：《从若干起冤案看人身自由的宪法保护》，《现代法学》

2004 年第 10 期。

3. 施鹏鹏：《走向刑事宪法——以宪政框架下的法国刑事诉讼改革为背景》，《浙江社会科学》2011 年第 6 期。

4. 陈建军：《刑事诉讼的目的、价值及其关系》，《法学研究》2003 年第 4 期。

5. 汪建成：《刑事诉讼法再修订过程中面临的几个选择》，《中国法学》2006 年第 6 期。

6. 郝银钟：《刑事诉讼目的的双重论之反思与重构》，《法学》2005 年第 8 期。

7. 雷小政：《比较与借鉴：刑事诉讼价值权衡的方法论基础》，《法律科学》2009 年第 1 期。

8. 梁欣：《刑事诉讼家庭模式的再评价——从对抗到合作》，《国家检察官学院学报》2005 年第 6 期。

9. 崔敏：《略论刑事诉讼基本原理》，《江西公安高等专科学校学报》2001 年第 3 期。

10. 刘万奇：《整体背景下程序、实体一体化——考察刑事法律关系的应然视角》，《政法论坛》2008 年第 4 期。

11. 史立梅：《刑事和解：刑事纠纷解决的"第三领域"》，《政法论坛》2007 年第 6 期。

12. 宋英辉等：《公诉案件刑事和解实证研究》，《法学研究》2009 年第 3 期。

13. 陈永生：《刑事诉讼的程序性制裁》，《现代法学》2004 年第 1 期；

14. 王敏远：《设置刑事程序法律后果的原则》，《法学家》2007 年第 4 期。

15. 谢佑平：《刑事诉讼视野中的司法审查原则》，《中外法学》2003 年第 1 期。

16. 冀祥德：《附定罪条件逮捕制度论——兼评〈人民检察院审查逮捕质量标准（试行）〉第 4 条》，《法学家》2009 年第 4 期。

17. 龙宗智：《强制侦查司法审查制度的完善》，《中国法学》2011 年第 6 期。

18. 汪海燕：《论刑事程序倒流》，《法学研究》2008 年第 5 期。

19. 熊秋红：《刑事辩护的规范体系及其运行环境》，《政法论坛》2012 年第 5 期。

20. 李忠诚：《律师会见权和阅卷权问题》，《人民检察》2008 年第 7 期。

21. 左卫民：《中国刑事案卷制度研究——以证据案卷为重心》，《法学研究》2007 年第 6 期。

22. 刘根菊、刘蕾：《取保候审保证金利息之处分》，《人民检察》2003 年第 8 期。

23. 褚福民：《取保候审的实体化》，《政法论坛》2008 年第 2 期。

24. 孙长永：《比较法视野中的刑事强制措施》，《法学研究》2005 年第 1 期。

25. 陈光中、张小玲：《中国刑事强制措施制度的改革与完善》，《政法论坛》2003 年第 5 期。

26. 潘金贵：《监视居住保留论：反思与出路》，《人民检察》2007 年第 14 期。

27. 肖建华：《刑事附带民事诉讼制度的内在冲突与协调》，《法学研究》2001 年第 6 期。

28. 徐美君：《侦查讯问的程序性原则》，《政法论坛》2003 年第 1 期。

29. 郝宏奎：《侦查讯问改革与发展构想》，《法学》2004 年第 10 期。

30. 闵春雷：《完善我国刑事搜查制度的思考》，《法商研究》2005 年第 4 期。

31. 张斌：《我国无证搜查制度法理之构建——〈刑事诉讼法〉第 111 条第二款质疑》，《现代法学》2003 年第 4 期。

32. 彭勃：《论监听作为侦查手段的法律问题》，《法商研究》2002 年第 6 期。

33. 陈卫东、李奋飞：《论侦查权的司法控制》，《政法论坛》2000 年第 6 期。

34. 但伟、姜涛：《侦查监督制度研究——兼论检察引导侦查的基本理论问题》，《中国法学》2003 年第 2 期。

35. 邓思清：《对我国案件移送方式的反思》，《法学家》2002 年第 4 期。

36. 吴宏耀：《我国刑事公诉制度的定位与改革——以公诉权与审判权的关系为切入点》，《法商研究》2004 年第 5 期。

37. 张泽涛：《诉因与公诉方式改革》，《中外法学》2007 年第 2 期。

38. 刘磊：《“起诉书一本主义”之省思》，《环球法律评论》2007 年第 2 期。

39. 龙宗智：《徘徊于传统与现代之间——论中国刑事诉讼法的再修改》，《政法论坛》2004 年第 5 期。

40. 戴玉忠：《对现行不起诉制度的几点看法》，《人民检察》2007 年第 24 期。

41. 宋英辉：《酌定不起诉适用中面临的问题与对策——基于未成年人案件的实证研究》，《现代法学》2007 年第 1 期。

42. 刘广三：《犯罪控制视野下的暂缓起诉裁量权》，《当代法学》2007 年第 6 期。

43. 陈国庆：《不起诉制度的观点争议回应》，《人民检察》2007 年第 24 期。

44. 王敏远：《暂缓起诉制度——争议及前景》，《人民检察》2006 年第 4 期。

45. 兰耀军：《论附条件不起诉》，《法律科学（西北政法学院学报）》2006 年第 5 期。

46. 黄维智：《不起诉听证程序研究》，《社会科学研究》2004 年第 1 期。

47. 龙宗智：《论公诉变更》，《现代法学》2004 年第 6 期。

48. 顾永忠、刘莹：《论撤回公诉的司法误区与立法重构》，《法律科学》2007 年第 2 期。

49. 张兆松：《完善我国刑事公诉撤回制度的思考》，《人民检察》2007 年第 2 期。

50. 孙长永：《提起公诉的证据标准及其司法审查比较研究》，《中国法学》2001 年第 4 期。

51. 刘根菊、唐海娟：《提起公诉的证据标准探讨》，《现代法学》2003 年第 2 期。

52. 奚玮、孙康：《论提起公诉的证明标准》，《中国刑事法杂志》2008 年第 1 期。

53. 郭松、林喜芬：《文本、实践、语境：公诉证据标准的现代性诊断》，《法制与社会发展》2007 年第 5 期。

54. 叶青：《再论庭审中设置独立量刑程序的可行性》，《法学杂志》2010 年第 3 期。

55. 陈瑞华：《论量刑程序的独立性——一种以量刑控制为中心的程序理论》，《中国法学》2009 年第 1 期。

56. 谢鹏程：《论量刑程序的张力》，《中国法学》2011 年第 1 期。

57. 陈国庆：《检察官参加量刑程序的若干问题》，《法学》2009 年第 10 期。

58. 朱孝清：《论量刑建议》，《人民检察》2010 年第 16 期。

59. 熊秋红：《中国量刑改革：理论、规范与经验》，《法学家》2011 年第 5 期。

60. 汪建成：《量刑程序改革中需要转变的几个观念》，《政法论坛》2010 年第 2 期。

61. 何家弘：《中国陪审制的改革方向》，《法学家》2006 年第 1 期。

62. 甄贞：《论刑事诉讼庭前审查程序的改革》，《法学家》2001 年第 2 期。

63. 李奋飞：《刑事诉讼中的法官庭外调查权研究》，《国家检察官学院学报》2004 年第 1 期。

64. 王超：《虚置的程序——对刑事二审功能的实践分析》，《中外法学》2007 年第 2 期。

65. 陈光中、郑未媚：《论我国刑事审判监督程序之改革》，《中国法学》2005 年第 2 期。

66. 高一飞、陈海平：《困境与出路：再审制度改革之“老调重弹”》，《时代法学》2005 年第 3 期。

67. 陈卫东：《构建中国特色刑事特别程序》，《中国法学》2011 年第 6 期。

68. 徐美君：《未成年人刑事诉讼特别程序的理论基础》，《青少年犯罪问题》2005 年第 4 期。

69. 王敏远：《论未成年人刑事诉讼程序》，《中国法学》2011 年第 6 期。

70. 姚建龙：《未成年人审前羁押制度检讨与改进建议》，《中国刑事法杂志》2011 年第 4 期。

71. 樊荣庆：《未成年人刑事案件审查逮捕程序正义与改革模式探究》，《青少年犯罪问题》2010 年第 6 期。

72. 杨雄：《未成年人刑事案件中社会调查制度的运用》，《法学论坛》2008 年第 1 期。

73. 汪建成：《论未成年人犯罪诉讼程序的建立和完善》，《法学》2012 年第 1 期。

74. 宋英辉等：《公诉案件刑事和解实证研究》，《法学研究》2009 年第 3 期。

75. 向朝阳、马静华：《刑事和解的价值构造及中国模式的构建》，《中国法学》2003 年第 6 期。

76. 黄风：《论对犯罪收益的民事没收》，《法学家》2009 年第 4 期。

77. 张小玲：《问题与误读：刑事缺席审判制度质疑》，《政法论坛》2006 年第 3 期。

78. 万毅：《独立没收程序的证据法难题及其破解》，《法学》2012 年第 4 期。

79. 韩旭：《论精神病人强制医疗诉讼程序的构建》，《中国刑事法杂志》2007 年第 6 期。

80. 汪建成：《论强制医疗程序的立法构建和司法完善》，《中国刑事法杂志》2012 年第 4 期。

81. 易延友：《证据法学的理论基础——以裁判事实的可接受性为中心》，《法学研究》2004 年第 1 期。

82. 卞建林、郭志媛：《论诉讼证明的相对性》，《中国法学》2001 年第 2 期。

83. 张建伟：《证据法学的理论基础》，《现代法学》2002 年第 2 期。

84. 樊崇义：《论刑事诉讼法律观的转变》，《政法论坛》2001 年第 2 期。

85. 张保生：《证据规则的价值基础和理论体系》，《法学研究》2008 年第 2 期。

86. 汪海燕、胡常龙：《自由心证新理念探析——走出对自由心证传统认识的误区》，《法学研究》2001 年第 5 期。

87. 龙宗智：《印证与自由心证——我国刑事诉讼证明模式》，《法学研究》2004 年第 2 期。

88. 徐静村:《论我国刑事诉讼法的再修正》,《现代法学》2003 年第 3 期。

89. 汪建成、孙远:《刑事证据立法方向的转变》,《法学研究》2003 年第 5 期。

90. 封利强:《对英美证据法借鉴价值的理性审视》,《政法论坛》2008 年第 3 期。

91. 沈德咏、江显和:《变革与借鉴:传闻证据规则引论》,《中国法学》2005 年第 5 期。

92. 卞建林、郭志媛:《刑事证明主体新论:基于证明责任的分析》,《中国刑事法杂志》2003 年第 1 期。

93. 黄永:《证明责任概念的比较法分析》,《政治与法律》2003 年第 6 期。

94. 张中:《论刑事诉讼的证明标准》,《法学论坛》1999 年第 6 期。

95. 樊崇义:《客观真实管见:兼论刑事诉讼证明标准》,《中国法学》2000 年第 1 期。

96. 樊崇义、夏红:《刑事诉讼法学研究方法的转型——兼论在刑事诉讼法学研究中使用实证研究方法的意义》,《中国刑事法杂志》2006 年第 5 期。

97. 王敏远:《刑事诉讼法学研究的转型——以刑事再审问题为例的分析》,《法学研究》2011 年第 5 期。

98. 郭云忠:《法律实证研究中的伦理问题——以刑事法为视角》,《法学研究》2010 年第 6 期。

99. 左卫民:《迈向实践:反思当代中国刑事诉讼知识体系》,《中外法学》2011 年第 2 期。

100. 谭世贵:《司法制度研究的发展走向》,《法学研究》2012 年第 5 期。

后　记

进入新世纪以来，我国社会在政治、经济、文化等领域发生着广泛而深刻的变化。与整体的社会转型相呼应，我国的刑事诉讼法学研究也经历着一场观念更新、学理递进的演变。我国现行的刑事诉讼体制很大程度上是新民主主义革命时期的刑事诉讼方式与前苏联的刑事诉讼体制结合和发展的结果，其中也糅合了我国法律文化传统中的某些因素，并吸收了大陆法系国家和英美法系国家的一些规定，它随着中国社会的发展而变迁。毫无疑问，刑事诉讼程序的设置首先需要回应打击犯罪、维护社会秩序的现实需要，但与此同时，随着市场经济所带来的公民权利意识的增长，在刑事诉讼中，如何保障诉讼参与人尤其是犯罪嫌疑人、被告人的权利不受侵犯，成为刑事诉讼理论研究中的一个核心问题。刑事诉讼要在查明案件事实的基础上惩罚犯罪，它是对发生在过去的犯罪的一种追诉和再认识，既要遵循认识活动的内在规律，力求做到不枉不纵，又要在有罪无罪存疑时作出宁枉勿纵或宁纵勿枉的价值选择。因此，刑事诉讼法学研究面临着认识论与价值论的双重规制，如何处理二者之间的关系，是刑事诉讼法学研究中的一个焦点问题。

回溯我国刑事诉讼法学的发展历史，可以看到：在逐步摆脱了前苏联刑事诉讼理论的束缚之后，我国学者将目光转向西方。在对英美法系和大陆法系国家刑事诉讼理论和制度进行比较研究的基础上，尝试着结合我国的实际构建属于我们自己的刑事诉讼法学理论体系。在吸收和借鉴的过程中，我们常常面临着这样的理论困惑：我国的刑事诉讼制度究竟要往何处去？是向英美的当事人主义靠拢，还是在更高层次上回归大陆法系的职权主义，或者建立带有中国特色的混合式诉讼模式？其立论的根据是什么？

一般认为，理想的诉讼模式应是当事人主义与职权主义的有机结合。可是，如何断定我们所预设和构建的模式兼有当事人主义与职权主义二者之利，而非集中了二者之弊？过去的十余年间，我国的刑事诉讼法学在这种主义之争的纠结中发展。

考察世界范围内刑事诉讼制度的发展，可以发现：国际化、宪法化、社会化已经成为现代刑事诉讼制度发展的主流趋势。为有效推动国际间刑事司法领域的合作，促进各国不断改进刑事司法制度，联合国在总结各国刑事司法制度改革经验的基础上，通过制定一系列国际性文件，确立了关于刑事司法方面的原则和标准。刑事司法标准国际化，既反映了国际社会对刑事司法制度的重视，也反映了国际社会在刑事司法制度方面已形成相当多的共识。刑事程序在各国宪法中的规定经历了从无到有、从少到多的过程，刑事程序权利在公民宪法权利体系中越来越占有重要的地位；将刑事程序权利载入宪法，提升了对该权利的保护力度。传统的刑事司法很大程度上被理解为国家对于犯罪人的追诉，在该领域，以国家垄断主义为原则，社会力量只是有限参与刑事诉讼活动，但是，随着被害人保护运动、获得司法正义的权利运动、为无辜者洗冤运动的开展以及理论层面的法律现实主义的勃兴，“社会司法”日益成为“国家司法”的重要补充。我国刑事诉讼法学在寻求与国际接轨的过程中则面临着普遍主义与特殊主义的论争。

我国刑事诉讼法学的发展趋向离不开国际、国内的相关背景。从国际背景看，主要是经济全球化、人权普遍化、法律世界化带来的影响；从国内背景看，则与市场经济的发展及建立社会主义法治国家的目标相关。撇开“主义之争”，我国的刑事诉讼法学研究理应对刑事诉讼制度发展的世界性潮流作出回应，也应对我国的社会转型作出回应。如何将我国的刑事诉讼传统与现代性会通融合，如何促进我国的刑事诉讼制度在“中西新旧”合理配置的基础上实现创造性转化，是摆在刑事诉讼法学研究者面前的重大课题。《刑事诉讼法学的新发展》一书记载了过去的十余年间刑事诉讼法学界为此而付出的努力，其内容涵盖了进入新世纪以来刑事诉讼法学领域学术命题的变迁脉络、理论观点的演进轨迹、研究方法的转换状况以及学术研讨、学术争鸣与学术探索的深入程度，展示了刑事诉讼法学发展的总体态势。

本书的撰稿人主要为中国社会科学院法学研究所刑事诉讼法学专业的

研究人员、博士后、博士和博士生，他们分别是：中国社科院法学所诉讼法室主任、研究员熊秋红；诉讼法室副研究员祁建建；四川省社会科学院法学研究所副所长、研究员，中国社科院法学所博士后韩旭；中国刑警学院副教授，中国社科院法学所博士后刘铭；浙江工商大学副教授，中国社科院法学所博士后封利强；北京政法职业学院副教授，中国社科院法学所博士陈心歌；最高人民法院法官、中国社科院法学所博士后田心则；中国社科院法学所博士后管宇；中国社科院法学所博士生黄蓬威。此外，中国政法大学汪海燕教授和中国人民公安大学张小玲副教授友情加盟了本书的写作。本书的具体分工如下：第一章（熊秋红、黄蓬威）；第二章（陈心歌）；第三章（汪海燕）；第四章（张小玲）；第五章（韩旭）；第六章（祁建建、管宇）；第七章（刘铭）；第八章（田心则、封利强）；第九章（刘铭）。全书由主编熊秋红研究员修改、补充和审定。

我国的刑事诉讼法学在过去的十余年间获得了较为醒目的发展，表现为价值理念的更新、学术视野的拓宽、以中国问题为中心的研究的加强、研究方法的渐趋多元化等诸多侧面。当前的刑事诉讼法学研究正在经历着一场积极推进的学术转型，其未来的发展方向是构筑真正属于中国的刑事诉讼法学，实现刑事诉讼理论的中国化并探索相对合理的刑事诉讼制度建构。我们不应满足于已有的发展和既有的成就，而应期待更明确的问题意识、更系统的学术规划、更科学的研究方法以及更具实质性的学术创新，这是刑事诉讼法学研究者应当担当的历史使命。

是为后记。

熊秋红　谨识

2013 年 10 月 8 日于京城紫东苑寓所